公元787年，唐封疆大吏马总集诸子精华，编著成《意林》一书6卷，流传至今

意林：始于公元787年，距今1200余年

U0878243

意林®

一则故事　改变一生

读书那些事儿

聆听古今读书人，道尽天下读书事！

《意林》编辑部　编

吉林摄影出版社
·长春·

图书在版编目（CIP）数据

读书那些事儿 /《意林》编辑部编. -- 长春：吉林摄影出版社，2014.12
（上学那些事儿书系）
ISBN 978-7-5498-2224-9

Ⅰ. ①读… Ⅱ. ①意… Ⅲ. ①中学生 - 学习方法②中学生 - 学生生活 Ⅳ. ① G632.46 ② G635.5

中国版本图书馆 CIP 数据核字 (2014) 第 271556 号

读书那些事儿 DUSHU NAXIE SHIR

出版人	孙洪军	印数	1~20000册
总策划	杜务	版次	2014年12月第1版
主编	孙洪军 顾平	印次	2014年12月第1次印刷
责任编辑	朱蕙楠	出版	吉林摄影出版社
丛书策划	姚新平	发行	吉林摄影出版社
丛书统筹	徐晶	地址	长春市泰来街1825号
执行编辑	冯雅君		邮编：130062
视觉设计	资源	电话	总编办：0431-86012616
封面设计	李倩		发行科：0431-86012602
美术编辑	张龙	网址	www.jlsycbs.net
开本	889mm×1194mm 1/16	经销	全国各地新华书店
字数	375千字	印刷	北京联兴盛业印刷股份有限公司
印张	16		

书号 ISBN 978-7-5498-2224-9　　定价 29.90元

启事

本书编选时参阅了部分报刊和著作，我们未能与部分作品的文字作者、漫画作者以及插画作者取得联系，在此深表歉意。请各位作者见到本书后及时与我们联系，以便按国家相关规定支付稿酬及赠送样书。

地址：北京市朝阳区南磨房路 37 号华腾北搪商务大厦 1501 室《意林》编辑部（100022）
电话：010-51900482

前言

□［美］莫提默·J. 艾德勒

有一种很古老的测验：如果你被警告将在一个无人荒岛度过余生，或至少很长的一段时间，而假设你有时间做一些准备，可以带一些实际有用的物品到岛上，还能带十本书去，你会选哪十本？

试着列这样一份书单是很有指导性的，这倒不只是因为可以帮助你发现自己最想一读再读的书是哪些。事实上，和另外一件事比起来，这一点很可能是微不足道的。那件事就是：当你想像自己被隔绝在一个没有娱乐、没有资讯、没有可以理解的一般事物的世界时，比较起来你是否会对自己了解得更多一点儿？记住，岛上没有电视也没有收音机，更没有图书馆，只有你跟十本书。

你开始想的时候，会觉得这样想像的情况有点稀奇古怪，不太真实。当真如此吗？我们不这么认为。在某种程度上，我们都跟被放逐到荒岛上的人没什么两样。我们面对的都是同样的挑战——如何找出内在的资源，过更美好的人类生活的挑战。

人类的心智有很奇怪的一点，主要是这一点划分了我们心智与身体的截然不同。我们的身体是有限制的，心智却没有限制。其中一个迹象是，在力量与技巧上，身体不能无限制地成长。人们到了 30 岁左右，身体状况就达到了巅峰，随着时间的变化，身体的状况只有越来越恶化，而我们的头脑却能无限地成长与发展下去。我们的心智不会因为到了某个年纪就停止成长，只有当大脑失去活力，僵化了，才会失去了增加技巧与理解力的力量。

这是人类最明显的特质，也是万物之灵与其他动物最主要的不同之处。其他的动物似乎发展到某个层次之后，便不再有心智上的发展。但是人类独有的特质，却也潜藏着巨大的危险。心智就跟肌肉一样，如果不常运用就会萎缩。心智的萎缩就是在惩罚我们不经常动脑。这是个可怕的惩罚，因为有证据显示，心智萎缩也可能要人的命。除此之外，似乎也没法说明为什么许多工作忙碌的人一旦退休之后就会立刻死亡。他们活着是因为工作对他们的心智上有所要求，那是一种人为的支撑力量，也就是外界的力量。一旦外界要求的力量消失之后，他们又没有内在的心智活动，他们便停止了思考，死亡也跟着来了。

电视、收音机及其他天天围绕在我们身边的娱乐或资讯，也都是些人为的支撑物。它们会让我们觉得自己在动脑，因为我们要对外界的刺激做出反应。但是这些外界刺激我们的力量毕竟是有限的。像药品一样，一旦习惯了之后，需要的量就会越来越大。到最后，这些力量就只剩下一点点，甚或毫无作用了。这时，如果我们没有内在的生命力量，我们的智力、品德与心灵就会停止成长。当我们停止成长时，也就迈向了死亡。

好的阅读，也就是主动的阅读，不只是对阅读本身有用，也不只是对我们的工作或事业有帮助，更能帮助我们的心智保持活力与成长。

重点中学校长联袂推荐

北京清华大学附属中学校长 王殿军

北京一六一中校长　丁大伟

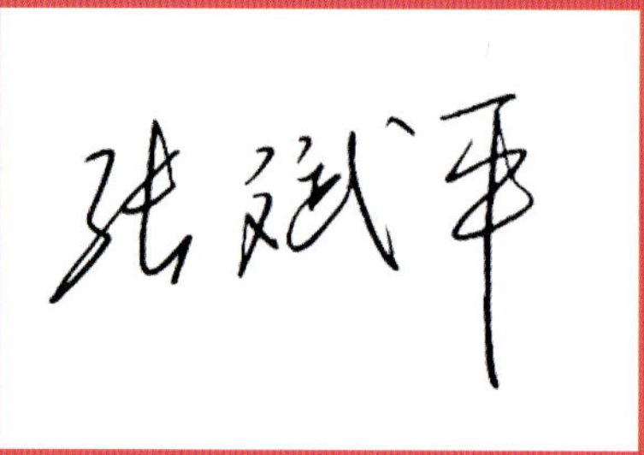
北京第五中学校长　张斌平

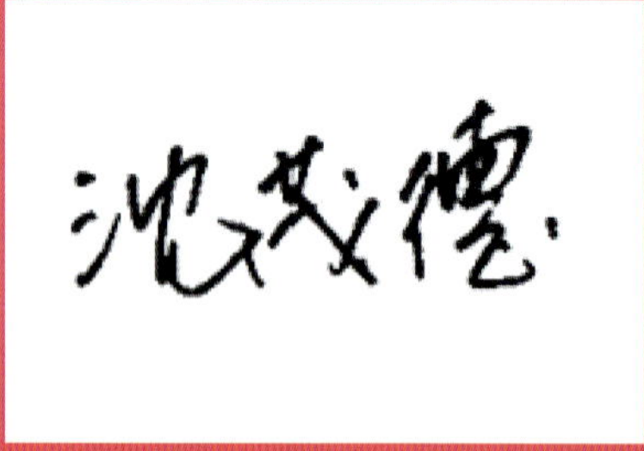
江苏省重点中学天一中学校长 沈茂德

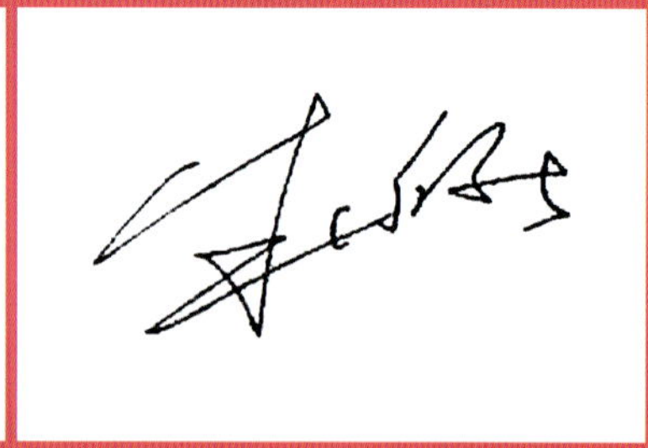
中国教育学会副会长、苏州大学教授　朱永新

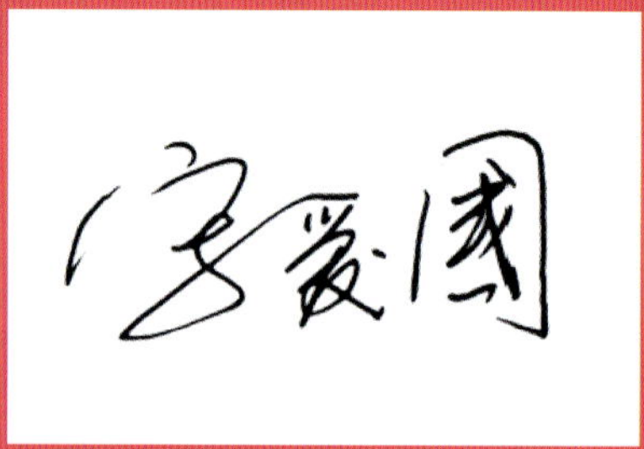
山东省淄博市淄博区教育局党委书记、局长　宋爱国

河北省唐山市古治区教育局局长　刘建山

河北省衡水中学副校长 王建勇

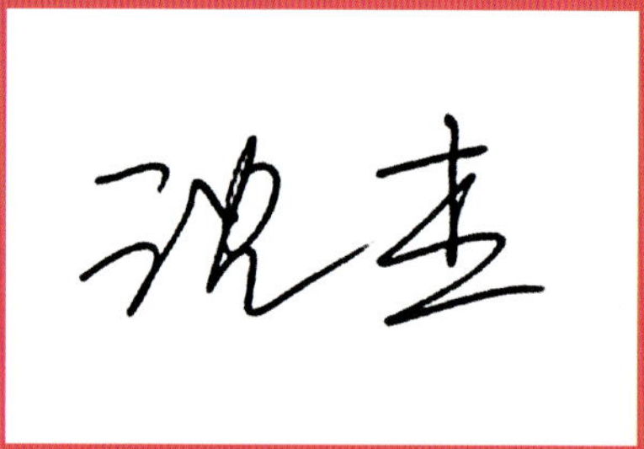
首都师范大学附属中学校长 沈　杰

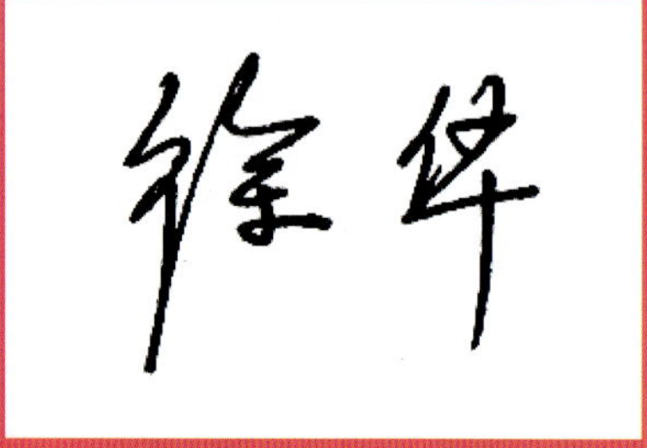
北京潞河中学校长　徐　华

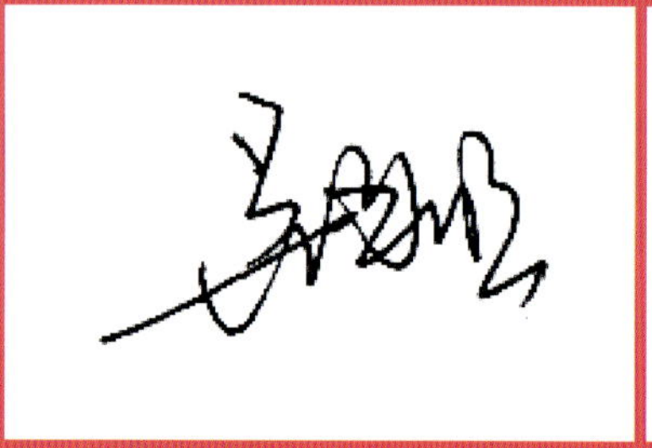
福建省南安市教育局局长 吴亚明

辽宁省葫芦岛市教育局局长 刘尚书

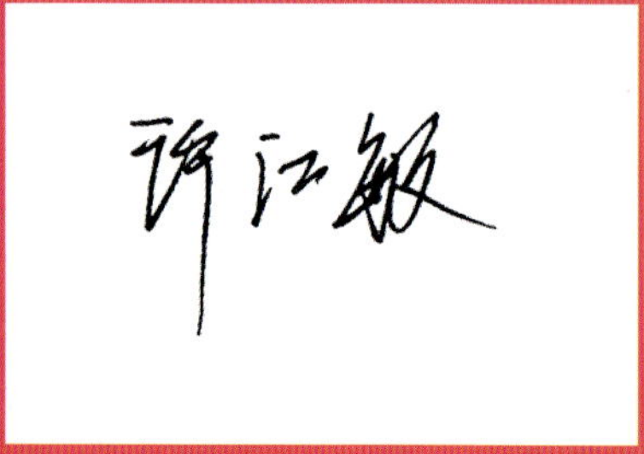
山西省临汾一中校长　许江敏

海南省海南中学校长　马向阳

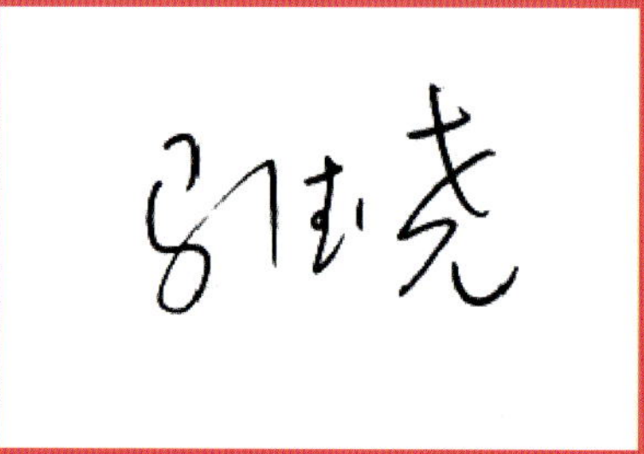
浙江省绍兴一中校长　马德尧

重点中学校长联袂推荐

吉林省永吉实验高级中学
副校长　张晓平

河南省商丘市第一高级中学校长
陈云昌

辽宁省沈阳市第五十六中学校长
关凤艳

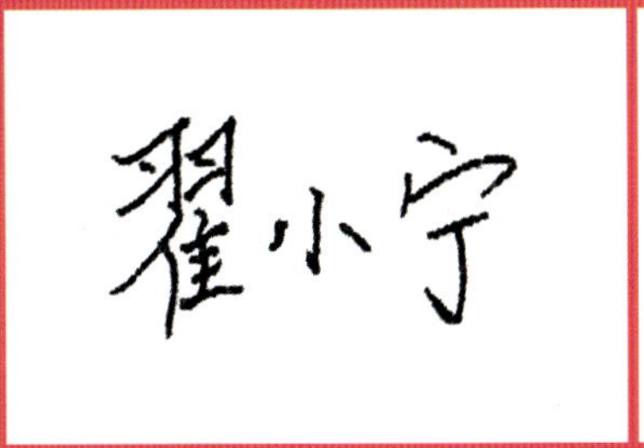

中国人民大学附属中学常务
副校长、特级教师　翟小宁

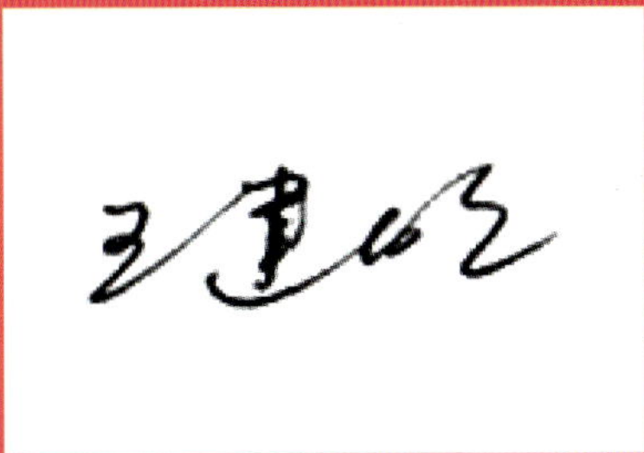

安徽省合肥市合肥八中校长
王建明

重庆市重庆外国语学校副校长
沈　嘉

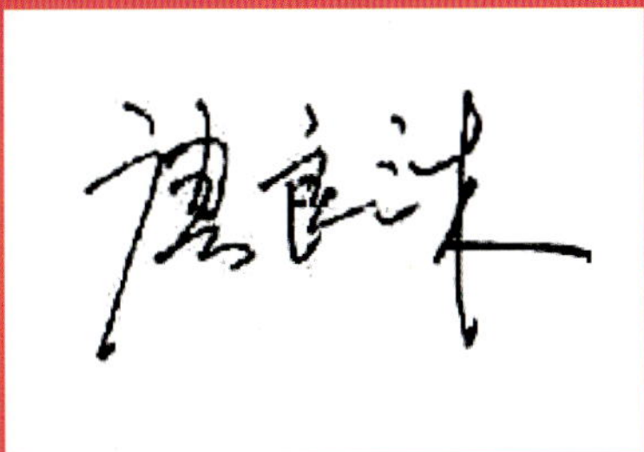

重庆市巴蜀中学副校长　唐良沭

广东省揭东一中副校长　黄炎真

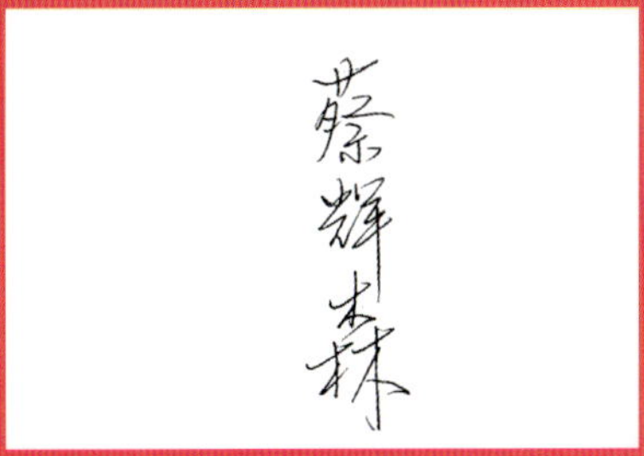

福建省莆田一中校长　蔡辉森

河北省衡水二中党委书记、校长
秦海地

加拿大传承教育基金会终身成
就奖唯一华裔得主　董儒良

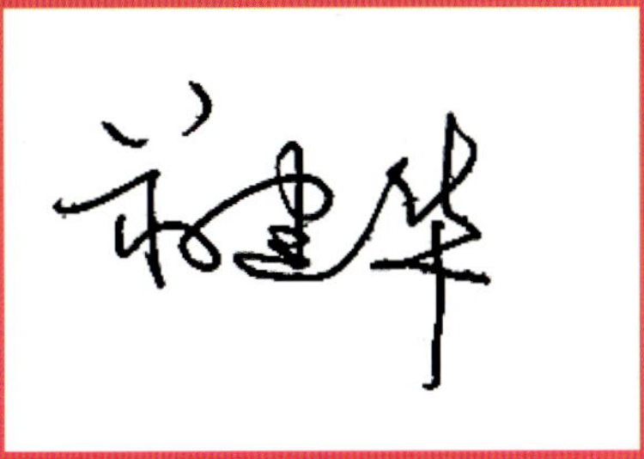

江苏省泰州中学校长、特级教师
蒋建华

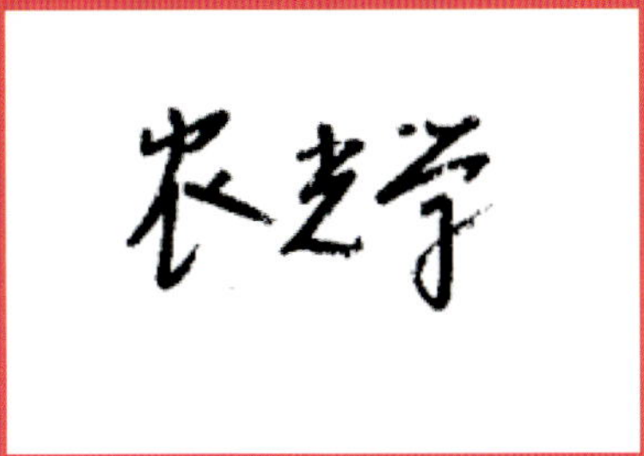

广西重点中学南宁二中校长、
中学一级教师　农光学

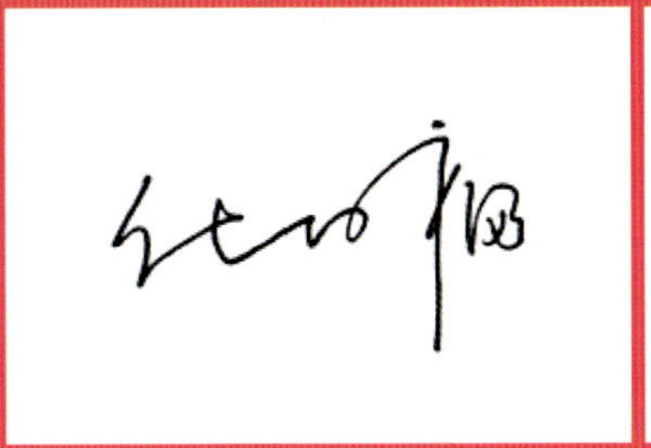

甘肃省兰州一中校长　化得福

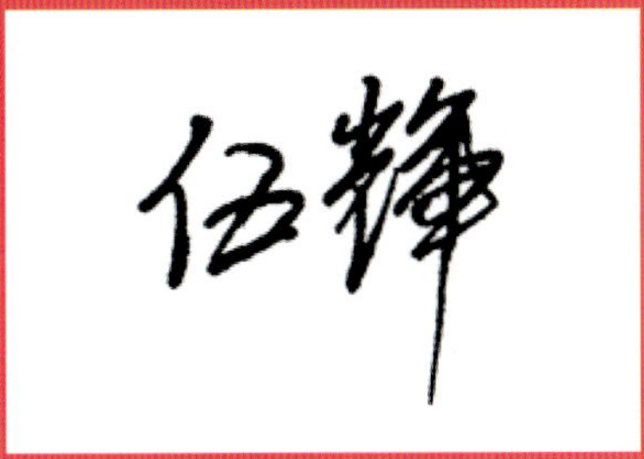

安徽省无为第二中学校长
伍　辉

重点中学校长联袂推荐

贵州省铜仁第一中学校长
汪　漻

贵州省大方县第一中学副校长
宣善功

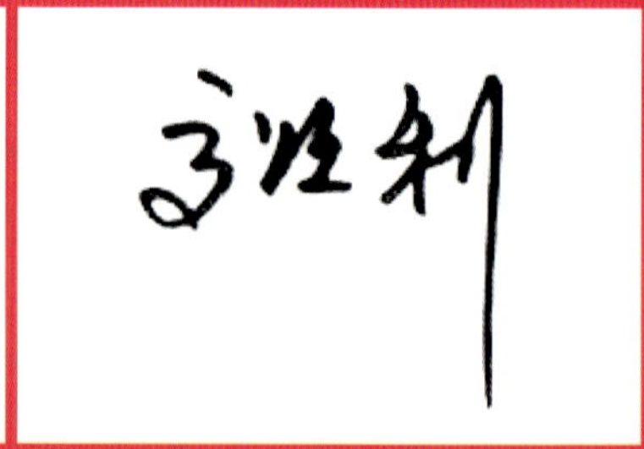
山西省运城市康杰中学校长
高跃利

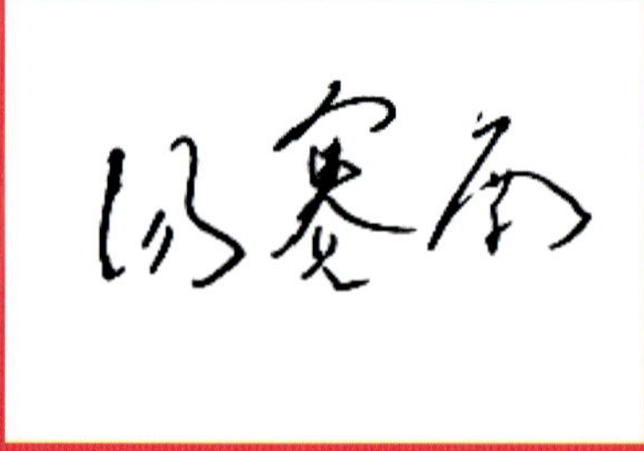
江西师范大学附属中学校长
汤赛南

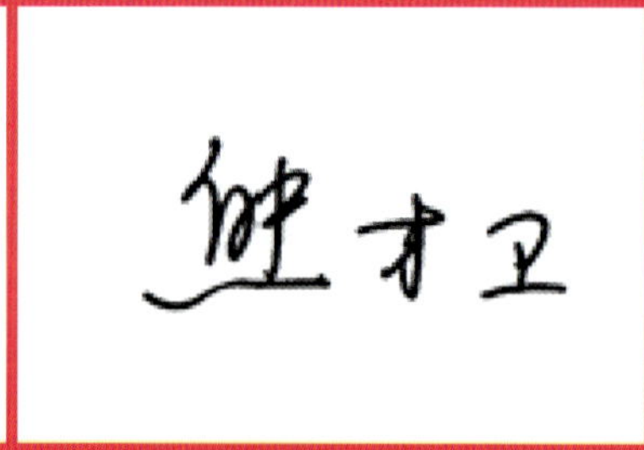
江西省丰城中学校长　熊才卫

河南省郑州一中校长　朱　丹

浙江省乐清市白象中学校长
黄圣东

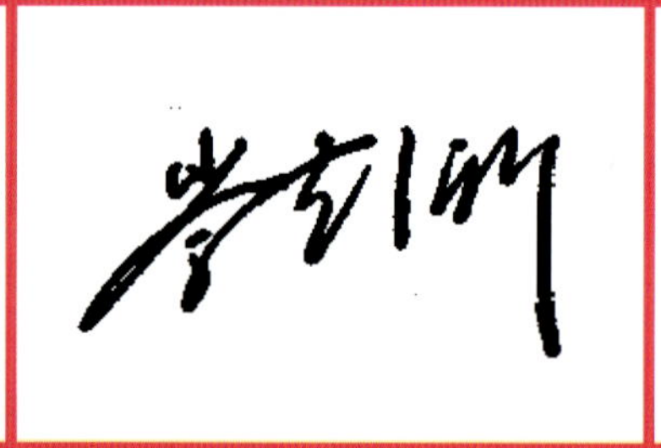
江苏省海门中学副校长
岑彭新

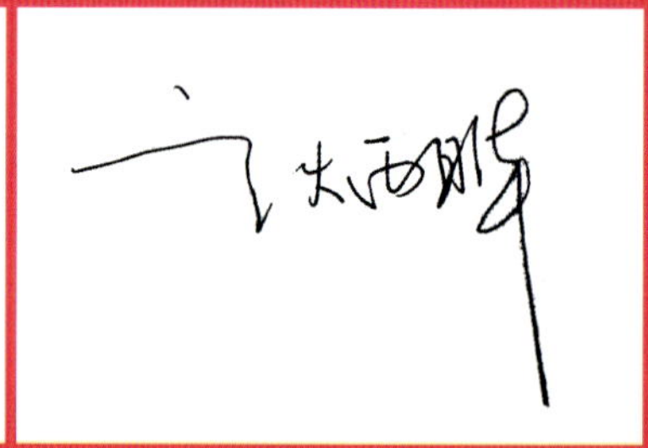
湖南省岳阳市第一中学校长
廖炳晔

山东省日照一中校长、党委书记
许崇文

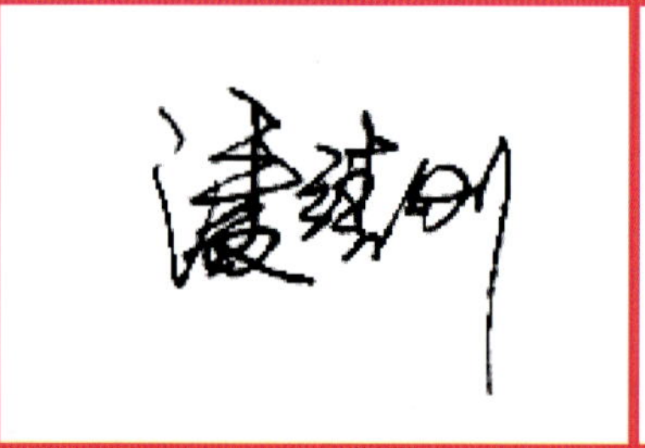
新疆哈密市教育局副局长潘
靖刚

江西省新余市第四中学校长
陈晓红

湖南省湘西土家族苗族自治州
民族中学校长　王　斌

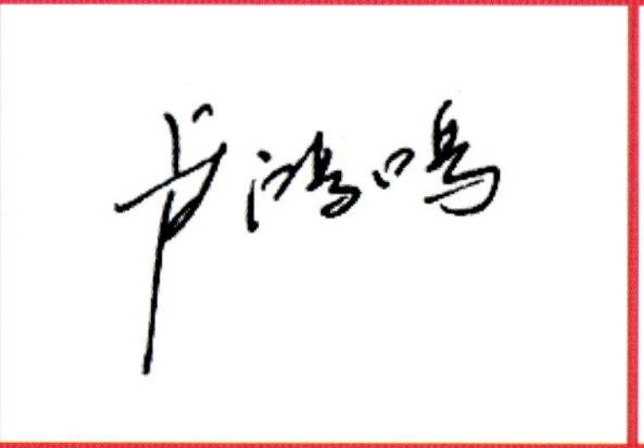
湖南省长沙市长郡中学校长
卢鸿鸣

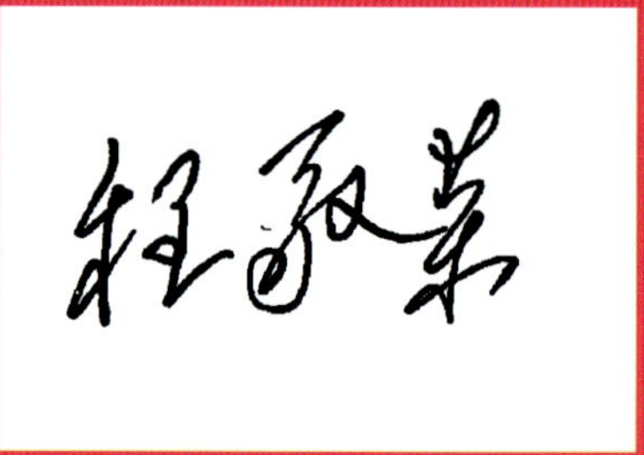
湖北省襄阳四中校长　程敬荣

知名作家学者联袂推荐

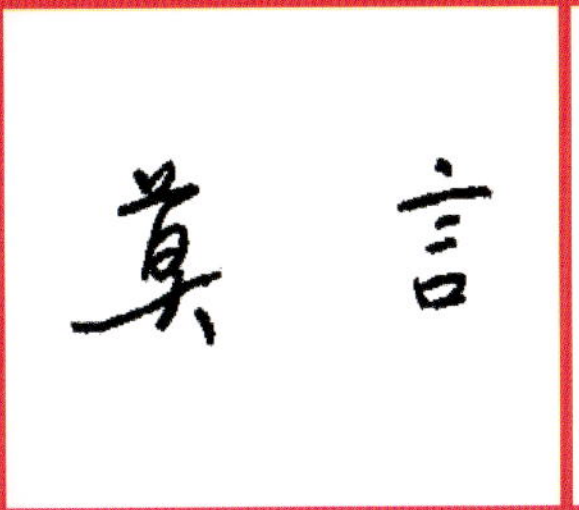

诺贝尔文学奖获得者
莫 言

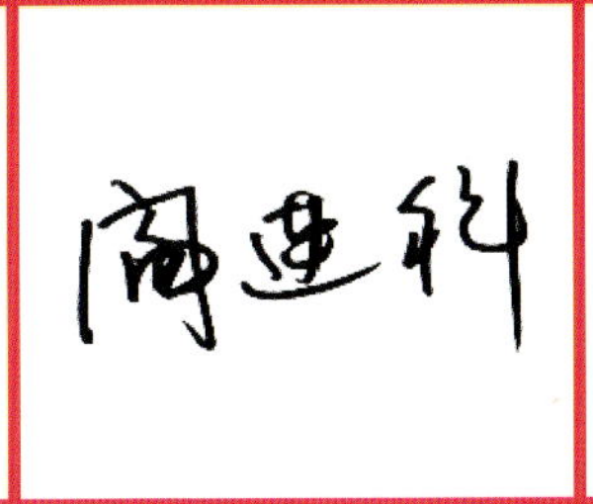

卡夫卡文学奖获得者、
著名作家 阎连科

中国著名作家、企业
家、编剧 海 岩

当代著名作家、北京
大学教授 曹文轩

语文出版社社长
王旭明

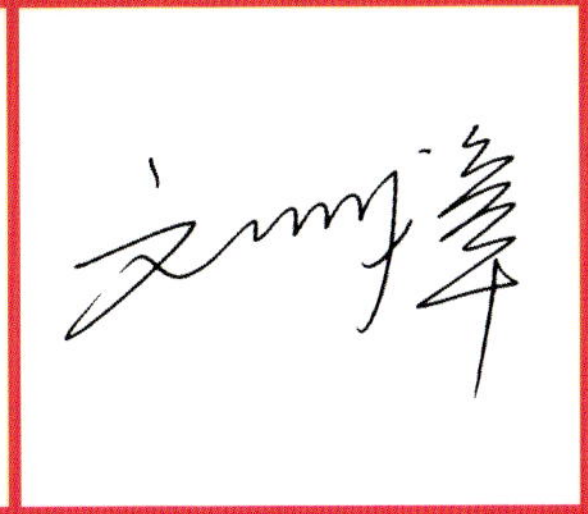

首届鲁迅文学奖获得者
刘成章

凤凰卫视著名记者、
作家 闾丘露薇

北师大研究生院院长、
著名学者 顾明远

北大教育研究所所长
温儒敏

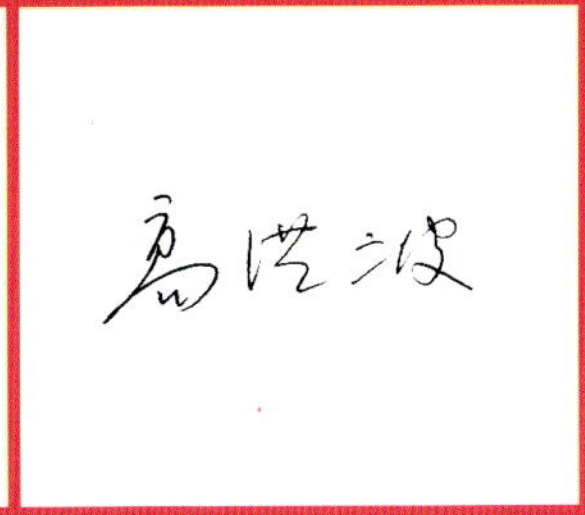

中国作家协会副主席
高洪波

《步步惊心》《最美
的时光》作者 桐 华

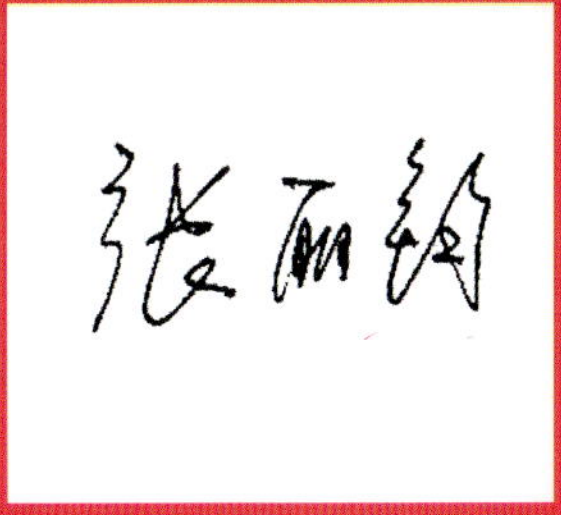

国家级骨干教师、中国
作协会员 张丽钧

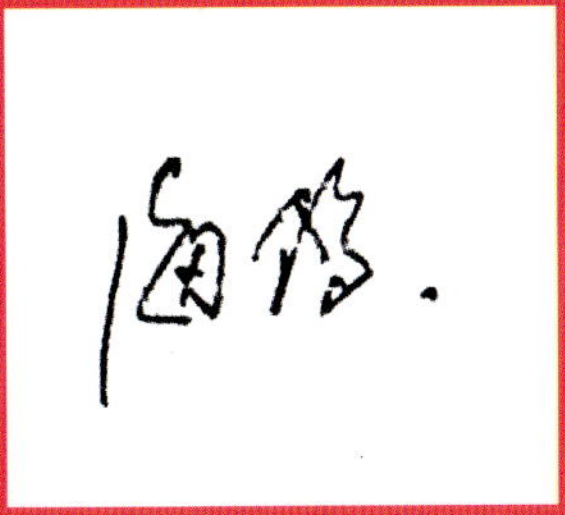

《新恋爱时代》编剧
王海鸰

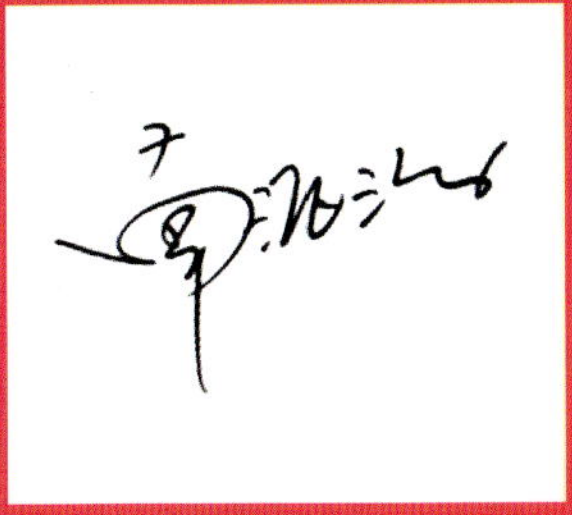

《盗墓笔记》作者
南派三叔

《泡沫之夏》作者
明晓溪

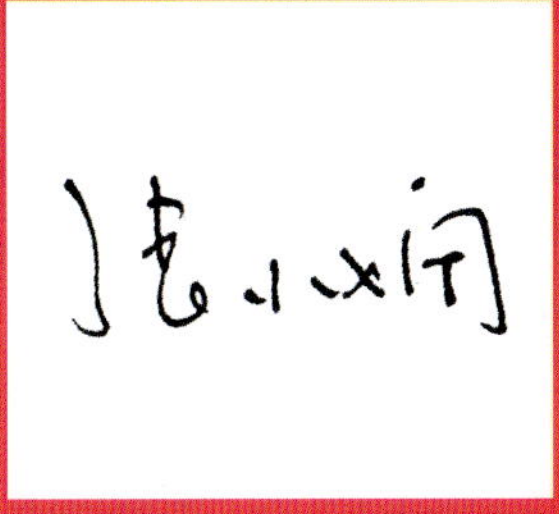

著名作家 张小娴

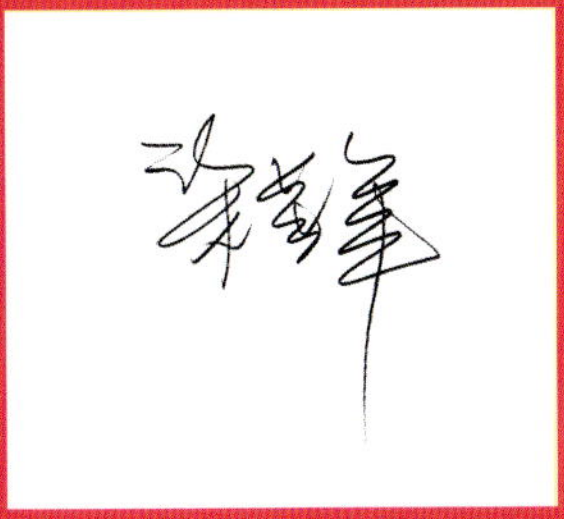

80后严肃文学派知名
作家 七堇年

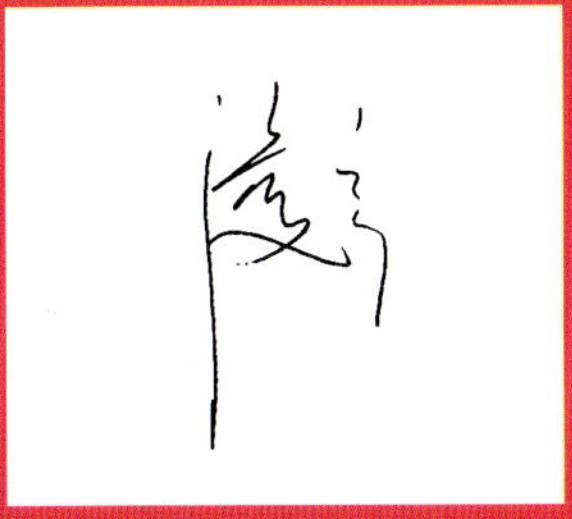

《甄嬛传》作者
流潋紫

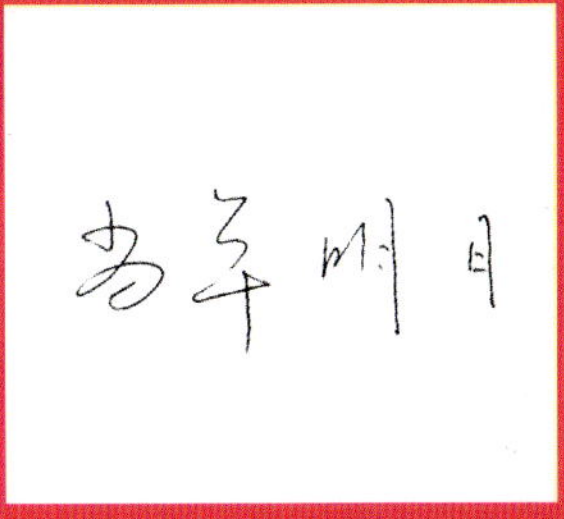

《明朝那些事儿》作者
当年明月

“卖菜叔” 姚启中

明星联袂推荐

著名娱乐节目主持人
何　炅

优秀电视节目主持人、
乐蜂网创始人　李　静

凤凰卫视优秀谈话类
主持人　窦文涛

著名主持人　华　少

华语流行女歌手、百变
女王　蔡依林

中国台湾男演员、歌手
及赛车手　林志颖

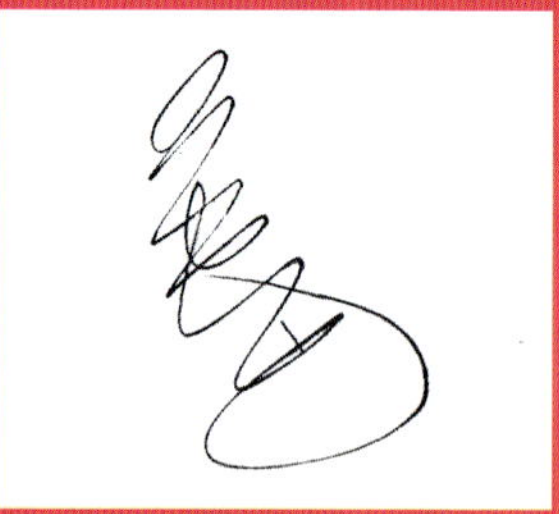

美籍华人、著名音乐创
作人、歌手　王力宏

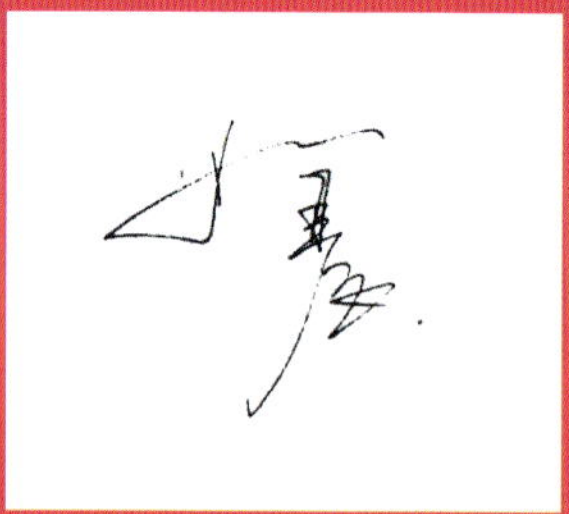

中国知名女演员、微
博女王　姚　晨

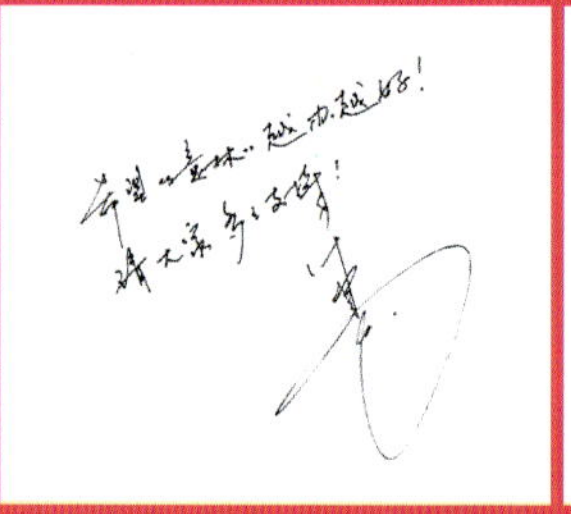

流行乐歌手、著名音乐
人　许　嵩

歌手、《中国好声音》
导师　杨　坤

中国台湾歌手、音乐制
作人　林志炫

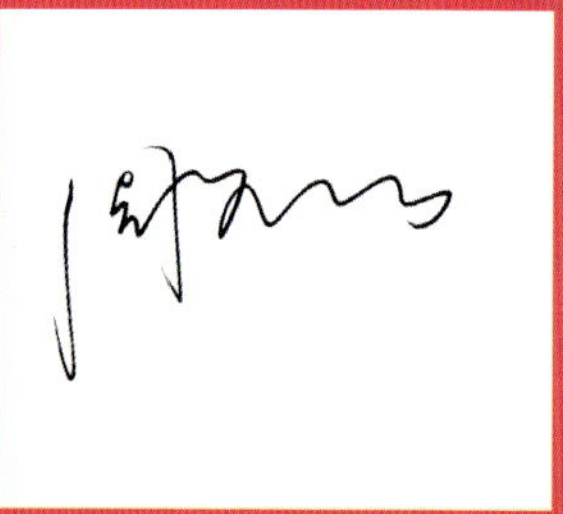

华语女歌手、最受欢迎
女歌手　周笔畅

当红影视女演员
杨　幂

《烽火佳人》男主角、
香港演员　陈键锋

《宫锁心玉》男主角
冯绍峰

《陆贞传奇》女主角
赵丽颖

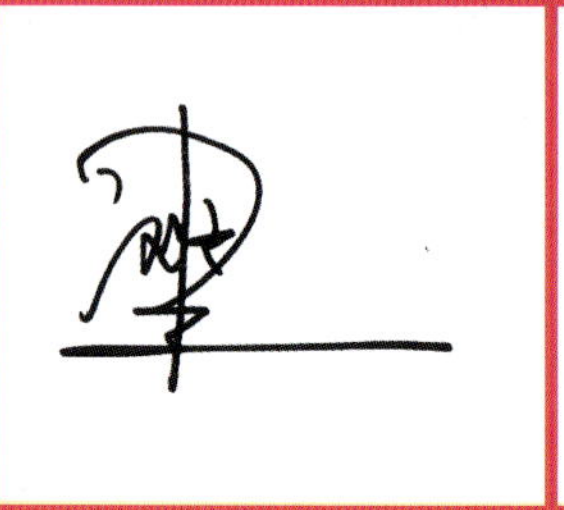

女子体操世界冠军、
演员　刘　璇

奥运冠军、艺人
田　亮

《人在囧途》《泰囧》
主演　王宝强

《爱情公寓》唐悠悠扮演
者　邓家佳

目　录 Contents

Contents

寻迹书虫

意林公开课

Contents

读书的功效

活出生命的广阔维度

□[法]夏尔·丹齐格

小说中有关时间的表达给读者制造了烦恼。“他在数小时的时间里寻找……”读者一掠而过。往往“他寻找”便足矣。当作者想给读者留下一个近乎永恒的印象，“在数小时的时间里”才较为合适。书面时间似乎比生活中的时间更漫长。

当我们读书时，我们是在抹除时间，并非“度过时间”，度过时间是指我们打着哈欠读着书，在乡下悠悠闲闲地度过一个下午，“抹除时间”则是指认真读书，全神贯注地沉浸在书中。这种阅读给人以时间不复存在的感觉。我们甚至模模糊糊地生出某种永恒感。这就是为什么从书中世界走出来的读者们有着潜水员的神情，目光蒙眬，呼吸徐缓。他们需要少许时间以便重新回到现实世界。这就是为什么那些伟大的读者始终感觉自己青春年少。他们的生命没有被某种使用时间的方式所消耗，他们将时间用在了听命于寻常时间以外的事情上。即便他们活到百年，仍然会青春永驻地辞别人世。每一次新的阅读都是一次在清凉海水里的潜泳，都是一个我们并非全然虚幻地征服了时间的时刻。

青年人最经济的财富创造方式

□胡　适

从前有一位大哲学家做了一篇《读书乐》，说到读书的好处，他说：“书中自有千钟粟，书中自有黄金屋，书中自有颜如玉。”意思就是说，读了书可以做大官，获厚禄，可以不至于住茅草房子，可以娶得年轻的漂亮太太。诸位听了笑起来，足见诸位对于这位哲学家所说的话不十分满意，现在我就讲所以要读书的别的原因。

为什么要读书？有三点可以讲：第一，因为书是过去已经知道的知识学问和经验的一种记录，我们读书便是要接受这人类的遗产；第二，为要读书而读书，读了书便可以多读书；第三，读书可以帮助我们解决困难，应付环境，并可获得思想材料的来源。

第一，因为书是代表人类老祖宗传给我们的知识的遗产，我们接受了这遗产，以此为基础，可以继续发扬光大，更在这基础之上，建立更高深更伟大的知识。人类之所以与别的动物不同，就是因为人有语言文字，可以把知识传给别人，又传至后人，再加以印刷术的发明，许多书报便印了出来。人的脑很大，与猴不同，人能造出语言，后来更进一步而有文字，又能刻木刻字，所以人最大的贡献就是能累积过去的知识和经验，使后人可以节省很多脑力。非洲野蛮人在山野中遇见鹿，他们就画了一个人和一只鹿以代信，给后面的人叫他们勿追。但是把知识和经验遗给儿孙有什么用处呢？这是有用处的，因为这是前人很好的教训。现在学校里各种教科书，如物理、化学、历史等，都是根据几千年来进步的知识编纂成书的，一年、两年，或者三年教完一科。自小学，中学，而至大学毕业，这十六年所受的教育，都是代表我们老祖宗几千年来得来的知识学问和经验，所谓进化，就是叫人节省劳力。蜜蜂虽能筑巢，能发明，但传下来就只有这一点儿知识，没有继续去改革改良，以应付环境，没有做格外进一步的工作。人呢，达不到目的，就再去求进步，而以前人的知识学问和经验做参考。如果每样东西，要每个人从头学起，而不去利用过去的知识，那不是太麻烦了吗？所以人有了这知识的遗产，就可以自己去成家立业，就可以缩短工作，使有余力做别的事。

第二点稍复杂，就是为读书而读书，为求过去的知识而读书。不错，知识可以从书本中得来，但读书不是那么容易的一件事情，不读书不能读书，要能读书才能多读书。好比戴了眼镜，小的可以放大，模糊的可以看得清楚，远的可以变近，所以读书要戴眼镜。不读书，学问不能进去，读书没有门径，学问也不能进去。曾子固说过："经而已不足以致经"，所以他对于《本草纲目》、内经、小说，无所不读，这样对于经才可以明白一些，所谓"致已知而后读"，读书无非扩充知识而已。我十二岁时，各种小说都看得懂，到了三十年以后，再回头看，很多不懂。讲到《诗经》，从前以为讲的是男女爱情、文王后妃一类的事，从前是戴了一副黑眼镜去看，现在换了一副眼镜，觉得完全不同。现在才知道《诗经》和民间歌谣很有关系。对于民间歌谣的研究，近来很有进步，北平有歌谣周刊，歌谣丛书，关于各地歌谣收罗很广。我们如果能把歌谣的文章，社会学，人类学研究一下，就可以知道幼稚时代的环境和生活很有趣味，例如《诗经》里有一段说："白茅包之，有女怀春，吉士诱之。"在从前眼光看来，觉得完全讲不通，现在才知道当时野蛮人社会有一种风俗，就是男子向女子求婚，要打野兽送到女家，若不收，便是不答应。还有《诗经》里"窈窕淑女"一节，从比较民族学眼光看来，我们可以知道当时社会的人，吃饭时可以打鼓弹琴，丝毫没有受礼教的束缚。再从文法方面来观察，像《诗经》里"之子于归""黄鸟于飞""凤凰于飞"的"于"字，此外，《诗经》里又有几百个"维"字，这些都是有作用无意义的虚字，但以前的人却从未注意及此。所以书是越看越有意义，书越多读越能读书。再说在《墨子》一书里，差不多各种学问都有，像光学、力学、逻辑、算学、几何学上的圆和平行线，以及经济学上的购买力和货币，几乎什么都讲到了，但你要懂得光学，才能懂得墨子所说的光，你要懂得各种知识，才能懂得墨子。总之，读书是为了要读书，多读书更可以读书。最大的毛病就在怕读书，怕书难读。越难读的书我们越要征服它们，把它们作为我们的奴隶或向导。我们要打倒难读，这才是我们的"读书乐"，若是我们有了基础的科学知识，那么，我们在读书时便能左右逢源。我再说一遍，读书的目的在于读书，要读书越多才可以读书越多。

第三点，读书可以帮助解决困难，应付环境，供给思想材料，知识是思想材料的来源。思想可分作五步，思想的起源是大的疑问。吃饭拉屎不用想，但逢着三岔路口，十字街头那样的环境，就发生困难了。走东或是走西，这样做或是那样做，困难很多。病有各样的病，发烧，头痛，多得很。第二步要把问题弄清，困难弄清。第三步才想到如何解决。读书就是出主意，暗示，但主意很多，于是又逢着困难。主意多少要看学问多少。都采用也不行。第四步就是要选择一个假定的解决方法。要想到这一个方法能不能解决，若不能，那么，就换了一个，若能就行了。这好比开锁，这一个钥匙开不出就换了一个，假定是可以开的，那么，问题就解决了。第五步就是试验。凡是有条理的思想都要经过这五步，或是逃不了这五个阶段。科学家要解决问题，侦探要侦探案件，多经过这五步。第三步主意或暗示很多，若无主意，便无办法，没有主意，便不知道怎样办，这是因为知识不够，学力不足，经验不丰富，从来没有想到，所以到要解决问题时便没有材料。读书是过去知识学问经验的记录，而知识学问经验就是要用在这时候，所谓养军千日，用兵一朝。否则，学问一些都没有，遇到困难就要糊涂起来。例如达尔文把生物变迁现象研究了几十年，却想不出什么原则去解决，后来无意中看到马尔萨斯的《人口论》，说人口是按照几何学级数一倍一倍地增加，粮食是按照数学级数增加，达尔文研究了这原则，忽然触机，就把这原则应用到生物学上去，创了物竞天择的学说。譬如一条鱼可以产生二百万鱼子，这样，太平洋应该占满了，然而大鱼要吃小鱼，更大的鱼要吃大鱼，所以生物要适应环境才能生存。但按照经济学原则，达尔文主义是很没有条理的，而我们读书就是要解决这个困难。又譬如从前的人以为地球是世界的中心，后来天文学家哥白尼却主张太阳是世界的中心，地球绕着太阳而行。据罗素说，哥白尼所以这样解说，是因为希腊人已经讲过这句话，哥白尼想到了这句话可以解决这问题，便采用了。假使希腊没有这句话，在六十几年之后恐怕没有人敢说这句话吧。

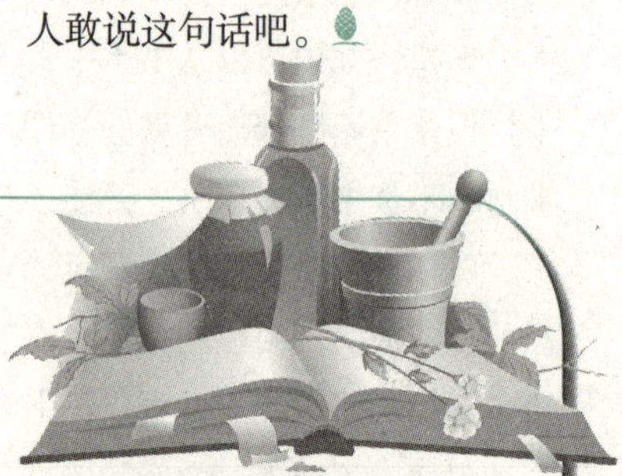

“窃读”成奇才

□李　铁

1935年，只有小学学历的金克木经人介绍，到北京大学图书馆工作，负责借书还书。一天，他忽然想到：我为什么不能也像那些教授、学生一样读一些书呢？

但如何在书海中寻到最有价值的书，却令他一筹莫展。后来，他想到了一个办法——“索引”，就像他根据索引给借书人找书一样，反过来，他也可以从借书人那里索引到有价值的书呀！

从此，借书人就成了他的“导师”。白天，他在借书台和书库间穿梭；晚上他就偷偷阅读那些被别人借过的书。他的“导师”五花八门，但以毕业生为主，这些学生要写论文，因此他们借的书都很有方向性。

给他留下深刻印象的，是一位从几十里外步行赶来的教授。他夹着布包，手拿一张纸往借书台上一放，一言不发。他接过一看，全是些古书名。待这位教授走后，他赶紧把抢记下来的书名默写出来，以后有了空闲，便照书单到善本书库中一一查看。

日久天长，这个曾经的懵懂少年不仅靠自学精通梵语、印地语、世界语等十多种语言、文字，还在文学、历史、天文等领域都卓有成就，成为一代奇才，与季羡林、张中行和邓广铭并称为“燕园四老”。

年轻人，你每天到底有多忙？

□朱光潜

中学课程很多，你自然没有许多时间去读课外书。但是你试抚心自问：你每天真抽不出一点钟或半点钟的工夫吗？如果你每天能抽出半点钟，你每天至少可以读三四页，每月可以读一百页，到了一年也就可以读四五本书了。何况你在假期中每天断不会只读三四页呢？你能否在课外读书，不是你有没有时间的问题，是你有没有决心的问题。

世间有许多人比你忙得多。许多人的学问都是在忙中做成的。美国有一位文学家、科学家和革命家富兰克林，幼时在印刷局里做小工，他的书都是在做工时抽暇读的。不必远说，你应该还记得，国父孙中山先生，难道你比那一位奔走革命席不暇暖的老人家还要忙些吗？他生平无论忙到什么地步，没有一天不偷暇读几页书。你只要看他的《建国方略》和《孙文学说》，你便知道他不仅是一位政治家，而且是一位学者。不读书讲革命，不知道“光”的所在，只是盲头乱撞，终难成功。这个道理，孙先生懂得最清楚的，所以他的学说特别重“知”。

人类学问逐天进步不止，你不努力跟着跑，便落伍退后，这固不消说。尤其要紧的是养成读书的习惯，是在学问中寻出一种兴趣。你如果没有一种正常嗜好，没有一种在闲暇时可以寄托你的心神的东西，将来离开学校去做事，说不定要被恶习惯引诱。你不看见现在许多叉麻雀抽鸦片的官僚们绅商们乃至于教员们，不大半由学生出身吗？你慢些鄙视他们，临到你来，再看看你的成就吧！但是你如果在读书中寻出一种趣味，你将来抵抗引诱的能力比别人定要大些。这种兴趣你现在不能寻出，将来永不会寻出的。凡人都越老越麻木，你现在已比不上三五岁的小孩子那样好奇、那样兴味淋漓了。你长大一岁，你感觉兴味的锐敏力便须迟钝一分。达尔文在自传里曾经说过，他幼时颇好文学和音乐，壮时因为研究生物学，把文学和音乐都丢开了，到老来他再想拿诗歌来消遣，便寻不出趣味来了。兴味要在青年时设法培养，过了正常时节，便会萎谢。比方打网球，你在中学时欢喜打，你到老都欢喜打。假如你在中学时代错过机会，后来要发愿去学，比登天还要难十倍。养成读书习惯也是这样。

读书是最有效的升值投资

□[日]本田直之

“成大器的人，不管当下收入多少，为了拓展人生视野，也会为了增加一生的总收入而使用金钱。”

这是安田佳生在《千万别捡千元大钞》一书中所写的一段话。

在使用金钱上，我认为没有像书籍这样棒的投资对象了。因为读书是最好的自我投资。

“最有效的投资就是自我投资。”这正是各种商业书上所写的“常识”，以投资股票为例，尽管你买的是什么优秀企业的股票，但首先，它的股价并不会一直绝对升值，其次，这个企业也有可能因为破产、退市而使股票价值变零。更何况，信用交易之类的投资，也有可能变成负的。

但是，如果是投资在自己身上，只要你不做损己的事（我想应该没有人会刻意做那样愚蠢的事），通常是获利的。

预期靠着读书能得到多少回报，要根据读的是什么书而定，一般的都会有超过定价一百倍以上的回报。

说到一百倍，或许有人会质疑：“这是真的吗？”而就我本身的经验，以及周围成功的经营者（成功的经营者必定读书）来看，产生的利益估计至少超过书籍费用的一百倍。所谓的一百倍，就是买了1500日元的书，并实践其中的做法，因而赚到15万日元。如果这样持续十年，就能赚到1.5亿日元。

当然，这其中也有物“低”所值的书籍。不管多么好的书，如果自己不学以致用的话，也是枉然的。

但如果你把从好书上所得的知识真正用在工作上，则一本书赚到15万日元、150万日元，甚至1500万日元都是有可能的。从这方面来想，你就能了解读书是多么廉价而且有效的投资了！

自我投资是最有效的投资。我为了拿企管硕士自费去美国留学，留学期间，十分节省生活费。留学所需的全部费用大概要1000万日元，所以长期以来，我一天只花3美元。3美元，连去麦当劳都不够。所以我只能买又大又便宜的面包，靠啃面包艰难度日。我只要想到，自我投资将来必有大成果，我就能撑下去。

如果你将来想要大的回报，就应该投资自己。股票也有暴跌的情况发生。然而，读书的话，大致上都应该会有所得。以胜负来说，读书，是压倒性胜利居多的一种稀有性赌博。当然，这里面也有你觉得“读了没有获利，浪费时间”的书籍。但随着经验的累积，慢慢就不会被这样的书所骗而浪费时间去读完它。总之，胜算会逐步持续提高。

此外，对股票、创投企业的投资，在结果出来之前要花上一些时间。但是，书本从你读完的那一天起，就会发挥助益。“没有买书的钱”或是“花钱买书觉得浪费”的人，应该是没有深刻考虑到这个层面的吧！

你『有聊』的时候会想读书吗？

□刘心武

旅美华人作家陈若曦有本随笔集叫作《无聊才读书》，光那书名就能引起不少人共鸣。的确，人们常常在繁忙匆促的人生途程中与书交臂而过不及一顾，一旦闲下来，会感到心灵中的“蓄水池”已有惊人的消耗，从而产生一种赶快读书的欲望。陈若曦女士的命意或许并非如此。但我想在“无聊”时读书，以期在“有聊”时心灵中有更饱满的创造力与冲击力，当属读书人的一种典型心态。

但我自己，并且也包括一些朋友，乃至更多的人，却是“有聊才读书”。我们往往并不是因为心灵中有了空缺而是觉得淤塞，并不是因为无所事事而是因为觉得必须做事而竟一时无从入手，并不是因为闲情雅致袭上心来而是因为有着过多的严肃思绪，并不是因为时间从容环境舒适而是因为总觉得光阴梭得太快怕自己挨不住清贫，从而读书。读书能使郁闷的心灵得到疏通，能使我们从小胡同转到大街上，能使我们的心弦适度松弛以防崩断，能使我们超越岁月的无情与世俗的牵引。

“无聊才读书”，所指的书不是无聊的书，因而很高尚。因为无聊时很容易就去吃香喝辣、搓麻将牌，或到歌厅舞场结一点“露水姻缘”，或黏在电子游戏机、卡拉OK机上成一只“懵懂虫”，乃至于无事生非、寻衅滋事。“有聊才读书”，所指的书却包括某些无聊的书。因为人在太有聊时，实在需要化解，需要调剂，需要轻松，需要超脱，因而适当地翻阅一些无益也无害、仅供一笑或一皱眉的文字，也并不减却其读书的高尚。

无论“百无聊赖”还是“百有聊赖”，不去寻求别的解脱法而首先想到读书，总是一桩好事。

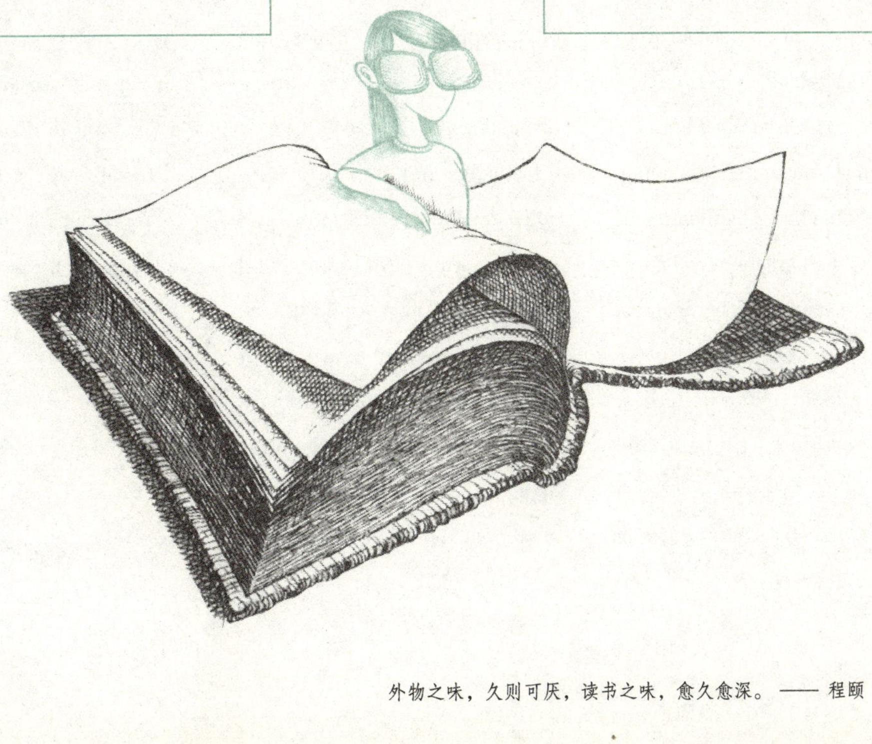

美丽的心灵捕手

□[英]培 根

Of Studies

Studies serve for delight, for ornament, and for ability. Their chief use for delight, is in privateness and retiring; for ornament, is in discourse; and for ability, is in the judgment and disposition of business. For expert men can execute, and perhaps judge of particulars, one by one; but the general counsels, and the plots and marshalling of affairs come best from those that are learned.

To spend too much time in studies is sloth; to use them too much for ornament is affection; to make judgment wholly by their rules is the humor of a scholar. They perfect nature and are perfected by experience: for natural abilities are like natural plants, that need pruning by study, and studies themselves do give forth directions too much at large, except they be bounded in by experience.

Crafty men contemn studies, simple men admire them, and wise men use them, for they teach not their own use; but that is a wisdom without them and above them, won by observation. Read not to contradict and confuse; nor to believe and take for granted; nor to find talk and discourse; but to weigh and consider.

Some books are to be tasted, others to be swallowed, and some few to be chewed and digested; that is some books are to be read only in parts; others to be read, but not curiously; and some few to be ready wholly, and with diligence and attention. Some books also may be read by deputy and extracts made of them by others; but that would be only in the less important arguments, and the meaner sort of books; else distilled books are, like common distilled waters, flashy things.

Reading makes a full man; conference a ready man; and writing an exact man. And therefore, if a man write little, he had need have a great memory; if he confer little, he had need have a present wit; and if he read little, he had need have much cunning to seem to know that he doth not.

Histories make men wise; poets witty; the mathematics subtle; natural philosophy deep; moral grave; logic and rhetoric able to contend.

Abeunt studia in mores. Nay there is no stond or impediment in the wit, but may be wrought out by fit studies: like as diseases of the body may have appropriate exercises. Bowling is good for the stone and reins; shooting for the lungs and breast; gentle walking for the stomach; riding for the head; and the like. So if a man' s wit be wandering, let him study the mathematics; for in demonstrations, if his wit be called away never so little, he must begin again. If his wit be not apt to distinguish or find differences, let him study the schoolmen; for they are cymini sectores. If he be not apt to beat over matters, and to call up one thing to prove and illustrate another, let him study the lawyers' cases. So every defect of the mind may have a special receipt.

论读书

——廖运范译

读书能给人乐趣、文雅和能力。人们独居或退隐的时候，最能体会到读书的乐趣；谈话的时候，最能表现出读书的文雅；判断和处理事务的时候，最能发挥由读书而获得的能力。那些有实际经验而没有学识的人，也许能够一一实行或判断某些事物的细微末节，但对于事业的一般指导、筹划与处理，还是真正有学问的人才能胜任。

耗费过多的时间去读书便是迟滞，过分用学问自炫便是矫揉造作，而全凭学理判断一切，则是书呆子的癖好。学问能美化人性，经验又能充实学问。天生的植物需要人工修剪，人类的本性也需要学问诱导，而学问本身又必须以经验来规范，否则便太迂阔了。

技巧的人轻视学问，浅薄的人惊服学问，聪明的人却能利用学问。因为学问本身并不曾把它的用途教给人，至于如何去应用它，那是在学问之外、超越学问之上、由观察而获得的一种聪明呢！读书不是为着要辩驳，也不是要盲目信从，更不是去寻找谈话的资料，而是要去权衡和思考。

有些书只需浅尝，有些书可以狼吞，有些书要细嚼慢咽，慢慢消化。也就是说，有的书只需选读，有的书只需浏览，有的书却必须全部精读。有些书不必去读原本，读读它们的节本就够了，但这仅限于内容不大重要的二流书籍，否则，删节过的往往就像蒸馏水一样，淡而无味。

读书使人渊博，论辩使人机敏，写作使人精细。如果一个人很少写作，他就需要有很强的记忆力；如果他很少辩论，就需要有机智；如果他很少读书，就需要很狡猾，对于自己不懂的事情，假装知道。

历史使人聪明，诗歌使人富于想象，数学使人精确，自然哲学使人深刻，伦理学使人庄重，逻辑学和修辞学使人善辩。

总之，读书能陶冶个性。不仅如此，读书并且可以铲除一切心理上的障碍，正如适当的运动能够矫治身体上的某些疾病一般。例如，滚球有益于肾脏；射箭有益于胸肺；散步有益于肠胃；骑马有益于头脑，等等。因此，假若一个人心神散乱，最好让他学习数学，因为在演算数学题目的时候，一定得全神贯注，如果注意力稍一分散，就必须得从头做起。假若一个人拙于辨别差异，就让他去请教那些演绎派的大师们，因为他们正是剖析毫发的人。假若一个人心灵迟滞，不能举一反三，最好让他去研究律师的案件。所以每一种心理缺陷，都有一种特殊的补救良方。

图书馆里不孤单

□［美］Clint Morehead

我时常觉得学校图书馆的某个书房，会让我联想到某间单人小室。那书房洁白光亮，静谧得几近完美。在这里，我在笔记、课本、人体解剖学图谱中徜徉，来来回回，就连一丝呼吸也无法让我分神。于我而言，学习已经成为一个独自的仪式，然而我并不孤单。在其他相似的书房里，别的学生埋头苦读，双肩悬撑在玻璃纤维书桌上，如同在别处有所寻觅似的阅读着。

这座图书馆建于40年前，墙壁和天花板由石块、贝壳和灰泥砌成。入口附近钉着一块锈迹斑斑、黄黑相间的标志牌，表明这里也是一个防辐射避难所。如今，恶劣的天气才是将人们赶往馆内的原因。有时，我在我的小书房里听见他们的动静，从书本里抬起头来，打开门，看着被雨水浇透的街坊在书架之间慌乱穿梭。几分钟后，我才回过神来，寻回刚才阅读之处。

我笃信这些书房。我笃信图书馆。我也笃信厨房、咖啡店和公园里的长木凳，还有橡树的树荫。这些地方使得学习暂时将我带离这变幻莫测的世界。当我聚精会神于书本之中，双眼所见皆为书页，双耳所闻皆为我的思想，其他的一切全部消失了，学习成了一种交流，我在其中阅读、消化和成长。它使我变得沉着，它将我抛回给我自己，就像倒影一般，直到我找到唯一的焦点：那个我希望成为的拥有洞察力的人。

一天结束时，我像人们回家那样回归学习。晚餐后，我逆着车流驱车回到图书馆。在我的“无菌室”里，我坐了下来。这里只有我，一个纯粹的学生和一些课程笔记、几本书、一支笔。世界此刻静默了。我的双眼扫描着眼前的一切。在这边，在这胚胎学的课本里，有一幅插图，显示出人类心脏和动脉圆锥的原始构造。在那边，有着发育完全的成年人的心脏图。我的视线从一幅插图跳到另一幅插图。我记下更多的笔记、草图，凝视着一面空白的墙壁，调节双眼。在这其中的某处，一个神经元突触被激发了，一条新的路径正在成形。这就是心脏被塑造的过程！然而，我感受到了除此之外的其他东西。学习新的知识就像是一次小小的顿悟，我被自己强大的思想包围着，感到非常喧闹和幸福。

别忘了付钱给大仲马

□[法] 夏尔·丹齐格

我们被告知：通过阅读大仲马的小说能出色地学到历史知识。是的，如果我们愿意的话。这是某些人的观点。但它是错的。我们在大仲马的作品里学到的，就是大仲马。他关于法国国王路易十三和黎世留（路易十三的首相）的观点当然不是错误的，可那是各种不同观点之中的一种。受到属于作者即大仲马的性情的影响。他是一个慷慨大方的人，性情中没有奸诈狡猾的容身之地。他不喜欢路易十三这个相当奸诈的国王，因而很可能夸大了他作为小说人物的狡猾一面。正如吉奥诺在《帕维的灾祸》中夸大了夏尔·坎特斤斤计较的小心眼儿。正如切斯特顿在其著作《狄更斯》里夸大了狄更斯的乐观。而这很好。那些带有倾向性的作品比那些永远晦涩不清、观点中立的作品更有助于我们推敲人物。在有倾向性的作品里，我们知道追灯光——如同独奏音乐会上的照明灯光——分外强烈并且仅仅集中在一部分人物身上；至少那些人的夸张表现是这样告诉我们的，于是我们明白了这种需要抑制的夸张的存在。在有倾向性的作品里，我们不仅看到了作者，这些被其照明方式所照亮的灯光师，也看到了一个狄更斯，一个夏尔·坎特，一个路易十三——有人见过这样的一个人吗？这样的一个人，他存在吗？如何像这样？单独一个人？一个单独的人存在吗？人难道不是生活在社会中并受其他人支配吗？想在一本并非以教学为目的的书里学到些知识，正如康德谈到别的问题时所说，等于付钱给别人，请他替我们思考。

穿上『隐身衣』见苏格拉底

□杨 绛

读书钻研学问，当然得下苦功夫。为应考试、为写论文、为求学位，大概都得苦读。陶渊明好读书。如果他生于当今之世，要去考大学，或考研究院，或考什么“托福儿”，难免会有些困难吧？我只愁他政治经济学不能及格呢，这还不是因为他“不求甚解”。

我曾挨过几下“棍子”，说我读书“追求精神享受”。我当时只好低头认罪。我也承认自己确实不是苦读。不过，“乐在其中”并不等于追求享受。这话可为知者言，不足为外人道也。

我觉得读书好比串门儿——“隐身”的串门儿。要参见钦佩的老师或拜谒有名的学者，不必事前打招呼求见，也不怕搅扰主人。翻开书面就闯进大门，翻过几页就升堂入室；而且可以经常去，时刻去，如果不得要领，还可以不辞而别，或者另找高明，和他对质。不问我们要拜见的主人住在国内国外，不问他属于现代古代，不问他什么专业，不问他讲正经大道理或聊天说笑，都可以挨近前去听个足够。我们可以恭恭敬敬旁听孔门弟子追述夫子遗言，也不妨淘气地笑问“言必称‘亦曰仁义而已矣’的孟夫子”，他如果生在我们这个时代，会不会是一位马列主义老先生呀？我们可以在苏格拉底临刑前守在他身边，听他和一位朋友谈话；也可以对斯多葛派伊匹克悌忒斯的《金玉良言》思考怀疑。我们可以倾听前朝列代的遗闻逸事，也可以领教当代最奥妙的创新理论或有意惊人的故作高论。反正话不投机或言不入耳，不妨抽身退场，甚至“砰”一下推上大门——就是说，“啪”地合上书面——谁也不会嗔怪。这是书以外的世界里难得的自由！

壶公悬挂的一把壶里，别有天地日月。每一本书——不论小说、戏剧、传记、游记、日记，以至散文诗词，都别有天地，别有日月星辰，而且有生存其间的人物。我们很不必巴巴地赶赴某地，花钱买门票去看些仿造的赝品或“栩栩如生”的替身，只要翻开一页书，走入真境，遇见真人，就可以亲亲切切地观赏一番。

说什么“欲穷千里目，更上一层楼”！我们连脚底下地球的那一面都看得见，而且顷刻可到。尽管古人把书说成“浩如烟海”，书的世界却真正的“天涯若比邻”，这话绝不是唯心的比拟。世界再大也没有阻隔。佛说“三千大千世界”，可算大极了。书的境地呢，“现在界”还加上“过去界”，也带上“未来界”，实在是包罗万象，贯通三界。而我们却可以足不出户，在这里随意阅历，随时拜师求教。谁说读书人目光短浅，不通人情，不关心世事呢！这里可得到丰富的经历，可认识各时各地、多种多样的人。一次我乘汽车驰过巴黎赛纳河上宏伟的大桥，我看到了栖息在大桥底下那群捡垃圾为生、盖报纸取暖的穷苦人。不是我眼睛能拐弯儿，只因为我曾到那个地带去串过门。

可惜我们串门时隐而犹存的身毕竟只是凡胎俗骨。我们没有如来佛的慧眼，把人世间几千年积累的智慧一览无余，只好时刻记住庄子“生也有涯而知也无涯”的名言。我们只是朝生暮死的虫豸，钻入书中世界，这边爬爬，那边停停，有时遇到心仪的人，听到惬意的话，或者对心上悬挂的问题偶有所得，就好比开了心窍，乐以忘言。这个“乐”和“追求享受”该不是一回事吧？

绝望中向你伸出的那双手

□［英］尼尔·盖曼

我打算和你们聊聊读书这件事。因为当我们在读书的时候，一切都会有所改变。

我之前曾在纽约听到过关于私人监狱的事情，这在美国是一个快速发展的行业。监狱行业需要预测它在未来的发展——他们需要多少间牢房？15年后到底有多少罪犯？他们发现这种预测十分容易，就用一种十分简单的运算法则，即现在10——11岁的孩子们，不读书的比例是多少。不是说有文化的社会就没有犯罪了，但二者的确有所关联。而且我认为在这些关联中，最简单的一种就是，有文化的人会看小说。

小说有两种功能。第一，它能吸引你去读书，让你想去翻书页，就算是书本身有点儿难懂，但因为有人物麻烦缠身而你又想知道结果到底是什么，你就会继续看下去。这就是一种很好的推动力，不断促使你去学习新的单词，去思考那些新的问题，它会让你发现读书本身是快乐的。一旦你认识到了这一点，读书就成了一种享受。

小说的第二个功能就是让你感同身受。共感是帮助人们融入群体的一种工具，让我们比那些自恋的人更好地发挥作用。你也会发现自己读到的极其重要的内容，会帮助你取得成功。

小说能为你提供一个完全不同的世界，它能带你去从未到过的地方。一旦你看到其他不同的世界，你就不会对自己成长的现实世界完完全全地感到满意。不满是一件挺不错的事情：不满的人能改变和完善他们的世界，让世界变得更好，变得不同。

既然我们已经谈到了这个话题，我就来说说逃避主义。我总是听到人们批评说，这是个不好的词。可如果你被困于绝境，或者和对你心存恶意的人在一起，这时候有人帮你短暂地逃离一下，为什么你不接受这种帮助呢？逃避现实的小说就是如此。更重要的是，在你暂时逃离的时候，书会教给你知识，在困境中赋予你武器和盔甲，当你带着它们重回现实世界时，你会发现自己有了一点点改变。

图书馆就是一种自由，思想的自由，交流的自由。图书馆还是一种教育，是一种娱乐，能够创造出安全的空间，能够让我们接触更多的信息。我认为图书馆应该和信息的本质相关。人类现在仅两天所创造出的信息量，相当于从早期文明到2003年这么长时间内所创造出的信息总和。这时，挑战就从在荒漠中找到缺失的植物变成了在茂密的树林中找到一棵确切的植物。我们需要一些帮助，通过指引找到我们真正需要的信息。

读书读出的知己良友

□［美］约翰·寇德·拉格曼

读书可以为人生增添乐趣。我最近买了一套贝多芬的奏鸣曲唱片，同时也买了一本《贝多芬书信集》。这本书使我更加欣赏贝多芬的音乐，因为它使这位作曲者成为一个真实的人。另外，由于我是一个业余的园艺家，所以常需要依赖书籍的指示。现在我读书之多大概都不下于我掘过的地、种过的庄稼和拔过的草了。

我的一位朋友有这样一个习惯，在他全家准备做一次夏季旅游前的几个月里，他总是会购买一些与此次旅行目的地有关的书籍回来，例如介绍加拿大、墨西哥、英国、法国和希腊的历史和现状、风土人情和名胜古迹的书籍，并就此召集全家人在起居室里开展讨论。由于游览前已有了丰富的遐想，所以当他们站在古代墨西哥的查普特克城堡，或观看白金汉宫守卫换岗时，他们得到的享受是双重的。

书籍还能使人找到知己良友。一位朋友把他最近的一次经历告诉了我。他在前往芝加哥的火车餐车里阅读詹姆士·亚基的《亲人之死》入了迷，以至于对周围一切全不注意，甚至不知道吃的东西是什么味道。读到一半时，便不觉眼泪沿颊而下。他偷偷擦去眼泪，希望没人看见，正在这时，坐在他对面的一个陌生人轻轻地说：“我以前读这本书的时候，也和你一样。”我的这位朋友立刻觉得那人像是他的老朋友，两个人共度了一个愉快的晚上，以后也保持着密切的联系。

不过，你可能会说：“我喜欢读书，但实在没有时间。”去年冬天，我那十七岁的儿子杰参加滑雪旅行归来，当我帮他打开行囊时，从他的靴子里抽出一沓弄湿的书页，竟是维吉尔的《埃尼德》前一百页。从另外一只靴子里抽出来的则是帕尔格雷夫《金库诗选》的一大部分。

杰说：“我们每天上山要坐六次钢缆滑车，于是就有了三个小时的读书时间。外衣里放不下这些书，因此我只好把要读的撕下来塞在靴子里。”

这当然有些糟蹋书籍，不过它们只是便宜的普及本，而且我因杰学会偷闲读书的方法感到高兴。

我的妻子总是埋怨我在家里乱堆书籍。我得承认，家里确实到处是书，在咖啡桌上、床边、桌子上、窗台上，甚至浴室里和厨房里都可见到书。不过我想正是由于这种环境，才使我们的儿子养成了随时随地读书的习惯。

一位到过白宫的人说：“肯尼迪总统在接待来宾的短暂间隙里，总是埋头翻阅书刊。”这位总统曾经说：“罗斯福在与人交谈中形成自己的见解，我则从书报中获得我的观点。”

书价跟着粮价走

□茅盾

有人在“米亭子”某铺看到了一部《综合英汉大词典》(袖珍本)，索价两千六百元，买不起，隔了两天再去看，却已涨为三千元了。问何以多涨四百，则答曰：“这几天粮价涨了呀！”书是精神食粮，书价跟着粮价走，似亦理所当然。

国际阅读沙龙

嘘，不要打扰地铁上的阅读时光

□[法] 夏尔·丹齐格

我登上伦敦的“环线”地铁，感觉就像走进一个图书馆。车厢内鸦雀无声。至少一半的人在读着什么——平板电脑、免费报纸、晦涩的小说或汽车杂志。

我试图跟人目光接触，根本是徒劳，伦敦人似乎喜欢目不转睛地盯着广告，那是因为他们手头没有手机或别的什么读物。

有人起身，空出宝贵的位子，但很少有其他人会冲过去。有人会慢慢靠过去，就像某种舞蹈一样，一边东看西看，确保没别人想要那个座位。

几站过后，一名拖着带轮箱子的年轻人没有意识到，箱子大轮压到了一个看起来像是银行家的擦得油光发亮的鞋子上。我等着那名商人的尖叫声甚至咒骂。结果没有。那个人推开脚上的箱子，往左移动一步，重新打开书，自始至终没说一句话。我想，那位年轻人肯定没意识到箱子压到了人。我呢，好像在看一部无声电影。

中国人，你是否已被科技绑架？

□［印度］孟莎美

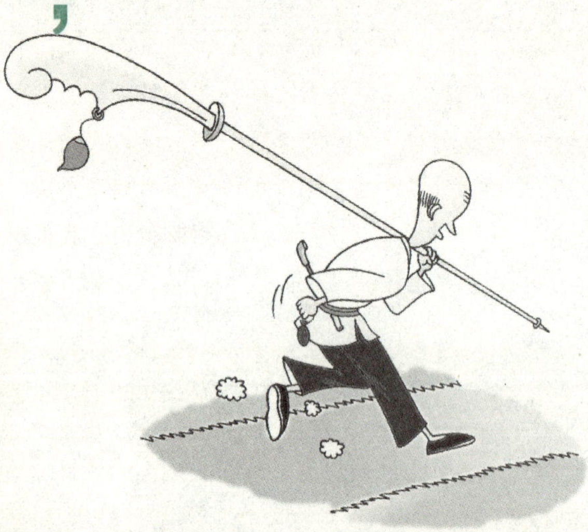

我坐在从德国法兰克福飞往上海的飞机上。正是长途飞行中的睡眠时间，机舱已熄灯，我蹑手蹑脚地起身去厕所。座位离厕所比较远，我穿过了很多排座位，吃惊地发现，我同时穿过了很多排iPad（平板电脑）——不睡觉玩iPad的，基本上都是中国人，而且他们基本上都在打游戏或看电影，没见有人读书。

这一幕一直停留在我的脑海里。其实在法兰克福机场候机时，我就注意到，德国乘客大部分是一杯咖啡、一份报纸、一本书，或者一台笔记本电脑，安静地阅读或工作。中国乘客中也有阅读和工作的，但不太多——大部分人或者在穿梭购物，或者在大声谈笑和比较价格。

中国是一个有全世界最悠久阅读传统的国家，但现在的中国人却似乎有些不耐烦坐下来安静地读一本书。一次我和一位法国朋友一起在虹桥火车站候车，这位第一次来中国的朋友突然问我："为什么中国人都在打电话或玩手机，没有人看书？"

我一看，确实如此。人们都在电话上（大声谈话），不打电话就低头发短信、刷微博或打游戏——或喧嚣地忙碌，或孤独地忙碌，唯独缺少了一种满足的安宁。

在欧洲，火车的速度也许已经没有中国快，火车站的现代化程度也许不再领先，但大部分人是在阅读中度过等待的时间，即使打电话也轻声细语，生怕吵到了身边乘客宁静的阅读。

当然，我知道中国人并不是不读——很多年轻人几乎是每10分钟就刷一次微博或微信，从中获取有用的信息。但微博和微信的太过流行也让我担心，它们会不会塑造出只能阅读片段信息，只会使用网络语言的下一代？

真正的阅读是指，你忘记周围的世界，与作者一起在另外一个世界里快乐、悲伤、愤怒、平和。它是一段段无可替代的完整的生命体验，不是那些碎片的信息和夸张的视频可以取代的。

当然，网络侵蚀阅读是一个全球化的现象，并不只是中国才有。但有阅读习惯的人在中国庞大的人口当中，显得尤其稀少。我其实更想说的是，当下的中国，缺少那种让人独处而不寂寞、与另一个自己——自己的灵魂——对话的空间。

生活总是让人疲倦，我们都需要有短暂的"关机"时间，让自己只与自己相处，阅读、写作、发呆、狂想，把灵魂解放出来，再整理好重新放回心里。

或许我们对于一个经济还在迅速发展的发展中国家不应过分苛责——过于忙碌是压力所迫，并不是一种过错。但我只是担心，如果就此疏远了灵魂，未来的中国可能会为此付出代价。宁可慢一点儿，松一下……

从美国传来的“读书耻辱游戏”

□马伯庸

编剧史航告诉我一个很有趣的游戏，最早是从美国传来的，这个游戏叫作“读书之耻”。玩法很简单：在朋友聚会的时候，轮流坦承一本自己本该看过实际上却从未读过的经典名著。你说没看过莎翁，我比你还惨，我连《圣经》都没读过；我说金牧师的《我有一个梦想》我没听完过，别紧张，他西装革履，一副学富五车的模样，连《独立宣言》都背不全。

大家轮流坦白，高潮迭起，往往能有各种惊人的发现，使得人们拍着大腿指着对方大笑，“平时看你浓眉大眼，原来也是这副德行啊。”所有人坦白完一轮，彼此相视一笑，气氛无比融洽。

这是个很有意思的心理游戏。在正常的社交活动里，一个博览群书的人总是更容易得到大家的尊敬，而读书少则是一个负面属性。如何判断这一点，每个人心目中都隐藏着一份书单，不一定都读过，但一定不能承认这一点。没人愿意被当面说“哎呀，你怎么连这本书都没看过”。于是，为了不暴露自己读书少，大家会很辛苦地装腔作势，在听到别人提到某某书时点点头，“嗯，这书不错。”其实压根儿没看过。日积月累，习惯成了自然，压力悄然堆积。

而这个游戏反其道而行之，让大家都自曝其丑其短。要知道，一件丑事，一个人做了是丑事，所有人都做了，那就不怎么丢人了。这个游戏的原理，在于迎合了参与者的从众心理，而且让他们的耻辱与在场的每一个人分担。大家轮流对约定俗成的社会习惯进行挑战，等于每个人都卸下自己的面具，压力自然就随之释放。

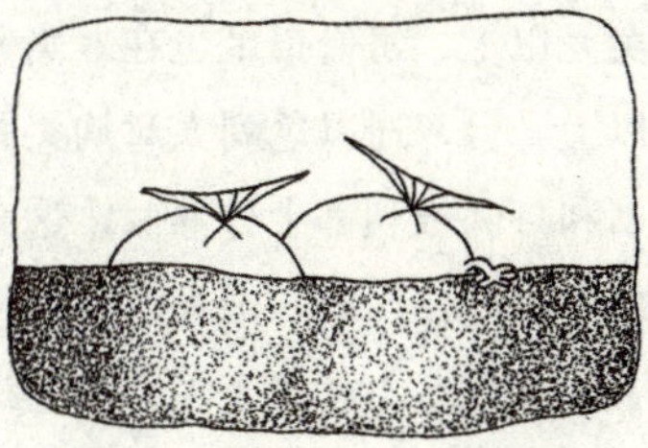

这个游戏在中国玩，比在美国玩更加有趣。因为中国有几千年的读书传统，读书已经被视为一种与生俱来的义务，一种传统。中国有太多“不应该没读过的”名著，小时候《三字经》《百家姓》《千字文》总得背一遍吧？稍大一点儿，《唐诗三百首》起码得背个三分之一出来；再大些，《论语》《老子》得通读一回吧？还有两司马、三曹、建安七子、唐宋八大家、诸子百家，都要略有涉猎不是？在书店里放眼一扫，随便就能发现诸如“你不得不读的中华经典100本”“中国人必读的10本世界名著”之类的系列丛书。读者还都吃这一套，一箱一箱地往家里扛，一脸焦虑，仿佛少看了一本，就会被社会淘汰了似的。

在这种“必读”高压之下，玩起“读书之耻”来，挑战禁忌的快感格外强烈，释放出来的压力也就特别大。我在不同的朋友圈子里实验了几次，效果特别好。一开始，大家还有点儿扭捏，只好我来起了个头。我会很诚实地告诉他们，我很少看俄国作家的作品，不是人家写得不好，而是对不上眼。《安娜·卡列尼娜》我就没看过，《复活》只翻过封皮，《卡拉马佐夫兄弟》更是看了个书名就扔下了。中国的经典里，我没通读过《诗经》，没研究过楚辞，没朗诵过汉赋，就连《唐诗三百首》我能背下来的都不算多，写东西要用的时候，还得靠百度和谷歌去查。

我这个头儿一开，其他人明显松了一口气，争先恐后深挖自己的思想根源。这些家伙与其说是在坦白，毋宁说是在发泄，仿佛要把平时被那些“必读书籍”憋进胸腔里的鸟气，一次宣泄个够。

标榜自己读过什么书，这是一件好事。不过偶尔试着坦承自己没读过什么书，也未必是坏事。最后，请允许我引用李小龙先生的一句经典台词来为这游戏做个注脚：“我读书少，你可别骗我。”

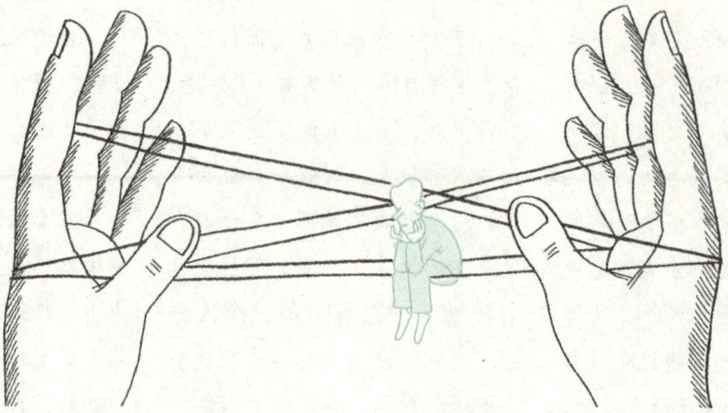

靠阅读智脑强国的两个国家

□薛来彩

世界上有两个国家的人最爱读书，一个是以色列，另一个是匈牙利。

以色列人均每年读书64本，占全国人口80%以上的犹太人人均每年读书达68本之多。犹太人有个习俗，当孩子出生时，母亲就会翻开《圣经》，滴上一点儿蜂蜜，让小孩儿去舔《圣经》上的蜂蜜，通过这一舔，让孩子对书产生美好的第一印象：书是甜的。当孩子稍稍懂事时，几乎每一个母亲都会问这样一个问题："假如有一天你家里突然起火，你首先会抢救什么？"当孩子回答是钱或钻石时，母亲会严肃地告诉他："这些都不重要，你首先应该抢救的是书！书里藏着的是智慧，这要比钱或钻石贵重得多，而智慧是任何人都抢不走的。"因而犹太民族是世界上唯一一个没有文盲的民族，就连犹太人的乞丐也是离不开书的，即使在乞讨，他们的身边总会带着每天必读的书，更别说衣食无忧的人了。在以色列，书刊价格非常昂贵，每本书的售价在20美元以上，每份报纸也在6美元以上，但普通以色列人对购买图书和订阅报刊都十分慷慨。这个仅有500万人口的国家，持有借书证的就有100多万人，是全世界人均拥有图书最多的国家。

"安息日"是以色列犹太人一个非常重要的宗教活动日，在"安息日"所有的犹太人都要停止所有商业和娱乐活动，商店、饭店、娱乐等场所都得关门停业，公共汽车要停运，就连航空公司的班机都要停飞，人们只能待在家中"安息"祈祷。但有一件事是特许的，那就是全国所有的书店都可以开门营业。而这一天光顾书店的人也最多，大家都在这里静悄悄地读书。

另一个国家匈牙利，它的国土面积和人口都不到中国的百分之一，却拥有近两万家图书馆，平均每500人就有一座图书馆，而我国平均45.9万人才拥有一座图书馆。匈牙利平均每人每年购书20本，而我国20世纪90年代统计，平均每人每年购书只有5本，现在还在下降。

一个崇尚读书学习的国家，当然会得到丰厚的回报。以色列人口稀少，但人才济济。诺贝尔奖获得者就有8个，以色列环境恶劣，国土大部分是沙漠，像巴勒斯坦等阿拉伯国家的粮食不够吃，还要以石油换食品，而以色列却把自己的国土变成了绿洲，而且生产的粮食不但自己吃不完，还源源不断地出口到其他国家。他们凭着聪明和智慧，创造出惊人的物质和精神财富。

而匈牙利，诺贝尔奖得主就有14位，若按人口比例计算，匈牙利是当之无愧的"诺奖大国"。他们的发明也非常多，既有火柴、圆珠笔这样的小物件，也有电话交换器、变压器、汽化器、电视显像管这样的尖端产品。

身边永远要带着铅笔和笔记本，读书和谈话时碰到的一切美妙的地方和话语都把它记下来。——列夫·托尔斯泰据说，20世纪80年代是匈牙利人发明的黄金时代，平均每年的发明专利都在400件以上。一个小国，因爱读书而获得智慧和力量，靠着智慧和力量，将自己变成了让人不得不服的“大国”。

一个学者说：“一个人的精神发育史，应该是一个人的阅读史，而一个民族的精神境界，在很大程度上取决于全民族的阅读水平；一个国家谁在看书，看哪些书，就决定了这个国家的未来。”所谓“读书改变人生，知识改变命运”。读书不仅仅影响到个人，还影响到整个民族，整个社会。有人感叹道：“当今社会识字的人多了，读书的人却少了。”很多人把宝贵的时间耗在推杯换盏、打牌搓麻将、欢歌劲舞等娱乐应酬中，却不愿花时间认认真真地读几本好书。要知道：一个不爱读书的民族，是可怕的民族；一个不爱读书的民族，是没有希望的民族。

●关注意林“上学那些事儿”官方微信（yilinsxnxs），输入关键词“阅读视野”获取更多精彩内容。

美国的“小说旅馆”

□袁文良

在美国俄勒冈州的纽波特海湾，有一家旅店被人们称为“小说旅馆”。从外观看去，这个只有3层楼的旅馆与周围的其他建筑没有什么不同，每年却有数以万计的游客，特别是一些喜爱读书的人在这里下榻。

早在8年前，同在一家酒店供职的科利尔和莎莉斯在工作中发现，有相当多的客人，特别是一些文化人在旅游之余不愿光顾酒吧、赌场、健身房等地，也不喜欢看电影、电视，而是愿意静下心来读一些名著，而在当时，酒店又无法满足这部分客人的“特殊”需要。于是，科利尔和莎莉斯便一同辞职，集资购买了海湾处的一幢楼房，装修后取名为“西里维亚旅馆”，设客房20套，房间内没有电视机，旅馆内也没有酒吧、赌场、健身房、游泳池等设施。

走进这家旅馆，人们会发现旅馆的房间没有编号，每一套房间都是以世界一位著名的作家或闻名于世的小说主人公来命名的，其房间的摆设与布置也与该作家或主人公有密切关联。如在“福尔摩斯客房”内，衣帽架上挂着的那顶半圆筒状的帽子和黑色披风，以及桌子上放着的大烟斗，使人仿佛感到这位驰名世界的“神探”就近在眼前，此时如果再翻阅福尔摩斯探案的小说，人们会产生一种自己正在与福尔摩斯讨论案情的感觉；在“海明威客房”中，人们可以看到旭日初升的景象，通过房间中的一台残旧打字机和挂在墙壁上的一只羚羊头，人们似乎联想到海明威的小说《老人与海》《战地钟声》里动人的情节描写。

也许是由于旅馆特殊的设置，人们逐渐忘记了旅馆的原名，都以“小说旅馆”取而代之。在旅馆的每个房间和庭院内，随处可见阅读小说、静心思考、埋头写作、交流读书心得的游客。

随着时间的推移，“小说旅馆”的影响日渐扩大，越来越多的游客都以能在这家小旅馆住一宿为乐，一些新婚夫妇甚至还以在这家旅馆以法国女作家科利特命名的“科利特客房”中欢度蜜月为荣。正因为慕名前来的游客越来越多，想在“小说旅馆”住宿，需要提前两个星期预订。

我们美国并不是一个盛行读书的国家。两年前，有人曾经就阅读的问题在美国、英国、德国、澳大利亚和加拿大做了一个调查，这些国家的每个接受调查的人，都被问到一个问题："在此调查期间，你是否正在读一本书？"结果显示在回答"是"的人中，英国有55%，德国有45%，澳大利亚有33%，加拿大有31%，但是美国仅有17%。自从一本名为《为什么强尼不会阅读》的书问世后，关于小学学童不能充分阅读的问题，在社会上掀起了激烈的讨论，很多学校现在已经设法采取措施，弥补这项缺憾，不仅小学有这个必要，甚至中学及大学也迫切需要建立一个"阅读扶助社"，以帮助那些在阅读方面有困难的人，改进他们的阅读技巧和速度。

三年前，国家书籍公会及美国图书馆协会共同发起了"国家图书馆宣传运动周"活动，这个活动的宗旨是强调阅读的价值。数以千计的图书馆员、书籍出版商、教育家、传教士，无线电、电视界、新闻界和政府都行动起来，使民众相信阅读与教育是不可分的，而教育则是民主的根基。我们要把"醒过来读书吧"这一口号传遍美国的各个角落。在我自己居住的小城市，我们印了数万张写有这个口号的卡片，再用飞机发放到城市的各个角落，甚至连清洁工人都知道我们的工作，我们想让大家都知道，阅读是永恒的乐趣。

美国之所以不怎么盛行读书，是因为一般人对读书存在一个错误的看法，认为读书纯属浪费时间，一个人总应该真正去"做些什么"。在我年幼时，我常听人家这样议论我："她不做什么事，只是一天到晚坐着看书。"我确信我母亲要我去洗盘子时，她一定也这样想。

读书破坏了美国人的忙碌观

□兰德女士

德国最受欢迎的礼物

□颜昌海

德国式阅读的概念

什么是德国式阅读？德国式阅读可以概括为：读书习惯、读书氛围、读书设施，也可以理解成一种德国特有的读书文化。先来看关于德国人读书的一些数据：有91%的德国人一年至少读一本书。其中，23%的德国人年阅读量在9～18本；25%的德国人年阅读量超过18本，大致相当于每3周读完一本书。对于德国年轻人来讲，书就和啤酒一样让人喜爱，因此书也成了德国最受欢迎的礼品。

德国拥有全球第二大图书市场，市场年销售总额达96亿欧元（约合人民币770亿元）。德国年出版新书9万余种。德国还是全世界人均书店密度最高的国家，平均每1.7万人就有一家书店。

德国的图书馆

德国有1.4万多个图书馆，藏书约1.29亿册。每座城市都有市立图书馆，而且一定是建设在当地最繁华的地段。小镇里往往也有图书馆。没有固定图书馆的乡村则定期有流动图书馆，以方便居民借阅图书。人们只需花约10欧元办一张年卡，就可到图书馆自由借阅图书。在公立图书馆，看书是完全免费的。

德国有很多非常具有特色的图书馆，比如海德堡大学图书馆，是德国最古老大学的图书馆，藏书260万册，其中拥有6000多册珍贵的手稿和古代印刷本，和极为珍贵的14世纪手本，在世界顶级名校的图书馆中排名第5位。除此之外，德国各个高校的图书馆也是可圈可点：比如，柏林洪堡大学图书馆，内部采用“剧场式”设计；德国科特巴斯大学图书馆，更像是一个现代博物馆；德累斯顿工业大学图书馆，室内采用环保材料和自然采光系统，古典与现代相结合。如果你有机会去德国，不妨把德国的图书馆作为旅途中的一道风景。

德国的读书文化

在德国随处可以看到正在阅读的人，在车站、咖啡馆和草坪上，甚至是任何场所，似乎每个人的背包里都有一两本书，只要一有时间，就拿出来读。

德国人更喜欢纸质图书，有两点原因：一是喜欢纸质图书拿在手上的感觉，更为传统和真实；二是电子图书的价格并不比纸质图书的价格便宜很多。

他们还认为，真正的阅读源于书，而非实时消息。他们更愿意阅读有价值的，即便长篇大论的文章，而不是阅读那些无用的、没有任何营养的花边消息。

德国人更喜欢阅读的是一些有深度、值得思考、震撼心灵的文学作品，2013年最受好评的6本书分别为：《波比和流浪汉：一只改变我生命的猫》《战争小孩打破沉默》《漫漫自由路》《病愈密码：六分钟病愈方法》《百岁老人跷家去》《狐狸谷》。

几乎每一个德国家庭都有书架，或设在书房，或摆放于客厅，似乎成为家里的一件装饰，在很多德国人家，书架上的书他们几乎全部阅读过。德国每个家庭平均藏书近300册，人均藏书100多册。他们认为：“一个家庭没有书籍，等于一间房子没有窗户。”

约翰内斯堡路边的里拉

□代连华

生活在南非约翰内斯堡的里拉，虽然以流浪为生，但他是世界上最富有的流浪者。

24岁的里拉有曲折的人生。他从小生活在贫困之家，勉强读到初中时，父母因病去世，里拉从此过起了流浪生活。因为流浪，里拉结识了各种各样的朋友。

有一次，饥饿难耐的里拉在朋友的诱惑下，第一次吸食了毒品，结果深陷其中。但里拉没有能力购买毒品，于是，那些人就强迫里拉去偷、去抢。里拉不肯，结果被狠狠地揍了一顿。

里拉继续以乞讨为生，但毒瘾时时发作，这让里拉苦不堪言。为了忍受毒瘾的侵袭，里拉干脆坐在路灯下读起书来。那些书原本是里拉顺手捡回来用以生火取暖的，现在它们却成了里拉的救命稻草。不同种类的书为里拉展示了不同的世界，让里拉暂时抑制住了毒瘾发作时的冲动。

从那以后，乞讨与读书成为里拉最主要的生活，但捡来的旧书毕竟有限。于是，里拉每天乞讨食物时，也开始乞讨旧书。随着阅读量的增加，书本里的知识不仅开阔了里拉的视野，而且使里拉深受其害的毒瘾竟然也渐渐被控制住了。里拉渐渐地明白了，穷并不可怕，可怕的是没有尊严地生活。

里拉决定不再以乞讨为生，而要重新过另一种生活。里拉把自己收藏的书一本本修补整理，然后拿到路边去销售。

于是，在南非约翰内斯堡的路边，出现了一个温馨的画面：衣衫破旧的里拉，安静地坐在自己的书堆旁边，一边读书，一边期待着顾客的光临。

有人认为里拉是在作秀，借以博取更多人的同情，于是很随意地拿起一本书问里拉是否读过，结果里拉不仅能讲出书中的内容，甚至好多词句都能背下来。里拉自信地说：“我收藏的书已经读完了，准备卖掉一些，然后补充一些新书。读书会让你变成一个更好的人，所以，我希望每个人都能多读书，书是我们最好的朋友。”

里拉的励志故事引起了电视台的关注，他们把里拉的故事制作成视频发到网上，节目的名字叫《你好，路边书虫》。在节目中，里拉充满激情地告诫年轻人：“读书吧，读书会让我们看到最美好的世界，读书让我们远离一切暴力和毒品，读书永远不会伤害人。”而为了让孩子们不再整天盯着手机打游戏，里拉还向他们赠送了一些书。

被读书改变人生的里拉，依然坐在南非约翰内斯堡的路边读书、售书，他的故事不仅让许多人重拾书本，走进阅读的世界，而且影响了许多人的价值观，同时也颠覆了人们对流浪生活的偏见。你可能一无所有，但你拥有知识，知识是无价的，所以，流浪的里拉是世界上最富有的流浪者。

诺贝尔文学奖在瑞典

□芳　菲

2012年10月25日下午，正在上海访问的诺贝尔文学奖评委马悦然来到上海中学，等待他的是礼堂里1000多名学生。和学生一起读诗，源于诺奖的一个传统。每届诺贝尔文学奖得主在颁奖典礼的第二天——12月11日，都会到一所叫林克比的学校去。那是位于斯德哥尔摩移民区的一所有年头的平民学校，那里的学生来自世界不同地方，最多的时候这所学校里可以听到93种不同的语言。每年10月诺奖公布后，这所学校的老师会帮助孩子们找获奖作家的生平资料，了解他的作品，然后让孩子们用各自的母语写成一篇小传。在12月11日这一天，学生们会用不同的语言把小传念给这位来访的诺奖得主听。据说，这个场景让不止一位获奖者当场流泪。

朗诵会之前，马悦然的妻子陈文芬送给学生一个礼物——一枚有瑞典国王古斯塔夫三世头像的银圆。陈文芬说："对瑞典人民来说，重要的不是给出一个奖，重要的是让世界知道，瑞典有一个知识人群体和阅读传统。"

我问马悦然，当1901年第一届诺贝尔奖开始评选时，瑞典不过是一个工业很不发达的北方小国，而这个奖项的视野却一开始就以人类和进步为坐标系，要评选出"那些为人类进步做出最大贡献的人"。对这个小国来说，这是不是一个很大的挑战？

马悦然说："当时瑞典学院大多数院士不愿意接受颁发诺贝尔文学奖的责任。他们认为瑞典作为一个偏僻又比较穷的小国没有资格担此重任。当时瑞典学院常务秘书是一个非常固执的人，他成功说服了院士。颁发诺贝尔文学奖对加强这个小国的自信起了很重要的作用。"

古斯塔夫三世想将瑞典发展为欧洲人文学术最傲人的国家。陈文芬谈到他设立的瑞典学院、瑞典皇家科学院、瑞典皇家人文历史考古学院3个学院的不同：其他两个学院的院士是退休制，瑞典学院院士是终身制；两个学院冠以"皇家"名称，瑞典学院建制则凌驾于皇家之上，不冠以皇家之名，以显示它是完全独立的，要独立就要有良好的经济作为靠山。国王是强烈的爱国主义者，他不愿意瑞典学院将来向议会伸手拿钱。国王送给瑞典学院两大财库，一是把《邮局内政公报》赠给学院——这是西方最古老、至今仍在印发的报纸。1791年瑞典立法通过，凡政府通过的法案必得在该报刊登广告，否则法案无效，广告费用稍高，等于是一种文化专营权。二是北方一条叫托尼的大河里马哈鱼很多，捕鱼获利很高，其专卖权属于学院。

瑞典学院可以算是一个文学或者文化性质的俱乐部，开会讨论重要问题时，院士们的意见当然不会是一致的。有时比较平静的讨论会变成热烈的争论。可是会后吃晚饭时，气氛肯定是和睦的。

在长夜漫漫、日照时间只有四五个小时的寒冷北欧，人们即将迎来12月份最重要的节日。有音乐会、演讲、宴会，好吃的和好玩的，有隆重的宫廷仪式。"这些仪式两百多年没有变……讲究的服装、明亮的灯光、好听的音乐，诺奖对瑞典人来说，是一个大聚会。"陈文芬说，"10点才天亮，下午2点就日落了。大家必须做点儿事情，来熬过长冬，也许这正是阅读的最佳时机。"

巴黎街头的阅读

□冯雁军

在巴黎的几天里，留给我印象最深的并不是闻名世界的埃菲尔铁塔和巴黎圣母院，也不是流光溢彩的红磨坊和香榭丽舍大道，而是随处可见的街头阅读。

站着的阅读

在埃菲尔铁塔检票口前，游客排起两列近百米的长队，令我意外的是，队伍里有几十个一边排队一边阅读的金发碧眼的男女，显然都是当地人。他们每人手中有一本书刊或是一张报纸，跟着队伍缓慢移动，恬然静雅的神情让那些烦躁不安的游人侧目。后来，在凡尔赛宫、巴黎圣母院、荣军院等游人较多的入口处，我同样目睹了这样的情景。

坐着的阅读

圣母院广场，每天游人如织，除了来自世界各地的游人，也有许多巴黎市民喜欢在这里小憩。树荫下、台阶上、地摊旁，到处是看书读报的巴黎人，他们心无旁骛，像中国古代圣人那样“一心只读圣贤书”，目光在书刊上流连。广场南侧的花坛旁，有一位一条腿残疾的姑娘埋头看一本大部头著作，看块头它显然不是刚刚买来消遣的闲书，那根磨得发亮的拐杖放在另一条腿上，悠然忘我。

流动的阅读

在人流较多的公交车候车亭或书报亭旁，大都有一两个报刊架，上面放满了最新的免费报刊，行人随手可取。穿行在城里的公交车上，有些拥挤，有些摇晃和颠簸，可仍然不影响巴黎人的阅读热情。无论是座位上的时髦女郎，还是手拉吊环的优雅男士，甚至顽皮可爱的孩童，都可见到他们埋头阅读的样子。同样，乘坐地铁的时候，喧闹的月台上，流动的车厢里，一样随处可见阅读者。

优雅的阅读

露天咖啡座是巴黎的别样风景，无论是热闹繁华的大街，还是狭窄幽深的小巷，精致的小桌三三两两摆放，这些比面盆大不了多少的小桌，靠在小巷的墙角或毫不显眼的窗下。午后的阳光暖暖地照着，打扮入时的巴黎姑娘和小伙，就着半杯透亮的红酒，面前摊着一本印刷精美的时尚报刊，慵懒地阅读，好久才优雅地翻过一页，任时间在指间流淌。

地摊上阅读

最痴迷的读者莫过于地摊上的淘书者。在香榭丽舍大道、蒙帕纳斯大街这些看似与阅读无关的地方，居然能见到摆满图书的地摊。最令我震撼的是塞纳河南岸的旧书摊，从圣母院北侧巷口出来，河边一字排开的书摊近百米，防洪的水泥堤坝上安装了一排有些锈迹的铁柜书架，塞满了各种各样的旧书刊。这里淘书的人很多，有巴黎人，有外地客，有些淘书人干脆坐在地上，忘情阅读。婆娑的树影映在书架上，也映在淘书人的身上。灯火阑珊时，地摊周围依然人头攒动。

一座有文化底蕴的城市，在某种意义上也是一座喜欢阅读的城市。

巴西的阅读救赎

□佚　名

人们常说，知识就是力量，读书改变命运。因为人们深知读书的好处：不仅可以丰富知识、开阔视野，还可以获得快乐、提升思想、完善人格。

最近，用另一种方式诠释“读书改变命运”这句话的巴西政府规定，罪犯每读一本书，就可以减刑4天。

据路透社报道，巴西政府最近将实行一项名为“通过阅读救赎”的计划。计划规定，关押在巴西4所联邦监狱中的囚犯，可以通过读文学名著、哲学、科学或其他经典书籍减刑。每读一本书可减刑4天，一年最多可通过读书减刑48天。

那么政府怎样评估囚犯是否真正读完了一本书？巴西政府的公报说，他们将成立一个“特别小组”来推行这个项目。“特别小组”首先将决定哪些囚犯有资格参加“通过阅读救赎”。然后，参加者要在4周之内读完1本书，并提交读书论文。读书论文必须“正确使用段落，连贯通顺，清晰易读”。

为什么巴西政府会突然冒出这么一项前所未有的新举措？巴西政府也是迫于无奈，首先是因为巴西的监狱已经过分拥挤，人满为患。2012年世界人权报告说，巴西的监狱拥挤异常严重，审判前的拘留时间漫长，虐打囚犯现象普遍。截至2011年12月，巴西约有47万名罪犯，而且人数平均每年以7.3%的速度剧增。在现有的囚犯中，44%的人还在等待审判。为了缓解监狱压力，巴西政府不仅推出“读书减刑”，同时还在考虑使用电子手铐和脚镣，让囚犯们在家服刑。

新举措的第二个原因是巴西全国人口阅读率低，造成图书出版业的不景气，而这一因素也间接导致了巴西较高的犯罪率。

巴西曾是葡萄牙的殖民地，南美洲殖民地是禁止新闻媒体存在的，所以1808年前，巴西没有出版业，第一本书的问世，不是来自国民，而是移民。巴西现有1.698亿人口，人均仅拥有1.5本图书。

巴西缺乏阅读人口是无可争议的事实，目前巴西成人读者只占成人总数的30%，经济条件限制和人口文盲率是两个主要因素。从1971年到1979年，巴西每年人均拥有图书低于1.8%，20世纪70年代，巴西国内生产总值年增长率为11.3%，文盲率从39%下降到29%，而这期间，大学生人数从10万人上升到100万人。巴西14岁以上识字读者为260万，占巴西人口的16%，占图书阅读人口总量的73%，这说明巴西图书市场的潜力很大。巴西政府“通过阅读救赎”计划希望国民能够在阅读中获得正确的价值观，从而避免走上歧路，此举不能不称为一项“智慧之举”。

正能量满满的智利留学岁月

□斯 咏

很多人学习西班牙语首选去西班牙留学，但我却最终选择了那个安静祥和、有着欧洲的风景如画、亚洲的内敛宁静、更有着美洲的神秘不羁的国度——智利。于是，20岁那年，智利以一种既温暖又浪漫的姿态，呈现在我的生命相簿里。

这个世界上地形最狭长的国家在地图上看起来就像是南美洲的裙边，由于地处美洲大陆的最南端，与南极洲隔海相望，智利人常常称自己的国家为“天涯之国”。在这里，从北到南，从大海到山川，你可以背着包徒步或骑着自行车探索丰富多彩的自然美景，体验惊险刺激的运动冒险；在这里，有独一无二的复活节岛，它是南太平洋中最与世隔绝的岛屿，以数百尊神秘的巨型石像而闻名于世。有人说，在环境优雅的智利留学，可以净化人的心灵。

我所在的智利大学位于有400年悠久历史的圣地亚哥，它成立于1843年，是美洲历史最悠久、拉丁美洲最有名望的大学之一。在智利大学，对国家有突出贡献的毕业生，学校可授予“阿曼达·拉瓦尔卡奖金”，该奖金为纪念一位著名的女教育家而设。而对于那些有著作广泛流传的作者，学校授予“胡维纳尔·埃尔南德斯·哈格奖”，该奖为了纪念智利大学的一位校长，他曾致力于大学的现代化建设。这些奖项激励着一届又一届来自不同国家的学子们为梦想进行坚持不懈的努力，也向世界源源不断地传递着正能量。

不知在多少个阳光慵懒的午后，学校附近的报刊摊曾一度让我痴迷于大量的书刊杂志。整齐的街道，闲散的行人，首都圣地亚哥的生活节奏很缓慢。岁月静好，正值青春年华，很多智利的年轻人都不会把自己捆绑于单调的学习和工作中，而是随着自己的喜好，拿起画笔在街头作画，没有生意的空当看看自己喜欢的书。他们的生活惬意而充实，他们不喜欢用社会规则判定人生的成败，这或许是很多人迷恋这个国度的原因吧。

诗人聂鲁达在这个国度被虔诚地崇拜，可以说他的诗歌复苏了一个大陆的命运与梦想。也许看到这个名字时你也会默默想起，在曾经懵懂的年华里，一首温暖的情诗就可以让你无法自拔。

在智利大学读书的这段时间里，每天上学我都会看到街边热情大方的卖唱歌手，他们脸上的神情高贵而骄傲，这让我隐约记起一个吉普赛人说过：“时间是用来流浪的，灵魂是用来歌唱的。”很庆幸，在这个离中国最遥远的国家，有我青春里最柔美的记忆。

任何时候，我也不会满足，越是多读书，就越是深刻地感到不满足，越感到自己知识贫乏。科学是奥妙无穷的。——马克思

牛津城乞丐也读书

□柯 玲

牛津是一座大学城，读书人多，并不奇怪。令我深感好奇的是，在牛津，很多人一直执着地保持着阅读纸质书的习惯。不少牛津人坚持认为，只有这种掂着有分量、翻着有声音、闻着有墨香、看着不伤眼、读着有营养的文字纸张集合体才称得上是“书”。在牛津的日子里，无论乘汽车还是坐火车，总能看到有人在读书。甚至有一次在基督教会学院门口的候车亭，我竟然看到整齐地排成一队的老老少少的读书人，他们似乎不是在等车，而是在等着进阅览室。

牛津街头的乞丐也读书。在这些乞丐中，既有定居一隅的蹲点者，也有混迹在街头巷尾的游走者。我经常看到有乞丐在专心读书。有一次，我经过那个每天与狗同榻而眠的乞丐面前时，他竟然因埋头阅读而全然未觉。我瞄了一眼，书挺厚。我突然有点儿感动，悄悄抽出5英镑，放入他的“聚宝盆”后，匆匆离去。虽没听说过“读书人行乞不为丐”之类的话，但读书人之间易于亲近是真的。也许因为读书，这个乞丐面前常有一些牛津学子逗留，他们忽略了他衣服、被褥上的异味，和他开心地聊天，分一些食物给他的狗狗。

最让我惊奇的是我的房东。某日她告诉我，晚上家里要来客人搞读书会活动，我以为自己听错了，便问道：“什么会？”“读书会。”我随即问了一连串的问题：“成立多久了啊？”“一来牛津就搞了，近十年了。”“是几个家庭组织起来让孩子们一起读书吗？”“不是，跟孩子们无关，是我的几个朋友，我们自己读书。”“你是组织者？”“当然。”“和教会有关吗？读者都是基督徒吗？”“无关。只要喜欢读书就可以参加，不一定是基督徒。”“今天读什么书？谁推荐的？”“《毒木圣经》，我选的。”“成员要缴费吗？”“No.（不）”“你作为组织者有酬劳吗？”“No.”“有管理者吗？要汇报吗？”“No.”“你有活动记录吗？”“No.”

我的问题携带了过多的惯性思维：房东是全职家庭妇女，在我的印象中，家庭妇女无非是做一些打扫、烧煮、缝补之事。我确实曾看到她忙碌之余喜欢蜷缩在沙发一角阅读，也听她说过去图书馆，但我真没有想到她还是读书会的组织者并有些年头了。房东选书也颇有眼光，《毒木圣经》是美国著名女作家芭芭拉·金索佛的一本世界性的畅销书，曾创造了热销两年半、狂卖370万册、授权十余国的出版神话。震撼我的不只是一位家庭妇女组织了一个读书会，还因为这种读书活动既不是为了孩子，也不是信徒之间的读经，他们只为自己而读书。

二月差不多是牛津最寒冷的时候，那天外面特别冷，路上的积雪几天未融化。房东开了暖气，下午又早早地生起了壁炉，煤加得足足的，火烧得旺旺的。房东家里没有电视，孩子早早做好作业上楼上网去了。读者们如约而至。房东准备了温馨而简单的晚餐，一共来了两个男读者，一位女士因孩子生病未能参加。七点半左右读书会开始了，房东给每人斟了点儿红酒。我这才注意到，平时有点儿不修边幅，甚至有时蓬头垢面的房东，今天似乎特意修饰了一番，完全是一位谈吐优雅的职业女性打扮：戴起了平时很少戴的眼镜，头发由马尾改成披肩，甚至还戴上了首饰，在温和的灯光下偶尔闪烁一下，显得有点儿俏皮。几个人就这样围炉而坐，放松地倚着沙发，轻声交谈着，各人说着自己的感受，间或端起地毯上的酒杯呷上一小口。

我静坐在一角旁观，坦白地说，我一开始是冷眼旁观，并未真正从内心放下自己文学博士的身份，但在不知不觉中就被吸引并参与其中了。他们从小说的情节结构谈到人物形象，又谈到故事背后的社会根源、文化冲突……不知不觉时间已过去了两个小时。人人直抒己见，但无一引经据典，一起分享作品中自认为美好的东西，交流各自的看法。我突然发现，紧扣原著，畅所欲言，言为心声，这不正是专业文学批评者们孜孜以求的境界吗？当文学真正走进民间，当阅读成为日常生活，文学批评已无专业与不专业之分了。我心中产生了一种抑制不住的感动，这种感动不是作为教书匠看到有人读书时的欣慰，而是在得知读书是英国普通百姓日常生活的内容之后，对英国文化中一种根深蒂固的东西的敬意和震惊。

我后来也和牛津的同事聊过读书会的事，他们说这在英国很正常，在牛津更是很普遍，这是很多英国百姓生活中的一部分。英国人素有爱书的传统，他们似乎对纸质书存在着某种精神上的依恋。

我曾问过房东："你们读了多少本书了？""一个月一本书、一次活动，很多年了，不少了吧？"是啊，为自己而读书，谁会在意读书的数量呢？一旦读书成了任务，它的趣味性就渐渐消失了。读书可以是一己之乐，自得其乐。读书会好在可以与人同乐，快乐是最高宗旨。《幻境》的作者杰克·路易斯当年正是参加了牛津的读书会而改变了他的整个人生。至于到底读出了什么，"仁者见仁，智者见智"，读书只有见解没有答案。当读书带有太多的功利性时，就必然会扩大或缩小书中的很多东西；当读书不是为自己而读时，我们也很难做到畅所欲言。那天我看到房东的《毒木圣经》一书中夹了不少小字条，而那两位书友则弄了很多折角。我突然想到我们的点评先贤们：金圣叹、毛宗岗、李卓吾，他们对小说的精彩点评，不知是否和三五成群的读书活动有关？因为喜欢而读书，才是真正的读书，真读书方能有真见解。目前的读者中，有人为考试而读，有人为升职而读，有人为赶潮流而读……为自己快乐而读书的人恐怕微乎其微。与其他爱好相比，"为自己而读书"的生活，其实透射着宁静和美好的生活，那是一种从内到外的气质美。

那晚，室外天寒地冻，室内温暖如春。房东手拿书本、戴着眼镜、呷着红酒、侃侃而谈的形象，让我觉得她是那么高雅脱俗。

那些年华而不实的北平图书馆

□巴　金

在中国假若有一个完备的图书馆，我们也就可以少受书店伙计的闲气了。譬如倘使北平图书馆有一本英译本的《沙宁》的话，我也不会像朝耶路撒冷似的在各西洋书店去搜求这本书了。我不妨明白地说一句话罢，北平图书馆作为一个装饰品，是无愧的。而作为一个为人民设备的图书馆，那就完全放弃它的责任了。一般人不需要的那样堂皇的建筑在那里是有的；而一般人需要的普通的书籍在那里却常常缺乏。我找过 E. Zola（左拉），找过 H. Fllis（菲利斯），找过 E. Carpenter（卡朋特）……他们的重要著作却没有一部。我更可以夸张地说，我要读的书，那里全没有。我为了找书白跑了若干次，但如今北平图书馆却以“为国家搜集善本书的责任”自豪了。事实上像那用一千八百元的代价买来的《金瓶梅词话》对于现今在生死关头挣扎着的中国人民会有什么影响呢？难道果如那些文化膏药式的学者所说——民族的存亡全系于文化，而文化的精华就在于这般“古董”么？

你不知道的纽约图书馆

□徐涛

写下这犹如小学生作文一样的标题时，我正在曼哈顿40街的图书馆里。风扇嗡嗡轻响，将满书架纸张和木头的气息吹向室内的每个角落。没有一个人说话，找书者的脚步落在地毯上发出闷闷的声音。整个世界恬然宁静。

咖啡馆曾经是我再加工采访记忆，以及痛苦万分写稿的地方。在北京，找到一家咖啡馆要容易些。那里通常充斥着烟味和横飞的唾沫，在你注意力尚未集中时，你能听到大叔骗萝莉的精致过程，或是闺蜜们对负心男的同仇敌忾。如果是在中关村，你通常还能听到一个年轻人是如何寻找到第一桶金的故事。在这种环境中你要做的，是沉着地拿出耳机，让音乐响起，然后将自己沉没到一团混乱的写稿惆怅中。

现在，图书馆是咖啡馆的替代品。在曼哈顿岛上，采访结束，找一个图书馆就像找一家咖啡馆一样容易。当我第一次见到纽约市公立图书馆官网上显示哪里有图书馆的地图时，我觉得整个曼哈顿岛都被那些谷歌地图小气泡给遮住了。为了严谨起见，我又数了一下，在曼哈顿岛上有44座公立图书馆；布鲁克林和布鲁克斯的有……

一张图书卡可以让你自由出入所有这些公立图书馆，办卡的过程简单得令人愤慨。我在网上提交申请后，思虑周全地带上了护照、社会保障号、钱包等前往图书馆，生怕因落下什么而白跑一趟。工作人员轻瞥一下我的护照，在电脑上敲打了一番，微笑着和我拉扯了几句家常就将借书证给了我。不用交钱，连工本费都没有。

去不同的图书馆就像去不同的餐馆一样令人期待。布瑞恩特公园旁的图书馆阅览室保准让你第一眼看到就会肃然起敬。我觉得，坐在里面读那些有着硬封皮的大厚书才对得起这个富丽堂皇的阅览室；而且，我疑心夜半时，会有魔法师在里面看魔法书。靠近车尔西的一座图书馆，则是地地道道的社区图书馆。“吱呀”一声推开推拉门，满眼的旧书架和旧窗棂。带着篮球的年轻人在这里看书，满头白发连行动都有些颤抖的老人也在这里看书。外面的树荫将整个窗口填满，没来由地让人平心静气。

更多的惊喜会来自图书馆中办的各种活动。我刚参观完的一个展览叫作“纽约午餐时间”。在看之前，我都没想到简单的午餐也能有那么多历史和妙趣横生的故事，从纽约的午餐菜谱，到为穷人和孩子得到更好营养的社会运动，再到为满足匆匆忙忙的纽约人午餐需求而生的“人工”自动贩卖机——这倒也不失为理解纽约文化的一个好角度。

还有一次，儿童阅览室里的讲座挤满了一堆2岁至5岁的孩子。演讲者是个大人。他正儿八经地做了开场白，说：“我们今天的演讲和猫头鹰有关哦，但女士们先生们，请你们待会儿不要太过惊讶，要保持安静，我们要请出猫头鹰啦。”然后就真的从背后的绿色箱子里请出了一只站在他手上的猫头鹰——活生生的一个小家伙。在孩子们被这小小萌物弄得一阵兴奋骚动之后，这位演讲者开始介绍猫头鹰的习性，就像面对大人演讲一样，只是更加浅显有趣。后来我才知道，这里的每座图书馆都有儿童阅读室，并且每天都会有类似的活动，只是不同时间段会针对不同年龄的孩子有不同题材。

所以，我说什么来着，我爱纽约图书馆。没有比这个更适合做这篇文章标题的了。

“三无”图书馆：信任的力量

□张丽钧

这所学校的图书馆堪称“三无”图书馆：无墙、无门、无岗。10万册图书统统躺在完全开放的书架上，在没有任何监控设施的宽松环境里，任由师生自助借阅。

人们追着校长问：“你怎么不设图书管理员呢？”

校长乐呵呵地反问大家：“你们说，我这10万册藏书设几个图书管理员合适呢？”

有人答：“6个吧。”

校长问：“6个人一年的工资是多少？”

回答说：“30万元。”

校长问：“我每年拿出30万元养人好还是买书好？”

大家不吭声。

有人小声问：“那书要是丢了怎么办？”

校长说：“偷书，是因为受教育不够，多看书就是多受教育，受教育多了，反省的机会就多了，人的境界就上层次，就算是真的曾偷偷拿过书，也会悄悄放回书架。”

大家笑校长的推理少见，问他：“那你打算一年丢多少书啊？”

校长笑答：“我打算一年丢30万元的书，要不，这30万元也得发了工资啊。我把这没有发下去的30万元工资换成学生受教育的机会，多值啊。只要每年丢书不超过30万元，我心里就挺平衡。”

又有人问：“你查过吗？实际丢了多少书？”

校长说：“一年过去了，年终盘点的时候，我们发现，原来的10万册书竟然变成了106,000册。孩子们说，学校越是信任我们，我们就越是要对得起这份信任，我们习惯了把自己买的书看完后也放到学校的书架上，让它去流动。”

这故事，发生在浙江鄞州高级中学。这所学校的王校长有个梦想：把图书馆办成“读书馆”。

荷兰图书馆：一本书的行为艺术

□徐则臣

全荷兰人口加起来也就1700多万，但一本书的发行量能过百万。这块“钢铁”是怎样炼成的呢？

想靠文学挣钱的出版社很多，想靠文学和文学活动挣钱的人也很多，但能挣到钱的不多，挣得好看的更少。

其实，“曲径通幽”是个好路子。

要足够曲，还要曲得精致、高雅、有品位，曲得宽广、开阔、有气象，这样去挣文学的钱，挣得个盆满钵满，人家还觉得你是在艺术地搞公益事业。

这一番感慨来自阿姆斯特丹的图书周。

前些日子有幸参观了图书周的场地，几排改造过的废旧大厂房，一副烟熏火燎的二战模样。推开门，里面也黑灯瞎火的。但是灯一亮，展厅的气势就出来了，大得铺上草坪就可以踢足球，很像北京的798，陈旧反而更显得庄重。

这些宽广的空地，每年3月都会被分割设计，挤满了展台、摊位和所有与书有关的部门和人，出版人、作家和读者在各个大厂房里乱窜。

今年8月底的北京书展上，荷兰是主宾国，大队人马开到了中国。对有七十多年“图书周”老传统的阿姆斯特丹来说，里应外合的机会不容错过：他们在这些大厂房里整出了一个分会场，北京有的他们都有，同步直播书展的盛况，利用北京的互动气氛，继续做荷兰本土和欧洲的版权和图书交易。这说明这帮家伙眼神好，逮着机会就想赚钱。

我想说的“曲径通幽”的好点子，是在他们一年一度的“图书周”上，3月连续的某十天里。除了常规的大家想破脑袋去做的交易，组委会每年推出一本书，这本书百分之百会畅销，因为每年的这本书都要卖到100万册以上。

对荷兰而言，这无论如何也是个天文数字。那么“钢铁”是怎样炼成的呢？

“图书周”的负责人解释说，每个图书周都会提前预约荷兰一位著名作家写一部中篇小说，只要是跟书展有关，不管你怎么写，做成单行本上市，有90页左右。

只要你在“图书周”期间买书超过12.5欧元（1欧元约合7.7元人民币），展台上、书店里皆可，即免费送一本该书。当然你也可以单买，定价7.5欧元。因为是著名作家的最新作品，通常会相当抢手。

促销的创意到这一步已经很精彩了。他们继续玩了个噱头，在“图书周”期间的星期天里，如果你手持此书，坐公交车一律免票，这一天它是你的图书票。

这就很有意思了。公交车的票价多少先不说，人人都揣着本书上上下下，简直是一场盛大的群体行为艺术。那本书一下子就有了纪念意义：我看了一本期待已久的名作家的最新小说，我免了车票，我还玩了一场行为艺术。

可以肯定，那十天里半个阿姆斯特丹都在谈论这本小说，作为一个如此热爱阅读的荷兰国民，没这本书你插不上嘴，被晾在一边的感觉可能不会太好。所以，你将心甘情愿地要么掏出12.5欧元，要么掏出7.5欧元。

100多万册能挣多少钱，我没算过，肯定不会少，更重要的是，这钱挣得有品位、好看。

“图书周”搞得热热闹闹，整个阿姆斯特丹书香袭人，读者看了书、坐了车还玩了艺术，出版商和作家腰包也鼓了起来，皆大欢喜。

伊拉克图书馆的烽火守书人

□梁文道

萨德·伊斯康德是伊拉克库尔德人，曾经加入库尔德游击队对抗萨达姆政权。他后来到英国读书，成了一位学者。2003年，美军攻入伊拉克，他接受号召，回到巴格达重建自己的国家。

经过战火的洗劫，伊拉克国家图书馆不仅馆舍毁损严重，文献也大多被烧被抢。古书、档案、文件遗失了60%，珍善本遗失90%。

每天，图书馆只有一两个小时的供电时间，玻璃窗随时会被子弹扫射，办公室随时可能被炸，昨天还在上班的同事今天可能就不见了，甚至会亲眼目睹自己的同事在战火中伤亡。

原因是这个图书馆的位置特别险要，什叶派和逊尼派都想争夺，于是，两派都跑来找馆长商量，要在图书馆房顶上装机关枪。每天去图书馆上班，都会觉得今天可能是最后一天上班了，每天都这么提心吊胆。有一天，萨德还被国民卫队的人拿枪指着头恐吓。

在这种情况下，萨德·伊斯康德为什么还要坚持做图书馆馆长呢？他想为自己的祖国保留一线历史文化的命脉。

萨德在自己的日记里，记录了一些自己觉得很高兴的事情，比如：今天的供电时间是6个小时，本月进馆读书的读者从60人上升到100人……而这些图书馆的馆员热心到什么程度？如果有读者进来说想看某本书而馆里没有，他们就会立刻派人出去，冒着炮火和被绑架的危险到市面上买回来。如果买不到，馆长就会通过国际合作寻求支持。很多人愿意帮助他们，想办法把书籍送过去。

每次遭遇战争，文化肯定会遭殃。人的生命都在战争中丧失了，文化还能依附在什么地方？但战火过后，一个国家、一个民族或一个城市的重建，却离不开文化所起的作用。

伦敦的珍本书店

□阮　炜

早上8点，同事们一道去伦敦。他们去法国使馆签证，我则径直沿着查温十字路口逛书店。

25年前就来过伦敦，今天免不了做一番今昔对比。不仅20世纪80年代就来过这里好几次，20世纪90年代也来过。印象中，这是一个十分冷清的地方。可是今天看到的伦敦，尤其是特拉法加广场一带，比20世纪80年代初热闹得多。商店、食品店、歌剧场、影院、书店、收藏品店、赌场鳞次栉比，密度极高，人流量之大，也始料未及。真是一派繁荣的景象。

这里书店一个接一个，卖新书的居多，但也有“二手”书店。它们各有特色，有的主要卖文学作品，有的侧重艺术，也有综合性书店。我在学术性较强、名气较大的综合性书店博德斯和布莱克维尔花的时间最多，主要浏览西方“古典学”或希腊、罗马方面的书。本来许多书在网上也能找到，但直接到书店来，自有网上购书所没有的好处。如果一两百本属于你关注范围的书同时摆在书架上，你对市场情况（如果你想知道读者究竟对哪方面的书感兴趣的话）的了解几乎就可一目了然。逛书店还有另外的好处：书的内容立刻可知不说，书况怎样也可以立马了解。抄了10来种在网上怎么搜索也未必能得到的书名，以作为研究线索。

出了查温十字路口，来到雷彻斯特广场，这里更有意外的发现。在一条五六十米的短短的小街上，居然有十几家“珍本书店”。所谓“珍本”，主要是20世纪的首版文学书，而来这里的买家应为图书收藏者。一家书店居然有一大套阿诺德·贝内特的作品，全都是第一版，书况甚佳，贵的达100多镑，便宜的也要20来镑。一本柯南·道尔的《福尔摩斯的再临》，标价居然高达690镑，被一本正经地锁在玻璃柜里，以防被顺手牵羊。艾丽丝·默多克1958年首版的《钟》标价350镑。超过1000镑的书也有(但店员们说，他们主要卖20世纪的“首版”书；要买20世纪以前的珍本书，最好到皮卡迪利广场一带，那里的珍本书店更密集）。不过我发现，这里的标价有忽悠顾客的一面。就在这家书店对面的另一个店里，同样是首版的《钟》，而且书况同样好，却只卖50镑。

之后去一家汉堡包店吃午饭。下午浏览了著名的国家肖像画廊。傍晚乘地铁去泰晤士河以南的斯托克维尔区(Stockwell)。此地在以前读过的小说中出现过，也因不在市中心商业区，所以应该体验一下。果然这里多层的市政廉租房一栋接一栋，居民中有大量有色人种。建筑明显比市中心旧，但物价也明显比市中心便宜，甚至比剑桥还便宜。

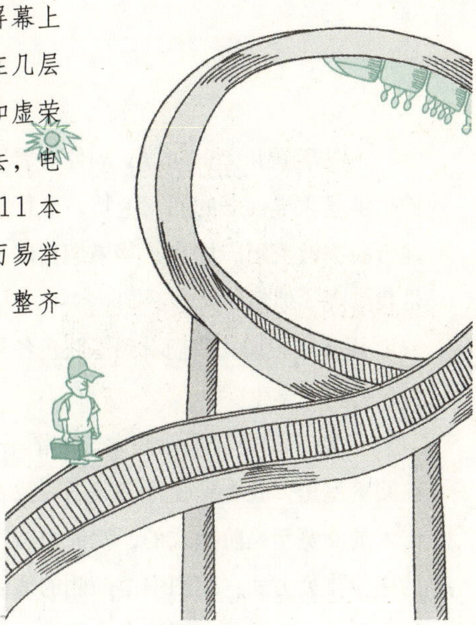

在芝加哥图书馆借书

□肖复兴

到美国来，吃得不习惯，语言不习惯，交通不习惯……但是，借书却让我感到非常习惯，不仅习惯，而且，比国内感觉更为方便。

我住在芝加哥53街，芝加哥大学的图书馆在57街，15分钟就可以走到那里，很近。在美国，每一个社区都有自己的公共图书馆，免费开放，可以就近借阅，这是衡量一个社区好坏的一项硬件指标。那是一座5层的高楼，窗户之间的水泥墙做成了一本本书的样子，远远地望去，像是悬挂着一本本厚厚的书籍。

只需要办一张出入证，就可以进去了。一层有问讯处、外借处，还放着许多电脑，供人们上网用，上面几层存放着图书，分门别类，全部开架，5层存放的是中文图书，还有一点儿日本和韩国的图书，那里中文图书藏有量很多，起码比我们的一般大学还要多。

由于在国内借书麻烦而且路程远，我已经很久没有进图书馆了。初次走入芝加哥大学图书馆，书架顶天立地，一望无际，如入茫茫大海，真不知该从哪儿下笊篱。其实，找书也很方便，到处都是电脑，如果找中文书，即使不会英文，只要在电脑上打上中文的拼音或书名或作者，屏幕上就可以显示出来，告诉你在几层的什么位置。出于好奇心和虚荣心，我将自己的名字打上去，电脑屏幕上立刻出现了我的11本书，按照它的提示，我轻而易举地找到了我的那11本书，整齐地排列在那里的书架上。

每一层都有宽敞的阅览室，那里有隔开的书桌便于独立学习，也有舒适的沙发便于小憩。我常常选择沙发，抱着一摞子书，像刺猬一样蜷缩在那里，直到看累，或者看完。也无须你自己再把书放回原处，只要放在阅览室前面的书桌上就可以了，自有管理员将那些书诸神归位。

如果你想找的书这里没有，只需你把书名告诉管理员，他们会替你在全美国的图书馆里查找你要的书，然后由那里寄过来，借到你的手中。当时我正在写一本有关北京八大胡同方面的书，特别想借一本1934年出版的由赛金花本人口述、刘半农和商鸿逵笔录的《赛金花本事》，这里没有，但没过几天，这本书就到了我的手里。我看封面上的借条，写着的是从北印第安纳大学图书馆邮寄来的，往返的邮费，并不需要你出。这是真正的文化资源共享，而且渠道畅通，非常快捷，想是已经习惯成自然，只有我感到有些新鲜罢了。

最让我感到新鲜的是外借之后的还书。图书馆一楼大厅里有两个用于放还书的大桶似的东西，开始，我很有些“老外”，以为那里是我们这里楼道里常常看见的垃圾箱。谁想到，还书，就把书扔进那里就行了。那里的桶有两个，一个是归还从本图书馆借走的图书，一个是归还像我借《赛金花本事》一样从别处图书馆借来的图书。起初，我还担心就这样跟倒垃圾似的往那里一扔，万一哪个环节出了问题，谁能证明书是你还了呢？但是这里的学生告诉我，从来没有这样的情况发生。

图书馆的大门前有两株小树，不知叫什么树，我刚来的时候它们还没有长叶，现在，它们开满一树白色小灯笼似的灿烂花朵。我要走了，就要告别这座美丽的图书馆，心里很是不舍。

让人无法打盹儿的洪堡大学图书馆

□郑丽娟

我去德国出差的时候，顺便去看了在柏林洪堡大学读书的朋友卡特，卡特热情地带我去波茨坦广场吃了苹果焖猪肉，还带我参观了他们的大学。

漫步在校园，我们看到了肤色各异、行色匆匆的学生。

卡特带我去看了他们大学的图书馆，在阅览室里，我看到了很多藏书。我看到偌大的阅览室是阶梯式的，就像中国剧场的座位排列方式，而图书馆两侧的墙体和顶部都是网格式的，网格大小相等，网格横向和竖向都是直线的。我第一次见到这样的图书馆，脸上露出了惊异的神情。卡特说："这个图书馆之所以建成这样，还有一个故事呢。"

当初，这所学校的图书馆和其他图书馆并没有什么不同，也是平面式的，有着宽大落地窗的阅览室里中午有阳光照进来。可好多来此看书的学生被暖融融的阳光晒着晒着就睡着了，有的学生只是想打个盹儿，结果会睡好长时间，有的学生甚至还打起了呼噜。在图书馆里，为防止打扰他人，学生是不允许定闹钟的。当学生因为无法叫醒自己而耽误阅读向学校提出抗议后，学校也采取了很多办法，比如在图书馆的墙壁上张贴励志标语，鼓励学生珍惜时间；比如安排图书保管员去及时叫醒学生，但由于保管员来回走动，正在埋头读书的学生又会被打扰。为了平息学生的抗议，给学生提供更好的阅读空间，学校决定建造一座新的图书馆。

洪堡大学的理念是崇尚自由。本着这个思想，学校找到了当时著名的建筑师杜德勒，并把学生抗议的事情告诉了他。接受了任务的杜德勒开始构思他心目中图书馆的样子。本来设计一个场馆对于建筑师来说，不是什么难事，可是学校有了让学生不在图书馆打盹儿的要求，这就有点儿让人费心思了。

有一天，杜德勒和爱人一起去剧场看瓦格纳的著名歌剧《漂泊的荷兰人》，在看表演的过程中，杜德勒一下子恍然大悟：场上的演员不就是学生要阅读的"书"吗？我们观众在看表演，而在台上的演员眼里，观众也是"表演者"啊，学生看书的时候不也是表演

三更灯火五更鸡，正是男儿读书时。黑发不知勤学早，白首方悔读书迟。——颜真卿

者吗？他看了看台上，又回头看了看剧场的观众，灵感的火花闪现，他一下子找到了图书馆的设计理念，兴奋得几乎要跳起来。

当晚回到家，他就按照剧场的模式，设计出了图书馆阅览室的平面图，并根据图书馆的特点，对部分细节进行了修改。

他把设计理念告诉学校的相关负责人，得到了赞同。杜德勒把图书馆的阅览空间作为一个公共的舞台，打破以独立空间为主的设计，采用层层退台的形式，宛如影剧院或者音乐厅里面的座席，而身处图书馆的莘莘学子，永远是这出戏剧的观众，同时也是表演者。而今这座名字叫“威廉格林兄弟图书馆”的建筑，是目前全欧洲最大的开架图书馆。

我问卡特：“进阅览室不需要阅读证件吗？”卡特耸耸肩，说：“这是毫无疑问的，这座图书馆从不拒绝任何人进入阅读，甚至恐怖分子也可以，只要接受安检，放下枪炮之类的武器。”

学习的时候，不再睡觉也不再打盹儿的莘莘学子，把这座图书馆亲切地称为“令人无法打盹儿的图书馆”。

街角鸟巢图书馆

□佚　名

街角鸟巢图书馆的诞生是一个很有爱的故事。家住威斯康星州的托德·伯的母亲，生前曾以一己之力创办了一家校园图书馆，供街区的孩子和穷人们借阅。母亲去世后，托德为了纪念母亲，就仿照原先的那家校园图书馆做了一个小小的模型，这个模型用木头做成，小巧玲珑，托德用油漆漆过之后，在里面放入母亲生前最喜欢的十几本书，然后把这个袖珍小书柜放在了房子门口临马路的一侧。

从此，几乎每个开车经过他的房子的人都会停下车来，看看他的这个袖珍小书柜。同样家住威斯康星州的里克·布鲁克斯就是因此和托德认识的。布鲁克斯特别膜拜安德鲁·卡内基，因为后者曾经建造和捐助了2000多家图书馆，布鲁克斯也一直有这样的想法，但是受制于经济条件，这个梦想一直未能实现。但是，托德的袖珍小书柜开启了他新的思路——如果在一个个的小书柜里放满书供人们随手借阅，那不就变成一个个图书馆了吗？

于是，两个人开始正式筹备创办街角图书馆。他们用木头做成书柜，以树脂或者玻璃做柜门——方便人们一眼看清书柜里存放的图书，并且在书柜的下面做了一根木桩以防止图书受潮。2009年的夏天，威斯康星州的第一个街角图书馆就这么诞生了，它的大小只有

“24cm×24cm×30cm”，造价也不高，还不到500美元。托德和布鲁克斯给这个街角图书馆冠以一个可爱的名字——“鸟巢图书馆”，一是这个图书馆确实像鸟巢，再者，也取鸟巢的温暖、孕育之意，因为他们希望这个小小的图书馆能够提高街区人们的读写能力并增进团体感，孕育出文明之花。

如今，托德和布鲁克斯的鸟巢图书馆开始出现在美国的大街小巷，他们两个人还得到一个木匠和一个木质品商的协助。到2012年底，美国几十个街区及澳大利亚、保加利亚、印度等一些国家的十几个地方，都建成了风格独特的鸟巢图书馆。而且，图书馆也在鼓励地球上任何角落的人参与——在图书馆的网站上提供有图纸，任何人都可以自建新馆。

取走一本，留下一本。

2011年，“海归”张伟回到了老家成都，从美国留学回来的他觉得身边的读书氛围太差。街头巷尾麻将声此起彼伏，网吧里CS激战枪声轰鸣，但是再也看不到有人捧一本书在门口阅读的景象。张伟决定在中国搭建街角鸟巢图书馆，让年轻人和中老年人从电脑前和麻将桌前解放出来，去看书，去阅读。

2011年平安夜，张伟在成

都市武侯区的红牌楼路上，用木质墙板和铁皮做了一个狗窝大小的微型图书馆，然后把自己从美国带回来的一些小说名著、杂志、小册子及小出版社和无名艺术家的书籍，还有CD光盘、DVD光盘、地图和其他“奇珍异宝”放进了这个街角图书馆，并挂上了一个贴牌：“欢迎借阅，取走一本书，留下一本书！”他希望自己的这个街角图书馆就像圣诞老人的礼物，降临在成都。

张伟的图书馆一年365天全天24小时开放，不像公立图书馆路程遥远而且借阅时间有限。

2012年7月，成都成华区的街头诞生了第二家街角图书馆。而且编号也很有意思：芙蓉城2号鸟巢图书馆。张伟并不认识创办者，但是对方很明显尊重他的首创地位。

2012年11月15日，第三家街角图书馆诞生了，这次是张伟和朋友一起合作的，图书馆位于青羊区，里面更多的是一些中老年读物。

现在，张伟期待着成都以及中国的其他城市里，能有越来越多的街角鸟巢图书馆。他说：“在当今电子产品过于泛滥的时代，这些充满温情的街角鸟巢图书馆，让阅读回归一种更个性化、更舒适的方式，这也恰恰是它们备受追捧的原因。”

赤膊袒胸的读书人

□张渤宁

纪昀的《阅微草堂笔记·滦阳消夏录（六）》中有这样一个故事：

有个陈姓书生借寓在寺庙读书。时值溽暑，天气闷热，陈生在自己的小房间里简直无法入睡，于是，他赤膊袒胸，睡到大殿外的走廊上，这样就凉爽、舒适多了。他梦见神灵严厉呵责自己，心里很不服，辩解说：“我只不过是睡在走廊上而已，而那些挑担卖东西的人先我之前就睡在了大殿之上！您不责怪他们，反而认为我不敬！”神灵说：“他们可以，你却不可以！你是读书人，难道你不知礼吗！”

纪昀这样评价说：故君子之于世也，可随俗者随，不必苟异；不可随俗者不随，亦不苟同！

人世间形形色色的罪恶无穷数，难道有人作俑在先，我们就可以随恶于后？

哈佛读书人

□韩 元

作为一个读书人，在哈佛真是得其所哉，这所大学有八十多个图书馆，一千三百多万册图书，是世界上最大的大学图书馆，在这里你总能找到一张安静的书桌和属于自己的心灵鸡汤。

我经常去的是颇有贵族气的温德纳图书馆，这里是艺术与科学学院的中心图书馆，主要收藏文学、历史、经济、哲学类的图书。这个图书馆的由来和一个爱书人的感伤的故事有关。哈瑞·爱尔肯斯·温德纳当年在哈佛读书时就有了收藏书的爱好，1912年他远赴英格兰去寻一本书，返程不幸搭上了泰坦尼克号。有一个未经他母亲证实但却十分流行的说法，哈瑞本来已经上了一艘救生艇，但他突然想起新获得的1598年的《培根随笔》第二版的唯一复本还在大船上，于是他又重新回去，这一去再也没能回来。为了纪念儿子，当年温德纳夫人捐赠两百万美元建起了这座图书馆，为他儿子的三千五百多本稀有藏书找一个归所。今天在该图书馆的二楼还有哈瑞的纪念展室。

温德纳图书馆的建筑和设施给人一种古典和怀旧的感觉。从巨幅油画、珍本典藏、浮雕长廊，再到如宫殿般宏阔且有着玻璃穹顶的阅览室的实木桌椅、软皮沙发，如古董的铜质台灯，在这里读书是一种艺术，更是一种贵族般的享受。学生们都在独自安静地看书或者看电脑，没有吃东西的，没有卿卿我我、交头接耳的对桌让你心烦，更没有占座现象，坐得久了，你会觉得时间静得仿佛停滞不前了，恍惚间，抬眼向外望去，便是蓝天白云下、古树虬枝间有着几百年历史的教学楼，使人如老僧入定，不知斯是何世。

最有小资情调的是莱蒙特图书馆，收藏有文艺和哲学书籍。这里的阅览空间很有私密感，每三排书架围成一个凹字区域，中间放两张榉木书桌，就像自己家的个人书房一般，我曾经在这里浏览了哈贝玛斯和福柯的英文版的部分著作，这种私密的空间很适合读需要面壁深思的哲学类书籍。窗边的公共阅览区域则有布艺沙发和脚凳，爱读小说的文艺青年可以摆一个舒适的姿势，慵懒地读上半天，然后去一楼的咖啡厅里吃甜品、喝咖啡，这个咖啡厅兼有期刊阅览的功能，喝咖啡的时候可以随便翻翻当下的期刊，当然食物和饮品是不能带出这里的大门的。

有点儿神秘的是亨顿图书馆，这里人迹罕至，门禁森严，因为收藏的都是17世纪前后的一些珍本，比如乔叟存世的两幅肖像之一，莎士比亚对开本的最古老的美国版，还有很多济慈的第一版的著作。那个时代的书尺寸足有今天的三四倍，书皮不知是用什么材质做成，有点儿树皮的质感，保存得都很好。如果需要查阅某本书，必须净身进阅览室，连自己的笔都不能带，馆方会给你提供一张纸和一支铅笔。

另一个我经常光顾的地方是结构素朴但内涵丰富的燕京图书馆，它位于同样低调内敛的东亚系的二层小楼里。这里的图书有中文、日文、韩文、越南文等多种语言，内容丰富且珍本、善本常见，与哈佛大学世界一流的东亚研究相互支撑与诠释。其中中文馆藏有五十万册之多，包括宋、元、明、清的各种刻本、抄本、原版方志、拓片等，还可以发现明代的铜活字本、清代的木活字本，世界仅有四部的藏文《大藏经》中的两部也保存在这里。

由于空间局限，这里的书架是可移动的，平时书架与书架间是紧密挨在一起的，当你需要找某本书的时候，按动书架上的按钮，书架才会分开，人才能闪身进入，这样就需要耗费一定时间，我曾经期望把这一层的所有中文藏书都认识一下，后来发现这实在是一个巨大的工程，还需要有一定的耐心，能够耐心地等着书架像一个步履蹒跚的老人一样发出“吱呀”的叹息声向两边退去，你才能一睹那仿佛藏在深闺中的美娇娘一般的书籍的旷世容颜。通常半天也看不了几排书架。这

种心急火燎的感觉是性急如我的人有些难以承受的。看来，越是美好珍贵的东西越是要付出时间与精力成本去获得的。

哈佛的有些书在扉页上会贴着一个标签，上面有各种图章和文字注明这本书的资金由来。有的是来自某人为纪念他的父亲或妻子而赠给哈佛的礼物，这样的文字让你感觉有故事、有历史；有的则是来自各界的图书捐赠基金。赠书的传统在哈佛由来已久，哈佛学院图书馆创办之初所拥有的四百册图书就是由约翰·哈佛于1638年捐赠的。第一笔图书捐赠资金是1774年英国人托马斯·郝里斯捐赠的五百英镑。这些资金大部分都用来购买亨顿图书馆的珍藏了。在哈佛的收藏中，我觉得最有平民气息和脉脉温情的是来自哈佛本科生的收藏。自1977年起，哈佛设立了一个奖项，鼓励本科生收集和捐赠图书。在莱蒙特图书馆地下一层，我看到了2012年至2013年度获奖的部分收藏的展示。一等奖的获得者是一位女生，她收藏的是祖母童年时的图书——20世纪早期的系列儿童图书。在这个女生九岁的时候，她祖母把自己小时候的儿童读物送给了她，每本上面都有祖母的名字和童年时的家庭住址。从此，她就形成了收藏图书的爱好，一直到哈佛，初衷不变，为了纪念她的祖母，也为了祖孙两代人对书的默契与感悟。

哈佛人读书、爱书、赠书的传统已经成为这所大学几百年来书香氤氲的文化氛围的重要特征了，学校校徽上三本打开的书无疑就是这种文化氛围的符号象征。今天，图书馆里彻夜不息的灯火，校园草坪上捧卷沉思的学子，又是这种传统在读图文化时代仍然存续和绵延的证明。“腹有诗书气自华”，走在校园里，迎面而来的哈佛人让你感觉个个清新隽永、气质不俗，这种不俗不是靠香车宝马、华服钻饰装扮起来的，而是一种由内而外渗透出来的精气神。

私人书橱

对景观书，岂不妙哉

□张恨水

读书有时，亦须有地。善读书者，则觉一切声色货好之处，无不可于书中得之也。试作读书百宜。

秋窗日午，小院无人，抱膝独坐，聊嫌枯寂，宜读庄子秋水篇。

菊花满前，案有旨酒，开怀爽饮，了无尘念，宜读陶渊明诗。

黄昏日落，负手庭除。得此余暇，绮怀万动，宜读花间诸集。

大雪漫天，炉灯小坐，人缩如猬，豪气欲销，宜读水浒传林冲走雪一篇。

偶然失意，颇感懊恼，徘徊斗室，若有所悟，即宜拂几焚香，静坐稍息徐读楞严经。

银灯灿烂，画阁春温，细君含睇，穿针夜话，宜高声朗诵，为伊读西厢记。

月明如画，清霜行天，秋夜迢迢，良多客感，宜读盛唐诸子一唱三吹之诗。

蔷薇架下，蜂蝶乱飞，正在青春，谁能不醉，宜细读红楼梦。

冗于琐务，数日不暇，摆脱归来，俗尘满襟，宜读史记项羽本纪及游侠列传。

淡日临窗，茶烟绕案，瓶花未谢尚有余香，宜读六朝小品。

题曰百宜，不能真个列举百宜。必欲举之，未免搜索枯坐，然而枯则无味矣。敬作抛砖之引，以求美玉之来。

带上所有的书回巴黎

□雅 倩

上学读课本，并不是我这里所指的“书式生活”。我所说的，是发自内心的对书籍和阅读的热爱。也许你还记得儿时总是缠着听父母读故事、少时一本好书在小伙伴中竞相传阅的兴奋和喜悦。或许，我们已许久没有这种纯粹的快乐了。不过有不少书记录下了这种快乐。

书的两个生命

《读书年代——带上所有的书回巴黎》，作者安妮·弗朗索瓦，巴黎人。一无文凭，二无头衔，默默无闻，曾先后就职于多家出版社，在阅读中度过了三十年的职业生涯，2009年辞世。在世俗看来，这样的安妮也许默默无闻，但每个爱书人都明白，如此的生命历程，对于安妮来说，并无遗憾。

安妮有着不少只关乎读书的癖好。她厌恶书签，却在书里塞满了各种琐碎玩意儿，比如旧时的信笺、购物清单……“它们总是伺机透露一些已被遗忘的秘密。这感觉奇妙而强烈，丝毫不亚于一眼瞥见某个作家或朋友多年前在书上亲笔题赠的句子。”

我的一位朋友也是如此，看书之后，手边有什么就用什么做书签，有一次，他竟然在一本几乎被遗忘的书中翻出了四张百元大钞。这事被他发到社交圈中，以至于我都有了想翻遍自己整个书架的冲动。相对于书籍本身的内容，我更期待在旧书中发现上一位主人留在书里的点滴线索。就像我曾经在旧书中遇到过的黑白照片、水果糖纸。所以安妮才会说：“书有两个生命，它们讲述自己的故事，也见证了我的生活。”

最近，置办了新居，不过，在只有40多平方米的空间内为书籍留下足够的地方，还真是个令人头疼的问题。每个爱书人，大概终究都要面对和自己心爱的书籍抢夺生存空间的战争。这场战争的结局往往是以自我的妥协来结束。

“我的双眼生来就是为了看书的，双手生来就是为了翻书的，双脚生来就是为了跑书店的。”这可以看作是安妮对自己一生的总结。不过，生命的意义显然并不仅仅包含在书中。所以，在结尾处，安妮写到自己的愿望：“我想要一间充满禅意的空屋子，一间没有书的屋子；我想要带上所有的书，离开伊夫里，回巴黎去。我想带着它们住进塞纳河边二百五十平方米的公寓，最好在顶层，有一个宽敞的露台。”

你的“莎士比亚”书店

说起“书式生活”，自然离不开书店。而了解书店的故事，也才能让你对书籍有更加深刻的认识。书店是什么？不仅仅是售卖书籍这么简单，书店，对有些人来说也许就意味着一生。而如今，书店在城市中也越来越多地扮演着公共空间的角色。我们在书店发现好书，遇到善友。

《莎士比亚书店》，让我明白了一家书店的重要性。位于巴黎左岸的“莎士比亚书店”，是全世界爱书人去巴黎旅行不能错过的朝圣之地。它的前身，是西尔维亚·毕奇女士在1919年创办的“莎士比亚书店”。这家英文书店从它诞生开始，就吸引了乔伊斯、海明威、纪德、艾略特、安太尔等作家和艺术家，不仅成为英法文化的交流中心，更是当时美国“迷惘的一代”的精神殿堂。

《莎士比亚书店》是毕奇对自己和书店这段颇具传奇的经历的回忆录。此书最早出版于1959年，中文版于2008年首次在台湾出版，这也是我看到的第一个版本。随着此书的英文版成为公版，大陆这两年也出版了三个版本的《莎士比亚书店》。

毫不夸张地说，我们可以在这本书中发现，一家书店是如何影响了一个时代的作家甚至文学。时至今日，作者、书店、读者之间的关系可能再也不会像那时一样紧密与亲昵。然而，不要因此忽略了我们身边那些形形色色的小书店，下次再路过时，试着推开那扇门，也许，它就会成为你心中的“莎士比亚书店”。

在毕奇写下这本自传时，莎士比亚书店的传奇已经开始延续。1951年，38岁的美国人乔治·惠特曼在巴黎左岸拉丁区开了一家英文书店，紧邻着塞纳河。像西尔维亚一样，他把书店的二层辟为图书馆，书堆间还有床铺，成了文人聚会场所和临时栖居地。20世纪60年代，惠特曼征得毕奇小姐的同意后，正式把书店更名为“莎士比亚书店”。老乔治的女儿出生于1981年，全名叫西尔维亚·毕奇·惠特曼。

年轻的西尔维亚·毕奇·惠特曼，从年届九旬的老父亲乔治·惠特曼手里，接手莎士比亚书店。2011年12月14号，巴黎莎士比亚书店的店主在书店顶楼自己的卧室平静地离世，享年98岁。莎士比亚书店在另一位毕奇的精心照料下继续静候着人们的到来。

最后的陪伴

当一个人的生命即将到尽头的时候，如果他还能够从自己所热爱的书籍中寻找生的力量，那不得不说是一件值得庆幸的事情。《生命最后的读书会》就是这样一本书，当一个人被判定为癌症晚期，生命从此进入倒计时，究竟如何度过余下的日子才是最有意义的？对于一位极度热爱书籍的年迈的母亲来说，她生命最后的日子里，却开始了一场只属于她和儿子两个人的读书会。

作者的母亲正是一个极具人格魅力的女性，正像她的朋友写的：“如此充沛的精力蕴含在一个纤小安静、面带微笑、衣着优雅的女性身上。她衣装传统，经常去世界上条件极端恶劣的地方。她曾是巴尔干半岛的选举监督，曾在阿富汗遭遇过枪击。玛丽·安目睹过最艰险的事情，却对美好的事物深信不疑。”即使是在她被诊断出癌症后，生命的最后几年，她最关心的事情之一也是阿富汗图书馆。

所谓《生命最后的读书会》，其实是一个真实而感人的关于家庭、亲情的故事。虽然，当我们看到这个书名的时候，就会预料到最终的结局。不过，当翻看了一页页的文字之后，就会变得不忍翻看结尾。幸好，母亲的最后，是在自己的家里，在亲人和书籍的陪伴下安然地离开。而在她弥留的时间里，作者仍旧有机会在母亲床边为她念诵着喜欢的诗句。

在母亲生命的最后两年时光里，作者陪伴母亲读了几十本书。而这些书，作者也都认真整理到《生命最后的读书会》的附记里。只有你阅读过这本书之后，才能够真切体会到在医院里度过的几百小时当中，“母亲带领着我，证明了书籍是如何让我们越来越亲近，并保持这种亲密的，即使我们原本就是一对相当亲密的母子，即使我们中的一人已经与世长辞。”

不要忘记了，在我们的生命中，书籍，亦是良方。

政坛“巨鳄”们都读什么书？

□赵武平

去年夏天在哥伦比亚大学，有个晚上7点的课，在新闻学院二楼东头大教室，是兰登书屋退休编辑罗伯特·戈特利布的“漫谈出版生涯50年”。课间有小女生好奇，提起克林顿出回忆录旧事：纽约出书好手多多，为什么偏偏会选他？“他喜欢我编的书吧。”78岁的干瘦老头歪着脑袋冷静对答，露出一派无所谓的茫然神情。大家见状忍不住发笑了，难怪有人说他走在曼哈顿街头，经常会被错认为是伍迪·艾伦。

有“出版教父”声望的戈特利布，在纽约书界最具传奇色彩，原因不是他主编过《纽约客》，也不是赛门舒斯特和克瑙夫两家老字号都请他做过总编辑，而是他二十来岁初入行，就因发现《二十二条军规》而一举成名，这辈子亲手编订的上千部图书，大都是托尼·莫里森、迈克尔·克莱顿和多丽丝·莱辛等名家的扛鼎之作。他的名字，在很多人心中，几乎就是出版品质的保证。号称爱读《四个四重奏》《百年孤独》和《叶芝诗选》的克林顿，自然明白他的书交给戈特利布的好处。

人如其读，正如人各有面。政治家谈论私人阅读，更是不会随意。择时公布总统度假读书计划，在白宫已成每年循例遵守的规矩。奥巴马去年上任未久，政事纷扰头绪还乱，虽不敢仿效小布什，消暑放假5星期，但陪妻女去海滨小憩一周，却也还是理直气壮。白宫发言人说，尽管是去度假，但他人闲心不闲。他的消夏书单上，开列了5本大厚书，摞在一起篇幅将近2300页。白宫寄望世人理解，总统在假期中，还是心系国事：托马斯·弗里德曼的《热，平，还挤：为什么需要绿色革命，我们如何以之振奋美国》，说明他刻下费神的难题，也有气候变暖的麻烦；而新出的《约翰·亚当斯传》，更是在无言佐证，对于如何做好总统，他还在琢磨前辈经验。

听上去，是不是像个“充电”之旅？奥巴马肯定会大摇其头：不是还带了3本小说嘛。

奥巴马本事有多大，短短一周时间，如何能读这么多书，说来有点儿匪夷所思。不过，如果比赛读书，在所有总统里面，奥巴马绝对不会是最厉害的，甚至恐怕也不是前任小布什的对手。白宫高级顾问卡尔·洛夫说，看去没有丝毫“书虫”形象的“牛仔”总统小布什，曾经连续3年，几乎天天手不释卷——2006年，读了95本；2007年，51本；2008年，40本。当然，量大未必品位高：他通常是看历史、传记和体育书，间或也翻翻文学书，但多为通俗流行小说。这么说有点儿挑剔他，虽然他也有耶鲁历史学位，而且是唯一读过MBA的美国总统，但跟笔杆子克林顿和奥巴马相比，他的阅读还是嫌粗线条了些。讲究的文人还是不佩服。

政治家爱读书，本是风雅事。尼克松有句话常挂在嘴边，即“我是没受过什么教育，但我一直是读书的”。

●关注意林“上学那些事儿”官方微信（yilinsxnxs），输入关键词“私人书橱”获取更多精彩内容。

藏在厕所里的奇书、怪书和『无用之书』

□雷晓宇

《胡雪岩》算是冯仑最早读到的商界生存手册。1988年，29岁的国家体改委干部冯仑拿到了一套香港版的《胡雪岩》：《平步青云》《红顶商人》《灯火楼台》《萧瑟洋场》。三年后，冯仑创建万通集团，这本书几乎就是他的商业指南。

“现在，这些书很多了，但是我们得益于比别人看得都早。我看完这本书，就知道了靠山和火山的关系：今天是靠山，明天就是火山。我们公司为什么一直坚持比较市场化，不去做一些别人那样的动作？就是看这本书产生了很大的作用。另外，它说五场皆通才能做生意：官场、洋场、商场、赌场、情场。所以在中国做生意，对一个人的要求太高。”

冯仑给自己列了一张阅读路线图：小学看《史记》，初中看《小逻辑》，中学看文言文和王力的书，大学看《资本论》，“这些书形成了相当长一段时间思考和分析问题的框架，就是我们通常说的方法论、世界观。但做生意以后，我看书就非常杂，最多的就是像《道德经》《孙子兵法》这种闲书”。

他的书架基本上是个有迹可循的大杂烩。就连看《金瓶梅》，他也能得出这样的结论：“西门庆就是个民营企业家。”松本清张的侦探推理小说《点与线》，他看了不下20遍，可他完全是把这本小说当成另类生存手册看的。

“这本书给我两条经验，一直到现在都在用：第一，一个人硬要证明有这件事情，那一定是没有的。第二，爱情是不能掩饰的。爱情会有很多多余动作，所以你没法掩饰。人内心有些东西是不能掩饰的。”

冯仑还喜欢看法医学和犯罪心理学。“这里头很有意思，我做生意这么多年，碰到疑难的时候，这些知识都有用，都救过我……其实，做生意非常需要广泛的人生经验和知识，才能处理这些事情。”

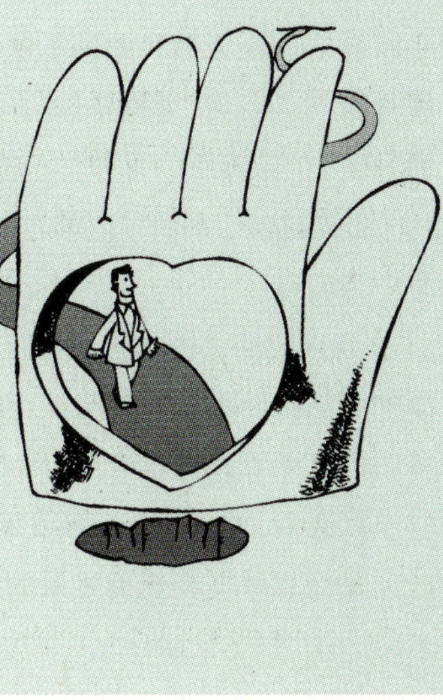

冯仑几乎走火入魔地把所有的书当成生存指南来看。

这是一种典型的中国商人的阅读逻辑：读书是生存的必需，是为了解决当下的问题。冯仑比别人高明的地方在于，他从中寻找普遍规律，融进个体经验，进行创造性理解，“把别人的知识、经验、观点转化为你的一种生命体验和价值，以及你创造新的生命过程的一种行动力、参考力”，于是“段子冯”诞生了。

不过，冯仑并不是一个拿着红蓝铅笔在世界地图前面转悠的哲人王，有时候，他也会纯粹从好奇心和审美的角度阅读。他的书房里有一个方方正正凸出的小隔间，由厕所改装而成，书架上收藏了一些稀奇古怪的“无用之书”——从华宝斋搜罗来的古书、讲忧郁症的书、讲黑夜和痛苦的书、讲死亡和感官之旅的书。

“有时候，晚上十一二点坐在这里，还不能睡，也看不了一整本书，无所事事，就看古书。古书能很快让人安静下来。其他那些杂书怪书，想起来了就看看目录，翻两三页，也能把平时思考的角度拉得更开。世界上真正需要读的书很少，需要知道的书却很多。”

那些影响中国历史的政治美文

□梁 衡

从古至今，影响中华民族政治文明、人格行为和文化思想的美文为数不多。我排了一下有十篇。

这里说的是“政治美文”，就是说既要有思想，还要文字美，这要符合三个条件：一是文章提出了一种影响了中华民族政治文明、人格行为的思想；二是文章中的一些名句熟词广为流传，成为格言、成语、座右铭，有的已载入辞典，丰富了民族语言；三是文章符合艺术规律，词、句、章和形、情、理都达到了美的要求。如果我们只是就文字“选美”，当然还会选出更多，如王勃的《滕王阁序》等，但那是另一个范畴。

下面按这个标准一一分析。

贾谊的《过秦论》探讨一个政权为什么会灭亡。为政者必须施仁政，不能反人民。后来提到农民起义时常用的“斩木为兵，揭竿为旗”一语，即出自本篇。

司马迁的《报任安书》探讨生命的价值，提出一个做人的标准：“人固有一死，或重于泰山，或轻于鸿毛，用之所趋异也。”

诸葛亮的《出师表》提出忠心耿耿的为臣之道和勤恳不怠的敬业精神。名句“鞠躬尽瘁，死而后已”“亲贤臣，远小人”“受任于败军之际，奉命于危难之间”等广为流传。

陶渊明的《桃花源记》以文学的手法描绘出一个理想社会的蓝图，从中可以看出老庄哲学与空想社会主义的影子。“桃花源”已经是理想社会和优美风景的代名词。

魏徵的《谏太宗十思疏》探讨一个政权怎样才能巩固，并且塑造了一个较理想的君臣关系样板。提出“居安思危，戒奢以俭”“载舟覆舟，所宜深慎”，提出“凡百元首，承天景命，善始者实繁，克终者盖寡”。这就是1945年黄炎培与毛泽东在延安谈的政权周期律。后人常说的“居安思危”“善始善终”“水可载舟，亦可覆舟”，主要出于此。

范仲淹的《岳阳楼记》提出“先天下之忧而忧，后天下之乐而乐”的为人、为政理念。这句名言几乎成了范之后所有进步政治家的信条。范的这篇文章和陶渊明的《桃花源记》，都做到了形美、情美、理美，是用文学来解读政治的典范。

文天祥的《正气歌序》提出的为人要有正气的气节观，鼓舞了历代的民族英雄，成了中国人的做人标准。“正气”成了战胜一切邪恶、腐败势力的旗帜。

梁启超的《少年中国说》反对保守，提倡革新。提出抛弃老朽的中国，创造一个少年中国，振兴中华。几乎通篇都是美言美句。

林觉民的《与妻书》呼唤共和，敲响了数千年封建王朝的丧钟。再次响亮地喊出“老吾老以及人之老，幼吾幼以及人之幼”，牺牲个人，报效祖国。

毛泽东的《为人民服务》提出的“为人民服务”的思想成了共产党人立党立国的宗旨，并已是检验一个政权成败、好坏的标准。

这些文章已经成为中华文明的经典。

读书时，我愿在每一个美好思想的面前停留，就像在每一条真理面前停留一样。——爱默生

朱光潜书架上的“古董洋货”

□朱光潜

很多人希望我谈谈应读何书的问题。老实说，我没有能力答复，我自己便没曾读过几本“青年必读书”，老早就读些壮年必读书。比方在中国书里，我最欢喜《国风》、《庄子》、《楚辞》、《史记》、《古诗源》、《文选》中的书笺、《世说新语》、《陶渊明集》、《李太白集》、《花间集》、张惠言《词选》、《红楼梦》等。在外国书里，我最欢喜济慈(Keats)、雪莱(Shelley)、柯尔律治(Coleridge)、布朗宁(Browning)诸人的诗集，索福克勒斯(Sophocles)的七悲剧，莎士比亚的《哈姆雷特》(Shakespeare:*Hamlet*)、《李尔王》(*King Lear*)和《奥瑟罗》(*Othello*)、歌德的《浮士德》(Goethe:*Faust*)，易卜生(Ibsen)的戏剧集，屠格涅夫(Turgenev)的《处女地》(*Virgin Soil*)和《父与子》(*Fathers and Children*)，陀思妥耶夫斯基的《罪与罚》(Dostoyevsky:*Crime and Punishment*)，福楼拜的《包法利夫人》(Flaubert:*Madame Bovary*)，莫泊桑(Maupassant)的小说集，小泉八云(LafcadioHearn)关于日本的著作等。如果我应《北平京报·副刊》的征求，也许把这些古董洋货捧上，凑成“青年必读书十种”。但是我知道这荒谬绝伦，所以我现在不敢答复你应读何书的问题。你如果要知道，你应该去请教你所知的专门学者，请他们各就自己所学范围以内指定三两种青年可读的书。你如果请一个人替你面面俱到地设想，比方他是学文学的人，他也许明知青年必读书应含有社会问题、科学常识等，而自己又没甚把握，姑且就他所知的一两种拉来凑数，你就像问道于盲了。同时，你要知道读书好比探险，也不能全靠别人指导，你自己也须得费些功夫去搜求。我从来没有听见有人按照别人替他定的“青年必读书十种”或“世界名著百种”读下去，便成为一个学者。别人只能介绍，抉择还要靠你自己。

电影里主角们都在读什么书

□丁晓洁

《少年派的奇幻漂流》开场的前30分钟里，李安让他的男主角依次读了四本书：印度神话《黑天》、凡尔纳的《神秘岛》、陀思妥耶夫斯基的《地下室手记》和阿尔贝·加缪的《局外人》。

四本风格截然不同的书，同时叠加在同一个人身上，就有些意味深长了。《黑天》讲的是印度教主神毗湿奴第八个化身的故事，它是派最早接触到的印度教知识，当看到“黑天一张口，看进去就是整个宇宙”时，派的世界观就此形成，信仰的力量支撑着他度过此后在海上的日日夜夜。凡尔纳的《神秘岛》则培养了少年派的科幻素养，也暗示着他人生即将遭遇奇迹，他后来真的踏上了神秘的食人岛。对陀思妥耶夫斯基的阅读始于派对学校教育感到厌倦之时，同时也是在他目睹了老虎吃羊的惨剧之后，被视作存在主义代表作的《地下室手记》，不仅为派的离奇经历找到了合理的解释，也是电影主题的灵光一现：人的存在即是荒谬的。

而存在主义大师加缪的《局外人》（电影中译作《异乡人》）呢？更像是导演和他的主角之间隐秘的呼应。李安那句广为流传的话是这么说的：“我从来都不是什么地方的公民。我的父母离开了大陆，来到台湾，在台湾我们是局外人。然后，我又来到了美国，仍旧是局外人。当我重新回到大陆的时候，我又变成了一个来自美国的局外人。”

这不是李安的电影里第一次出现陀思妥耶夫斯基。在20年前的《饮食男女》里，钟国伦在麦当劳外等待打工的女友，靠在摩托上读一本《白痴》，被问及读的是什么时，他酷酷地回应：“陀思妥耶夫斯基。”你可以把这视作青春期敏感孤独的象征，当然也可以仅仅看作青少年伪装文艺的道具。

伍迪·艾伦的电影《赛末点》里，男主角也要读陀思妥耶夫斯基：电影开场不久，从爱尔兰来到伦敦当网球教练的穷小子威尔顿，被安排躺在床上读一本《罪与罚》。这是伍迪·艾伦向陀氏致敬的小趣味，也暗示着男主角轮回般的宿命：从那一刻起，他注定要像书中的主人公杀死房东姐妹的机缘巧合一样，蓄意杀死情妇之后再偶然杀死她的房东。闷骚的伍迪·艾伦持续对纽约知识分子进行嘲讽，陀思妥耶夫斯基当然是最佳选择。

《迷失》中早就出现了陀思妥耶夫斯基的《卡拉马佐夫兄弟》，更以一场“你知道海明威很妒忌陀思妥耶夫斯基吗”的讨论，暗示着主角之间的对立关系。你要等到大结局时，才发现这里埋着一个剧透的伏笔。《迷失》的另一个创举是：导演让主角读一本名叫《坏双胞胎》的惊险小说。小说讲述的是一个生物制品公司的大阴谋（《迷失》剧情中的幕后指使就是一家名叫“达摩”

的生物制品公司）。剧集播出期间，这本被架空的小说真的变成了出版物，封面上赫然写着：“他在坐上‘815航班’之前读的最后一本小说。”

“俄国文学三巨头”中的另一位——列夫·托尔斯泰，也是电影主角们的心头之爱。

在《荒野生存》中，男主角最挚爱的书是《战争与和平》，最终也是《家庭的幸福》中的那段话让他顿悟了生命的意义：“我曾经历了许许多多，现在，我似乎明白了什么是幸福。在乡下恬静地隐居，尽可能对人们做些简单而有用的善事——尽管那些人并不习惯我为他们做了这些，做一份真正有用的工作，最后休息、享受大自然、读书、听音乐、爱周围的每一个人，这些就是我对幸福的诠释。在这些之上，有你为伴，也许还有我们的孩子，一个男人还能再渴望些什么呢？”而在凯特·温丝莱特主演的《朗读者》中，和《奥德赛》《荷马史诗》《老古玩店》一起，这本《战争与和平》也出现在男孩为她朗读的书单中。

当主角们恋爱的时候他们在读些什么？1995年的《爱在黎明破晓前》，女主角塞琳娜读的是法国作家乔治·巴塔耶的《爱华坦夫人及其他》，男主角杰西读的则是演员克劳斯·金斯基的自传 *All I Need Is Love*（《我所需的仅是爱》）。在1999年的电影《诺丁山》中，男主角在自己的书店里向女主角推荐的是土耳其作家奥尔罕·帕慕克的《伊斯坦布尔》，这本书5年后又出现在了《BJ单身日记2》里。

2001年的《缘分天注定》，女主角把自己的地址写在一本二手的《霍乱时期的爱情》的扉页上，男主角在十年中每逢旧书店必进，只为了寻找这本书的踪迹。2006年美国版《触不到的恋人》中，女主角最爱的一本书是《劝导》，她把简·奥斯汀视为爱情导师：“她告诉我们，爱情需要等待。”2009年的《单身男子》中，英语教授乔治在一堂课上向学生们讲起了赫胥黎的《长夏之后》，而当他坐在沙发上看书时，读的是卡夫卡的《变形记》和杜鲁门·卡波特的《蒂凡尼的早餐》。

1995年，岩井俊二在电影《情书》里普及了一把普鲁斯特。柏原崇捧一本书靠窗而立，那模样成了万千少女心中的完美情人。而两个藤井树之间的隐秘爱情线索，就藏在一本《失われた·を求めて》中——再没什么书名比《追忆似水年华》更适合用来总结无疾而终的初恋故事了，不是吗？

斯坦福教给你的

□卡莉·奥菲里娜

每周，我们都被要求阅读一本中世纪的哲学巨著，一周大概得读上1000页。到了周末，我们要把哲学论文缩写成薄薄的两页。过程大致如下：首先把书的内容缩减为20页，然后再减到10页，5页，最后只剩下2页——一张纸正反两面的两页。所有无关紧要的旁枝末节统统去掉、缩减，只留下最根本、最重要的两页。到了下一周，又从另一部鸿篇巨制开始。这样一来，我所读过的哲学思想和意识理念自然在脑海里留下了印象。让我觉得最学有所得的就是这种严苛的凝练和浓缩过程，能够掌握这种奇妙的技巧真是令人兴奋。多年来我一再地把它付诸实践，用智慧去浓缩，凝练，去伪存真，直达事物的本质。

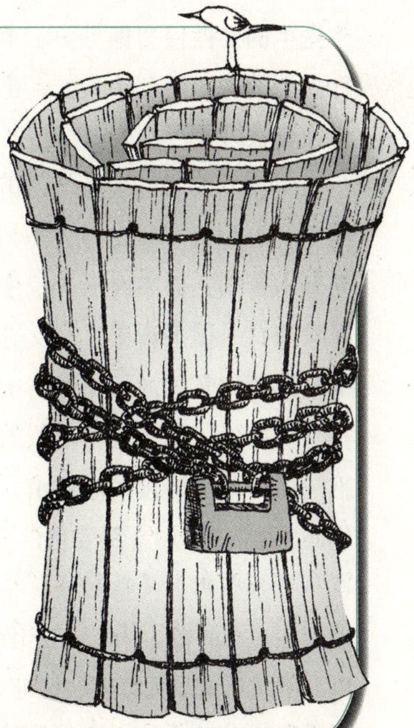

什么时候读什么书是门学问

□张佳玮

大体上，闲书跟肉一样，分肥、瘦和柴；跟茶一样，分温和削。翻译来的外文书，越是近现代的，翻译腔越重，锐利、寒、削。老一辈的翻译，词句都更圆润温和些，朱生豪先生的莎翁、傅雷先生的巴尔扎克之类不提，像王科一先生的《傲慢与偏见》、李健吾先生的《包法利夫人》，都可当午后茶与点心。

中文作品其实也类似，但得细分。上古诸子散文诗之类，好读但不膏腴，像牛肉干，咬多了厚味满口，但牙齿累。《文选》里的东西尤其如此，《古诗十九首》算例外。越是近年出版的书越清淡，薄而好读，但偏滑，不厚润。我认识的人，都爱重读“三言”《金瓶梅》《牡丹亭》《红楼梦》《水浒传》《儒林外史》，以至于沈从文、汪曾祺、钱钟书、张爱玲诸位，无他，这些作品都聪明厚润不紧绷，肥而不腻，瘦而不柴，而且余香满口。

马三立老师曾说：“生书熟戏，听不腻的曲艺。”老一代评弹唱腔为啥好听呢？按说侯、郭、刘、马这几位老先生的相声，笑点不密集，也都是悠悠然家长里短的事，为什么耐听？这就是功力。有功力的相声、京剧、话剧念白、电影镜头和书，都是那么个圆润润、颤悠悠的饱满劲儿，跟熬到火候的乳白鱼汤一个道理。

坐火车时读福克纳、斯坦贝克、科塔萨尔甚至物理学教材，平时再看不下去的段落都可以轻松咽掉。同样适合火车旅途的是商务印书馆出的各种史传和各种艺术、建筑、植物图鉴。当然史传也另分，《史记》就比其他史传好看得多，像分盒贮藏的脆坚果仁，不用特意当火车读物，平时也看得下去。

几十个小时的长途火车旅行要备几本百看不腻的大部头肥书，以备看累了休息调剂使，这就具体各有所好了。《红楼梦》《鹿鼎记》《文学讲稿》《西洋世界军事史》《阿拉蕾》，看什么的都有。海明威20世纪40年代之前的短篇像冰镇芥蓝，白天走路看会觉得清爽明快，一入夜读就会心情抑郁继而发冷。马尔克斯早期的作品阴郁些，中后期的大多有花团锦簇似的热闹，宜饭宜粥宜走路。膏腴一点儿的书，例如沈、汪、梁、施、张、钱诸位的小散文，嫩软有味，很适合吃饭时读。汪、梁的饮食散文尤其搭调，助长食欲。同理适用于各家通俗演义和古典章回小说。因为章回小说大多有松有紧，故事性十足，有肉味，极下饭。《红楼梦》前五十五回，《金瓶梅》宋蕙莲死之前，都像炖烂了的红烧肉，是百搭下饭的好段落。欧·亨利与马拉默德的大部分以喜剧结尾的小说、卡尔维诺的马可瓦尔多系列，就可以当零食甜点，随时捧起来吃着玩。

大部头的书，好处之一是催眠，但也得挑对书。膏腴的书不适合催眠，一不小心就看到天亮了。我小时候看《九三年》催眠，结果心情澎湃，一气看完，彻夜难眠。陀老的东西看了会做噩梦。太干练的文字——比如《九故事》或者卡佛——只会让你越发清醒。大概睡前一适合看各类原文书，二适合看哲学史、思想史、艺术史，倦意浓了直接睡。

煨一颗蛋，读一本书

□汤　晏

20世纪中国有几位学贯中西的文化巨人，钱钟书是其中杰出的一位。他具有过目不忘的记忆力，精通英、法、意、拉丁、西班牙等多国语言，学问渊博，在当代中国可谓首屈一指。钱钟书这样的一代才子是如何成就的？一方面，因为钱钟书有着惊人的天赋；另一方面，这与他极其用功勤奋分不开。

钱钟书于1929年投考清华，清华藏书之富，在当时各大学来说是数一数二的。清华图书馆书库、书架上的书，中外古今无不应有尽有。学生可以到书库里去看书，左右逢源，辗转相生，可免借还之劳。有人说：“此中乐趣，不可形容，恐怕只有饥鼠入太仓之乐仿佛似之。”据同学回忆，钱钟书是在校借书最多的一位。

1939年，钱钟书为了照顾老父，乃辞了西南联大教职，决定到湖南安化蓝田镇的国立师范学院。在蓝田的生活很单调。据友人说，严冬夜读书时，钱钟书在室内用木炭盆生火取暖，至夜半用废纸裹生鸡蛋用水浸湿投入炭火，至蛋煨熟了取出人各一枚，充作夜宵，其乐融融。在小镇上冗闲，但对喜欢读书的钱钟书来说，未尝不是一件好事。

钱钟书从上海到蓝田的旅途经历及蓝田小镇的生活均弥足珍贵，这些经历使他日后写成了一部在中国现代文学史上不可忽视的巨著——《围城》。

李清照当衣买书

□刘德江

子曰：“朝闻道，夕死可矣。”要做到这一点，必须全力以赴高度投入。北宋女词人李清照十分爱读书，常常因得到一本好书而不食不眠。

有一年清明前，李清照的姨母给她做了一件漂亮的裙衫，让她在清明时节踏青时穿。一个人冬天在家闷得太久，望见外面一片生机，春意盎然，心情也变得活泼起来。李清照不由自主地来到书市，在一个又一个摊位前仔细翻看着，希望找到自己中意的东西。她就这样以赏玩的心思慢慢游逛，走到了一个不被人注意的小角落。那里有一位须发皆白的老者，只守着一个小摊，上面放着一摞书。老者看起来风度翩翩，并不像普通的商贩，更奇怪的是，他并不招揽顾客，好像并不希望自己的书卖出去似的。李清照觉得非常有意思，便走了过去，想和老者说几句话。可是她突然被地上的书吸引住了，书皮上以篆字写着《古金石考》。她不禁大吃一惊，这就是她梦寐以求的古书，这部书流落民间几乎失传，她找过好多人帮着购买，结果都没有买到。现在的李清照只见书本，不见老者，抑制不住自己的惊喜，拿起一本便翻看起来。

不知什么时候，她突然惊醒这是人家要卖的书。李清照手里紧握着书，急切地问：“老伯，您这套书可是要卖的？”老者点点头：“是啊，这是家传的一部古书，按理讲是绝不能卖的。也是时运不济，家遭变故，实在是没有可以救急的物件儿了，可是，我还是不忍心就这么把它送到当铺，交给那些不知道珍惜的人去糟蹋，所以就在这儿等着，只想等个懂得它的人来，给它个好归宿！姑娘，看得出你是个识货的人！你要能买了它去，也算了了我的一桩心事。”李清照微笑着问老人：“老伯，您需要多少钱来应急？”老者说：“唉，应急至少也得三十两吧。姑娘你看着给吧，只要能好好地保存它，就是少点儿也没什么。”

没等老者把话说完，李清照把自己随身带的钱全部倒出来，仔细查点也不过十两左右，李清照显得有些着急，对老者说：“老伯，我今天出门仓促，没有带那么多现钱，你明日可否还来这里？我一定带多于三十两来拿书，好吗？”老者为难地说：“姑娘，不是我不答应你，我的盘缠早就用得差不多了，我和家人已经说好，今天日落，无论这书卖不卖得出去，都要和他们一起出城回家的。”

李清照一听，急忙抬头望天，这时已近日暮，就算雇车回家也未必能赶上。她一时间竟不知道怎么办才好。看着李清照着急的模样，老者也有些于心不忍，只好安慰李清照说："姑娘，你也不用太过着急，唉，就当是你和它没缘吧！也许有一天，你还能再碰上它呢。"李清照听着老人的话，心里很不是滋味，不但帮不了老者，还失去了保存古书的机会。她不自觉地握了一下衣角。这一握让李清照有了办法，她立即对老人说："老伯，您只要再等我一会儿，只一会儿就好！一定要等我啊！"然后转身就跑，留下不知所措的老人站在那里。

过了半个时辰，老者见李清照只穿一件内衬的单衣，跑了回来，手里拿着银两。原来，她把自己的新衣给典当了，换了二十多两银子，连同自己原来的十几两银子，一起交到老人手中。老者看着一个年轻姑娘家竟然为了一套书，不惜当街只穿着单衣薄衫，十分感动。老者只要三十两，可是李清照没有让他再推辞："老伯，您给我的可是无价之宝啊，若是今日我身边能再有些银两也会倾囊相赠的。您就不用推辞了。"然后，李清照抱起那套珍贵的《古金石考》，穿着单衣在乍暖还寒的春天里回家去了。

李清照后来成为我国文学史上的第一女词人，与她对知识的热爱，对书的痴迷是分不开的。正是因为痴迷她才可以有所放弃，即使是姨母赠送的新衣服也可以典当出去。

一本字典撕完到昆明

□傅惟慈

张君川老师不仅在文化界小有名气，而且同很多人是旧交。他总是拉着过境客不放，请他们到戏剧班来给学生讲点儿什么，或者讲文学艺术，或者介绍时局和形势，让我们这些长期处于闭塞环境中的年轻人长些见识。在他请来讲话的人中，有一个人是我国当代著名戏剧家熊佛西。张君川老师请他来分析介绍罗曼·罗兰的名剧《爱与死的搏斗》，张老师有意以后在遵义上演此剧。那一天正赶上我值班劳军或者做别的事，没有赶上参加这次座谈。

另一位请到戏剧班的名人是我很喜欢的作家端木蕻良。他是我非常心仪的一位作家。我在北平读书的时候就读过他写的长篇小说《科尔沁旗草原》。当时这本书刚出版不久，在爱国青年中风行一时。后来我又看了他写的一些短篇。《遥远的风沙》是他在绥远参军后写的一个名篇。张老师这次能把这位大作家请到戏剧班和我们座谈，令我非常高兴。座谈结束后，大家自由发言。端木答应我们，他愿意回答任何有关文学和创作的问题。我记得我曾问他，在颠沛流离的日子，一个人无法携带很多家私，但书还是要带的，爱好文学的人随身应该带几本什么书？端木没有具体说什么书最好，他只是说，看什么书主要还是依据个人兴趣，值得反复阅读的大概还是那些经典著作和诗词，《红楼梦》、《聊斋志异》、唐诗、宋词等。我曾读过端木用现代小说笔法演义而成的几篇《红楼梦》故事，刊登在当时桂林出版的一本文学刊物上，写得确实很好。解放后，他又创作了《曹雪芹传》，看来他是极其喜爱《红楼梦》的。不过我怀疑在烽火连天的战争岁月，有谁的行囊中总带着这样一部大部头书籍。他又说，懂一点儿外文的当然也可以带一两本外文书，甚至带本外语词典。端木还说了一个故事，西南联大有一名学生，抗战期间从长沙步行去昆明，随身只带着一本英文字典，每天背若干英文单词。一路走来，背会一页单词就撕毁一页，就这样在他走到昆明以后，一本字典已经撕完，但是他已经把里面的词汇全都记在脑子里了。端木讲的这件事实有其人，那人就是我国著名的诗人和翻译家查良铮（笔名穆旦）。

在书斋里捉迷藏

□季羡林

最近身体不太好，内外夹攻，头绪纷繁，我这已届耄耋之年的神经有点儿吃不消了。于是下定决心，暂且封笔。乔福山同志打来电话，约我写点儿什么。我遵照自己的决心，婉转拒绝。但一听这题目是《我的书斋》，于我心有戚戚焉，立即精神振奋，暂停决心，拿起笔来。

我确实有个书斋，我十分喜爱我的书斋，这个书斋是相当大的，大小房间，加上过厅、厨房，还有封了顶的阳台，大大小小，共有八个单元。册数从来没有统计过，总有几万册吧。在北大教授中，“藏书状元”我恐怕是当之无愧的。而且在梵文和西文书籍中，有一些堪称海内孤本。我从来不以藏书家自命，然而坐拥如此大的书城，心里能不沾沾自喜吗？

我的藏书都像是我的朋友，而且是密友。我虽然对它们并不是每一本都认识，它们中的每一本却都认识我。我每一走进我的书斋，书籍们立即活跃起来，我仿佛能听到它们向我问好的声音，我仿佛能看到它们向我招手的情景，倘若有人问我，书籍的嘴在什么地方？而手又在什么地方呢？我只能说：“你的根器太浅，努力修持吧。有朝一日，你会明白的。”

我兀坐在书城中，忘记了尘世的一切不愉快的事情，怡然自得。以世界之广，宇宙之大，此时却仿佛只有我和我的书友存在。窗外粼粼碧水，丝丝垂柳，阳光照在玉兰花的肥大的绿叶子上，这都是我平常最喜爱的东西，现在也都视而不见了。连平常我喜欢听的鸟鸣声“光棍儿好过”，也听而不闻了。

我的书友每一本都蕴含着无量的智慧，这智慧我是能深深体会到的。如果这些智慧我全部都能接受的话，我将成为古往今来最聪明的人。我自己也去努力修持吧。

我的书友有时候也让我窘态毕露。我并不是一个不爱清洁和秩序的人，但是，因为事情头绪太多，脑袋里考虑的学术问题和写作问题也不少，而且每天都收到大量的寄来的书籍和报纸杂志以及信件，转瞬之间就摞成一摞。在这样的情况下，如果我需要一本书，往往是遍寻不得。“只在此屋中，书深不知处”，急得满头大汗，也是枉然。只好到图书馆去借，等我把文章写好，把书送还图书馆后，无意之间，在一摞书中，竟找到了我原来要找的书，“得来全不费工夫”，然而晚了，工夫早已费过了。我啼笑皆非，无可奈何。等到用另外一本书时，再重演一次这出喜剧。我知道，我要寻找的书友，看到我急得那般模样，会大声给我打招呼的，但是喊破了嗓子，也无济于事。我还没有修持到能听懂书的语言的水平。我还要加倍努力去修持。我有信心，将来一定能获得真正的“天眼通”和“天耳通”。只要我想要哪一本书，那本书就会自己报出所在之处，我一伸手，便可拿到，如探囊取物。这样一来，文思就会像泉水般地喷涌，我的笔变成了生花妙笔，写出来的文章会成为天下之至文。到了那时，我的书斋里会充满没有声音的声音，布满没有形象的形象。我同我的书友们能够自由地互通思想，交流感情。我的书斋会成为宇宙间第一神奇的书斋。岂不猗欤休哉！

我盼望有这样一个书斋。

非正式偷读书

□丰子恺

我的正式求学的十个月，给了我一些阅读外国文的能力。读书不像研究绘画、音乐地需要设备，也不像研究绘画、音乐需要每日不断地练习。只要有钱买书，空的时候便可阅读。我因此得在十年的非正式求学时期中，读了几册关于绘画、音乐、艺术等的书籍，知道了世间的一些些事。我在教课的时候，常把自己所读过的书译述出来，给学生们做讲义。后来有朋友开书店，我乘机把这些讲义稿子，把它刊印为书籍，不期地走到了译著的一条路上，现在我还是以读书和译著为生活。回顾我的正式求学时代，初级师范的五年只给我一个学业的基础，东京的十个月间的绘画、音乐的技术练习已付诸东流。独有非正式求学时代的读书，十年来一直随伴着我，慰藉我的寂寥，扶持我的生活。这真是以前所梦想不到的偶然的结果。我的一生都是偶然的，偶然入师范学校，偶然欢喜绘画、音乐，偶然读书，偶然译著，此后不知还要逢到何种偶然的机缘咧。

读我这篇自述的青年诸君！你们也许以为我的读书生活是幸运而快乐的；其实不然，我的读书是很苦的。你们都是正式求学，正式求学可以堂堂皇皇地读书，这才是幸运而快乐的。但我是非正式求学，我只能伺候教课的闲暇而偷偷隐隐地读书。做教师的人，上课的时候当然不能读书，开议会的时候不能读书，监督自修的时候也不能读书，学生课外来问难的时候又不能读书，要预备明天的教授的时候又不能读书。担任了他一小时的助课，便是这学校的先生，便以参加会议，监督自修。解答问难，预备教授的义务；不复为自由的身体，不能随了读书的兴味而读书了。我们读书常被教务所打断，常被教务所分心，绝不能像正式求学的诸君的专一。所以我的读书，不得不用机械的方法而下苦功，我的用功都是硬做的。

梁家人永远不会失业

□佚　名

“梁思成盖了房子，他搞炮弹的弟弟就拿炮去轰炸，然后他的另一个弟弟正好去进行考古，这样梁家人就永远也不会失业，任公的眼光多么深远啊。”冯友兰这样风趣地对女儿宗璞说。

梁启超的长子梁思成是著名建筑学家；次子梁思永是我国第一个受过西洋近代考古学正式训练的学者；三子梁思忠曾在弗吉尼亚军事学院和西点军校留学，是国民革命军第十九路军炮兵上校，参加过淞沪会战，表现出色。

幼年的“猜书”时光

□柯　岩

和今天的小朋友相比，我的童年是十分寂寞的。虽然兄弟姐妹很多，因为父亲只是个自学成才的一般铁路职工，家庭生活是很清苦的。因此，父母终日为衣食奔忙，哥哥姐姐都要为奖学金拼命读书，没人和我做伴。

孩子总是要有人呵护和做伴的，家里没人理我，我就到外边去野，常常因奔跑而跌入泥塘水坑，弄得通身湿透；或因追着邻居的大孩子玩耍，被他们捉弄得哭唏唏地回家。母亲很可怜我，就常常在缝衣和做饭时把我带在身边，讲故事给我听。她的那些“岳飞战金兵”“孟姜女哭长城”“铸钟娘娘”“缺手姑娘”等民间故事迷住了我，我就成天像条小尾巴似的黏在她身边。可故事总有讲完的时候，妈妈就开始教我背她小时候学会的古诗。不知为什么小时的我诗兴很差，背着背着就烦了，妈妈只好把老故事一再重复，常常就是她一张嘴，我就能接下话茬儿，或固执地纠正她每一个与前面讲述中稍有不同的词儿与语气，弄得妈妈疲惫而厌烦。

爸爸可怜妈妈，于是买回了一些减价或残缺的《少年文库》之类的书，让妈妈读给我听。劳累的母亲常常读着读着就睡着了。我轻轻地推着她，她有时睁睁眼又睡了过去，有时连眼都睁不开。四五岁的我已经开始懂得心疼妈妈了，只好从她手里轻轻地取过书，看里边的插图，或试图把妈妈念过的地方和书上的字反复对比看着，连猜带蒙地往下走，往下走，急于知道故事的结局和人物的命运，居然不知不觉地认识了一些字，爸爸妈妈很惊讶，于是就提前把我送进了小学，那一年我刚刚5岁。

我是班上最小的孩子，但学习对于我来说一点儿也不困难，因为那原是我极为渴望的。从上学开始，我就“解放”了妈妈，自己想方设法地和书交朋友。从二年级开始，我就啃起了许多大部头小说。长大了以后，知道了“兴趣是一个人最好的老师”之类的名言，觉得真是太对了！和书的交往开阔了我的视野和胸怀，陶冶了我的性情，培养了我对生活对社会的认识能力，启迪了我的想象力，更重要的是，教会了我该怎样奋斗和追求。

藏在李敖书房里的周越真迹

□李宗陶

李敖开得门来，手里捏一小片馒头，身后飘来排骨香，以及小提琴协奏曲的温暖音色。玄关处鞋柜上，红彤彤40卷精装《李敖大文集》扑面而来，很抢眼。主人说，80岁前要出齐80卷。真能写。鞋柜上方悬一镜框，里面是影印绢本、北宋书法大家周越迄今唯一传世的墨迹：《跋王著草书〈千字文〉》。

行家们说：周越的真、草、行、隶落笔刚劲，婉隽神韵，尤其草书最佳；门下又出了黄庭坚、米芾、蔡襄3位大家，只可惜传世的少。

问主人此件来路。曰，有问美国中央情报局的情报从哪里来的吗？好此物者，不问来路；所谓来路，多半叫“不择手段”。

主人技痒，很快透底：当年200块新台币自地摊买下，养它30年，写成《中国艺术史一个断层的重建——周越墨迹研究》；30年后，卖给美国一买家，得300万美金。

细观眼前十二行小楷，起首“王著初为隆平主簿”，结尾“臣越题”，102字。我不懂书法，只觉墨迹浓浓淡淡，颇有筋骨，两处“太宗”的“太”字格外地大。留白处25枚印章，诉说近千年来它辗转过多少人家。较近些的踪迹是自清宫流出，到过东北，最后漂移台湾。曾有台北“故宫博物院”专家认定它太新，是赝品；而书画鉴定大家徐邦达、书法家启功等人认为是真。

问主人捡漏的眼光。曰，两处“太宗”，末了一个“越”，历史上总共这么几位太宗，掐指一算，该是宋仁宗和周越。又问主人，地摊在何处？曰，早年的牯岭街。

书房是小型图书馆规模，摆法是码，沿墙及中央三路纵队码成堆头，衬着包头红的地毯，华丽，气派。浴室里也堆满书。想起纽约史传德书店的广告语“18英里的书”。

书的品类大致是史家兼收藏家。一眼瞄过去，贴了不少标签的孙中山《伦敦蒙难记》之类估计是眼下正做的功课；而《宋施顾注苏诗》四函三十七册是摆样子的。回来一查，“孔夫子”上标价4.8万。

每一张巨大的书桌上，眼镜、放大镜、古色古香的印泥盒，一只只贴了标签的文件夹，一丝不苟，摆放齐整。主人说，都是自己收拾。77岁了，采用学生上课制，每50分钟投入一课时，全神贯注。产量总与用功程度及方法有关。

每一堆书上、桌上、墙上，乃至洗脸台面上都立有小小镜框，镜框里是李敖青年时代所珍藏的照片和精致的人物画。这是李敖的新书房，搬进来刚7个月，其前身，是与胡茵梦的爱巢。

七岁始读《三国演义》

□冰　心

一谈到读书，我的话就多了！

我自从会认字后不到几年，就开始读书。倒不是四岁时读母亲教给我的商务印书馆出版的国文教科书第一册的“天、地、日、月、山、水、土、木”以后的那几册，而是七岁时开始自己读的“话说天下大势，分久必合，合久必分……”的《三国演义》！

那时我的舅父杨子敬先生每天晚饭后必给我们几个表兄妹讲一段《三国演义》，我听得津津有味，什么“宴桃园豪杰三结义，斩黄巾英雄首立功”，真是好听极了，但是他讲了半个钟头，就停下去干他的公事了。我只好带着对故事下文的无限悬念，在母亲的催促下，含泪上床。

此后我决定咬了牙拿起一本《三国演义》来，自己一知半解地读了下去，居然越看越懂，虽然字音都读得不对，比如把“凯”念作“岂”，把“诸”念作“者”之类，因为就只学过那个字一半部分。

谈到《三国演义》我第一次读到关羽死了，哭了一场，便把书丢下了。第二次再读时，到诸葛亮死了，又哭了一场，又把书丢下了，最后忘了是什么时候才把全书读到分久必合的结局。

这期间我同时还看了母亲针线笸里常放着的那几本《聊斋志异》，聊斋故事是短篇，可以随时拿起放下，又是文言的，这对于我的作文课，很有帮助，因为我的作文老师曾在我的作文本上，批着“柳州风骨，长吉清才”的句子，其实我那时还没有读过柳宗元和李贺的诗文，只因那时的作文，都是用文言写的。

《三国演义》引起了我对章回小说的兴趣，对于那部述说“官逼民反”的《水浒传》，我尤其欣赏。那部书里着力描写的人物，如林冲——“林教头风雪山神庙”一回，看了使我气愤填胸！——武松、鲁智深等人，都有其自己极其生动的个性，虽然因为作者要凑成三十六天罡七十二地煞勉勉强强地写满了一百零八人的数目，我觉得也比没有人物个性的《荡寇志》强多了。

《精忠说岳》并没有给我

留下太多的印象，虽然岳飞是我从小就崇拜的最伟大的抗金将领。在此顺便说一句，我酷爱古典诗词，但能够从头背到底的，只有岳武穆的《满江红》“怒发冲冠”那一首，还有就是李易安的《声声慢》，她那几个叠字：“寻寻觅觅……凄凄惨惨戚戚……”写得十分动人，尤其是以“寻寻觅觅”起头，描写尽了“若有所失”的无聊情绪。到得我十一岁时，回到故乡福州，在我祖父的书桌上看到了林琴南老先生送给他的《茶花女遗事》，我又对林译外国小说有了广泛的兴趣，那时只要手里有几角钱，我就请人去买林译小说来看，这又使我知道了许多外国的人情世故。

《红楼梦》是在我十二三岁时看的，起初我对它的兴趣并不大，贾宝玉女声女气，林黛玉的哭哭啼啼都使我厌烦，还是到了中年以后，再拿起这部书看时，才尝到“满纸荒唐言，一把辛酸泪”，一个朝代和家庭的兴亡盛衰的滋味。

总而言之，统而言之，我这一辈子读到的中外的文艺作品，不能算太少。我永远感到读书是我生命中最大的快乐！从读书中我还得到了做人处世的“独立思考”的大道理，这都是从《修身》课本中所得不到的。

我自一九八六年到日本访问回来后即因伤腿闭门不出，“行万里路”做不到了，“读万卷书”更是我唯一的消遣。我每天都会得到许多书刊，知道了许多事情，也认识了许多人物。同时，书看多了，我也会挑选，比较。比如说看了精彩的《西游记》就会丢下烦琐的《封神传》，看了人物如生的《水浒传》就不会看索然乏味的《荡寇志》，等等。对于现代的文艺作品，那些写得朦朦胧胧的，堆砌了许多华丽的词句的，无病而呻，自作多情的风花雪月的文字，我一看就从脑中抹去，但是那些满带着真情实感，十分质朴浅显的篇章，哪怕只有几百上千字，也往往使我心动神移，不能自已！

书看多了，从中也得到一个体会，物怕比，人怕比，书也怕比，“不比不知道，一比吓一跳”。因此，某年的“六一”国际儿童节，有个儿童刊物要我给儿童写几句指导读书的话，我只写了九个字，就是：

读书好，多读书，读好书。

会瞪人的《相对论原理》

□老　舍

若是学者才准念书，我就什么也不要说了。大概书不是专为学者预备的；那么，我可要多嘴了。

从我一生下来直到如今，没人盼望我成个学者；我永远喜欢服从多数人的意见。可是我爱念书。

书的种类很多，能和我有交情的可很少。我有决定念什么的全权；自幼儿我就会逃学，愣挨板子也不肯说我爱《三字经》和《百家姓》。对，《三字经》便可以代表一类——这类书，据我看，顶好在判了无期徒刑后去念，反正活着也没多大味儿。这类书可真不少，不知道为什么；也许是犯无期徒刑罪的太多；要不然便是太少——我自己就常想杀些写这类书的人。我可是还没杀过一个，一来是因为——我才明白过来——写这样书的人敢情有好些已经死了，比如写《尚书》的那位李二哥。二来是因为现在还有些人专爱念这类书，我不便得罪人太多了。顶好，我看是不管别人；我不爱念的就不动好了。好在，我爸爸没希望我成个学者。

第二类书也与咱无缘：书上满是公式，没有一个“然而”和“所以”。据说，这类书里藏着打开宇宙秘密的小金钥匙。我倒久想明白点儿真理，如地是圆的之类；可是这种书别扭，它老瞪着我。书不老老实实地当本书，瞪人干吗呀？我不能受这个气！有一回，一位朋友给我一本《相对论原理》，他说：“明白这个就什么都明白了。”我下了决心去念这本宝贝书。读了两个“配纸”，我遇上了一个公式。我跟它“相对”了两点多钟！往后边一看，公式还多了去啦！我知道和它们“相对”下去，它们也许不在乎，我还活着不呢？

可是我对这类书，老有点儿敬意。这类书和第一类有些不同，我看得出。第一类书不是没法懂，而是懂了以后使我更糊涂。以我现在的理解力——比上我七岁的时候，我现在满可以做圣人了——我能明白“人之初，性本善”。明白完了，紧跟着就糊涂了；昨儿个晚上，我还挨了小女儿——玫瑰唇的小天使——一个嘴巴。我知道这个小天使性本不善，她才两岁。第二类书根本就看不懂，可是人家的纸上没印着一句废话；懂不懂的，人家不闹玄虚，它瞪我，或者我是该瞪。我的心这么一软，便把它好好放在书架上；好打好散，别太伤了和气。

这要说到第三类书了。其实这不该算一类；就这么算吧，顺嘴。这类书是这样的：名气挺大，念过的人总不肯说它坏，没念过的人老怪害羞地说将要念。譬如说《元曲》，太炎“先生”的文章，罗马的悲剧，辛克莱的小说，《大公报》——不知是哪儿出版的一本书——都算在这类里，这些书我也都拿起来过，随手便又放下了。这里还就属那本《大公报》有点儿劲。我不害羞，永远不说将要念。好些书的广告与威风是很大的，我只能承认那些广告作得不错，谁管它威风不威风呢。

罗曼·罗兰的“重量”

□铁　凝

20世纪70年代初，我还是一个少年，偷偷读到一本书，是法国作家罗曼·罗兰的《约翰·克利斯朵夫》。记得扉页的题记是这样两句话：“真正的光明决不是永没有黑暗的时间，只是永不被黑暗所淹没罢了；真正的英雄决不是永没有卑下的情操，只是永不被卑下的情操所屈服罢了。”这两句话使我深深感动，让我生出想要为这个世界做点儿什么的冲动。我初次领略到阅读的重量，它给了我身心的沉稳和力气。

我的一位亲人，在同样的时代背景下，在从城市下放到乡村劳动之余，倚靠着田野上的草垛通读了《资本论》和《列宁全集》。问他当时为什么读这些书，他只说是因为喜欢。

今天想来，类似的阅读实在是一种无功利心的自发性之举，因其自发性，所以就没有预设的阅读期待，那不期而至的阅读收获便格外宝贵和难忘。难忘的还有一种沉入心底的重量，这重量打击你，既甜蜜又酣畅。

阅读的重量有时在于它的“重”，有时却在于它的“轻”。这“轻”，不是轻浮，而是一种无用之用，是阅读心境的解放。

今天，我们的阅读与过去相比已经有了诸多变化。市场上卖得好的书往往是更靠近生活的实用的书：养生、美容、商战、股票、英语……书海已经“茫茫”。各取所需的阅读看上去已不再承载精神的重负，而是直奔主题，要的是立竿见影。

阅读的功用是显而易见的。但是，我更想强调的是，“无用”的阅读，正如文化给人的力量一样，更多的是缓慢、绵密、恒久的渗透。虽然它是“无用”的，然而一切都有痕迹，我们沉重的肉身会因某些时刻“无用”的阅读而获得心灵的轻盈和洁净。这样的阅读不是生存甚至生计所必需的，但它让我们感受到了他人的存在，看到了生活的美好、温暖以及自身的价值，它内在的文化含量并没有因表面的“无用”而打折扣。它的“无用”本身便是更大的作用。这何尝不是一种更高的阅读境界呢？这种自然存在的阅读状态，可能比故意强迫阅读或者故意淡漠阅读都更能体现人生的精神价值吧。

床上的粉盐豆和一折八扣书

□汪曾祺

一折八扣书盛行于20世纪30年代。中学生所买的大都是这种书。一折，而又打八扣，即定价如是一元，实售只是八分钱。当然书后面的定价是预先提高了的。但是经过一折八扣，总还是很便宜的。为什么不把定价压低，实价出售，而用这种一折八扣的办法呢？大概是投合买书人贪便宜的心理，这差不多等于白给了。

一折八扣书多是供人消遣的笔记小说，如《子不语》《夜雨秋灯录》《续齐谐》等。但也有文笔好，内容有意思的，如《板桥杂记》《影梅庵忆语》。也有旧诗词集。我最初读到的《漱玉词》和《断肠词》就是这种一折八扣本。《断肠词》的样子我到现在还记得，封面是砖红色的，一侧画一支滴下两滴墨水的羽毛笔。一折八扣书都很薄，但也有较厚的，《剑南诗钞》即是相当厚的两本。这书的封面是米黄色的铜版纸，王西神题签。这在一折八扣书中是相当贵的了。

星期天，上午上街，买买东西（毛巾、牙膏、袜子之类），吃一碗脆鳝面或辣油面（我读高中在江阴，江阴的面我以为是做得最好的，真是细若银丝，汤也极好）、几只猪油青韭馅饼（满口清香），到书摊上挑一两本一折八扣书，回校。上午躺在床上吃粉盐豆（江阴的特产），喝白开水，看书，把三角函数、化学分子式暂时都忘在脑后，考试、分数，于我何有哉，这一天实在过得蛮快活。

一折八扣书为什么卖得如此之贱？因为成本低，除了垫出一点儿纸张油墨，就不须花什么钱。谈不上什么编辑，选一个底本，排印一下就是。大都只是白文，无注释，多数连标点也没有。

我倒希望现在能出这种无前言后记，无注释、评语、考证，只印白文的普及本的书。我不爱读那种塞进长篇大论的前言后记的书，好像被人牵着鼻子走。读了那样板着面孔的前言和啰唆的后记，常常叫人生气。而且加进这样的东西，书就卖得很贵了。

曾国藩的智商不如贼

□佚　名

曾国藩是中国历史上很有影响的人物之一，然而他小时候的天赋却并不高。

有一天他在家读书，反复对一篇文章高声朗读了不知道多少遍，很长时间他还没有背下来。这时候，他家来了一个贼，潜伏在他的屋檐下，希望等读书人睡觉之后，可以入室行窃。可是这个贼站在屋檐下等啊等，就是不见他睡觉，只是听见他翻来覆去地读那篇文章。

这个贼等得实在不耐烦了，大怒着破门而入，指着曾国藩说：“你这么笨的人，还读个什么书啊！”说完之后，他就将那篇文章一字不漏地背诵了一遍，然后扬长而去！

书一摸，人便醉

□冯骥才

名叫莫拉的这位老妇人嗜书如命。她认真地对我说：“世界上所有的一切都在书里。”“世界上没有的一切也在书里。把宇宙放在书里还有富余。”我说。她笑了，点点头表示同意，又说：“我收藏了四千多本书，每天晚上必须用眼扫一遍，才肯关灯睡觉。”

她真有趣。我说：“书，有时候不需要读，摸一摸就很美，很满足了。”她大叫：“我也这样，常摸书。”她愉快地虚拟着摸书的动作。烁烁目光真诚地表示她是我的知音。

谈话是个相互寻找与自我寻找的过程。这谈话使我高兴，因为既找到了知己，又发现了自己一个美妙的习惯，就是摸书。

闲时，从书架上抽下几本新新旧旧的书来，或许是某位幻想者迷人的呓语，或许是人类某种思维兴衰全过程的记录——这全凭一时兴趣，心血来潮。有的书早已读过，或再三读过；有的书买来就立在书架上，此时也并非想读，不过翻翻、看看、摸摸而已。未读的书是一片密封着的诱惑人的世界，里边肯定有趣味更有智慧。打开来读是种享受，放在手中不轻易去打开也是一种享受。而凡是读过的书，都成为有生命的了，就像一个个朋友，我熟悉它们的情感与情感方式，它们每个珍贵的细节，包括曾把我熄灭的思想重新燃亮的某一句话……翻翻、看看、摸摸，回味、重温、再体验，这就够了。何必再去读呢？

当一本古旧书拿在手里，它给我的感受便是另一种滋味。不仅它的内容，一切一切，都与今天相去遥远。那封面的风格，内页的版式，印刷的字体，都带着那时代独有的气息与永难回复的风韵，并从磨损变黄的纸页中生动地散发出来。也许这书没有多少耐读的内涵，也没有多少经久不衰的思想价值，它在手中更像一件古旧器物，它的文化价值反成为第一位的了。这文化的意味无法读出来，只要看看，摸摸，就能感受到。

莫拉说，她过世的丈夫是个书虫。她藏书及其嗜好，一半来自她的丈夫。她丈夫终日在书房里，读书之外，便是把那些书搬来搬去，翻一翻，看一看，摸一摸。每当此时，“他像醉汉泡在酒缸里，这才叫真醉了呢！”她说。她的神气好似看到了过去一幅迷人的画。

我忽然想到一句话：“人与书的境界是超越读。”但我没说，因为她早已懂得。

与福克纳老头息息相通

□莫 言

十几年前，我买了一本《喧哗与骚动》，认识了这个叼着烟斗的美国老头。

我首先读了该书译者李文俊先生长达两万字的前言。读完了前言，我感到读不读《喧哗和骚动》已经无所谓了。李先生在前言里说，福克纳不断地写他家乡那块邮票般大小的地方，终于创造出一方自己的天地。我立刻感到受了巨大的鼓舞，跳起来，在房子里转圈，跃跃欲试，恨不得立即也去创造一方属于我自己的新天地。

为了尊重福克纳，我还是翻开了他的书，读到第四页的最末两行："我已经一点儿也不觉得铁门冷了，不过我还能闻到耀眼的冷的气味。"看到这里，我把书合上了，好像福克纳老头拍着我的肩膀说：行了，小伙子，不用再读了！

我立即明白了我应该高举起"高密东北乡"这面大旗，把那里的土地、河流、树木、庄稼、花鸟虫鱼、痴男浪女、地痞流氓、刁民泼妇、英雄好汉……统统写进我的小说，创建一个文学的共和国。当然我就是这个共和国开国的皇帝，这里的一切都由我来主宰。创建这样的文学共和国当然是用笔、用语言、用超人的智慧，当然还要靠运气。好运气甚至比天才更重要。

福克纳让他小说中的人物闻到了"耀眼的冷的气味"，冷不但有了气味而且还耀眼，一种对世界的奇妙感觉方式诞生了。然而仔细一想，又感到世界原本如此，我在多年前，在那些路上结满了白冰的早晨，不是也闻到过耀眼的冰的气味吗？未读福克纳之前，我已经写出了《透明的红萝卜》，其中有一个小男孩儿，能听到头发落地的声音。我正为这种打破常规的描写而忐忑不安时，仿佛听到福克纳鼓励我：小伙子，就这样干。把旧世界打个落花流水，让鲜红的太阳照遍全球！

从此后，我忙于"建国"的工作，把福克纳暂时冷落了。但我与这个美国老头建立了一种相当亲密的私人关系。我经常在夜深人静时想起他。我还用见到他的书就买这种方式来表示我对他的敬意。

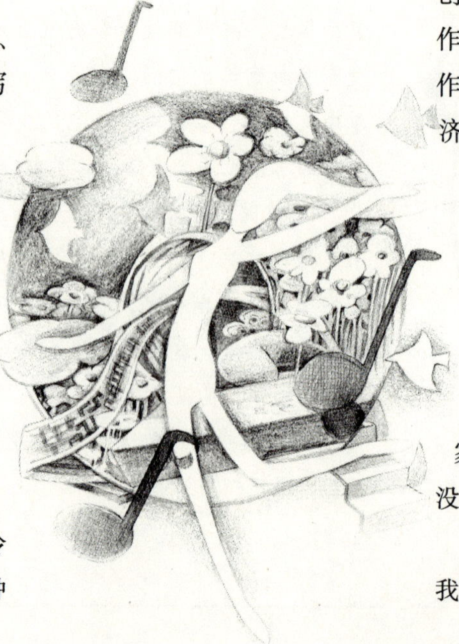

每隔一段时间，我就翻翻福克纳的书。他在书里写了些什么对我来说已经不重要了。至今我也没把他老人家的哪一本书从头到尾读完过。我看他的书时，就像跟我们村子里的一个老大爷聊天一样，东一句西一句，天南地北，漫无边际。但我总是能从与他的交流中得到教益。

当我一度被眼前那些走红的小说闹得眼花缭乱时，福克纳对我说：伙计，要永远定出比你的能力更高的目标，不要只是为想超越你的同时代人或是前人而伤脑筋，要尽力超越你自己。

当我看到别人的成功发财心中酸溜溜时，福克纳对我说：伙计，好的作家从来不去申请什么创作基金之类的东西，他忙于写作，无暇顾及。如果他不是一流作家，那他就说：没有时间或经济自由，以此来自欺欺人。其实，好的艺术可以来自小偷、私酒贩子或者马夫。仅是发现他们能够承受多少艰辛和贫困，就实在令人惧怕。我告诉你，什么也不能毁灭好的作家，唯一能够毁灭好的作家的事情就是死亡。好的作家没有时间去为成功和发财操心。

与福克纳老头儿相交日久，我也发现了他一些可爱的小毛病。譬如说话没准儿，喜欢吹牛。明明没当上空军，却到处说自己开着飞机上天打过空战，脑袋里还留下一块弹片。而且他还公开宣称，从不为自己说过的话负责，譬如他曾经说过的一个作家为了创作，可以去抢劫自己的母亲。他跟海明威的关系也像两个小男孩儿似的，打起来很热闹，但没有什么质量。尽管如此，我还是越来越喜欢他。也许是因为他有这些缺点我才能历久不衰地喜欢他。

前几年，我曾去北京大学参加一个福克纳国际讨论会，结识了来自福克纳故乡大学的两位教授。他们回国后寄给我一本有关福克纳生活的画册，其中有一幅福克纳穿着破胶鞋、披着破外套、蓬乱着头发，手拄着铁锹、站在一个牛栏前的照片。我多次注视着这幅照片，感到自己与福克纳息息相通。

贪吃零食的鲁迅先生

□潘彩霞

鲁迅的形象一直是“横眉冷对”，其实他也有嘴馋甚至孩子气的一面。在《朝花夕拾》中，鲁迅曾这样说：“我有一时，曾经屡次忆起儿时在故乡所吃的蔬果：菱角，罗汉豆，茭白，香瓜。凡这些，都是极其鲜美可口的，都曾是使我思乡的蛊惑。”鲁迅爱吃，爱的却并非山珍海味、大鱼大肉，自家吃的菜与普通市民没什么区别，常常只是“老三样”：一碗素炒豌豆苗，一碗笋炒咸菜，一碗黄花鱼。用萧红的话说“简单到极点”，只有有客时，才会丰盛一些。其实让鲁迅情有独钟的是零食，尤其是甜食。这其实是鲁迅先生一直以来的嗜好。在日本留学时，他特别青睐一种叫“羊羹”的茶点，这羊羹与羊肉无关，而是用小豆做成细馅，加糖精制而成。回国后，鲁迅思之念之，

不惜托人从日本漂洋过海寄来食之，且有日记记载：“午后得羽太家寄来羊羹一匣，与同人分食大半。”

先生还甚喜水果。饭后出去喝茶，喝完茶又“步至杨家园子买葡萄，即在棚下啖之”。难以想象，这位严肃冷峻的先生也曾买完葡萄急不可耐地站于街市大吃特吃，让人忍俊不禁。鲁迅日记还有记载：“夜作书两通，啖梨三枚，甚甘。”一口气吃下三个梨，真叫人替他的胃担心！鲁迅爱吃水果，在朋友中应是很有名的，有次上街买日本产的青森苹果，遇到日本朋友，遂被“强赠一筐”，鲁迅乐呵呵携之而归。

1926年，鲁迅作《马上日记》，爆料了自己吃柿霜糖的情节：有朋友从河南来，送给鲁迅一包方糖，鲁迅打开一尝，“又凉又细腻，确是好东西”，迫不及待吃起来。许广平告诉他，这是河南名产，用柿霜制成，性凉，如果嘴上生些小疮之类，一搽便好。鲁迅于是用文字记下了他当时的遗憾：“可惜她说的时候，我已经吃了一大半了，连忙将所余收起，预备嘴上生疮的时候，好用这来搽。”收是收了，可是这美味总让鲁迅惦记着，以至于夜里都睡不着，实在忍不住，爬起来又吃掉大半，“因为我忽而又以为嘴上生疮的时候究竟不很多，还不如现在趁新鲜吃一点儿，不料一吃，就又吃了一大半了”。

翻开父亲的大书叠飞机

□张永权

作为一名作家，我写了一些书，却经历了从撕书、读书到写书的过程。

我出生在四川一个叫石桥溪的贫困山乡。父亲毕业于上海南洋医科大学，有较高的文学修养。一天，父亲外出巡医，我就约了几个小朋友到家里玩。我们打开父亲的书柜，取出发光的“洋版纸”大书，把书页撕下来，叠成“小飞机”“小房子”，我和小伙伴玩得真开心。父亲回来发现后，怒气冲天，拿出竹板，对我实行了“笋子炒瘦肉”（打手心）的惩罚。然后他又打开那些小飞机、小房子，小心翼翼地把书页粘了回去。父亲语重心长地对我说：“永权呀，书是知识的宝库，你长大后会知道的。”从此，父亲的话在我幼小的心灵中烙下了要爱书、读书的印记。每天早晚，父亲还常常教我诵读“床前明月光，疑是地上霜”“少壮不努力，老大徒伤悲”之类的诗句。上小学后，我又从父亲的书柜里发现了艾芜的《南行记》，从那些似懂非懂的文字中，我看到了一个奇异的南国天地，竟萌生了走进南国神秘世界的想法。

上中学后，我迷恋上了诗歌。当时我二哥张永枚已是有影响的青年诗人，他那首几千行的长诗《康巴人》，使我对少数民族地区的生活无限向往。梁上泉的诗集《云南的云》、公刘的《边地短歌》和彭荆风的小说《当芦笙吹响的时候》，我都读得如痴如醉。公刘的《西盟的早晨》中的诗句：“我推开窗子，一朵云飞进来——带着深谷底层的雾气，带着难以捉摸的旭日的光彩。”我至今还背得。书，开启了我对云南的想象世界，也使我立下了用文字抒写云南的志向。

因此，大学毕业后，我主动来到了云南，云南成了我的第二故乡。我的足迹留在了艾芜曾走过的中缅边界茅草地和公刘这一代作家走过的西双版纳、佧佤山、苍山洱海、迪庆高原、玉龙雪山等。我的十几本书，几乎全是写云南生活的，其中包括写给孩子们的《森林小老师》《奶子河》《黎明城的号声》等。

从撕书、读书到写书的经历让我知道：文学在陶冶和开启一个少年的心灵上，有着不可替代的作用。青少年时代养成热爱阅读的习惯，必然会对一个人未来的志趣产生不可估量的影响。成为一个爱书的人，我很幸运。

朱自清大氅换字典

□姚一鸣

在中国古代，有些读书人因家里穷，买不起书，就常常借书来抄。如徐珂在《清稗类钞·陆其清藏书于听云室》中记载：“其清方十五岁，以家贫，失学。然喜借书，昼夜钞写。严寒乏炭，屈足腹下，冷暖交换，见者匿笑。钞书一叶，于古书肆易刻者五叶。购书归，端贮于几，揖而后藏。”陆其清抄一页书，以此换取书肆老板的刻板书五页。可见此公对书之痴迷程度。

在现代作家中，有不少是买书藏书成瘾的爱书人，他们写文出书换来的稿费，有时马上交给了书店或旧书铺，获得几册好书。有时甚至节衣缩食只为购书。朱自清就在《买书》一文中说：他在北大哲学系毕业的那年，到琉璃厂华洋书庄去，看见新版《韦伯斯特大字典》，定价才14元。可是他只是一个穷学生，14元并不容易找。想来想去，只好硬了心肠将结婚时候父亲给做的一件紫毛水獭领大氅亲手拿着，走到后门一家当铺里去当了14元钱。父亲给他做这件衣服，可很费了一点儿钱的。拿去当的时候，他也踌躇了一下，却终于舍不得那本字典。想着将来准赎出来就是了。他说：“想不到竟不能赎出来，这是直到现在翻那本字典时常引为遗憾的。”

著名作家郁达夫曾有诗句：“绝交流俗因耽懒，出卖文章为买书”。自从14岁那年从富阳县立高等小学堂毕业去嘉兴府中求学后，暑假时路过杭州，便在梅花碑旧书铺买了一大堆旧书，有《庚子拳匪始末记》《吴诗集览》《普天忠愤集》等好书，自此而一发不可收拾。

郁达夫曾在文中写到他买书藏书的情形：于是几个由零用钱节省下来的仅有的金钱，就做了我的唯一娱乐积买旧书的源头活水。那时候的杭州旧书铺，都聚集在丰乐桥、梅花碑的两条直角形的街上，每当星期日的早晨，我仰卧在床上，计算着在这一礼拜里可以省下来的金钱，和能够买到最经济最实用的册籍，就先可以得到一种快乐的预感。有时候在书店门口徘徊往复，稽延得久了，都赶不回宿舍来吃午饭，手里夹了书籍上大街羊汤饭店隔壁的小面馆吃一碗清面，心里可以同时感到十分的愤恨和无限的快慰。

正是郁达夫养成了爱书如命的习惯，才成就了他之后的卖文买书的文人生活。

“死活读不下去”排行榜

广西师范大学出版社在对近3000名读者的意见进行统计之后，得出了“死活读不下去排行榜”。该榜前十名作品：1.《红楼梦》；2.《百年孤独》；3.《三国演义》；4.《追忆似水年华》；5.《瓦尔登湖》；6.《水浒传》；7.《不能承受的生命之轻》；8.《西游记》；9.《钢铁是怎样炼成的》；10.《尤利西斯》。

斜倚床边半榻书

□舒婷

以“兄弟藏书”著称的申先生，是个神秘的传奇人物。

“文革”期间，红卫兵从他家抄出六大麻袋禁书，付之一炬。他蹲在一边，主动拿根拨火棍，仔细把每一页纸片烧得干干净净，像闽南妇女烧冥纸那样虔诚认真。风闻事发之前，他已将部分珍品转移疏散，他自然矢口否认。

被“饥荒”逼急的我，说服一位熟人引见。

穿过几条短街僻巷，推开两扇剥蚀的镶铜椴木大门，进入半荒废的砖坪大院，视野顿时开阔起来。

应声从半坍的小红楼里走出一个矮小干瘦的男人。浓密的长眉，乌黑的眼睛，牙根和指尖焦黄黝黑——烟熏茶浸的道行很深了。当时他还不到五十岁，在我看来已经很老了，更甚于我的父亲。

在他尚称完整的底层卧室里，环壁都是书橱，陈列的却是形态各异的茶壶，从拇指般玲珑到椰壳般粗拙。一张老式的湘妃榻，靠内半榻是书，是新中国成立以后新版的古典历史书籍，留下窄窄一条卧位，铺一张旧毡。

他探究地注视：“你想要什么书？”

“能够的话，最好把托尔斯泰读完。”

“《复活》？《安娜·卡列尼娜》？《战争与和平》？”

我轻轻一笑：“都看过几遍了，我想要《哈泽·穆拉特》。”

“明天来拿。”

我目瞪口呆，没想到手续如此简单，比到居委会开一张外出证明更顺利。他却衔着烟卷张罗泡茶。我已得老父多年训练，拿起小小紫砂杯，不过浅浅抿了一口，舌尖立刻被酽得麻木半天，犹如中了蛇毒一般。

次日我拿到的不是一本书，而是整包书。部分书已被蛀坏，布满黄色水渍。凡有缺损的地方，均用薄绵纸粘好，用蝇头小楷一笔一画地补齐。

夜来香在窗下艳闻四播，一夜又一夜，我在不同的人生中恣情泅渡，一层层蜕壳。有时遍体生凉，有时五脏俱焚，有时竟伏案痛哭。

正看得入迷，朋友叩门，慌忙把书往抽屉里一塞。与人敷衍时双目无神，语焉不详，人以为正处于热恋之中。有时家人喊去吃饭，书摊于桌上，朋友来了，照例推门就进，见桌上有好书，坐下就读。我饭后回房，跌足不及，又扳他不动，只好另取一本，斜倚床头，各自为政。唯书页翻动，有如蚕食之沙沙声。

久而久之，是朋友死皮赖脸加情真词切，想自己也曾为书丢魂失魄，遂网开一面。再三叮嘱：不许转借，不许外泄，不许损坏……三大纪律八项注意。继而变本加厉，居然把朋友领去索书出借，虽然不是有求必应，起码也算和颜悦色。

试探着邀他周末和我们共去郊外野餐，不料他竟一口答应。

我们在万石岩水库的巨石上看书，折枯枝生火，舀石下清泉，泡他带来的“一枝春”。我卤的猪耳朵，朋友带的月饼、水果，介于他的白酒和我们的啤酒之间，能被我们共同接受的是长城干白葡萄酒，于是皆大欢喜。

我们知道了他在一家早年垄断本城而今闻名于东南亚的《星岛日报》主编副刊，新中国成立以后一直失业，也曾拉过板车，当过短期的搬运工人，因体力不支，最终放弃了思想改造。后来他凭海外老父定期接济，老父去世后是舅舅接替，每月定时侨汇一百元，日常生活由姐姐照料，幸亏外甥个个恭顺体贴，如此等等。

秋天的阳光从相思树枝叶间疏疏落落筛下，即兴挪动。他紧蹙在一起的五官，时而沧桑萧瑟，时而冷酷阴郁，时而弓腰舔爪，如一只伺机而动的黑豹。

我们不知疲倦地唱歌，从《苏武牧羊》到《红河谷》，又随心所欲跳到《共产主义接班人》。凡是我们会的他几乎全会，而他提到的很多歌曲让我们面面相觑——那个时代，像《教我如何不想他》这种歌曲，简直有关民族存亡之大计。他绝对不让自己的声音落单，藏首匿尾，只在我们中间搅和。那天大家的脸上无一例外地被晒出了斑，嗓子全嘶哑了。有位叫阿西的朋友带着三分醉意感慨：“独身生活多惬意，就像申老师！”

“下山。”申老师面无表情。

下山之后，朋友们在岔路口分手。一个一个消失在单调的家门口后，我和申老师同坐渡轮。

月色过分严肃，那么精雕细琢的夜景，让人连心事也凸显出来了。

他吸了一口气，忽然对我急促地说：“别信他的话，没有人自愿过独身生活。那是个多么无助、多么孤寂的地狱啊！”

我眨眨眼睛，许久才回过神来，原来他一直记着阿西那句无心的感慨。又过了那么多年，我才真正体会到他的伤痛，可是他已像蚌一样，紧紧合上了那道血缝。

相距300年的两本同名书

□冯雅君

外国文学史课上，老师讲着17世纪的英国文学，一女同学被约翰·弥尔顿的名作《失乐园》迷得无法自拔，恰巧得知旁边的同学准备下课后去图书馆还书，她于是抑制不住地兴奋起来：“能帮我借一本《失乐园》吗？我特别想看！”同学回来后，果真如约将《失乐园》带了回来，封面上的作者却从弥尔顿变成了渡边淳一。

祖母家的『大开本』

□［法］夏尔·丹齐格

我外祖母家的书柜里满满的都是有编号的限量版藏书，她称之为“大开本”，某些“大开本”上还有著名作家的亲笔签名。这些人中有属于母亲的作家，如阿尔伯特·科恩。有属丁姊妹的作家，如福楼拜。有属于父亲的作家，如司汤达或狄更斯。有属于叔伯辈的作家，如罗热·尼米耶。在那些属于祖母们的作家当中，被奉若神明的无疑是马塞尔·普鲁斯特。他在一位严厉又和善的酷爱读书的白发老妇人那永远慈祥的目光下，一边讲着下流话一边用他的小山羊皮手套掩着嘴窃笑。这位祖母，或者说《追忆似水年华》的叙述者的祖母，使我养成了关注那些表面看似不同寻常的比较和对照的习惯。正是她发现了德塞维涅夫人与陀思妥耶夫斯基之间的某些相似之处，不是吗。我的祖母曾经教我如何使用那些珍贵的著作，教我掌握使用它们的准则以及对它们应持的礼节：旧版书卷首版画的各种情状，小心慎重地翻开书册，等等。

结束一本书的阅读后，读者的大脑不会像清洗过的磁盘那样重新变成一片空白。他得到了书内语句的补充；那有着多大的魔力啊！随风飘走的纱巾，他会追随它们直到海角天涯。我就是在海涅那句“吾不解此谓何意，心伤之极矣”的诗歌温床上度过了自己的少年时代。对，是这首诗，《洛勒莱》，我不清楚我体验的那种忧愁究竟有怎样的含义，我对自己重复它，重复、重复、再重复，陶醉于为自己的忧愁找到了一件如此漂亮的外衣，我体验过这种忧愁，而且未尝不喜闻乐见于此类体验。我们在自己的读物里选择自身感觉的外壳、自己无声的言谈、喃喃低语的雄辩口才。

在那个年纪，很少读到像普洛斯彼洛在《暴风雨》中的对白那样击中我内心的句子：We are such stuff as dreams are made on（我们是造就梦幻的质料）。我随处写下这句诗行，我反复诵读它，力图参透它给予我的启示。还有巴尔扎克的那句“细微差别，乃精致的大敌”。那年夏天，我在一家书店打工，随手翻阅他的一部袖珍本作品时读到了这句话。我愚蠢地合上了书，把它摆放好。两分钟后以及随后的二十天里，我徒劳地在那本书里寻找那句话。我也可以说，是二十年，因为我再也没有找到过，何况又已经遗忘那是巴尔扎克的哪一部作品。哦，幽灵，在我的余生里，你会回到他的一本书中向我微笑吗？或许会是我从世间消失——甚至在我重新读到那句话以前的那一刻吧。

十几岁的书是献给心灵的歌

□［美］克里夫顿·费迪曼

我十四岁那年，家离最近的图书馆大约有两里路，去图书馆有两种方法，我可以骑车去，借了书再骑回来，来回只用几分钟，但那几分钟却没办法读书；还有一个方法，我可以步行去，我计算过在步行时我可以读完一本书的最后二十五页，看完后我可以把它还了，再借几本新书，然后在回家的路上边走边读新借来的书。两种方法比较起来，我还是更喜欢后者。在步行中看书绝不会出问题，虽然你目视书页，但出于一种下意识的技巧，你还是可以稳当地走着，不至于撞到人行道上的其他人，而且其中别有一番乐趣，仿佛自己已走在时光老人的前面。我想我注定是一个行走中的读者，因为我从来不曾因读书而摔倒过。倒是有一天下午，当我借了满篮子书骑车回家时，却被从后面驶来的汽车撞倒在地爬不起来。

某一年夏天，我决定把晚上的时间只用于读难书上面。当时我正处于十六岁这个毫无幽默感又容易固执的年龄，而我本人又是一个最没有幽默感、最固执的人。我贸然地就读起雨伯威格的《哲学史》、里德的《人类的殉道》、森茨伯里的《英国韵律学史》、泰纳的《英国文学史》、吉本的《罗马帝国衰亡史》这些难读的书。在那炎热枯燥的三个月里，我没有读任何小说、杂志，或那些看来重要轻松的文学著作。现在回想起来，那种大胆的实验，真像一个小学究的固执做法，实在令人不敢苟同，但实际上我并没有自认为天资聪颖，也并不是为了向人炫耀才那样读书，我只是把读雨伯威格的《哲学史》当作对自己的一种挑战、一种考验，甚至可以视为一种有意自虐的做法。一个十六岁，精力过剩的男孩子常会故意虐待自己的肉体，看看自己到底有多大能耐。同样的，他也会以同种方法去虐待自己的心灵，那也可以说是拉开了他用以证明自己业已成年的测验的序幕，有时候他甚至决心去念《不列颠百科全书》呢！

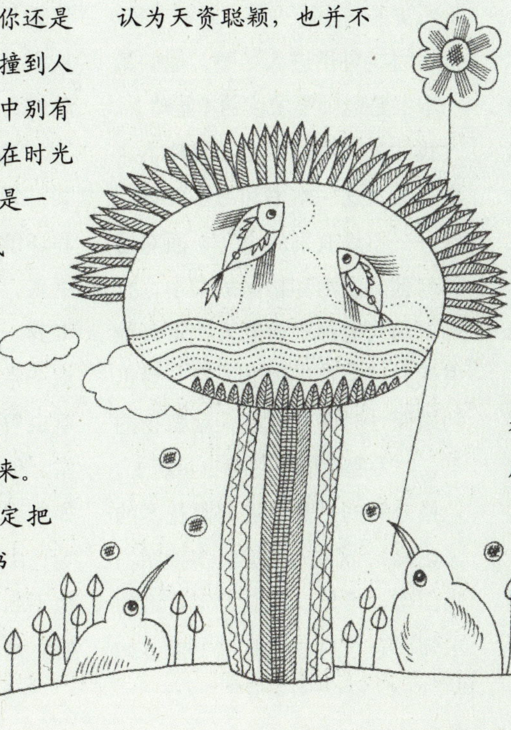

十岁到十七岁这段时间是我念书最多的时候，打那以后，我再也不曾在一年之内念过那么多书了，我也不敢奢望此后还能念得更多，那些年头真是美妙极了，我相信那个年龄段对大多数热衷读书的人来说都是最美妙的。过了十七岁就是书来选你，而不是你去选书了，你必须被限制着去读书，阅读成了一种计划，成了大学课程中的一部分，或成为获取某方面学识的工具，甚至成为餐桌上炫耀的手段。

从《山海经》到孟德斯鸠

□周林姝

鲁迅，现代著名的文学家、思想家和革命家，一生著述颇丰。然而，回望先生所取得的成就，我们发现天才、伟人赖以生存的生命基石是他的读书生活。为此，鲁迅曾号召学生“大可以看看本分以外的书，即课外的书，不要只将课内的书抱住”，他曾指出把学生关在学校里、陷在课本中是十分有害的，他认为：“倘只读书，便变成书橱。”

在求学时代，鲁迅就广泛涉猎经史子集、野史杂说、古今哲学甚至画谱古碑等，可谓无所不读。据周作人回忆，鲁迅少年时就已博览群书：《诗经》《楚辞》《古文析义》《东莱博议》《洛阳伽蓝记》《水经注》《华阳国志》《六朝文絜》《剑南诗稿》《古文苑》《唐代丛书》《太平广记》，陶渊明、李太白、杜子美、李长吉、温飞卿、李义山、苏子瞻、黄鲁直……唐宋杂著、明刊十八史……小小少年，无不涉猎。七岁时，鲁迅进入私塾，他的第一本书是老师要求读的《鉴略》。“我的第一本读的是《鉴略》，桌上除了这一本书和习字的描红格——不许有别的书”，面对这种刻板的生活和枯燥的书本，鲁迅主动向老师玉田老人搜求其他书读。正是在玉田老人家，鲁迅利用课外时间读过有关动植物的书，如《毛诗草木鸟兽虫鱼疏》，他最爱看的书是讲述园圃花木的《花镜》，这些书中有许多插图，画面生动形象，符合少年鲁迅的求知心态，这些书籍成了鲁迅的精神启蒙之书，引导他步入书海，增强了求知欲望和心智。从此以后，鲁迅就开始广泛搜集图书，对读书兴趣浓厚。这些书对鲁迅后来的学习和生活都产生了重要的影响。

学生时代的鲁迅，不仅买书借书看，而且抄书，比如由于对百花诗感兴趣，便将《唐诗叩弹集》中的百花诗归类抄录。《农政全书》有丰富的野菜知识，因买不到就抄。买书、藏书、抄书，就成为鲁迅课外生活的主要内容。鲁迅这种自觉的课外阅读习惯，并没有随着学习任务的加重而放弃，在日本仙台医专时期，鲁迅的课业负担很重，他晚上睡得很迟，每天坚持看政治、哲学、文学等书籍，特别喜欢德国籍犹太诗人海涅的诗歌。正是鲁迅长年累月的课外阅读，使鲁迅弃医从文，用文字唤醒国民的艺术活动成为可能。

鲁迅的阅读始终不是停留在某一领域，而是随着年龄、身份和环境的变化，对知识不断进行更新，最终形成了博又专的知识素养。在进入三味书屋前，鲁迅就非常喜欢读《山海经》和花鸟草虫兽等书籍，到了南京矿路学堂，他如饥似渴地阅读小说，比如笔记小说《西厢记》《红楼梦》等；由于受到自然科学的启蒙，他不断关注自然科学的前沿类书籍。当听说《天演论》单行本正式出版时，鲁迅特地跑到城南，花了500文钱买来看，尽管胃病发作，但仍坚持读这本书，对某些章节甚至达到熟诵程度。在日本弘文学院时期，他主修日语兼修普通科，虽然普通科的许多课程已经学过，但学习上并未放松。他利用弘文学院阅读的方便性，用更多的时间阅读其他书籍，比如哲学、文学，拜伦的诗歌、尼采传、希腊神话、罗马神话等，被同学称为“顽强苦学、毅力惊人”。他从译学汇编里又发现了卢梭、孟德斯鸠等人，为后来的文学创作奠定了思想基础。

鲁迅除了阅读大量的书本知识外，还始终保持课外阅读与社会现实之间的紧密联系性。比如在日本求学期间，他的阅读视野不断拓宽，哲学、文学、自然科学皆是他感兴趣的领域。另外，他也时刻关注国内政治动向、改革趋势。为此，每天他都阅读《清议报》《新民丛报》《新小说》等报纸杂志，日本的报纸也天天看。弃医从文后，离开仙台回到东京，开始自学，形成了独特的学习读书方式：早上看新闻报刊，下午逛书店，晚上夜读。

鲁迅在学生时代，究竟买了多少书，读了多少书，是一个无人知晓的数字，正是这无法统计的数字构成了鲁迅这位精神战士无穷的战斗力与无限生命力。

刘家书馆的烟火灯光

□刘　浏

记得我上小学三年级的那年冬天，祖父、祖母和姑姑经过一年劳作，年底生产队分红分了96块钱。这96块钱可是一家人一年的生活费呀。祖父从那薄薄的一沓钱里抽出一张10元票，递给我说：“去，上县上买书去，想看什么书就买什么书。”我高兴得一宿没睡觉。第二天一大早就去了县城的新华书店，10块钱花了个精光，买回了《林海雪原》《平原枪声》《烈火金刚》等一大摞小说。全家人围着这些散发着墨香的新书，像迎来了贵宾。祖父命姑姑把她装胭脂和花线的一只漆木小匣子腾出来给我装书。祖父像检查我作业那样，蘸着唾沫把书翻看了一遍，然后，又亲自把那小匣子收拾干净，庄严地把书放进去，还给我加了把小锁。

从此，祖父家里就成了说书馆。晚饭一过，几乎全村的老头儿都到祖父家里来，南炕北炕坐满了，地上还有一帮围着火盆；南炕正中放着饭桌，油灯高照，我端坐桌前，大声朗读新买来的小说。祖父则坐在我旁边，一支一支地卷旱烟，卷了一盘子，端给那些老头儿们抽。祖母则要屋里屋外地忙，烧茶水，往火盆里添炭火。老头儿们抽着烟、喝着茶，兴趣盎然地听我读书。后来，一些年轻人也挤了进来。

祖母唠叨，说这样开书馆又费灯油又费炭火。祖父把眼一瞪说：“妇道人家，懂什么！人家都说这孩子是文曲星下凡。”祖母管不了祖父硬要干的事，书馆就一直开下来，从寒假到暑假，年三十都照旧。新买的书读完了，祖父不知又从哪儿借来旧得发黄的《水浒传》《三国演义》。尽管我有些字不认识，有些话似懂非懂，听众却不在乎，依旧兴致勃勃。直到学校检查身体，说我眼睛有点儿近视了，“刘家书馆”才算关门儿。

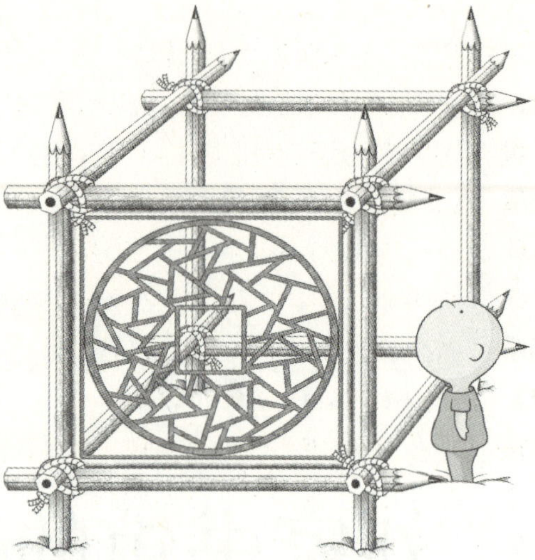

读书是个享受的过程

□崔笑笑

我是随我的外公外婆长大的。

记忆中外公外婆家有一光线昏暗的书房。书架严严实实遮住一面墙，小小的我，要爬上书架将双脚踏上第一格然后努力抓住高处几格稳住身体平衡，抬起头才能望到那密密麻麻排满书架的那些书脊上的字。整个攀爬的姿态犹如紧贴白墙的没有尾巴的壁虎。外婆见我喜欢在书房转悠，便在书架底处腾出一角让我安置我的画报和连环画。从此我有了自己的“图书角”，我也就是在那里开始一次又一次出入《镜花缘》，往返《天方夜谭》的各系国度的。小学四五年级时开始对埃及历史有了浓厚的兴趣（当时梦想当考古学家），也开始翻读《文摘报》，记得这报纸有外国文化的一版，时不时就会刊登有关埃及历史的文章，我便将其一一剪下，贴在不用的练习本上，这就成了我的第一份剪报。

现在回忆起这些童年琐事才发现原来以前那些习惯影响着我现在的阅读方式。

英语里有一个句型：Do something religiously，通常翻译为“出奇认真地做某件事情”。但是我个人觉得这句型的引申含义是指认真程度就如宗教仪式一样一丝不苟。而我阅读一本书的过程就有点儿这种味道。有好处有坏处，也看大家怎样评点了。

喜欢收集书。喜欢在书店里转悠。一转悠就是一下午，翻书，看书，最后选出自己要买的。如果是经典，必然在市场上有众多版本，那么一定是买装帧最精美的。特别是英文原版书，若有所谓的 hardback 硬封皮的，一定买硬封皮的版本。

买回家后首先在书末页签上名字，附上购书时间和地点（有时和谁一起买，什么场合也会记载），然后拿白纸包好书后再阅读。因为白纸不会像有色纸经几次阅读后色彩就脱落到书上。

阅读过程中不折书页，用书签（于是收集书签也逐渐变成了我的另一个癖好）。看书时手边总有一本所谓的“读书笔记”。看到喜欢的语句我会一字一句地抄下来，这种方式也让自己对书的精华内容加深了印象。看到不明白处或者有感慨处也会写下，以便过后参考检查。有趣的是，中文书籍的读书笔记是中文写的，英文书籍的读书笔记是英文。

当一本书看完我会脱下包书皮，显露出书原貌将其放入我的书架。

说起书架，我有每周整理一次的习惯。虽然看书的速度并不是每周都能完成一本，但是我享受在周末的某个下午站在书架前擦擦玻璃，掸掸灰尘。也就是那时我可以横扫书架上的每一本书，知道书架上的全都是自己精读过的，就有一种特殊的成就感。有时看到特别喜欢的读过的书，还会取下翻到钟爱的章节去温习一遍。书架以书的大小、分量、内容、语言、作者分类。虽然现在离家万里，我还是能不费力地准确说出任何一本书在书架上的位置。

书架有那么一格整齐地排放着我从小学便开始写的日记和后来开始的读书笔记。我很赞同弗吉尼亚·伍尔芙说过的一句话："Nothing has really happened until it has been recorded."（凡事未经记录，就未曾发生）也许这就是我执着写作的原因之一，认真咀嚼生活的片段然后原原本本把自己的感受写下来。所以就如选书一样，在特色小店我留意的商品是好看的记事本，要与众不同，却有亲切感。因为习惯用铅笔写作，对纸质也有一定的要求。

看到这里，也许你会说，崔笑笑有病。对看书、写日记都有这么多要求。本来很平常的一件事弄得那么复杂。

这样说也没有错。

但是每个人都有自己看待事物的独特态度。

读书，对于我来说不是一件简单平常的事，它在我眼里犹如红酒爱好者对酒的颜色气味和入口的感觉有要求，品茶者讲究茶道的每一细小的沏茶步骤一样：从获得一本书到看完一本书的过程对于我来说是一个极度享受的过程，这种惬意在我的生活中没有他者能取代。

现在每看完一本书若不会在学习上立即用到，我会托回国的家人、朋友捎回北京让妈妈放到书架特定的位置上。有一天妈妈和我在网上聊天时抱怨说我的书架已经满了，不要再花钱买书，以后也不一定有机会再读一遍。妈妈的叮咛我默默听。但这个收集书的嗜好却不是说戒就能戒的。这时我就拿爸爸当挡箭牌，"你看看他一楼二楼的书架，不也是满满的吗？"

站在大文豪背后的女人

□佚　名

1866年前后是俄国作家陀思妥耶夫斯基一生中最艰难的时期。他的妻子和哥哥先后去世，主办的两份杂志也被迫停刊。由此，他背负上沉重的债务。

一个出版商乘人之危，表示可以用3000卢布购买陀思妥耶夫斯基所有著作的版权。同时，附带提出了一个苛刻的条件：陀思妥耶夫斯基必须在26天内完成两部小说。

为了赶进度，陀思妥耶夫斯基请来速记员安娜，通过口述笔录的方式完成作品。两个人夜以继日地工作，终于在期限到来前完成了任务。当安娜把陀思妥耶夫斯基口述的最后一个字誊写出来时，发现自己已经爱上了这位作家。当陀思妥耶夫斯基向她求婚时，她就应允了。

在安娜的协助下，陀思妥耶夫斯基进入了创作的鼎盛时期，从《罪与罚》《赌徒》到《卡拉马佐夫兄弟》，都是陀思妥耶夫斯基口述、安娜记录完成的。

后来，陀思妥耶夫斯基几乎一刻都离不开这位年龄小他一半的妻子。去文学晚会讲演时，他总要与安娜同行。走上讲台后，一定要用眼睛找到台下的安娜才肯讲话。安娜为了使他尽快看到自己，常常用一块白手帕在脸上擦过或者干脆站起。

陀思妥耶夫斯基把所有作品事务都交给安娜处理。渐渐地，他们还清了所有欠款，变得富有起来。列夫·托尔斯泰曾这样称赞安娜："如果俄罗斯作家的妻子能像陀思妥耶夫斯基夫人那样的话，他们会更好些。"

名人们的读书记忆

□徐静蕾等

徐静蕾：2012年我读的书当中，关于中国古代文学的比较多，最近也开始读一些当代文学作品，其中印象比较深的就是陈巨来写的《安持人物琐忆》。他在书里信笔写来晚清和民国时期文人的逸闻趣事，用词文白夹杂，即便是八卦之事，写得也格外文雅，简直颠覆了我对传统的认知，让我感觉耳目一新。

陆川：我这一年里，有一本书从未读完却始终惦记，那就是吴思先生的《隐蔽的秩序》。说它如何能深度治愈史氓和史盲，在这个反智时代，可能反而会毁了这书，但是它确实闪烁着思考的光芒，读来每每有清风拂面之感。

吴秀波：我读《金刚经》有两三年了，最初是因为害怕坐飞机，朋友送了本给我做“压惊读物”。我现在坐飞机也还是会害怕，但好在我已意识到恐惧和喜悦一样都是我的一部分，要学着认知并接受。《金刚经》中通篇都是佛陀和弟子的对话，读的过程就像是和朋友聊天，聊完总能看见自己。我都不记得买过多少本《金刚经》，在书包、旅行箱甚至家里的某个角落我都会放上一本，随手拿起来看，每看一遍感受都有所不同。

刘瑜：在辛亥革命问题上，我们的头脑里塞满了各种定见：“资产阶级软弱性是辛亥革命失败的原因”“军阀时代民不聊生”“孙中山是伟大的革命家”……袁伟时先生在《昨天的中国》一书里通过扎实的史料分析和敏锐的问题意识重新梳理了辛亥革命的重大问题，将我们脑中根深蒂固的成见连根拔起。也许他的观点未必正确，但会给我们的惯性思维打上个问号。读这本书你的最大收益可能是让思想离开定见，恢复活泼和开放。

姬十三：2012年我把《学习之道》当成学习方法论反复看了三遍。它的作者乔希·维茨金9岁即获全美象棋锦标赛冠军，之后在全美象棋冠军赛中八次夺魁。20岁左右，他从象棋转战太极拳，如今已是世界顶级太极拳大师。但他说：“我最擅长的既不是象棋也不是太极，而是学习之道。”他用这本书系统讲述了他的“学习之道”。

薛兆丰：桑德尔《金钱不能买什么：金钱与公正的正面

交锋》一书列举了大量花钱买商品、服务甚至特权的例子。他认为，这种交易对因资源有限而付不起钱的人不公平。但试想，如果赚来的钱，什么优先权都买不到，那挣钱何用？因资源总是稀缺，一个不“认钱”的社会，它就不得不“认人”。在那里，出身、学历、信仰、党派、性别等有关“人”的因素就变得格外重要，也就是说歧视将更严重。人类曾试过连货币都取消的社会，结果那才是地狱。

龚琳娜：最初买柴静的《看见》，是因为这书很红，我于是也跟风买了本，结果一看就非常喜欢。柴静以记者身份去客观记录的这些故事，让我们真的看到了不同人的存在方式和生命状态，并且她在书里用的是一种充满人情味但不煽情的笔触去平铺直叙地描写，读来有一种特别的力量。

真实的我住在我心里

□陈　涛

那个曾经文艺或者书卷气极浓的黄磊哪儿去了？“有两条路，一条像海子一样，叫远行。还有一条路，叫隐藏，就像我，我就住在我的心里。”黄磊在化妆间的凳子上，跷起二郎腿，说道，“我今天还在读书呢，该有的，我还有。”孙莉也说，家里藏书也有千来本，基本上是黄磊要读的书。

他也能随口诵读起，“夜未央，我望见的只是私人的曙光，手帕般大的，鱼肚白色的，不过我还是欣欣然向它走去”。这是作家木心《鱼丽之宴》里的《私人曙光》。黄磊自称也算是木心的粉丝，最早读到木心，还是比大陆早十多年的台湾版。

如今，木心已经去世。黄磊和陈丹青喝酒时，后者还问：“黄磊，你这么喜欢木心，你为什么当初从来不去见他？”

黄磊答道：“我不想打扰他，我也不想他变成真实生活中认识的一个人，我认识的木心就在那些书里。”

他觉得木心的很多话都在激励着自己，“还是在《鱼丽之宴》中有一段话，他说：‘汽车是方方的，街灯是煤气的，我们是痴心妄想的，而今不约而同地老了，衣着仍然很讲究，从发梢到鞋尖一丝不苟。’”

他评价道：“我觉得这就是知识分子的底线。老舍先生为什么把自己弄整齐，然后投湖？这是一些人的选择。”

只读给自己的书

□白岩松

我的阅读分为三个层面，第一个是工作性阅读，定下选题之后我就要为了做节目大量阅读，否则晚上直播我说什么？第二个是职业性阅读。我是一个新闻人，家里订有很多报纸杂志，我没有一天不逛报摊的，包括上网。我要看每天的新闻每天的报道。第三个，我觉得最重要的是作为一个人的阅读。每天必须有一定的时间去阅读跟这个时代没有关系的东西。我的乐趣来自“读与这个时代无关的、但作为一个人而读的书”。

我在1985年至1989年期间上大学。那是一个“4年如果不阅读，从内在到外都没法儿活的年代”。20世纪80年代的阅读和教育给我们这代人带来的最大优点就是“怀疑”。“怀疑”才可能使我们更努力地想靠近真实。

我们的思维需要不同的角度，就像当初我看《胡适杂记》的时候，书中出现的很多观念让我开始质疑最初脑海中根深蒂固的经验，慢慢学着从不同的角度去看同一件事情，于是生活中便又多了很多惊喜和发现。如果没有触碰的话，就从来不会想思考。我觉得人的独立的思维是由独立的阅读开始的。

书和书是不同的，有的书当你拿起了，翻过其实它就已经被读完了，它不值得你一页一页地全读；有的书，其中的某十页你读了，其中的百分之九十五你就已经读过了；有的时候，一句话就够了；有的书，作为文字之美包括它的很多细节，你要全部读完，但是你想全部记住也很难。

类似《道德经》这样的书，里头好的东西太多了，其中有五个字深深地改变了我，叫“无私为大私”。这就是阅读的乐趣，你脑中一直朦朦胧胧地有很多东西，你找不到与此相对应的东西，但是突然你在《道德经》里看到了这五个字，一下子就打动了你，将来会成为你立身之本。

当我辞去很多的制片人头衔要歇一段时间的时候，恰恰是看到《道德经》里有一句话叫“杯满则溢”。杯子满了就再也装不下其他东西了，怎么办，倒掉。阅读关键时刻如果找对了钥匙，会大大帮助你。

唐浩明写的《曾国藩》对我影响特别大。《曾国藩》读完了之后我写了几千字的东西，自己写给自己的。唐浩明用笔很深，写曾国藩一生中最辉煌的时刻，那一瞬，就是有一天他伴君侧吃饭，皇宴，他达到了一生的至顶。

我在看这个东西的时候就在想，这很重要吗？我也永远忘不了读《许三观卖血记》时那种巨大的焦灼冲击。我在飞机上读《贫嘴张大民的幸福生活》的时候，热泪盈眶，因为其实你仔细去读，《贫嘴张大民的幸福生活》是一个悲剧，是一个巨大的反讽，所以你才会热泪盈眶。

我们过多把创意当成了天才，但是我觉得创意是勤奋决定的。失去阅读必定失去独立思考的能力，这就是我现在非常担心网络阅读的原因所在。最大的危害不是人们不看书，是过度被资讯俘虏，这个更可怕。

剑桥灰暗冬天里的热闹生活

□刘　瑜

我的办公室有一个很大的窗户，对着一条小马路，小马路对面是一面维多利亚时代的红砖墙。夏天的时候，墙上阳光灿烂，叮咚作响，但从九月开始，太阳开始冬眠，缩回去的时间就越来越早。这样灰暗的冬天，与其说让人抑郁，不如说让人心慌，仿佛下楼的时候，窄窄的楼道上出现一个老太太，她一步、一步、一步、一步慢慢往下挪，你左也不是，右也不是，只能跟在后面抓耳挠腮。

难怪在剑桥期间，我读书、听音乐、看电影的热情史无前例地高涨。

没办法，一整个大西洋呢。

经常我家里同时打开着好几本书：厕所里一本政治哲学书，床头一本非洲政治书，客厅里一本《外交季刊》，餐桌上一本英国历史，门厅里一本建筑史……我无亲无故的生活基本上就是这样车水马龙起来的。我和自己的关系由此也从愤恨、厮打、打累了各自坐在角落里气喘吁吁走向了和解乃至同舟共济。

原来托尔斯泰是个一流的画家

□顾文豪

人与万事冥冥中有缘分。

小时候，母亲身体不好，生怕我吵闹、走丢，就随手扔过来一本书，让我搬个小凳子坐着读。我也老实，自会乖乖听命，任弄堂里的小朋友在门外招呼。时间长了，倒果真喜欢起读书来了。

中国的家长还是信奉读书的。家长喜欢攀比谁家的孩子认字多，似乎多认一个字就能让做爹妈的腰杆挺起来一寸。我至今还是认为读书的习惯越早养成越好。这种习惯非关知识，而是学习一种和自我相处的方式。

读书像是涉入一片海，你起先会惧怕它的广阔，但只要缓过初始的不适，接着就会感觉它蕴含了无边的乐趣。

在1992年，彼时每次家里来了外地的亲戚，总会问我要什么，我就会不好意思地拖着他们去离家不远的新华书店，挑选一册当时定价12元的《彩图世界名著100集》。那时的书店尚未开架销售，书都被锁在柜台里，营业员则一溜儿站着，三三两两说着闲话。若是顾客相中了哪本书，这才慢腾腾地从柜台中递出，郑重如仪的场景如今在珠宝首饰店才有。中间取放的回合千万不可超过3次，不然营业员没好脸色看。

我就是在这套书里头一回读到《西游记》《镜花缘》《白雪公主》《阿拉丁神灯》这些故事的。那时我不全认得书里的字，大约看着图画，才能大致弄明白讲的是什么，再不然，就问大人。不过那时真不知道，也许我和文学的缘分就这样开始了。

除了给我买书，父母还是我的文学领路人。当我懂事后，第一回郑重其事买世界名著来看，父母推荐的是托尔斯泰的《复活》，而且叮嘱我要读草婴先生的译本。读外国小说，且知道译本有高下之分，亦是多亏他们告知，于是我连带知道了李健吾、周扬、方平、杨必。“过了两分钟光景，一个个儿不高、胸部丰满的年轻女人，身穿白衣白裙，外面套着一件灰色囚袍，大踏步走出牢房，敏捷地转过身子，在看守长旁边站住。这个女人脚穿麻布袜，外套囚犯穿的棉鞋，头上扎着一块白头巾，显然有意让几绺乌黑的鬈发从头巾里露出来。她的脸色异常苍白，仿佛储存在地窖里的土豆的新芽。那是长期坐牢的人的通病。”初读名著，全然不曾也全无兴致去领会所谓的深意，只忙着看老师、父母推荐的大作家怎么写，好像上头这段玛斯洛娃的亮相，托尔斯泰就有本事写活。是的，写活。什么意思呢？就是你读下去，脸色凝重，心里却非常舒畅：“嗯，是的，是这个样子的，没错，就该是这个样子的。”难怪当初屠格涅夫将《战争与和平》第一册介绍给福楼拜读，福楼拜叹道：“啊！一流的画家！”

初中这段时间，我读得最多的大概也就是外国文学名著了，而最合我意的则是英国文学，尤以毛姆的作品最为钟爱。它们符合我所有关于英国的想象，优雅、睿智、深刻和悲伤。那时我花了两周狂读《人生的枷锁》，菲利普的故事让我心痛而着迷。说实话，我当时并不很理解所谓人生与所谓人生的枷锁，大概至今也未必说得上有什么理解，但书里散发出来的情绪好似潮水，一点点儿漫延到我的内心。

读了一些世界名著之后，我开始慢慢读些中国人写的东西。很庆幸彼时读到了高阳，这位华文历史小说的巨擘。按我今天的认识，少时读书最要紧的是习得一种语感，确立自身和语言的一种关系。而今日有人所谓不爱读书的种种困惑，其实大多是从未和语言玩耍嬉戏过。

高阳小说的中文在我看来，是地道的白话文。胚胎于古代文言小说，却又不酸腐拗口，读来沉着有力，而经过五四白话文传统的洗礼，有种没来由的民国味道，少用僻字，却照样生发出朗润的风格，这全在字词的组合和文句之节奏感。那时读，当然不如今日体会之深，但它扎扎实实地向我展示了中文可以写得如此清新流畅，即便自己文笔拙嫩，它却赋予我看待中文的一番眼光，日后读书，哪位作者文字枯槁、字句涣散，不论内容多丰厚，我照旧掷书不观。我知道这是自己的小气，但我不打算在语言问题上变得开明大方。

此后读的书日渐多了，但也谈不上有怎样的抱负和心得，无非是喜欢读书，一日不读，心就发慌。

回想一路走来的读书生活，我无心说明阅读与知识给我的生活带来多么巨大的变化，因为我相信所有真诚的阅读开端都与功利无关，甚至与命运也无关。从某种意义上说，阅读只是交给你一双看待命运的别致的眼睛与对待命运的别致的方法。它用前人的经历告诉你，没有一种命运强大到足以让你失去对命运本身的信心，也没有一种命运不堪到不能让你有拥抱它的美好愿望，我们所能做的只是在无限的阅读中去延展有限的人生，进而皈依到最终的阅读生命本身。

钱钟书的署名

□贾索平

一个叫吴庚舜的年轻人，写了一篇关于白居易《长恨歌》的论文，登门求教钱钟书先生。钱先生给予了热心帮助，一字一句地斟酌修改。

文章发表前，这位年轻人过意不去，坚持要让钱先生一同署名。钱先生当然不肯答应。在年轻人一再央求之下，钱先生勉强同意署上一个“郑辛禹”的笔名。

为什么要署上这样一个名字？

原来，《百家姓》里“郑”在“吴”之后，天干中，“辛”在“庚”之后，古代圣贤“尧舜禹”三人“禹”在“舜”之后。如此三个“之后”，尽显大学者谦逊的精神与待人诚恳的品格。

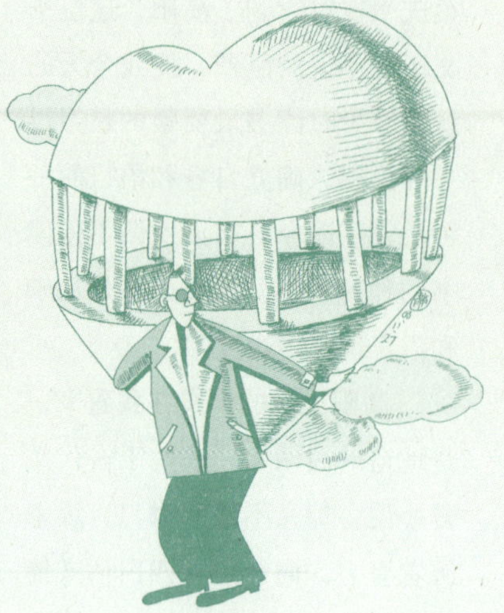

珍惜你读不懂的书

□杨　照

一家出版社要重出赫尔曼·黑塞的《彷徨少年时》，我答应帮他们写一篇介绍。新译的书稿送来了，一边陪你练琴，一边重读《彷徨少年时》。我记得是刚上初中时，连续读黑塞作品的。第一本是《彷徨少年时》，第二本是《漂泊的灵魂》，第三本是《乡愁》，第四本是《流浪者之歌》，一本接一本地读。

而且不是随便顺手读读。每天早上用闹钟将自己在五点半叫醒，然后坐在书桌前，摊开书一字一字读，一行一行读，一直读到该出门上学的时间。我完全记不得读书前有没有先吃早餐，都吃了些什么，但清楚记得书桌上台灯的白光照在书页上的亮度。

为什么这样认真？老实说，因为那时我读不懂黑塞的书，是真的读不懂。早上读过的，晚上问自己到底读了什么，想想，脑袋一片空白。可是，一方面是不服气，觉得只要坚持下去，陌生的字句意义总有一天会在眼前豁然开朗；另一方面是好奇，那读不懂的字句间，偏偏有种奇特神秘的魅力，吸引我一直想看下去。

与其说是读书，不如说是在那天刚亮的时刻，享受和一种遥远不可解的事物相联系的感受。一种无法用理性掌握，所以无法用言语形容，却在身上、心底麻痒搔爬的经验，无可取代的经验。

很长一段时间，我记得我读过黑塞，却没有能力将他书中的内容吸收进去。我知道等到自己的阅读能力更强，理解更成熟时，我会、我需要重读黑塞。

几年后，高三吧，我无意中从书架上拣出《彷徨少年时》，随意翻翻，翻到了这样的句子：“每个人都必须为自己找出被允许的和被禁止的事物……有些人疏于思考，懒得为自己的行为把关，他只要不违反别人规定的禁令就行了，因为这样他可以过得很轻松。还有些人在心目中有一套自己的法则，每个人都必须为自己的行为负责。”

我吓了一大跳，这明明就是我自己的信念啊！再翻再读，我更惊讶了，书里的情节内容我很陌生，猜不出接下来要发生什么事，然而书中讲的道理，关于光明与黑暗的世界，关于个人的选择，我却都再熟悉不过！

当年，我真的没读懂《彷徨少年时》吗？还是一字一句其实已进入了我的大脑，影响了我的想法与感受？还是本来的我个性中就藏有这些倾向，所以才会即使读不懂，都不愿放弃黑塞的书？

一直到今天，我还是不知道答案。不过我知道、我确信，少年时代最大的珍宝之一，就是极度善感的心，随时吸收，随时感应，就算对于看来陌生、疏远的东西，也不要轻易拒绝。生命拥有比我们的想象更大的空间，可以容纳更多不同的东西。

让性格、相貌相似的同伴待在一起

□梁金豹

许多青少年读书很认真，每当发现了好的词语、好的资料，就把它记在笔记本上。可是日子一长，记的东西一多，就连自己也记不清记了些什么，到了需要引用所记的资料时，便将本子翻过来翻过去，很不容易找到。除非同时准备十个、八个本子，一个本子记一类的内容，可这样也实在太麻烦了。

德国著名哲学家黑格尔就很聪明。他读书时也勤于做笔记、摘抄资料，只不过他不是记在一个本子上，而是记在一些活页纸上。等到活页纸摘录多了，就把它们摊开来，分门别类地分拣开，文学的和文学的放在一起，数学的和数学的放在一起，美学的、史学的、神学的、心理学的……都让它们和自己的同伴待在一起。

黑格尔将每一类活页资料严格地按照字母次序排列，并贴好标签统一放在资料夹里。这样做便于查找，需要哪一类的资料，可以随时很快地查到。据说黑格尔一生都用这种活页摘录法积累资料，这些活页资料给他的研究工作带来了极大的方便。如果把黑格尔的研究成果比喻为一座大厦，那么他的那些活页资料就是构成大厦的一砖一瓦。

李密牛角挂书

□佚　名

李密牛角挂书。隋朝李密，少年时被派在隋炀帝的宫廷里当侍卫。他生性灵活，在值班的时候左顾右盼，被隋炀帝发现了，认为这孩子不大老实，就免了他的差使。李密并不懊丧，回家以后，发愤读书，决定做个有学问的人。有一回，李密骑了一头牛，出门看朋友。在路上，他把《汉书》挂在牛角上，抓紧时间读书。此事被传为佳话。

董仲舒三年不窥园。董仲舒专心攻读，孜孜不倦。他的书房后虽然有一个花园，但他专心致志地读书学习，三年时间没有进园观赏一眼，董仲舒如此专心致志地钻研学问，使他成为西汉著名的思想家。

匡衡凿壁偷光。西汉时期，有一个特别有学问的人，叫匡衡，匡衡小的时候家境贫寒，为了读书，他凿通了邻居文不识家的墙，借着偷来的一缕烛光读书，终于感动了邻居文不识，在大家的帮助下，小匡衡学有所成。在汉元帝时期，由大司马、车骑将军史高推荐，匡衡被封郎中，迁博士。

囊萤映雪。晋代车胤家贫，没钱买灯油，而又想晚上读书，便在夏天的晚上抓一把萤火虫来当灯读书；晋代孙康冬天的夜里利用雪映出的光亮看书。

屈原洞中苦读。屈原小时候不顾长辈的反对，不论刮风下雨还是天寒地冻，坚持躲到山洞里偷读《诗经》。经过整整三年，他熟读了《诗经》305篇，从这些民歌民谣中汲取了丰富的营养，终于成为一位伟大的诗人。

范仲淹断齑划粥。范仲淹从小家境贫寒，为了读书，他省吃俭用。终于，他的勤奋好学感动了寺院长老，长老送他到南都学舍学习。范仲淹依然坚持简朴的生活习惯，不接受富家子弟的馈赠，以磨砺自己的意志。经过刻苦攻读，他终于成了伟大的文学家。

司马光警枕励志。司马光是个贪玩贪睡的孩子，为此他没少受先生的责罚和同伴的嘲笑，在先生的谆谆教诲下，他决心改掉贪睡的坏毛病，为了早早起床，他睡觉前喝了满满一肚子水，结果早上没有被憋醒，却尿了床，于是聪明的司马光用圆木头做了一个警枕，早上一翻身，头滑落在床板上，自然惊醒，从此他天天早早地起床读书，坚持不懈，终于，写出了巨著《资治通鉴》。

陆游书巢勤学。南宋诗人陆游从小刻苦勤奋，敏而好学。他的房子里、桌子上摆的是书，柜中装的是书，床上堆的也是书，被称作书巢。他勤于创作，一生留下了九千多首诗，成为我国历史上一位杰出的大文学家。

刘勰佛殿借读。夜深了，佛殿里忽然传来琅琅的读书声。小和尚们吓坏了，以为里面有鬼，立刻报告给老和尚。于是，老和尚带领小和尚捉鬼，没想到“鬼”原来是一个叫刘勰的穷孩子，他在借佛灯读书呢。刘勰经过刻苦学习，终于成了伟大的文学家。

顾炎武手抄书。明末清初的思想家顾炎武童年体弱多病，但是在母亲的教导和鼓励下，顾炎武勤奋苦读，以过人的毅力手抄《资治通鉴》，终于成为一代大学者。

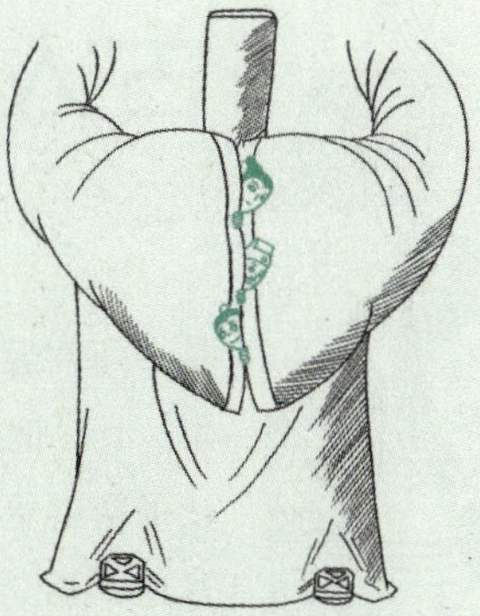

苏东坡“八面受敌”精读书

□梁金豹

古时候，有个名叫王庠的人在应制举时，向苏东坡请教读书方法。苏东坡就给他写了封回信，信中有这么一段话：

“书之富如入海，百货皆有，人之精力不能尽取，但得其所求者尔。故愿学者，每次作一意求之。如欲求古之兴亡治乱、圣贤作用，且只以此意求之，勿生余念。又别作一次，求实迹故实，典章文物之类，亦如之他皆仿此。此虽似迂钝，而他日学成，八面受敌，与涉猎者不可同日而语也。”

这段话是说，内容丰富的书籍就像大海一样，百宝俱全，应有尽有，但是一个人的精力是有限的，不可能将所有的东西都得到，只能得到自己所需求的部分。所以，凡是有志于读书的人，每次读书，只需集中注意一个问题。比如，你想研究历代兴亡治乱和明君贤臣的地位、作用，那你就可以只集中注意这个问题，不要再想别的什么问题了。又如，另一次读书，你想考虑史实古迹和经典文物，仍用同样的办法。其他方面以此类推。用这种“八面受敌”法读书，看起来似乎愚钝了一些，但到了学成之日，是那些浅尝辄止者们所无法相比的。

后人对苏东坡的这种读书法，多持赞成态度。如清末学者李慈铭就称赞道：“诚读书之良法也。”

苏东坡在谈到他读《汉书》的经验时说：“吾尝读《汉书》矣，盖数过而始尽之。如治道、人物、地理、官制、兵法、财货之类，每一过专求一事。不待数过，而事事精窍矣。”苏东坡在自己的读书学习中运用“八面受敌”法，每读一遍研究一个问题，每本书都能读到全面又精专的境界。

出现了不少空谈家，他们读书只是为了“驳斥”别人，高声宣扬自己的革命精神，以便跳到那些比较谦虚，比较严肃的同志面前去。——高尔基

古人没有标点的**慢阅读**

□梁文道

中文原来是没有标点符号的，所以要读书先要学句读，自己去给文章加标点符号。这个任务是读者的，而不是作者的。不只中文是这样，英文、法文、拉丁文、希腊文也都没有标点符号。看来，不只中国，全世界的作者都喜欢折磨他们的读者。古代为什么没有标点符号？因为他不需要读那么快。古代书的产量是很低的，市面能找到的书的种类也很少。罗马帝国时代一年只能出产一两百种书。这一两百本书放在你面前，可能是你一生要读的书了，所以要慢慢读，一个字一个字读。读完再读，一遍遍体会字里行间的意思——很快读完，以后没得读，岂不很痛苦？

标点符号的流行只是近两三百年间的事情，它其实是一个商业行为的结果。五六百年前，欧洲出现了古登堡印刷术，铅活字印刷书籍出现并成为最古老的工业产品之一，进入市场成了商品。出于成本考虑，印刷商也就是书商就想做大量印刷来摊薄成本，于是他们发明了标点符号，让书变得更容易读、读得更快。这还不够，还要分段。古人的书是没有分段的，也没有章节。今天我们看《论语》，一篇与另一篇之间是没有关系的，卷只是物质上的单位，竹简不够了，再换一卷继续写。中国古代的书是这样，印度、阿拉伯、欧洲的书也是这样。印刷术出来之后，出版商才开始给书籍做段落篇幅的划分。

分段产生了很大的影响。以前欧洲人读不分段的《圣经》每次都老老实实从开篇读起，《圣经》分段以后，人们开始认为不同的段落重要程度不同，分歧就产生了。所以英国大哲学家约翰·洛克说：“《圣经》分段印刷是无耻商人酿制的悲剧，他们为了让《圣经》更畅销强行分段，分段以后我们的信仰将四分五裂。”后来的结果被洛克不幸言中——基督教分裂成一大堆教派、教会。所以怎么印实在很重要，印刷术的产生令我们离开精读，开始泛读。

很多人问我，如何读得快一点儿，其实如何读得好更重要。古人是怎样读书的呢？他们不是看，是反复地读，慢慢地读，读出声音来。朗读能让人沉浸到书里面去，这样一个沉浸的状态会产生一个重要的效果，这就是修炼的效果。

我手中有一本《沉思录》，这本书现在在中国很热，克林顿、布什、密特朗都看过。马可·奥勒留并不是为出版而写的，他是写给自己读的。这本书最有趣的地方就在于它是一本修行集，他的写作本身就是修行，之后的不断研读也是。这些领导人一遍遍地读《沉思录》，就是在做精神修炼。所以读书是为了改变自己，变化人格，变成另外一个人。很多人一辈子读《红楼梦》，每次都看到不一样的意思，古人反复读为的不是这个，他是每次都读到同一个意思。他是要不断地再三地提醒自己，这种书不是要你明白它的意思，是要你去做。所以真正读书读得好的人都会被某一本书变成另外一个人。所以读书是一种修炼，一种 transformation（转变）。我发现今天大家只是把读书当作一个工具，通过它拿到什么东西。读书其实是一种精神修炼，是我们已经失落的一个传统，我们每个人都可以恢复它，找一本书去修炼自己，追求自己的变化。

我一生的嗜好。除了革命外，只有好读书，我一天不读书，便不能生活。——孙中山

鲁迅是个“剪报控”

□周艳华　周平儒

大文豪鲁迅非常讲究读书方法。鲁迅在博览群书的基础上，形成了有自己特色的读书方法。现介绍如下：

一是泛览。他提倡博采众家，取其所长，主张在消闲的时候，要“随便翻翻”，多翻。鲁迅先生说：“书在手头，不管它是什么，总要拿来翻一下，或者看一遍序目，或者读几页内容。”他认为这种方法可以防止受某些坏书的欺骗，还有开阔视野、拓宽思路、增长知识等好处。

二是硬看。对较难懂的必读书，硬着头皮读下去，直到读懂钻透为止。

三是专精。他提倡以“泛览”为基础，然后选择自己喜爱的一门或几门，深入地研究下去。否则，读书虽多，终究还是一事无成。

四是活读。鲁迅主张读书要独立思考，注意观察并重视实践。他说：“专读书也有弊病，所以必须和社会接触，使所读的书活起来。”他还主张“用自己的眼睛去读世间这一部活书”。

五是参读。鲁迅读书不但读选本，还参读作者传记、专集，以便了解其所处的时代和地位，由此深化对作品的理解。

六是设问。就是拿到一本书，先大体了解一下书的内容，然后合上书，可一边散步，一边给自己提一些问题，自问自答：书上写了什么？怎样写的？为什么这样写？要是自己，这个题目又该怎么写？鲁迅认为带着这些问题去细读全书，效果会更好些。

七是跳读。读书遇到难点，当然应该经过钻研弄懂它。但是遇到一时无法弄懂的问题怎么办？鲁迅认为，若是碰到疑问而只看到那个地方，那无论看了多久都不会懂。所以要跳过去，再向前进，于是连以前的地方也明白了。

八是背书。鲁迅的背书方法与众不同，他制作了一张小巧精美的书签，上面写着“读书三到：心到、眼到、口到”十个工工整整的小楷字。他把书签夹到书里，每读一遍就盖住书签上的一个字，读了几遍后，就默诵一会儿，等把书签上的十个字盖完，也就把全书背出来了。

九是剪报。鲁迅十分重视运用“剪报”这一方法来积累资料。他的剪报册贴得很整齐，分类也很严格，每页上都有他简要的亲笔批注。鲁迅曾利用这些剪报写了不少犀利的杂文。鲁迅曾说过：“无论什么事，如果陆续收集资料，积之十年，总可成一学者。”

十是重读。这是指读过的书，隔些日子再重读书中标记的重点，花的时间不多，却有新的收获。

钱钟书帮你治『消化不良』

□孟索杰

钱钟书先生是中外驰名的大学者，其渊博的学问，睿智的思想，给人们留下了不可磨灭的印象。外国人惊叹其记忆力之高，世所无俦；中国人称赞其读书之博，万卷于心。他的渊博与睿智是建立在高效能的读书方法之上的。能读书、会读书，方能汲取前人的知识，默化于心，酿出醇浓的甘醴。

古今中外，爱书如命，读书成痴，沉溺其中的人如过江之鲫，大有人在。但是，读书既能入得其内，出得其外，游刃有余，不为书缠，不受书俘，是书之主人，而非书之奴隶的人却凤毛麟角。前人曾发出这样的感叹："读书万卷真须破，念佛千声好是空。多少英雄齐下泪，一生缠死笔头中。"可见，读书能得其三昧，却非人人尽能，却不是不能不为。

读书，要讲技巧，讲方法，不是盲人瞎马，随便游荡。钱先生认为读书首先要博学。人的秉性不同，兴趣各异，选择读书的种类也就像吃饭一样挑肥拣瘦，久而久之，会造成心胸褊狭，识见不广，而博览群书则是对治良方。博览广闻方能如摩尼珠之灿光，四面八方无所靡遗，养成良好的鉴赏基础。

杜甫曾说："读书破万卷，下笔如有神"，那么，怎样"破"万卷呢？钱先生主张读书要学会"消纳"。黑格尔曾论人之学养，谓取见前事物为己有，犹吞嗜而消纳之，化无机体为有机体。也就是说像吃饭一样，把所读之书的内容消化吸收。《随园诗话》卷十三曰："蚕食桑，而所吐者丝，非桑也；蜂采花，所酿者蜜，非花也。读书如吃饭，善吃者长精神，不善吃者生痰瘤"。

如何"消纳"，钱先生提出了以下方法：

一是"擘肌分理"。钱先生读书的方法类似于刘勰讲的"擘肌分理"，对作品的词语结构做细致分析，得出他所要表达的情意，和所运用的艺术技巧。也像严羽说的"取心析骨"，"取心"即指探索作者的灵魂，"析骨"即指分析作者的文词。

钱先生回忆了他读书的经历和心得：钱先生十六岁时从读选本入手，有《古文辞类纂》《骈体文抄》《十八家诗抄》即对古文、骈文、大家名家诗都读了。进一步结合任渊注来读《山谷集》《后山集》，用法官断案的眼光，把作者和注者看作两造，看注释是否符合作者的情意，用老吏断狱的方法来做判断。这样就要查对书证，寻根究底，索阅所引书，验其是非。

二是“和而不同”。人们常说第一个把女人比喻作鲜花的是天才，第二个是庸才，第三个则是蠢材了。可见，文艺作品永远追求的是创新，没有创新，文学就失去了活力。

古人说：“问渠哪得清如许，为有源头活水来”，创新就是活水之源。钱先生在《管锥编》中挖掘出古代典籍创作中的“母题”“原题”，并加以理顺使之系统化、条理化。我们能够清晰地看到文学创作由“母题”“原题”而进行的不同创作。

由此可见，读书不是目的，读书的目的是把书中的精粹融化、消纳，进行再创作。钱先生认为读书要有自己的观点，不迷信权威，不迷信大家，在事实基础上，提出自己的观点。

并且他在自己的小说《围城》中把中外文化中的“母题”与“原题”融入自己的创作之中，真正做到了一切书籍为我所用。我们应该学习这种读书的方法，高效率地去读书、会读书，使我们真正能够享受读书的乐趣。

读书先要认清字

□胡　适

读书的方法，据我个人的经验，有两个条件：

一精二博。

精

从前有“读书三到”的读书法，实在是很好的；不过觉得三到有点儿不够，应该有四到，是眼到、口到、心到、手到。

眼到，是个个字都要认得。中国字的一点一撇，外国的ABCD一点儿也不可含糊，一点儿也不可放过。那句话初看似很容易，然而我国人犯这错误的毛病的，偏是很多。记得有人翻译英文，误 port 为 pork，于是葡萄酒一变而为猪肉了。这何尝不是眼不到的缘故？谁也知道，书是集字而成的，这是字不能认清，就无所谓读书，也不必求学。

口到。前人所谓口到，是把一篇能烂熟地背出来。现在虽没有人提倡背书，但我们如果遇到诗歌以及精彩的文章，总要背下来，它至少能使我们在作文的时候，得到一种好的影响，但不可模仿。中国书固然要如此，外国书也要那样去做。进一步说：念书能使我们懂得他文法的结构，和其他的关系。我们有时在小说和剧本上遇到好的句子，尚且要把它记下来，那关于思想学问上的，更是要紧了。

心到，是要懂得每一句、每一字的意思。做到这一点，要有外的帮助，有三个条件：

（一）参考书，如字典、词典、类书等。平常说：“工欲善其事，必先利其器。”我们读书，第一要工具完备。

（二）做文法上的分析。

（三）有时需比较、参考、融会、贯通，往往几个平常的字，有许多解法，倘是轻忽过去，就容易生出错误来。宋人张载说：“读书先要会疑。”“于不疑处有疑方是进矣。”又说：“可疑而不疑不曾学，学则需疑。”“学贵心悟，守旧无功。”

手到。何谓手到？手到有几个意思：

（一）标点分段。（二）查参考书。（三）做札记。

札记分为四种：

（甲）抄录备忘。

（乙）提要。

（丙）记录心得。记录心得，也很重要。张横渠曾说：“心中

苟有所开，原便札记，否则还失之矣。”

（丁）参考诸书而融会贯通之，作有系统之文章。

手到的功用，可以帮助心到。我们平常所吸收进来的思想，无论是听来的，或者是看来的，不过在脑子里有一点儿好或坏的模糊而又零碎的东西罢了。倘若费一番功夫，把他芟除的芟除，整理的整理，综合起来作成札记，然后那经过整理和综合的思想，就永久留在脑中，于是这思想，就属于自己的了。

博

就是什么书都读。中国人所谓“开卷有益”，原也是这个意思。

我们为什么要博呢？有两个答案：

（一）博是为参考；

（二）博是为做人。

博是为参考。读一书而已，则不足以知其书。比如我们要读《诗经》，最好先去看一看北大的《歌谣》周刊，便觉《诗经》容易懂。倘先去研究一点儿社会学、文字学、音韵学、考古学等以后，去看《诗经》，就比前更懂得多了。

倘若研究一点儿文字学、校勘学、伦理学、心理学、数学、光学，以后去看《墨子》，就能全明白了。

大家知道的：达尔文研究生物演进的状态的时候，费了三十多年光阴，积了许多材料。但是总想不出一个简单的答案来。偶然读那马尔萨斯的《人口论》，便大悟起来，了解了那生物演化的原则。

博是为做人。像旗杆似的孤零零地只有一技之艺的人固然不好，就是说起来什么也能说的人，然而一点儿也不精，仿佛是一张纸，看去虽大，其实没有什么实质的也不好。我们理想中的读书人是又精又博，像金字塔那样，又大、又高、又尖。所以我说：为学当如金字塔，要能博大要能高。

读书和赛狗，哪个更有趣

□林语堂

我认为最理想的读书方法，最懂得读书之乐者，莫如中国第一女词人李清照及其夫赵明诚。我们想象到他们夫妇典当衣服，买碑文水果，回来夫妻相对展玩咀嚼的情景，真使我们向往不已。你想他们两个人一面剥水果，一面赏碑帖，或者一面品佳茗，一面校经籍，这是如何的清雅，如何了得的读书真味。易安居士于《金石录后序》自叙他们夫妇的读书生活，有一段极逼真、极活跃的写照。她说："余性偶强记，每饭罢，坐归来堂烹茶，指堆积书史，言某事在某书某卷第几页第几行，以中否角胜负，为饮茶先后。中即举杯大笑，至茶倾覆怀中，反不得饮而起，甘心老是乡矣！故虽处忧患困穷，而志不屈……于是几案罗列，枕席枕藉，意会心谋，目往神授，乐在声色狗马之上……"你能用李清照读书的方法来读书，能感到李清照读书的快乐，你大概也就可以读书成名，可以感觉读书一事，比巴黎跳舞场的"声色"、逸园的赛狗、江湾的赛马有趣。不然，还是看逸园赛狗、江湾赛马比读书开心。

什么才叫作真正的读书呢？

这个问题很简单，一句话说，兴味到时，拿起书本来就读，这才叫作真正的读书，这才是不失读书之本意。这就是李清照的读书法。你们读书时，须放开心胸，仰视浮云，无酒且过，有烟更佳。或在暮春之夕，与你们的爱人携手同行，共到野外读《离骚》，或在风雪之夜，靠炉围坐，佳茗一壶，淡巴菰一盒，哲学、经济、诗文、史籍十数本狼藉横陈于沙发之上，然后随意所之，取而读之，这才得了读书的兴味。

现在你们手里拿一书本，心里计算及格不及格，升级不升级，注册部对你态度如何，如何靠这书本骗一只较好的饭碗，娶一位较漂亮的老婆——这还能算为读书，还配称为"读书种子"吗？还不是沦为"读书谬种"吗？

读书前先洗冷水浴

□马寅初

余对于读书兴趣向极浓厚，因兴趣浓厚，故常讲求方法，可分八点述之：

作息有时——余于读书与运动二者，每日均有定时，并非终日埋头书案，废寝忘食，专致于读书。亦非终日运动，不顾一切，盖读书过勤，不但无益，且足损害身体，故每于适可之程度而止。留存相当时间，以从事运动，庶于身心双方，俱能得健全之发展。

跑山与冷水浴——余之运动有二项，最为重要即跑山与冷水浴（即严寒时亦用冷水），是数十年如一日，每于清晨即起跑山，活动血脉，吸收新鲜空气，回后读书，精神加倍，晚间睡觉以前，必洗冷水浴，故虽读书至深夜，亦能酣然睡去，无神经衰弱之弊，大有助于读书之成绩也。

摘取精华——每读一书，必取其精华，不肯放弃，如觉此书有伟大价值，非终篇不肯释手，力不虚縻，颇足自慰。

随时留意——与他人谈话，随时留意，如在立法院会议时，对各委员之谈话，均有亲手详细笔记，与实业界人士谈话亦然，盖皆专家经验之谈，颇足补予能力之所未及者。

不堆积——今日之事必须今日为之，不俟至明日，其须多日方可成事者，亦必使此事做成后，方做他事，按部就班，不求躐进。

利用机会——余因常往来于京沪杭三处，每年时间耗于车上者不少，颇觉可惜，因得养成在火车上亦能读书之习惯，故事务忙时尚能不致与书本绝缘，故在车上最不喜欢与他人谈话。

立志——以上各点，虽皆不失为余读书之好方法，然根本要点，尚在立志，盖读书者当以读书为目的，不当以读书为求显达之手段。

继续努力——志苟立矣，若无毅力以持之，则立于今旦者可弃于明日，立于今年者可弃于明年，岁立与不立等耳。余自回国以来，已二十一年矣，未曾放弃书包，自信未尝无相当毅力。准是以观，纵使因特殊关系，立法委员可以牺牲，大学教授绝不愿牺牲也。

『冒黑烟』与『吐光芒』

□徐 强

关于读书与治学，章太炎在日本东京对中国留学生做的一次演讲中，打了两个非常有趣的比方。

第一，本钱和利息的比喻。他说："大概看前人已成的书，仿佛是借钱一样，借了来，会做买卖，赢得许多利息，本钱虽要还债主，盈利是自己所有。若不会做买卖，把借来的钱，死囤在窖子里头，后来钱还是要还债主，自己却没有一点儿盈余，那么就算求了一千年的学，施了一千年的教，一千年后的见解，还是和一千年前一样，终究是向别人借来的，何曾有一分自己的呢？"

第二，写信人和送信人的比喻。章太炎指出，有学问的人，好比是写信的人；向这个人求学的，则是收信人，收信人学成之后，又向别人传授知识，那么，他就成了送信的人。搞学术研究，应当努力争取到写信人的地位，而不是永远都扮演送信人的角色。

纪晓岚《阅微草堂笔记》里有这么一个故事：

有一位老学究走夜路，碰到死去的一个朋友，于是一人一鬼，结伴同行。走到半路，有一间破屋子，鬼朋友说："住在屋子里的人，是个大学者。"老学究很好奇，问道："你怎么看出来的？"鬼朋友回答说："凡人白昼营营，性灵汩没。唯睡时一念不生，元神朗澈。胸中所读之书，字字皆吐光芒，自百窍而出。其状缥缈缤纷，烂如锦绣……此室上光芒高七八尺，以是而知。"老学究听了，更加好奇，又问："老夫读了一辈子书了，你帮我看看，我睡觉的时候，屋顶上的光芒有多高呢？"鬼朋友迟疑了好一阵子，才吞吞吐吐地说："昨天，我经过老兄的私塾，老兄正在睡觉。说实话，我只看见屋顶上直冒黑烟，恍若乌云笼罩，没有半点儿光芒。"老学究听了，恼羞成怒，气鼓鼓地把鬼朋友赶走了。

其实，他的这位亡友说的虽然是"鬼话"，倒也堪称至理名言，值得世间读书治学之人奉为镜鉴。书本上的知识，若能化为己有，灵活运用，自然光芒四射，神采非凡；如果人云亦云，毫无己见，张口闭口，无非陈词滥调，那就只有冒黑烟的份儿。

德国哲学家叔本华说，要想让一个人变傻，最好的办法就是叫他不停地读书。读书不动脑筋，难免就会越读越傻。这种书呆子学究与思想家的区别，换个形象的说法，就是"冒黑烟"与"吐光芒"的区别。

那些人云亦云炒冷饭，或是炮制一些伪问题，乃至趋炎附势的所谓"学问"，只会把世界弄得乌烟瘴气，唯有鲜活的、有创见的、有独特价值的学问，才会给人带来光明与温暖的希望。

读书的方法就是没有方法

□老　舍

怎样读书，在这里，是个自决的问题；我说我的，没勉强谁跟我学。第一，我读书没系统。借着什么，买着什么，遇着什么，就读什么。不懂的放下，使我糊涂的放下，没趣味的放下，不客气。我不能叫书管着我。

第二，读得很快，而不记住。书要都叫我记住，还要书干吗？书应该记住自己。对我，最讨厌的发问是：“那个典故是哪儿的呢？”“那句书是怎么来着？”我永不回答这样的考问，即使我记得。我又不是印刷机器养的，管你这一套！

读得快，因为我有时候跳过几页去。不合我的意，我就练习跳远。书要是不服气的话，来跳我呀！看侦探小说的时候，我先看最后的几页，省事。

第三，读完一本书，没有批评，谁也不告诉。一告诉就糟：“嘿，你读《啼笑因缘》？”要大家都不读《啼笑因缘》，人家写它干吗呢？一批评就糟：“尊家这点儿意见？”我不惹气。读完一本书再打通儿架，不上算。我有我的爱与不爱，存在我自己心里。我爱念什么就念，有什么心得我自己知道，这是种享受，虽然显得

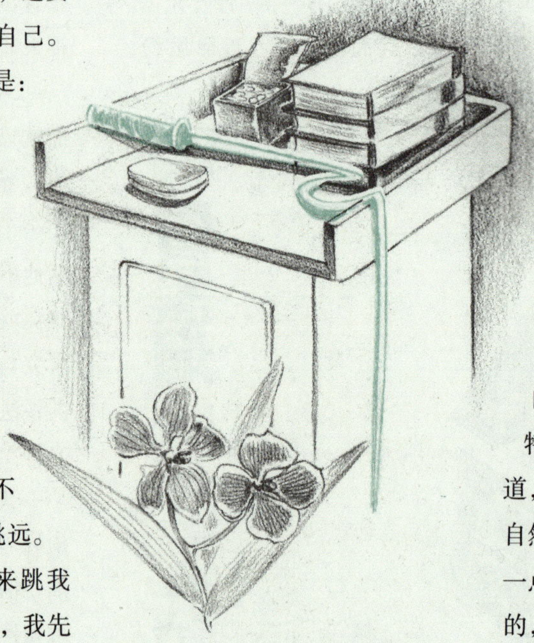

自私一点儿。

再说呢，我读书似乎只要求一点儿灵感。“印象甚佳”便是好书，我没工夫去细细分析它，所以根本便不能批评。“印象甚佳”有时候并不是全书的，而是书中的一段最入我的味；因为这一段使我对这全书有了好感；其实这一段的美或者正足以破坏了全体的美，但是我不去管；有一段叫我喜欢两天的，我就感谢不尽。因此，设若我真去批评，大概是高明不了。

第四，我不读自己的书，不愿谈论自己的书。“儿子是自己的好”，我还不晓得，因为自己还没有过儿子。有个小女儿，女儿能不能代表儿子，就不得而知。“老婆是别人的好”，我也不敢加以拥护，特别是在家里。但是我准知道，书是别人的好。别人的书自然未必都好，可是至少给我一点儿我不知道的东西。自己的，一提都头痛！自己的书，和自己的运气，好像永远是一对儿累赘。

第五，哼，算了吧。

八部书外皆狗屁

□孙香我

题目上这话是黄侃说的。黄侃乃国学大师，章太炎的弟子，学问大是出了名的，脾气怪也是出了名的。周作人就曾谈到过这位师兄：“他的国学造诣是数一数二的，可是他的脾气乖张，和他的学问成正比。”当年，章太炎与黄侃被民国学人称为“章疯子”“黄疯子”，所以黄侃敢说“八部书外皆狗屁”这样的“疯话”。他所说的八部书，乃《毛诗》《左传》《周礼》《说文解字》《广韵》《史记》《汉书》和《昭明文选》。

林纾也曾坦言：“纾生平读书寥寥，左、庄、班、马、韩、柳、欧、曾外，不敢问津。”原来他也有自己的“八部书”。林纾乃近代著名文学家、翻译家，就不说那大名鼎鼎的“林译名著”，其古文亦名重一时，他曾说：“六百年中，震川外无一人敢当我者。”故其当年亦有“狂生”之称。所谓“不敢问津”，其实乃“狂话”也，也是“皆狗屁”的意思。

二位的“疯话”“狂话”，在我听来，却是金针度人，忍不住要为之拊掌。他们哪里就只读了八部书呢，那还成什么国学大师和文学家呀。黄侃经、史、子、集几乎无所不通。林纾呢，曾校阅古籍不下两千卷，自云“四十五以内，匪书不观”。

一个读书人，博览群书总还是要的，但更要真正读懂、读通、读化几部书，否则，“读书”二字，如何敢说？览得再博，也不过是翻书而已，也不过是个“两脚书橱”而已。读书人常喜欢说“腹有诗书气自华”，细想想，书在人身上真正起作用的，恐怕不是那些一翻而过的群书，而是那完完全全读化在骨子里的区区“八部书”。你看如今的一些什么大师，谈起读书来也是一套一套的，但和从前的读书人比起来，无论是学问，还是气质，怕是王奶奶遇见汪奶奶——差的真不是一点儿。我想原因之一，就是差在没有那真正读进去又拿得出来的“八部书”吧。

“八部书外皆狗屁”，在如今，更有现实意义。如今出版业大繁荣，全国一年出的书真是铺天盖地，但值得翻翻的又有多少？据说有一次钱钟书受邀参观一家图书馆，他看看那一架一架的书，来了一句：“有这么多我不想看的书。”人生有涯，我们读什么呢？只有向上面几位先贤学习，挑经过时间检验的、经过历史沉淀的，也是你自己喜欢的“八部书”，细嚼慢咽，读一辈子，读得滚瓜烂熟，读得心领神会，读得人和书浑然一体，一辈子大概也够用了。若只为欣赏，八部好书，也真的够你咀嚼玩味一辈子的了。

万不可荒废年少读书时光

□贾平凹

兄在外已经十年，自不敢忘了读书，所作一二篇文章，尽属肤浅习作，愈使读书不已。过了二月二十一日，已到了而立之年，才更知立身难，立德难，立文难。夜读《西游记》，悟出“取经惟诚，伏怪以力”，不觉怀多感激，临风而叹息。兄在你这般年纪，读书目过能记，每每是借来之书，读得也十分注重，而今桌上，几上，案上，床上，满是书籍，却常常读过十不能记下四五，这全是年龄所致也，我至今只有以抄写辅助强记，但你一定要珍惜现在年纪，多多读书啊。

既有条件，读书万万不能狭窄。文学书要读，政治书要读，哲学，历史，美学，天文，地理，医药，建筑，美术，乐理……凡能找到的书，都要读读。若读书面窄，借鉴就不多，思路就不广，触一而不能通三。但是，切切又不要忘了精读，真正的本事掌握，全在于精读。世上好书，浩如烟海，一生不可能读完，且又有的书虽好，但不能全为之喜爱，如我一生不喜食肉，但肉却确实是世上好东西。你若喜欢上一本书了，不妨多读：第一遍可囫囵吞枣读，这叫享受；第二遍就静心坐下来读，这叫吟味；第三遍便要一句一句想着读，这叫深究。三遍读过，放上几天，再去读读，常又会有再新再悟的地方。你真真正正爱上这本书了，就在一个时期多找些这位作家的书来读，读他的长篇，读他的中篇，读他的短篇，或者散文，或者诗歌，或者理论，再读外人对他的评论，所写的传记，也可再读读和他同期作家的一些作品。这样，你知道他的文了，更知道他的人了，明白当时是什么社会，如何的文坛，他的经历、性格、人品、爱好等是怎样促使他的风格的形成。大凡世上，一个作家都有自己一套写法，都是有迹而可觅寻，当然有的天分太高了，便不是一时一阵便可理得清的。兄读中国的庄子、太白、东坡诗文，读外国的泰戈尔、川端康成、海明威之文，便至今于起灭转接之间不可测识。说来，还是兄读书太少，悟觉浅薄啊！如此这番读过，你就不要理他了，将他丢开，重新进攻另一个大家。文学是在突破中前进，你要时时注意，前人走到了什么地方，同辈人走到了什么地方。任何一个大家，你只能继承，不能重复，你要在读他的作品时，就将他拉到你的脚下来读。这不是狂妄，这正是知其长，晓其短，师精神而弃皮毛啊。虚无主义可笑，但全然跪倒来读，他可以使你得益，也可能使你受损，永远在他的屁股后了。这你要好好记住。

在家时，逢小妹生日，兄总为你梳那一双细辫，亲手要为你剥娘煮熟的鸡蛋。一走十年，竟总是忘了你生日的具体时间，这你是该骂我的了。今年一入夏，我便时时提醒自己，要到时一定祝贺你成人。邻居妇人要我送你一笔大钱，说我写书，稿费易如就地俯拾，我反驳，又说我“肥猪也哼哼”，咳，邻人只知是钱！人活着不能没钱，但只要有一碗饭吃，钱又算个什么呢？如今稿费低贱，家岂是以稿费发的？读书要读精品，写书要立之于身，功于天下，哪里是邻居妇人之见啊！这么多年，兄并不敢侈奢，只是简朴，唯恐忘了往昔困顿，也是不忘了往昔，方将所得数钱尽买了书籍。所以，小妹生日，兄什么也不送，仅买一套名著十册给你寄来，乞妹快活。

业精于勤，荒于嬉；行成于思，毁于随。——韩愈

做『大宝石型』读书人

□李 敖

我的本领很多，看家的本领是什么呢？看书。书，大家都会看，可是这里面的巧妙各有不同。英国文学家、思想家、诗人柯勒律治说看书有四种类型：第一种是海绵型，读书的时候他可以把看到的内容全部吸收，然后又几乎原样吐出来，当然有点荒腔走板，可是基本上能够消化吸收；第二种是沙漏型，过去用沙漏计算时间，沙子倒转过来会全部漏光，换句话说，他看了和没看一样，一无所获，只消磨了时间而已；第三种是滤袋型，精华的部分全漏走了，剩下的都是糟粕；第四种是大宝石型，他读书不但自己能够得到好处，还能把这个好处传播出去，使别人也受益。这种读者很稀少，很难得。

非常明显的，我李敖就是大宝石型的读者。我四十几岁的时候，看到报上说："李敖很可能是50岁以下的当代中国人之中，读书最多又最有文采的人。"我认为这句话说得不错。当然我李敖得天独厚的一个条件是我的眼睛，我看了这么多书，可是眼睛近视跟老花程度没有超过200度。换句话说，我的眼睛非常好。有一段时间，我的屋顶上只一个孤灯照着，到了夜里灯光暗淡得不得了，这个灯还是我不能控制的，因为屋顶很高，我够不着它。在这种灯光下怎么样看书呢？想办法啊，那时候我们买的奶粉不是铁罐装的，是银纸包的，我就把这些银纸铺平贴在墙壁上，这样可以折射一部分灯光，增强头顶上的灯光效果。我们不能够凿壁偷光，但能想出办法使日光灯的光线稍微强一点点。就是这样艰苦的情况下天天晚上看书，我的眼睛也没有看坏。

可是看了这么多书，如果你不能够驾驭它，看多了只是累赘，变成大沙漏——看多少流失多少，不能够把它保存下来。

一般人一本书拿起来看完以后，再看第二本书的时候，第一本书就离他远了一点；看到第三本书的时候，第一本、第二本离他又远了一点；到了第十本书，前面第九本书，尤其第一本书已经离他十万八千里了。所以宋朝人把这个现象叫作“渐行渐远渐无书”，“书”是书信，我离你越远越久，我的信写得越少，表示感情已经淡了。一个人读到第一百本书的时候，他还能记得多少第一本书里的精华？当时花时间看过，可是事后大部分忘记了。

我李敖看书很少会忘的原因是我的方法好。什么方法？对书要“心狠手辣”，看的时候剪刀、美工刀全部出动，把这本书五马分尸。好比这一页或这一段有我需要的资料，我就把它切下来。背面怎么办？背面内容复印出来，或者一开始就买两本书，两本都切开。结果一本书看完了，这本书也被我分尸分掉了。

现在我看书以不复印为原则，因为复印很花时间，基本上我是一开始就买两本，看的时候按照正背面把它切下，虽然比较费钱，可是节省时间。切下来的资料怎么分类呢？我有很多夹子，在上面写上字就表示分类了，好比我写“北京大学”，夹进去的就全部是北京大学的资料。我不断用这种夹子分类，可以分出多少类呢？几千个类来，分得很细很细。

换句话说，一本书被我大卸八块、五马分尸完，我并不凭记忆力去记它，而是用很细致的分类方法，很有耐心地把它钩住，放在资料夹里，这样我就把书里面的精华逮到了，你这个资料跑不掉了。

有人说你李敖知道那么多，博闻强记，一定是记忆力好。其实，不是我记忆力好，而是我读书方法好。读书时你就不能偷懒，不能舒舒服服躺在那儿看书，看完这本书以后纸上还干干净净、整整齐齐的。不对！这本书要大卸八块、五马分尸，进入我的资料夹以后才算真的看完了。如果一本书看完以后还是新的，就不算真正看过，当时是看过，可是浪费了，你不能够有系统地逮住书里这些资料。可是照我这个方法，可以把你看过的书的精华全都抓出来扣在一起。

其实我们每个人读书不为别的，只是想让书里的那些精神光线或美学营养照亮我们，提升我们的心灵视力，滋养和愉悦我们的人生。有句话说得很好，“你喜欢这些东西，说明你本身即属于这些东西”。除了意义，读书还要尊重自己的喜欢或不喜欢。一本书，若既有意义又有意思，那最好了。

我们想要不受人惑，其中最重要的一条实现途径就是多读书，读书求真知，当我们用书籍中的智慧和思想武装了自己的头脑，我们就可以做到“刀枪不入”，面对问题掌握自己的发言权。读书能够帮助我们走出自我的狭小，当我们在读书与思考中时，流连在每一条真理、每一个美好思想之中时，那正是将“小我”提升到了更高的层次。所以读书对人的影响又不只在于不受人惑，还能够使人学会高尚，领略境界的高远和胸襟的开阔。

这就是我的读书之道，看起来笨笨的，可事实上是我的科学方法。

周作人的看书标准

□玉槐堂

周作人看中国书有一条标准非常独特，就是看作者“对待人的态度”，特别是“对待女人、儿童的态度”。所以，中国书唯有《红楼梦》是好的，《西游记》和《聊斋志异》可以给儿童带来乐趣，也可以一读。《水浒传》里他最喜欢鲁达，最憎恶的是武松，原因就是武松杀人太多——杀嫂子，还血溅鸳鸯楼，格杀勿论。因此他认为武松虽然被看作中国传统中的英雄，其实是“狗熊”。

阅读者要做信息捕手

□［美］莫提默·J．艾德勒

任何一种阅读都是一种活动，因此必须要有一些主动的活力。完全被动，就阅读不了——我们不可能在双眼呆滞、头脑昏睡的状况下阅读。既然阅读有主动、被动之对比，那么我们的目标就是：第一，提醒读者，阅读可以是一件主动的事。第二，要指出的是，阅读越主动，效果越好。这个读者比另一个读者更主动一些，他在阅读世界里面的探索能力就更强一些，收获更多一些，因而也更高明一些。读者对他自己，以及自己面前的书籍，要求得越多，获得的就越多。

虽然严格说来，不可能有完全被动阅读这回事，但还是有许多人认为，比起充满主动的写跟说，读与听完全是被动的事。听众或读者被当作一种沟通接收器，“接收”对方很卖力地在“给予”“发送”的信息。其实完全相反，听众或读者的“接收”，应该像棒球赛中的捕手才对。

捕手在接球时所发挥的主动是跟投手或打击手一样的。投手或打击手负责“发送”的工作，他的行动概念就在让球动起来这件事上。捕手或外野手的责任是“接收”，他的行动就是要让球停下来。两者都是一种活动，只是方式有点儿不同。如果说有什么是被动的，就是那只球了。球是毫无感觉的，可以被投手投出去，也可以被捕手接住，完全看打球的人如何玩。作者与读者之间的关系也很类似。写作与阅读的东西就像那只球一样，是被主动、有活力的双方所共有的，是由一方开始，另一方终结的。

我们可以把这个类比的概念往前推。捕手的艺术就在能接住任何球的技巧——快速球、曲线球、变化球、慢速球等。同样，阅读的艺术也在尽可能掌握住每一种信息的技巧。

值得注意的是，只有当捕手与投手密切合作时，才会成功。作者与读者的关系也是如此。作者不会故意投对方接不到的球，尽管有时候看来如此。在任何案例中，成功的沟通都发生于作者想要传达给读者的信息，刚好被读者掌握住了。作者的技巧与读者的技巧融合起来，便达到共同的终点。

事实上，作者就像是一位投手。有些作者完全知道如何“控球”：他们完全知道自己要传达的是什么，也精准正确地传达出去了。因此很公平地，比起一个毫无“控球”能力的“暴投”作家，他们是比较容易被读者所“接住”的。

主动的阅读包含哪些条件？我们只能说，拿同样的书给不同的人阅读，一个人却读得比另一个人好这件事，首先在于这人的阅读更主动。其次，在于他在阅读中的每一种活动都参与了更多的技巧，这两件事是息息相关的。要达成良好的阅读，这些活动都是不可或缺的。一个人越能运作这些活动，阅读的效果就越好。

读读滋养过作家的“书中书”

□［美］莫提默·J.艾德勒

一般人总是抱着热忱想要阅读巨著，但是当他绝望地感觉到自己无法理解这本书时，热忱很快便消退了。其中一个原因，是一般人根本不知道要如何好好地阅读一本书。但还不只如此，还有另一个原因：他们认为自己应该能够读懂自己所挑选的第一本书，用不着再读其他相关的著作。他们可能想要阅读《联邦公报》，却没有事前先看过联邦条例和美国宪法。或是他们读了这些书，却没有看看孟德斯鸠的《论法的精神》与卢梭的《社会契约论》。

许多伟大的作品不只是互相有关联，而且在写作时还有特定的先后顺序，这都是不该忽略的事。后人的作品总是受到前人的影响。如果你先读前一位的作品，它可能会帮助你了解后人的作品。阅读彼此相关的书籍，依照写作的时间顺序来读，对你了解最后写的作品有很大帮助。这就是外在辅助阅读的基本常识与规则。

外在辅助阅读的主要功用在于延伸与一本书相关的内容脉络。我们说过文章的脉络有助于诠释字义与句子，找出共识与主旨。就像一整本书的脉络是由各个部分贯穿起来一样，相关的书籍也能提供一个大型的脉络，以帮助你诠释你正在阅读的书。

我们经常会发现，一本伟大的著作总会有很长的对话部分。伟大的作者也是伟大的读者，想要了解他们，不妨读一读他们在读的书。身为读者，他们也是在与作者对话，就像我们在跟我们所阅读的书进行对话一样。只不过我们可能没写过其他的书。

想要加入这样的谈话，我们一定要读与巨著相关的著作，而且要依照写作前后的年表来阅读。有关这些书的对话是有时间顺序的。时间顺序是最基本的，千万不要忽略了。阅读的顺序可以是从现代到过去，也可以从过去到现代。虽然从过去读到现代的作品因为顺其自然而有一定的好处，不过年代的角度也可以倒过来观察。

顺便提醒一下，比起科学与小说类的书，阅读历史与哲学的书时，比较需要阅读相关的书籍。尤其是阅读哲学书时更重要，因为哲学家互相都是彼此了不起的读者。在小说与戏剧中，这就比较不重要了。如果真是好作品，可以单独阅读。当然一些文评家并不想限制自己这么做。

跳进书页里“打谷筛糠”

□［美］莫提默·J．艾德勒

这是一本书，或任何读物，而那是你的头脑。你会做的第一件事是什么？

让我们再假设在这一情况中还有两个相当常见的因素。首先，你并不知道自己想不想读这本书。你也不知道这本书是否值得做分析阅读。但你觉得，或只要你能挖掘出来，书中的资讯及观点就起码会对你有用处。

其次，让我们假设常会有这样的状况：你想要发掘所有的东西，但时间却很有限。

在这样的情况下，你一定要做的就是“略读”整本书，或是有人说成是粗读一样。略读或粗读是检视阅读的第一个子层次。你脑中的目标是要发现这本书值不值得多花时间仔细阅读。其次，就算你决定了不再多花时间仔细阅读这本书，略读也能告诉你许多跟这本书有关的事。

用这种快速浏览的方式来阅读一本书，就像是一个打谷的过程，能帮助你从糟糠中过滤出真正有营养的谷粒。当你浏览过后，你可能会发现这本书只是对你目前有用而已。这本书的价值不过如此而已。但至少你知道作者重要的主张是什么了，或是他到底写的是怎样的一本书。因此，你花在略读这本书上的时间绝没有浪费。

略读的习惯应该用不着花太多时间。下面是要如何去做的一些建议：

先看书名页，然后如果有序就先看序。要很快地看过去。特别注意副标题，或其他的相关说明或宗旨，还有作者写作本书的特殊角度。在完成这个步骤之前，你对这本书的主题已经有概念了。如果你愿意，你会暂停一下，在你脑海中将这本书归类为某个特定的类型。而在那个类型中，已经包含了哪些书。

研究目录页，对这本书的基本架构做概括性的理解。这就像是在出发旅行之前，要先看一下地图一样。很让人惊讶的是，除非是真的要用到那本书了，许多人连目录页是看都不看一眼的。事实上，许多作者花了很多时间来制作目录页，想到这些努力往往都浪费了，不免让人伤心。

通常，一本书，特别是一些论说性的书都会有目录，但是有时小说或诗集也会写上一整页的纲要目录，分卷分章之后再加许多小节的副标，以说明题旨。譬如写作《失乐园》(*Paradise Lost*) 的时候，弥尔顿为每一章都写了很长的标题，或他所称的“要旨”。吉朋出版的《罗马帝国衰亡史》(*Declineand Fall of the Roman Empire*)，为每一章都写了很长的分析性纲要。目前，虽然偶尔你还会看到一些分析性的纲要目录，但已经不普遍了。这种现象衰退的原因是，一般人似乎不再像以前一样喜欢阅读目录纲要了。同时，比起一本目录完全开诚布公的书，出版商也觉得越少揭露内容纲要，对读者越有吸引力。至于阅读者，他们觉得，一本书的章节标题有几分神秘性会更有吸引力——他们会想要阅读这本书以发现那些章节到底写了些什么。虽然如此，目录纲要还是很有价值的，在你开始阅读整本书之前，你应该先仔细阅读目录才对。

如果书中附有索引，也要检阅一下。大多数论说类的书籍都会有索引。快速评估一下这本书涵盖了哪些议题的范围，以及所提到的书籍种类与作者等。如果你发现列举出来的哪一条词汇很重要，至少要看一下引用到这个词目的某几页内文，因为你所阅读的段落很可能就是个要点：这本书的关键点或是关系到作者意图与态度的新方法。

如果那是本包着书衣的新书，不妨读一下出版者的介绍。许多人对广告文案的印象无非是些吹牛夸张的文字。但这往往失之偏颇，尤其是一些论说性的作品更是如此，大致来说，许多书的宣传文案都是作者在出版公司企宣部门的协助下亲自写就的。这些作者尽力将书中的主旨正确地摘要出来，已经不是稀奇的事了。这些努力不应该被忽视。当然，如果宣传文案什么重点也没写到，只是在瞎吹牛，你也可以很容易看穿。不过，这也有助于你对这本书多一点儿了解，或许这本书根本没什么重要的东西可谈，而这也正是他们宣传文案一无可取的原因。

完成这四个步骤，你对一本书已经拥有足够的资讯，让你判断是想要更仔细地读这本书，还是根本不想读下去了。不管是哪一种情况，现在你都可能会先将这本书放在一边一阵子。如果不是的话，现在你就准备好要真正地略读一本书了。

从你对一本书的目录很概略，甚至有点儿模糊的印象当中，开始挑几个看来跟主题息息相关的篇章来看。如果这些篇章在开头或结尾有摘要说明，就要仔细地阅读这些说明。

最后一步，把书打开来，东翻翻西翻翻，念个一两段。有时候连续读几页，但不要太多。就用这样的方法把全书翻过一遍，随时寻找主要论点的信号，留意主题的基本脉动。最重要的是，不要忽略最后的两三页。就算最后有后记，一本书最后结尾的两三页也还是不可忽视的。很少有作者能拒绝这样的诱惑，而不在结尾几页将自己认为既新又重要的观点重新整理一遍的。虽然有时候作者自己的看法不一定正确，但你不应该错过这个部分。

现在你已经很有系统地略读过一本书了。现在，在花了几分钟，最多不过一个小时的时间里，你对这本书已经了解很多了。尤其，你应该了解这本书是否包含你还想继续挖掘下去的内容，是否值得你再继续投下时间与注意。你也应该比以前更清楚，在脑海中这本书该归为哪一个种类，以便将来有需要时好做参考。

附带一提的是，这是一种非常主动的阅读。一个人如果不够灵活，不能够集中精神来阅读，就没法进行检视阅读。你可以把自己想成一个侦探，在找寻一本书的主题或思想的线索。随时保持敏感，就很容易让一切状况清楚。留意我们所提出的建议，会帮助你保持这样的态度。你会很惊讶地发现自己节省了更多时间，高兴自己掌握了更多重点，然后轻松地发现原来阅读是比想象中还要更简单的一件事。

海婴的鱼丸不新鲜

□唐宝民

有一回，萧红到鲁迅先生家吃饭，从福建菜馆叫了一碗鱼丸子，海婴先吃的，吃了一个后就说："不新鲜，不好吃。"许广平就夹起一个来吃，感觉很新鲜，于是就批评海婴，并给海婴又夹了几个。海婴吃了以后，依然说不新鲜，许广平就生气了，更加严厉地批评海婴。见此情形，鲁迅先生便把海婴碟子里的鱼丸夹起来尝了尝，发现果然不新鲜，原来，这碗鱼丸中，有一部分是新鲜的，还有一部分是不新鲜的，海婴吃的是不新鲜的，而许广平吃的恰巧是新鲜的。于是鲁迅先生说："他说不新鲜，一定也有他的道理，不加以查看就抹杀是不对的。"这就是鲁迅先生，即使是这样一件小事，也极其认真。

在书上留下你自己的印记

□［美］莫提默·J·艾德勒

如果你有读书时提出问题的习惯，那就要比没有这种习惯更能成为一个好的阅读者。但是，就像我们所强调的，仅仅提出问题还不够。你还要试着去回答问题。理论上说，这样的过程可以在你脑海中完成，但如果你手中有一支笔会更容易做到。在你阅读时，这支笔会变成提醒你的一个信号。

俗话说："你必须读出言外之意，才会有更大的收获。"而所谓阅读的规则，就是用一种比较正式的说法来说明这件事而已。此外，我们也鼓励你"写出言外之意"。不这么做，就难以达到最有效的阅读的境界。

你买了一本书，就像买了一项资产，和你付钱买衣服或家具是一样的。但是就一本书来说，付钱购买的动作却不过是真正拥有这本书的前奏而已。要真正完全拥有一本书，必须把这本书变成你自己的一部分才行，而要让书成为你的一部分最好的方法，就是要去写下来。

为什么对阅读来说，在书上做笔记是不可或缺的事？第一，那会让你保持清醒，不只是不昏睡，还是非常清醒。第二，阅读，如果是主动的，就是一种思考，而思考倾向于用语言表达出来，不管是用讲的还是写的。一个人如果说他知道他在想些什么，却说不出来，通常是他其实并不知道自己在想些什么。第三，将你的感想写下来，能帮助你记住作者的思想。

阅读一本书应该像你与作者之间的对话。有关这个主题，他知道的应该比你还多，否则你根本用不着去跟这本书打交道了。但是了解是一种双向沟通的过程，学生必须向自己提问题，也要向老师提问题。一旦他了解老师的说法后，还要能够跟老师争辩。在书上做笔记，其实就是在表达你跟作者之间相异或相同的观点。这是你对作者所能付出的最高的敬意。

做笔记有各式各样，多彩多姿的方法。以下是几个可以采用的方法：

(1)画底线：在主要的重点，或重要又有力量的句子下画线。

(2)在画底线处的栏外再加画一道线：把你已经画线的部分再强调一遍，或是某一段很重要，但要画底线太长了，便在这一整段外加上一个记号。

(3)在空白处做星号或其他记号：要慎用，只用来强调书中十来个最重要的声明或段落即可。你可能想要将做过这样记号的地方每页折一个角，或是夹一张书签，这样你随时从书架上拿起这本书，打开你做记号的地方，就能唤醒你的记忆。

(4)在空白处编号：作者的某个论点发展出一连串的重要陈述时，可以做顺序编号。

(5)在空白处记下其他的页码：强调作者在书中其他部分也有过同

样的论点，或相关的要点，或是与此处观点不同的地方。这样做能让散布全书的想法统一集中起来。许多读者会用Cf这样的记号，表示比较或参照的意思。

(6)将关键字或句子圈出来：这跟画底线是同样的功能。

(7)在书页的空白处做笔记：在阅读某一章节时，你可能会有些问题（或答案），在空白处记下来，这样可以帮你回想起你的问题或答案。你也可以将复杂论点的简化说明标记在书页的空白处。或是记下全书所有主要论点的发展顺序。书中最后一页可以用来作为个人的索引页，将作者的主要观点依序记下来。

对已经习惯做笔记的人来说，书本前面的空白页通常是非常重要的。有些人会保留这几页以盖上藏书印章。但是那不过表示了你在财务上对这本书的所有权而已。书前的空白页最好用来记载你的思想。你读完一本书，在最后的空白页写下个人的索引后，再翻回前面的空白页，试着将全书的大纲写出来，用不着一页一页或一个重点一个重点地写，试着将全书的整体架构写出来，列出基本的大纲与前后篇章秩序。这个大纲是在测量你是否了解了全书，这跟藏书印章不同，却能表现出你在智力上对这本书的所有权。

字典里的字 并不是都有用

□［美］莫提默·J.艾德勒

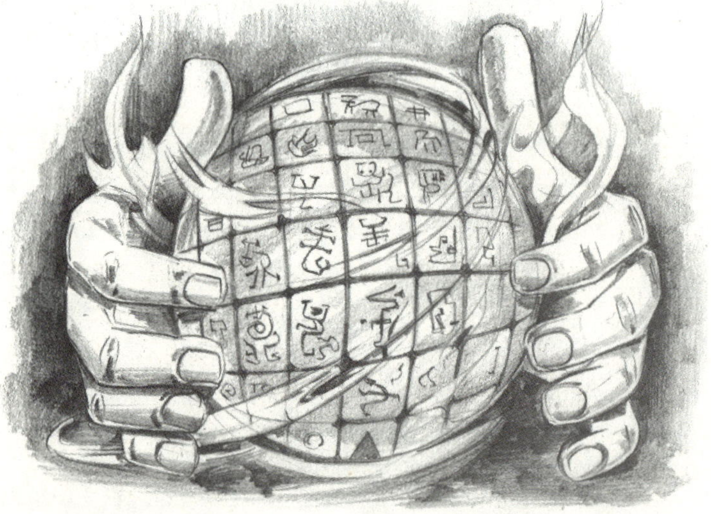

字典是一种工具书，也被当作一种好玩的读物，在无聊的时候可以坐下来对它进行挑战。毕竟这比其他许多消磨时间的方法高明许多。

字典中充满了晦涩的知识，睿智繁杂的资讯。更重要的是，当然，字典也有严肃的用途。要能善用字典，就必须知道字典这种书的特点在哪里。

桑塔亚那评论希腊民族是在欧洲历史中唯一未受教育的一群人。他的话有双重的意义。当然，他们大部分人是没受过教育的，但即使是少数有知识的有闲阶级，就教育要接受外来大师的熏陶这一点而言，也是没有受过教育的。所谓教育，是由罗马人开始的，他们到学校受希腊人的指导，征服希腊后与希腊文化接触，而变得文明起来。

所以，一点儿也用不着惊讶，世上最早的字典是关于荷马书中专门用语的字典，以帮助罗马人阅读《伊利亚特》及《奥德赛》，及其他同样运用荷马式古典字汇的希腊书籍。同样的，今天我们也需要专门用语字典才能阅读莎士比亚，或是乔叟的书。

中世纪出现了许多字典，通常是有关世界知识的百科全书，还包括一些学习论述中最重要的技巧的讨论。在文艺复兴时期，出现了外语字典（希腊文与拉丁文双语），因为当时主要的教育是用古代语言教学的，事实上也必须有这类字典才行。纵使所谓鄙村野语——意大利语、法语、英语慢慢取代拉丁文，成为学习使用的语言，追求学问仍然是少数人的特权。在这样的情况下，字典是只属于少数人的读物，主要用作帮助阅读与写作重要的文学作品。

因此，我们可以看出来，从一开始，教育的动机便左右了字典的编排，当然，保留语言的纯粹与条理是另一个原因。就后一个原因而言，有些字典的目的却刚好相反，像《牛津英语字典》，开始于 1857 年，就是一个新的里程碑。在这本字典中不再规定用法，而是精确地呈现历史上出现的各种用法——最好的与最坏的都有，同时取材自通俗作品与高雅的作品。把自己看作仲裁者的字典编辑，与把自己看作历史学家的字典编辑之间的冲突，可以暂时搁在一边，毕竟，不论字典是如何编辑的，主要目的还是教育的工具。

这个事实与善用一本字典，当作外在辅助阅读工具的规则有关。阅读任何一本书的第一个规则是：知道这是一本什么样的书。也就是说，知道作者的意图是什么，在他的书中你可以看到什么样的资讯。如果你把一本字典当作查拼字或发音的指南，你是在使用这本书，却用得不够好。如果你了解字典中富含历史资料，并清楚说明有关语言的成长与发展，你会多花点儿注意力，不只是看每个字下面列举的意义，还会看看它们之间的秩序与关系。

最重要的是，如果你想要自己进修，可以依照一本字典的基本意图来使用——当作帮助阅读的工具，否则你会觉得太困难了。因为在字典中包含了科技的字汇、建筑用语、文学隐喻，甚至非常熟悉的字的过时用法。

当然，想要读好一本书，除了作者使用字汇所造成的问题外，还有许多其他的问题。我们一再强调我们反对，特别是第一次阅读一本难读的书时，一手拿着书，另一手拿着字典。如果一开始阅读你就要查很多生字的话，你一定会跟不上整本书的条理。字典的基本用途是在你碰到一个专业术语，或完全不认识的字时，才需要使用。即使如此，在你第一次阅读一本好书时，也不要急着使用字典，除非是那个字与作者的主旨有很大的关联，才可以查证一下。

其他还有一些负面的告诫。如果你想要从字典中找出有关解决共产主义、正义、自由这类问题的结论，绝对是最讨人厌的。字典的编纂者可能是用字的权威专家，却不是最高的智慧根源。

另一条否定的规则是：不要囫囵吞枣地将字典背下来。不要为了想立即增加词汇量，就将一连串的生字背下来，那些字义跟你的实际生活经验一点儿关联也没有。简单来说，字典是关于字的一本书，而不是关于事的一本书。

●关注意林“上学那些事儿”官方微信（yilinsxnxs），输入关键词“读书良方”获取更多精彩内容。

荷马比牛顿更难读

□［美］莫提默·J．艾德勒

如果你的阅读目的是想变成一个更好的阅读者，你就不能摸到任何书或文章都读。如果你所读的书都在你的能力范围之内，你就没法提升自己的阅读能力。你必须能操纵超越你能力的书，或像我们所说的，阅读超越你头脑的书，只有那样的书能帮助你的思想增长。

因此，对你来说最重要的是，你不只要能读得好，还要有能力分辨出哪些书能帮助你增进阅读能力。一本消遣或娱乐性的书可能会给你带来一时的欢愉，但是除了享乐之外，你也不可能再期待其他的收获了。我们并不是反对娱乐性的作品，我们要强调的是这类书无法让你增进阅读的技巧。只是报道一些你不知道的事实，却没法让你增进对这些事实的理解的书，也是同样的道理。为了信息而阅读，就跟为了娱乐阅读一样，没法让你的心智得到成长。也许看起来你会以为是有所成长，但那只是因为你脑袋里多了一些你没读这本书之前所没有的信息而已。然而，你的心智基本上跟过去没什么两样，只是阅读数量改变了，技巧却毫无进步。

一个好的读者也是自我要求很高的读者。他在阅读时很主动，努力不懈。你想要用来练习阅读技巧，尤其是分析阅读技巧的书，一定要对你也有所要求。这些书一定要看起来是超越你的能力才行。其实，无论你多么努力，总会有些书是跑在你前面的。事实上，这些书就是你要找的书，因为它们能让你变成一个更有技巧的读者。

有些读者会有错误的观念，以为那些书——对读者的阅读技巧不断提出挑战的书籍，都是自己不熟悉的领域中的书。结果一般人都相信，对大多数读者来说，只有科学作品，或是哲学作品才是这种书。但是事实并非如此。我们已经说过，伟大的科学作品比一些非科学的书籍还要容易阅读，因为这些科学作者很耐心地想要跟你达成共识，帮你找出关键主旨，同时还把论述说明清楚。在文学作品中，找不到这样的帮助，所以长期来说，那些书才是要求最多，最难读的书。譬如从许多方面来说，荷马的书就比牛顿的书难读，尽管你在第一次读的时候，可能对荷马的体会较多。荷马之所以难读，是因为他所处理的主题是很难写好的东西。

我们在这里所谈的困难，跟阅读一本烂书所谈的困难是不同的。阅读一本烂书也是很困难的事，因为那样的书会抵消你为分析阅读所做的努力，每当你认为能掌握到什么的时候又会溜走。事实上，一本烂书根本不值得你花时间去努力，甚至根本不值得做这样的尝试。你努力半天还是一无所获。

读一本好书，却会让你的努力有所回报。最好的书对你的回馈也最多。当然，这样的回馈分成两种：第一，当你成功地阅读了一本难读的好书之后，你的阅读技巧必然增进了。第二，长期来说这一点更重要，一本好书能教你了解这个世界以及你自己。你不只更懂得如何读得更好，还更懂得生命。你会成为一位智者，对人类生命中永恒的真理有更深刻的体认。

别在小说、传记和诗歌的迷宫中走失

□［英］弗吉尼亚·伍尔芙

究竟读书有没有什么法则可以遵循呢？我们可以确定滑铁卢之役发生在哪一天，但没有人能回答《哈姆雷特》是否比《李尔王》写得更出色。我们都必须自己去寻找答案。如果一味遵从权威，让他来告诉我们如何念书，念些什么，并让他来评断我们所读的作品的价值，那么即使这位权威系非凡之辈，也相当于扼杀了我们在阅读中的自由精神，在其他领域我们可能无法逃脱法律与习俗的束缚，唯有在读书的王国里，我们才享有了完全的自由。

图书馆的书架上挤满了形形色色的书，乍看起来一片缭乱、杂然无章，其中有诗集与小说，有历史与回忆录，有字典与文艺书籍。它们由性格、种族与时代迥异的男女们，以不同的语言写成，在这多姿多彩的书籍之国中我们应该抓住的重点又是什么呢？我们该从何处着手呢？要怎样超脱这杂然混乱从而理出头绪，并从所阅读的书籍中获取最深邃、最广泛的乐趣呢？

这个问题其实不难，既然书有类别——例如小说、传记与诗歌，我们可以按照自己的需要去选取书的类别，并选择适当而于己有益的来读，但是人们读书很少会带着这样的疑问："这些书到底能给我一些什么？"大多数人阅读时都处在模糊不清、心不在焉的状态，他们感兴趣的问题是：这本小说描写的是不是真人真事？这首诗是不是虚拟之作？这本传记是否尽是些谄媚之言？这本历史书是否会加重我们的偏见？若想要进行一番好的阅读，我们在阅读之初都必须抛弃以上这些成见。在刚开始读一本书时，我们应该尽量去适应作者，而不要想役使作者，要设法进入作者的境界，和他合作，成为他的亲密同事。如果你能尽量抛弃成见接纳它、体会它、欣赏它，那么你将从字里行间及抑扬顿挫的变化中发现许多隐喻，它们会引导你去发现那些一般人体会不到的优点，从而让你领会作者卓然自立的人生境界，你若能沉浸于作者的境界中，并能养成习惯，那么不久你便会领略出作者费尽心力想展示给你的东西，进而体验无尽的愉悦。

读书只需"探明油矿"

□［美］约翰·寇德·拉格曼

最近一天晚上，我注意到我那十九岁的最喜读书的儿子科德正在读我喜爱的福克纳的小说之一《喧哗与骚动》，却读不下去。我深知其中的原因，开头几章描写一个白痴男孩对一场高尔夫球赛的看法的确很不好懂。

若干年前当我读陀思妥耶夫斯基的《卡拉马佐夫兄弟》前面几章而读不下去时，我还记得自己当时采取的策略。于是我对科德说："省掉第一章吧，先把故

事看下去，以后再回头来看开场的地方好了。"

从那以后，他就读那本书读得出神，连吃饭时都不愿放下它。

资历老的读者往往会不自觉地用到其他一些办法。我有一次亲眼看到哥伦比亚大学新闻学院院长爱德华·巴列特看完了一架新到的书籍。他抽出一本，浏览一下序言，查查目录，翻看索引和书目，看看书内几个主要的引证，再读一下关于作者的介绍。他就是用这种方法在十五分钟内评定了差不多十本书，然后从中挑选出准备细读的三本书。

他说："略读一本书，有如探明油矿，你发现一些迹象以后，就不会老是挖到干洞了。"

许多人相信读书之法是从头读起，一直读完。哈佛的阅读指导处处长威廉·白瑞认为，从头到尾阅读有时是真正了解一部作品的唯一方法。"可是这种方法会耗费太多的时间和精力，不是所有的书都值得我们这样做，"他说，"一个很忙的读者往往只希望弄清楚作者到底想说明什么，因此可以单刀直入而不顾其他。"

当我读一本很难懂的非小说体的著作时，我往往先读它的结论。科学家读专业书籍和论文时，用的就是这种方法。他们几乎总是先读后面的摘要，再来查看那些基本的发现。

有时无论你怎样开始，你都读不下去。"不要想马上就把一本书吞下去，"我的大学哲学教授老是这样劝我们，"当你在阅读中毫无所得时，不妨把书暂时先放下，过些时日再来读，总有一天你会读懂的。"哥伦比亚大学普通学科学院中负责"阅读改进"的友琴·厄里希推荐了一个读书方法：拿几本难易程度相当的书，从一本跳读到另一本。他说："读二百二十四本难懂的书，比读一本书更容易懂，因为我们可以用一本书去阐明另外一本。"

在一个资格老的读书人手里，一支铅笔就是一根探针，可以探明书中的深意。纽约市立大学的英文教授约翰·索华尔博士有一次对我说："我会在主要的段落下画线，在书上空白处写上号码，在扉页上按照题目制作索引。当我需要引用其中一句话，或者引用作者关于恋爱、死亡或租税政策的意见，我便可以根据索引找到相应的页数。借着标记的提示，我可以回忆起多年未曾再读过的书籍，并很快地将它融入自己的知识中。如果所阅读的书不是我的，我会把主要段落的页数写在一张纸上。"

但是这种在书上做记号的办法是否会让人觉得读书太慢呢？莫迪迈·厄德勒博士说："这正是我们这样做的理由之一，我们大多数人都被一个错误的观念所蒙蔽，以为阅读速度是衡量我们智力的唯一标准。有些书应该快读，有些应该慢读，甚至苦读。聪明的读书方法，是要根据书的价值去选择不同的读法。读好书时，问题不在你能读多少，而在你能读进去多少！"

阅读热点聚焦

莎士比亚书店：穷书生的天堂

□S君

在法国塞纳河左岸，有一家叫“莎士比亚”的书店，与著名的巴黎圣母院隔河相望。书店狭小而拥挤，但主人热情地欢迎着过路的陌生人，尤其是那些有志于文学的旅法青年。哪怕是那些尚未成名、穷困潦倒到连租书费都付不起的人，也可以在这里拥有一个床位，只要他们愿意为书店工作，而这份工作通常只是扫地、整理书籍，或者帮客人们找想要的书。

免费提供住宿这个奇特的传统，缘于莎士比亚书店的创始人西尔维亚·碧奇女士。她曾给予初到法国的海明威最温暖的支持，帮助他找到便宜的公寓，后来甚至在书店二楼放上一张行军床，让他随意看书，不用买，也无须借。这些帮助让海明威度过了在巴黎最初的艰难时期，令他终生难忘。除了海明威，纪德、乔伊斯、劳伦斯、庞德、菲茨杰拉德等20世纪文学史上的重量级人物，都曾把莎士比亚书店当作据点，这里一度成为文学圣地。

如今，莎士比亚书店已经传到“80后”的第三代店主手中。书店依然杂乱地堆满了书籍，书架旁摆着一张张板床，现代化的玩意儿，比如电话、监控摄像头甚至信用卡都被拒之门外。它安静地等待着陌生的文学青年在这里驻足，鼓励他们读书、创作。不仅在巴黎，柏克莱、纽约、维也纳、莫斯科等地，也都相继出现了莎士比亚书店，而它何日才会来到中国呢？

课本之外的『闲书』该不该读

□周汝昌等

周汝昌：

我读书就犯一个“杂”字的毛病。

这个“杂”，真是杂乱无章，遇上什么读什么，没有太多的选择余地——因为自己一生清寒，没钱买那成本大套的必备之典籍，只是凭机会拣些零本，带着极大的偶然性。这样，手边的书少得可怜，也就杂得可笑起来。这样居然也有些好处，就是原来以为与自己的研究主题“无”关的书，却发现并非无关，甚至大大有关。从此，大致悟及一个道理：读书给自己画一个太严太狭的圈子，并不一定是良策。

胡适：

有许多书读了，好像没有用处似的，然而，这是错误的。无论哪本书都有用处，都能帮助你解决困难的，当在适当的时候。我有一位朋友，有一次傍着洋灯看小说，洋灯装有油，但是不亮，因为灯芯短了。于是他想到《伊索寓言》里有一篇故事，说是一只老鸦要喝瓶中的水，因为瓶太小，得不到水，它就衔石投瓶中，水乃上来。这位朋友是懂得化学的，加水于灯中恐怕不亮，于是投以铜元，油乃碰到灯芯。这是看《伊索寓言》给他的帮助。

朱光潜：

你也许说，你在学校里终日念讲义看课本不就是读书吗？讲义课本着意在平均发展基本知识，固亦不可不读。但是你如果以为念讲义看课本，便尽读书之能事，就是大错特错。第一，学校功课门类虽多，而范围终究极狭窄。你的天才也许与学校所有功课都不相近，自己在课外研究，去发现自己性之所近的学问。再比方你对于某种功课不感兴趣，这也许并非由于性不相近，只是规定课本不合你的口味。你如果能自己在课外发现好书籍，你对于那种功课的兴趣也许就因此浓厚起来了。第二，念讲义看课文，免不掉若干拘束，想借此培养兴趣，颇是难事。比方有一本小说，平时自由拿来消遣，觉得多么有趣，一旦把它拿来当课本读，用预备考试的方法去读，便不免索然寡味了。兴趣要逍遥自在地不受拘束地发展，所以为培养读书情趣起见，应该从读课外书入手。

茅盾：

小说之类，从前谓之“闲书”，不外因为“有闲”而求消遣。这是一种旧观念。现在虽然还有不少人为了消遣而读小说之类的文学作品，但“闲书”这名称到底也不大时兴了。文学作品现已被公认为精神食粮之一种。写作者的态度是严肃的，写作出来的东西不是供人消遣的。

罗斯福夫人：

童年时我可以光为了好玩而看书——爬到高高的树上，一读起书来就是整个上午，一直要等到吃饭铃打响了，长辈们命令我回去吃中饭时，才回到屋里去。

那种日子若能够再回来该多好啊！我希望能坐在那里四个钟头不被打扰地看一本书。我的确很想看书，但我所看的绝不是人家认为必须看的书，而是我凭着自己的兴趣挑选的书。

美国总统都在看『闲书』

□佚 名

有人说美国是个喜欢列清单的国家，这从其图书的各种榜单上就可以看出。从过去的《每月新书》俱乐部推荐榜单，到现在的《纽约时报》畅销书榜单、奥普拉读书俱乐部榜单，到书店店员的推荐榜单，各种推荐书目多如牛毛。

什么样的榜单，恐怕都比不过美国总统的书单。媒体发现奥巴马看的两本小说后，其销量旋即扶摇直上。奥巴马看的一本书是美国作家戴夫·艾格斯和一苏丹难民华伦天奴·阿恰克·邓合写的一部阿恰克·邓半传记体小说《何为何》。这部以苏丹难民邓为第一人称所写的半自传小说中，邓坦诚而诙谐地描述了他在苏丹以及后来的非洲其他难民营的经历，还有后来到美国后的遭遇。由于传记记载了肯尼亚等奥巴马的“祖居”，奥巴马很有兴趣，不但自己看此书，还推荐给了自己的幕僚。

奥巴马看的另外一本书是《荷兰》，这是生于爱尔兰，在荷兰长大，后入籍美国的移民作家约瑟·奥尼尔所写的小说。该书写的是“9·11”后一个居住在纽约的荷兰移民的心路历程。奥巴马看完了为此书叫好，接下来的一周，书的销量旋即提高了四成。

奥巴马的前任布什，人们常视其为得克萨斯的“红脖子”乡下佬，有人甚至谣传他宁可烧书也不看书，但这个说法与事实相去甚远。据其好友透露，布什是个狂热的书迷。

仅2006年一年，布什就读了96本书。他读的书有些让人都意想不到，比如加缪的《局外人》也在他的书单之内。布什甚至还有亚马逊公司的Kindle（电子书阅读器）。至于布什的父亲老布什也同样是个书迷。根据南京大学外国语学院的朱刚教授介绍，老布什20世纪90年代末访问南大期间，还专程访问了他痴迷的《大地》的作者、作家赛珍珠在南大的故居。一个20世纪末的总统，居然会是一个20世纪初作家的铁杆粉丝。

而克林顿总统离任前，还列出了自己最喜欢的图书，包括小说艾利森的《看不见的人》、艾略特的《四个四重奏》，还有叶芝诗选。

一位总统看这些闲书有何作用，有何动机，对其执政有何帮助，或许我们不必过多阐释，或许看这些闲书就是一种消遣。

奥巴马晚饭后，等孩子去睡觉了，总要抽出半个小时来看看小说，作为一天下来看公文、看简报的一种平衡。之所以被媒体渲染，是因为奥巴马本人文学水准颇高，他的床头书目，就是一个活招牌。

但是不管其动机如何，看闲书未必不能影响到一位政客的执政。政治也是人的学问，一些看似无用的“闲书”，反倒在对人性优劣的洞察上，超过汗牛充栋的学术著作。很多时候，解决问题，领导者缺乏的不是具体的手段和资源，而是对世事和人心的深刻省察。

从政者不要以“忙”为借口不读书，美国总统都有时间去读闲书，谁还有什么借口呢？抽空去读点儿“闲”书，一来是种放松，二来可提高自身修养，三来也可改变一些思考问题的角度。

电子“界面”阅读是否应取代“纸质”阅读

□铁　凝等

铁凝：

如今，网络阅读成为人们生活重要的组成部分。人类的阅读行为也随之发生了革命性的变化：眼睛在网上快速、便捷的“暴走”，逐渐替代以往细嚼慢咽似的传统阅读。新媒介使昔日“纸面”凝聚的诸多艺术的神性，不断被“界面”的感觉颠覆和碾轧。

然而，我觉得“界面”代替了“纸面”的阅读，损失的可能是时间的纵深和历史的厚重。人在获得大面积爆炸性信息的同时，也会有某种难言的失重感。

之所以这样说，是因为就我个人的经验而言，阅读其实是一种有重量的精神运动。

夏尔·丹齐格：

当纸质读物最终消失，那些满腹牢骚的人会带着痛苦的满足感挖苦道：我早就料到了；我们则反问：那又怎么样？我们早已不再看古罗马的卷轴书，仅有少数渊博的学者知道它们曾经出现过，但古罗马的文学依然存在，部分地存在着。比满腹牢骚者更悲观的人会说，信息化将更好地为权贵服务，他们可以把人类安置在越来越狭小的公寓里，因为人类不再需要图书馆，而一切都存进了 iPad（平板电脑）。

有朝一日，当所有这一切被浓缩成一个极小的小红点，它将焦躁不安地闪着光，然后，亮光断断续续、越来越少。

它，终将熄灭。

因为再也不读书，人类将重返自然状态，与动物无异。那位万能的、未开化的、亲切的、温存和蔼的暴君将会在悬垂于地球之上的彩色屏幕里发出微笑。

网络科技是否已使人们丧失了阅读能力？

□马克思

苏格拉底说，文字和书的发明让人们放弃了背诵，人的记忆力就减退了；那么在Google（谷歌）时代，“一搜就有”的便捷代替了思考的乐趣，这是否会让我们越来越蠢呢？

1882年，尼采的视力急速下降，注视一页纸都很费劲，经常头痛难忍，为了坚持写作，他买了一台打字机。因为只要掌握了打字指法，他就完全可以闭着眼睛，用指尖写东西。

但谁知，打字机严重影响了尼采的写作风格。他的作曲家朋友注意到，使用打字机之后，尼采文风完全变了：“从争辩变成了格言，从思索变成了一语双关，从烦琐论证变成了电报式的风格”。尼采自己也不得不承认这一点。

一直对社会发展持悲观态度的尼采，也不知不觉地被机器改变了。而在网络高度发达的今天，没有谁不是像尼采一样整天在键盘上工作或生活的，那么我们被变成什么样子了呢？

美国《大西洋月刊》记者尼古拉斯·卡尔首先发现了自己的问题，“十多年来，我每天都泡在网上。没有网络时要做几天的研究，现在在Google上点几下鼠标就能搞定。但看书时，刚看了两三页，我就看不下去了”。

出问题的不只是尼古拉斯。长期在美国密西根医学院任教的布鲁斯·弗里德曼，也在博客上写道：“我现在已经完全丧失了阅读长文章的能力，不管是在网上，还是在纸上。”原因是他已经习惯了上网看成堆的小短文。“我再也读不进《战争与和平》了。即便是一篇博客，只要超过三四段，我瞅一眼就会跑。”

很多读者看到这会长吁一口气，原来自己不是唯一一个“堕落”在网上的人。用惯了Google的人肯定会辩护说，在线阅读会提高人们的阅读效率，但真实情况是怎样的呢？伦敦大学花了5年时间研究线上大英图书馆的读者，发现读者总是忙于一篇又一篇地浏览，却极少细看访问过的文章。他们打开一篇文章或一本书，通常读上一两页，便“蹦”到别处去了。报告说：“很明显，网络阅读让人们读得更多，却读得更浅。人们上网正是为了回避传统意义上的阅读。”Google时代让人人都成了在网上疯狂看东西的“扫描仪”和“信息解码器”，这是个“萝卜快了不洗泥”的时代。

很多美国公司也正在为上班时是否该关掉网络而头痛：“每隔差不多3分钟，小隔间里的职员就会放下手头的事情去干别的，接电话、查看邮件、回短信、点击视频或往Facebook（脸谱网）上贴有趣的东西。不停地分神是美国信息经济的要害。”

可以明确的是，受益者就是包括Google、Facebook在内的网络公司。所以有人说，盖茨以“技术革命”之名相要挟，“掏空”了消费者的腰包，成就了自己的首富之名。那么，我们是否可以这样认为，Google是以“技术革命”之名相要挟，“掏空”了所有人的注意力、记忆力、思考能力，来成就了自己的“技术先驱”之名呢？在搞笑电影《洋葱电影》中，忍无可忍的消费者最后一斧子砍死了盖茨。那么，有谁要砍Google吗？

实体书店与网上书店哪个更符合利益需求？

□马伯庸

有人问了一个问题：现在实体书店举步维艰，如果我去实体书店，看中一本书，回到家里找了个打折的网上书店把书买了，这算不算不道德？

我是从来不会这样做的。我是个急性子，看到什么好书，直接拿到柜台去付款，一分钟不到它就是我的了，十分钟不到我就可以捧在手里读。我逛书店已经付出了时间成本，没必要再网购多付出一次。书店售价和网络打折的差价，不足以弥补这个成本。有这点儿时间，我可以做更有意义的事。

但我从来不认为这是什么高尚品性使然。我和那些实体店看书、网上买书的人的区别，只是成本计算方式不同罢了。人家觉得网上买合算，我觉得不合算，如此而已，谈不上什么道德不道德。

我还一直保持着一个习惯，每次有机会走进实体书店，都会至少买一本书走，所谓“书迷不走空”。如果我下次去时这家书店还在，那么我会因为自己为它的存活做过一点儿贡献而高兴。如果这家书店不在了，那么我至少曾经买过它的书，也不会过于遗憾。

这个行为倒是跟成本无关，单纯是个人的一点儿执念。我很享受在实体书店闲逛的感觉，如果这种感觉再也找不回来了，那我会很失落。买书的举动对我来说，是凭吊，是感怀，是告别，就像我们为行将去世的病人送去鲜花。但是，这是我的个人选择。我不会因此就觉得进书店不买书是罪过，更不会觉得我比他们更高尚。一切只是选择不同，与道德无关。

然后让我们回到最初的问题。跟书谈道德，是个不错的想法，跟书店谈道德，就有点儿可笑了。无论用多么美妙、清新的词去描述书店，它始终是一个商业场所，不是教堂、寺庙或慈善机构，它是以盈利为目的的，便要遵循经济规律。既然要遵循经济规律，那么适者生存，不适就倒闭——说起来很冷酷，但就是这么回事。

《查令十字街84号》被喜欢书的人奉为《圣经》。但女主角海莲和旧书商弗兰克关系再好，她仍旧要如数支付她在旧书店购书的书款。她二十年只买了五十本书，不是位慷慨的顾客。后来旧书店倒闭了，没人觉得这是个道德问题，只是感叹世道变了，如此而已。

消费者不是做慈善的，他们的目的很明确：用最优惠的价格买到需要的东西。这个价格包括了货币价格和服务附加值。书店的工作，是设法降低书价或改善服务，让读者心甘情愿地掏钱，而不是怨天尤人，指责消费者说，我们费了这么大心思，你怎么还是跑去网上买，太不道德了！

我们爱书，我们也爱实体书店，但它毕竟也要适应时代。就像当年的电报、传呼机和一些传统老手艺一样，我们再怎么无限凭吊、用力感怀，可它们终究要慢慢消亡。作为一个爱书之人，我会尽全力阻止这一天的到来。但实体书店存亡与否，跟道德真没什么关系。

悦读大视野

欠公驴母驴各一头

□李兴濂

画家黄胄，善画驴。黄宗江屡向他索画，黄胄因忙致病，住院多时，未能立应。一日，黄胄遇黄宗江于黄山，宗江旧事重提。时隔二十多年，黄胄觉得十分抱歉，宗江说："你不马上画，立张欠单也可以。"黄胄便写道："二十年前欠宗兄公驴母驴各一头，母生母，子生子，难以计数，无力偿还，立此存照。"过了几天，黄胄画好两头驴子，派儿子送与宗江，并索还"欠驴单"，黄宗江复信说："毛驴已由令郎送到。经验明系两头公驴，不能生育后代。兹取算盘拨算，雌雄二驴，代代相传至今，已共一千四百八十六头，明年将计四千九百九十九头，即使扣除已汇孽畜二头，阁下尚欠驴一千四百八十四头，明年仍欠四千九百九十七头。因差距很大，所以阁下的欠单恕不奉还。前途茫茫，仍祈努力，以免法庭相见时拿去笔证也。"黄胄无奈，过两天又叫儿子送去画驴两头，题曰："母驴图，宗江老兄匹配。黄胄奉赠。"

那些美国名校的"诨号"

□杨向若

那些爬满常春藤的地方

常常被提及的"常春藤联盟"，其实并不是美国"最牛大学联盟"，而是由美国东北部地区的8所大学于1954年组成的体育赛事联盟。只是因为它们都是美国名校，同时是美国历史悠久的大学，所以才成为美国著名学府的最尊贵的标签。

"常春藤"中最知名的哈佛大学，被称为"波士顿市郊总统、政客预科班"。历史上，哈佛大学的毕业生中共有8位曾当选为美国总统。

普林斯顿被称为"天主教大学"，也许是因为校园内那座颇有哥特式风格的教堂过于震撼，很多人误以为普林斯顿是一所天主教大学，其实不然。根据学校宗教事务办公室的描述，普林斯顿虽在创校前期跟基督教长老会有密切的联系，但是学校从来没有任何宗教信仰，对学生也没有宗教要求。

普林斯顿大学同时是美国大学里的"高富帅"。"高"，指的是学术高、名气高，还有那座高大教堂；"帅"，是因为大学坐落在花园般的新泽西州普林斯顿小镇，校园古老的建筑多为沉稳的大理石色，充满了低调奢华的感觉；"富"，在该校就读过的美国第一夫人米歇尔·奥巴马曾说："我记得当时被那些开着宝马的同学惊到了，我以前连开宝马的大人都不认识。"

位于纽约的哥伦比亚大学被戏称为"绯闻女孩影视基地"，原因就在于偶像剧《绯闻女孩》很多场景都在这里拍摄。女主角之一布莱尔上的是纽约大学，但去了哥大参观后，便"羡慕嫉妒恨"，千方百计要转去哥大。到了第4季，有3位男女主角都落户了哥大。

IT男也有独特魅力

Party School（派对学校）存在于美式英语，意指那些以青春派对而闻名的大学。《花花公子》评出的"2012年十大派对学校"里，南加州大学位列第二名（第一名是由杰弗逊总统创办的"外表纯洁、内心狂野"的弗吉尼亚大学），所以，它有"派对大本营"的诨名。相比之下，麻省理工学院的诨号，则是"理工科疯子天才奥斯维辛集中营"。

如果把麻省理工学院的信息工程男与老牌派对学校南加州大学放在一起，比比哪个学校的学生更有魅力，是不是很难让人理解？可是，热门美剧的海报上就时常出现这么一句话，"Smart is the new charm"（聪明是最新潮的魅力），加上之前《社交网络》里塑造的脸谱网创始人马克·扎克伯格，谁能否认IT男也有性感魅力呢？

事在人为：一年可以等于二年、三年，例如每天用十七八小时读书；反之，二三年也可以等于一年，甚至比一年还少，例如每天只用五六小时以下读书，我决心每天用十六到十八小时翻阅中国历代文集。——蔡尚思

作家与美食

□佚 名

作家大都是美食家，善于享受生活。没有条件时，像曹雪芹的“举家食粥酒常赊”，也能对付；若条件许可，那一定不会在嘴上亏待自己。袁枚、李渔、林语堂、梁实秋等，都有专门写美食的著作。美食方能换来美文，倒也是顺理成章的事情。

苏东坡的美文传遍天下，他喜欢美食也是尽人皆知。他是一位罕见的文学巨匠，也是一位热爱生活的美食家。他发明了东坡肉，还专门写了《猪肉颂》：“净洗铛，少著水，柴头罨烟焰不起。待他自熟莫催他，火候足时他自美。……”他喜欢吃河豚，并留下名篇：“竹外桃花三两枝，春江水暖鸭先知。蒌蒿满地芦芽短，正是河豚欲上时。”检点其诗文，其中有很多都与美食有关，如《菜羹赋》《食猪肉诗》《豆粥》《鲸鱼行》《酒颂》以及著名的《老饕赋》，东坡以“老饕”自嘲，并戏谑地宣称：“盖聚物之夭美，以养吾之老饕。”意思是说，全天下的美味呀，你们的存在都是为了供养我老馋鬼的哦！记在他名下的还有东坡饼、东坡鱼、东坡拼盘、东坡肘子……

大家常引用鲁迅的一句名言“第一个吃螃蟹的人是勇士”。鲁迅自己就特别喜欢吃螃蟹。他爱在家里自己烹制，通常有两种简单的做法：大闸蟹是隔水蒸熟，用姜末加醋加糖食用。较小的蟹和上面做成油酱蟹，当下饭的小菜。鲁迅的杂文里曾多次提到吃螃蟹，不乏妙语佳句，奇思异想。

巴金是四川人，在他漫长的101年人生旅途中，始终乡音不改，喜听川剧，吃川菜，尤喜“夫妻肺片”。老家有人来看巴金，一定会给他带成都的夫妻肺片。一次，他的侄子李致临时决定去上海。行前，他匆匆找来女婿，让他快点儿买些夫妻肺片好带给巴金。当时，天色已晚，店家大都打烊了。李致的女婿十分焦急，对一家正要关门的“肺片店”老板说：“我急着买到夫妻肺片，是带给巴金的！”店家一听巴金的大名，二话不说，将这位迟到的顾客迎进店里。随后，风风火火地加工起来。

在外国留学、任职多年的胡适，虽大力提倡全盘西化，而他的肠胃却没有被西餐征服，平生最喜欢吃的还是家乡菜“徽州锅”。底层是蔬菜，主要有冬笋、萝卜、冬瓜、干豆角；稍上一层是猪肉，半肥半瘦，每块约一两重；再上一层为油豆腐果，装有馅子；第四层为蛋饺子；第五层为红烧鸡块；第六层为油煎豆腐；第七层为碧绿菠菜。要三四个小时，才烧得出味道来。香气逼人，美不可言。

老舍是满族人，小时候家里穷，难沾荤腥，改善生活就是吃“芥末墩儿”。后来他有钱了，可最喜欢的还是这一口。与胡青结婚的时候，他没别的要求，就希望夫人会做芥末墩儿。这可难不倒胡青，因为她也是吃芥末墩儿长大的。这道菜，其实也很简单，将洗好的白菜墩儿码在盆里，撒上芥末、糖，并加上米醋；再码第二层，再撒一次芥末、糖，加米醋，一直到摆满一盆为止，盆外包上毯子或者小棉帘，让芥末“发一发”，搁上三天，便可以取而食之了。芥末墩儿的诱人之处就是一个“冲味儿”，它是老北京年夜饭里必须有的，满族人尤其喜欢吃这道菜，老舍一辈子也没吃够，多次在文章中提及，赞不绝口。

汪曾祺、林斤澜、陆文夫、张中行等作家，也都是美食专家，也是美文大家，读其美文，如品佳茗，如食珍馐，每每“垂涎欲滴”，欲罢不能。

大腕儿的书房

□黄恺杰

“一斗斋”主人莫言：书架上只剩经典

于莫言而言，书房有特殊含义。当电视上揭晓2012年诺贝尔文学奖花落谁家时，他静静地坐在高密市南翰林苑阁楼的木椅上。这间阁楼是他平时进行创作的地方，装修非常简单，一张小桌、两把木椅，莫言称之为“一斗斋”。

莫言现在是中国艺术研究院文学院院长，他已经考虑退休后的生活了：“北京人太多了，城市太喧嚣了，我现在就盼着退休，该叶落归根，高密老家挺好的，亲人都在这里，我的书房也比北京的书房安静。”

莫言有时会在微博上谈到读书，比如重读《儒林外史》。谈到阅读，莫言说，现在的书太多了，但是他基本只读经典。“我这两年一直在书房里做减法，每年会清理出一批书来送给一些学校，现在把书架清理得只剩100多本书，都是经典。比如说中国的几部古典小说，比如说鲁迅、托尔斯泰的作品。我觉得这些书实际上就足够了，因为每次拿起一本书来，还没有读一半就被别的事情打断了，等你下次拿起另外一本书来，又把前面的书忘掉了。我觉得越是经典的书越耐得住重读。”

陈忠实：我还是一个乡下人

凡读过长篇小说《白鹿原》的读者，无不为这部反映陕西渭河平原50年变迁的雄浑史诗所震撼，无不为由此展现中华民族灵魂的现实主义画卷赞叹。

《白鹿原》里有一所白鹿书院，书院里住着朱先生。《白鹿原》的作者陈忠实的住处离陕西省作家协会不远，因而设在这里的办公室就成了他的书房。南窗的窗台上、墙脚边堆满了书，多是朋友、同行的赠书，也有慕名的求教之作。有暇，陈忠实要看一看，有些为之作序，有些评论一番。房中的写字台上也堆满了书，但还是有地方进行写作的。

陈忠实曾著文称每每有人问及他的书斋名，他无以为答，文章结尾所写“原下”和“二府庄”或者“雍村”，只是表示写作地点而已，并不是斋号。不过对于文章末尾所附的写作地点，竟然没有一次注明城市标志的字样，陈忠实说：“直到此刻，我才顿然醒悟，潜意识里依然亲和着乡村；尽管住在城市也有不少年头了，却拒绝把什么街、什么路、什么巷作为文章末尾的写作地点，乐于附上什么村、什么寨、什么庄这些乡村的名字；这种亲和和拒绝的意向，却是潜意识，更是无意识的自然行为。我由此也明白了，我还是一个乡下人。”

金庸：书房看报

总的来说，理想的书房是没有边际的，是个奢侈的追求。武侠小说家金庸的书房有60多平方米，堪称“侠之大者，书房亦大”。

金庸现在每天“黎明即起”，在跑步机上边走边看早晨的新闻，锻炼身体15分钟到20分钟，然后用早餐；上午看报、读书；中午不休息，看看电视；下午有时到写字楼办公室会客，不去的话，就留在家中书房里看书，再就是查资料、做功课。“学习最乐”，他乐此不疲。

李敖：

书房找回忆

在关于台湾作家李敖的各种传奇中，他的书房都是不可忽略的标志。传说中那间斗室里堆满了书籍、资料，甚至美女图片，风雅和风月在那里奇妙地并存。

虽然搬到阳明山不过是近几年的事，可是书房里充满了他在台湾60年间的积累与记忆。“上山以后，吹在风里，淋在雨里，飘在云里，活在梦里。”这是李敖描写自己在阳明山生活的一段话。从书房的窗望出去，看到的是风景和朋友。从书房的窗向里望，看到的是主人的悠然与坦诚。人们大多看到他的独行，很少了解他的牵挂，人们总看到他与人斗其乐无穷，却很少看到他在感慨夕阳西下。

梁文道：

不看教人发财的书

剑桥英王学院图书馆馆长曾经说，他没有书房，他的家就是书房。梁文道特别认同：“我的家里到处放着书，我在狭小的空间看书写字，真的，我的家也就是我的书房。”

梁文道在香港住一个100多平方米的公寓，家里主要的家具就是9个顶天立地的大书柜，此外，其他能用的空间也放满了书。他把书架简单分成几大类，关于历史政治的放了4个，哲学类3个，文学类1个，还有1个放心理学、自然科学方面的书。“还有两处，我妈家也被我霸占了，另外我的办公室里也堆满了书。”

“反正除了教人发财的书，我什么书都看。如果可以选择版本的话，我宁可多买旧书，尤其是那些折了角和少了页的书——因为我觉得这些书很可怜。”

汪涵：

用仪式亲近书房

“以书会友”，结交爱书之人是湖南卫视当家主持人汪涵创办“培荣书屋”的最重要目的。2009年，汪涵出版了《有味》，与梁文道、白岩松、陈丹青等人一起在北京召开发布会，就说起了四个人要联合做一家书店。后来其他三个人没了信儿，汪涵却把这个一直埋在心里的想法付诸实施了。

“我对读书有一种敬畏感，”汪涵说，“好的书籍就像夜空中一颗闪亮的明星，你需要抬头仰视。所以我读书的时候总是很虔诚的，用一种仪式感很强的方式亲近书本，通常我会焚香、放一段舒缓的音乐，再泡一壶清茶，然后开始静静地阅读。”

古代学生的假期

□陈延禄

早在汉武帝时期，从官方创立太学开始，就有了太学生的休假制度，主要是“田假”和“授衣假”，相当于现在的暑假和寒假。一直到隋唐时代，才确立国子学（太学，又称国子监）假期制度。国子学是隋朝中央政府建立起来的最高学府。据史料记载，当时有三种假期：第一种是“旬假”，十天为一旬，每旬只放一天假，不允许外地的学生回家；第二种是“田假”，每年农历五月份开始放假，时间一个月左右，出身农家的子弟可以回家帮忙干农活；第三种是“授衣假”，是每年农历九月份天气渐渐变冷，让学生回家取衣服的假，时间也是一个月左右（往返路上的时间不算天数）。唐朝对假期有严格的制度：凡逾期不返校者将被开除，但是路途遥远的也可以适当申请延长假期。《新唐书·选举制》上有明确记载：“每年五月有田假，九月有授衣假。”

雪夜读书最有味

□易中天

阅读，不仅是一项生活内容，还是一种生活方式。一个人的知识构成、价值判断、审美习惯，多来自于阅读。有了书，你就不孤独，即有了全世界的旅行，即可领略全人类的精神地理和心灵风光。

读书不是查字典，不要老想着“有用”，其价值不是速效的，是缓释的，是一种浸润和渗透的营养，一个人的心性和气质哪儿来？就是这样熏陶出来的。古人说，“三日不读书，则面目可憎。”一方水土养一方人，“阅读”即一方水土，水土的效果取决于你的书籍质量和吸收能力。

著名学者易中天曾特别谈到过“读书”这件事，他认为雪夜里，最是读书的好时间。

“读书，难道还要挑时间吗？也要也不要。真正的读书人，固然无论何时何地都要读书，都能读书，但什么时候最宜读书，或最合适读什么书，也还是有个说道的。”

“其实，只要是夜里，就宜于读书，倒不一定非得是雪夜。读书本为“谋心”，而白天却要忙于“谋生”。谋生总是必要的，也是第一位的。但谋生之时纷纷扰扰，静不下心来，却也是事实。因此最好在那万籁俱寂的夜间，抛却功名利禄，淡忘进退荣辱，平心静气，信马由缰，率性而读。我的一位朋友李树林说，他最喜欢做的事，就是‘靠着床头，沏一杯茶，灯下抱一本喜欢的书，静静地看，慢慢地思索’。不必把盏置酒，也不必红袖添香，只要夜深人静，有一个纯属个人的独立空间，便可心同书共，神与物游。这正是许多人喜欢夜读甚至只肯夜读的原因。”

不过，虽同为夜读，春夏秋冬，也还是有所不同。

易中天认为：春宜读子，夏宜读史，秋宜读经，冬宜读集。春回大地，万象更新，百花齐放，百鸟齐鸣，自然最合适读那“百家争鸣”的子书。夏日炎炎，酷暑难熬，那些“讲故事”的史书，颇能帮我们度此长夏。也不妨在午间小憩后，于北窗下置一竹床，就一杯冰啤酒读《史记》《汉书》，便“不作羲皇上人想”。秋日里，雁去叶落，橘红穗黄，天高云淡，风静潮平。大约只有在此时读经，才沉得下气来。至于寒风凛冽滴水成冰的冬天，当然最好是赖在床上躲进被窝，去读诗词小说之类的文学作品，或者如前所说，“雪夜读书滋味多”了。

鲁迅“补书”

□毕家龙

鲁迅先生从少年时代起就养成爱护图书的好习惯。每次看书，他总是先洗手，一旦发现书脏了，就小心将它擦干净。他还学会了补书的本领，备有一套小刀、锥子之类的工具，如发现书有破损，便立即修补，使之面目一新。

读心术：阅读习惯反映人品

□冠　诚

阅读书籍的习惯对于了解一个人的个性特点以及情绪变化很有帮助。对此，FBI（美国联邦调查局）将喜欢阅读的人做了以下分类。

喜爱阅读浪漫言情小说的人通常感情丰富，洞察力强，对直觉深信不疑，对生活充满信心，而且，在陷入困境或者面临失败的时候，这种人能顽强抗争，不会萎靡不振。

喜欢传记的人深思熟虑，他们既野心勃勃，又脚踏实地，谦虚好问，善于衡量利弊得失，能够统筹全局，条件不成熟时绝不会不顾后果勉强行事。

如果喜欢喜剧书籍，那么这个人必定是乐天派，性格风趣幽默，遇到任何困难和阻力都不会害怕，对自己充满信心。

常读报纸和新闻性刊物的人是意志坚强的现实主义者。他们一般很关心国内外大事，关注世界风云变幻，希望自己的言行能够跟上时代的步伐。这种人一般思维敏捷，对新事物能够做出较为迅速的反应，且善于接受各种思想。

要是对画报或是大型画册兴趣盎然，这个人通常会热情好客，爱结交朋友，习惯身边围绕着很多人。

爱看侦探或破案一类书籍的人通常勇于接受思想上的挑战。他们逻辑思维能力强，善于解决各种难题，对于别人望而却步的难题，通常会兴趣倍增，以解开难题为乐。

要是对科幻类的图书视若珍宝，这类人一定思维发达、想象力丰富，而且富有创造力。他们常被科学技术所吸引，喜欢为将来拟订计划，但缺乏持之以恒的精神。

喜欢阅读财政经济一类书籍的人崇拜那些在事业上卓有建树的人物，并以他们为榜样，希望能充分发挥自己的竞争力，达到自己希望达到的人生高度。

对流行时尚杂志格外青睐的人虚荣心很重，非常在意自己的外貌和着装，十分顾及面子，在日常生活中尽力改变自己在别人心目中的形象，希望拔高自己。

如果特别喜欢读诗歌，则应是热爱生活的人，对人世间的一切美好事物钟爱有加。他们也会有意识地在诗的熏陶下进行反思，使心灵得到净化，努力追求“真善美”。

倘若读历史书籍津津有味，说明这个人尊重事实，讲究实际，重视效果。他们通常会把时间安排得满满的，用在努力工作或者认真做学问上。

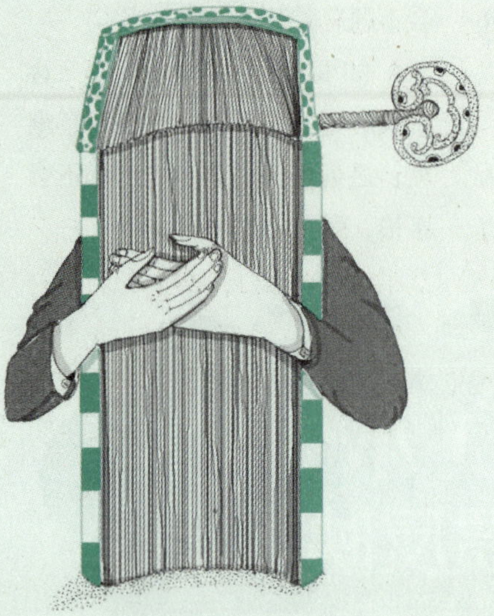

季羡林手抄珍本

□蒋晓飞

20世纪50年代，季羡林曾在北京大学讲授语言学。一天，一个学生来向他借一本语言学方面的书。季羡林一下子犯了难，学生要借的这本书是极其珍贵的孤本古籍，如果在翻阅的时候稍有污损，都将是不可估量的损失。但面对学生渴求的目光，季羡林又不忍心拒绝，便对他说："你过一个礼拜后再过来取，行吗？"学生欢欢喜喜地走了。

一个礼拜后，学生如约来到季羡林的办公室。当他接过季羡林递过来的书时，感到非常意外，这根本不是一本书，而是一沓厚达几百页的装订得整整齐齐的信纸，上面密密麻麻写满了蝇头小楷。季羡林歉疚地笑道："很对不起！我没能将原本借给你，是因为原本太珍贵了，我打算以后将它捐给国家。现在这本书我概不外借，我怕万一被人损坏，以后对国家就不好交代了，我想你一定能理解我的做法。今天给你的是我的手抄本，尽管看起来有些麻烦，但基本上一字不错、一字不落，是可以一用的……"

学生一听，异常震惊，连连向季羡林鞠躬致谢。对于一本十几万字的书，要将它完完整整地抄录下来，要有多大的耐心、该有多大的工作量啊！整整一个星期，季羡林日夜伏案，才完成了抄录任务。

其实，当初学生来借书的时候，季羡林完全可以向他说清实情，当场婉言拒绝，学生也是一定能够理解的，而季羡林却以这样一种出人意料的方式满足了学生的要求，实在令人感动、感叹！季羡林在学术上堪称一代大师，同样，在做人处世方面也是令人崇敬的一世楷模。

玉不琢，不成器；人不学，不知义。——《礼记》

盗来的图书馆

□周 运

1990年3月20日下午2点，艾奥瓦州奥图姆瓦小镇的警察，结束了一个被认为是世界上最劣迹昭彰的藏书狂的职业。

当天夜里史蒂文·卡丽·布隆伯格，最后一次向他用了20年时间积聚的藏书告别，这期间他一共从美国45个州、哥伦比亚特区和加拿大的两个省搜集了这些书。他的收藏品据估算价值2000万美元。布隆伯格的藏书，像所有的收藏品一样，有一个明确的主题：他的23,600册藏书的每一册都是偷来的。联邦调查局警员进入布隆伯格住所，才意识到摆在他们面前的是一项多么令人难以置信的工作。把收缴来的书装满879个薄纸板箱子后，17个人用了整整两天时间，把它们装上一辆约12米长的拖车（这些书足有19吨重），运到一个私人仓库，清点库存。这些书，是布隆伯格在高中毕业后的20年时间里，从268个图书馆偷窃到的珍贵图书和手稿。

布隆伯格被自己所谓的“酷爱收藏”的嗜好吞没了。他用各种各样令人惊讶的技术手段来建立自己的非法收藏馆。他开锁、偷钥匙，从图书馆窗户往外扔书，爬过管道系统躲藏在电梯井里，用一张涂改过的身份证假扮成明尼索塔大学的马泰·麦古教授进入图书馆。他甚至换走图书，以致它们看起来还在图书馆里时，已是他自己的书了。然后他把书运到艾奥瓦州奥图姆瓦乡间自己的房子里。在那里，把书装满了9间约4米高的房子，并按他自己制定的分类系统，一丝不苟地把书安置好。他用某种方式证明自己并非真的偷窃，而是把它们从不受重视的机构里“拯救”出来，并给予它们应有的关怀和爱护。尽管他的收藏品价值高达2000万美元，可布隆伯格从未卖过其中一本书。这些藏品中有很多珍本，还有整整三大架子珍贵的典籍手稿。布隆伯格因而成为美国历史上最大的珍本书盗窃者。因而当布隆伯格被获准回到他自己空荡荡的房间里时，他称这是“自己人生的残骸”。

“偷书是因为他爱书，而不是当作谋利之道。”他不用自己的“聪明才智”去偷金银珠宝，而选择偷书，从某种角度来看，他已爱书爱到近乎疯狂。只有在他极端与犯罪的行动中，他才逾越了爱书的界限而成为一个盗书狂。

曲波“挖书”

□毕家龙

当代文学名著《林海雪原》的作者曲波，12岁时读《说岳全传》，对书中的秦桧非常痛恨。一怒之下，将书中所有的“秦桧”二字都用刀子挖掉，未承想连背面的字也给挖掉了，他怕父亲责怒，赶紧向父亲解释。父亲不但没有责怪他，反而给他又买了一套《说岳全传》以示嘉许。

一磅书的畅销

□石顺江

上世纪40年代初，一名叫作奥图尔斯的出版商接到了一单生意，一位中学教员央求他，想把自己多年来写的文章结集出版。当奥图尔斯拿到书稿看到那晦涩难懂的内容时，连连摇头，他感觉无能为力。他告诉这位教师，即使出版了，发行量也不容乐观。教员再三恳求，最终只答应出版500本。

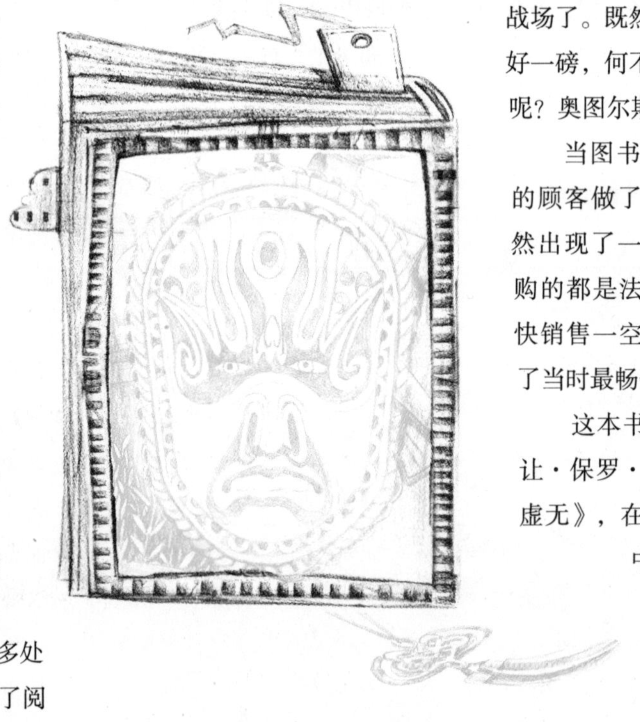

这本书出版后放在书摊上很少有人问津。内容艰深、文风怪诞、语言晦涩。书中多处令人费解的阐述，不仅增加了阅读时的难度，而且使不少人难以成读，望而生畏。奥图尔斯于是决定把剩余的300本存书当作废纸卖掉，能捞回多少算多少吧！他心想。工作人员从废品收购站回来后向他报告道：“老板，您别说，还真巧，300本刚好300磅……”奥图尔斯听后大吃一惊，怎么这么巧呢？突然又做出决定：“赶紧退回来那些书，咱们不卖了。”同时告知印务车间，抓紧时间加印5000本，奥图尔斯的举动让大伙儿莫名其妙，不知哪里出了差错。

原来，奥图尔斯想起了昨天妻子跟他提起的一件事。妻子告诉他，周围邻居从菜市场买菜回来后，都感觉菜贩给的斤两不对，可是却找不到校对的秤具。由于当时正处于二战时期，占领法国的德军为了制造军火，把当地居民的秤砣都收走熔铸成枪炮送往战场了。既然这本书的重量刚好一磅，何不用它来做替代品呢？奥图尔斯心里豁然开朗。

当图书销售摊主对购书的顾客做了特别介绍后，竟然出现了一股抢购风。来抢购的都是法国家庭主妇，很快销售一空，这本书竟然成了当时最畅销的一本书。

这本书就是法国哲学家让·保罗·萨特的《存在与虚无》，在当时男人的世界中根本无人问津，人们宁愿去谈论将军大衣上的一颗纽扣，也不会提及它。可当时谁会料到这样一本书却被后人誉为“人类思想的宝石”，代表着哲学上的最高层次呢？

评价一本书的价值自然是它的内容，让它沦为主妇们秤砣的替代品是一种悲哀，但奥图尔斯却从另外的一个角度发现了这本书新的价值，并因此让世人认识了这本闪烁着智慧光芒的奇书，这何尝不是一种成功呢？

17世纪的人多久洗一次澡

□［英］弗朗西斯·古德

从中世纪开始，许多人都认为洗澡是不健康的行为，会带来疾病，有人甚至认为，洗澡是一种罪。17世纪的欧洲人对卫生并不怎么在意，他们很少洗澡；要洗也是那些特有钱的人才洗。这些富人使用木制或铜制的澡盆，澡盆前生一堆火；洗澡水在厨房烧热再由仆人装进桶里送上楼。

当时的肥皂非常昂贵，即使要用，也只能在面部、颈部和双手涂抹，偶尔也在脚上涂一点儿。因此，那个年代的人自然是体味浓郁，嘴里也是一股臭气。为了掩盖体臭，女士们会在腰上别一个绣着精美花样的袋子，里面装着香料。实际上，香水的问世，就是为了掩盖令人不快的体味。

伊丽莎白一世（1533—1603）被同时代人视为有洁癖，因为她洗澡洗得太勤了，一个月就洗一回呢！不过伊丽莎白时代的人们对另一些事情还是很讲究的，比如每天都要梳头、清理指甲。

卡斯蒂利亚女王伊莎贝拉（1451—1504）曾赞助哥伦布远航发现新大陆；据说她还曾向人吹嘘，说自己一生只洗过两次澡：一次是在出生的时候，还有一次是在结婚之前。

英国议员为什么在1858年逃出议会大厦？

19世纪50年代的伦敦是个相当恶心的地方。无论是街道还是河流，处处脏水泛滥。千家万户的水槽和马桶里流出的污物，都经过老旧的排水管道直接排进泰晤士河，而多数伦敦人的饮用水也来自泰晤士河。于是，许多人就得了病，还有人病死。

1858年的漫漫长夏给伦敦中部的街道送去了一股恶臭。那时的伦敦绰号叫“大臭城”，伦敦人也被称作“臭不洗澡的”。城里人口严重超标，卫生状况一塌糊涂。1858年的夏天极其干旱，河水大量蒸发，河流水位一再下降，导致排进河里的污秽之物无法冲进大海。于是，泰晤士河就变成了一条露天大阴沟。这之前的几年里，市民的屎溺痰唾、生活垃圾，屠宰场的碎骨烂肉、动物尸体，工厂的化学制剂，甚至死人的尸体，统统都是往泰晤士河里一丢了之。这气味实在令人忍无可忍，远在60英里（约97公里）之外都能闻到。河里的鱼儿渐渐死去，河两旁的堤岸上也聚起了一团团紫红色的蠕动的管虫。为抵挡臭味，环卫工人往河里倒了几吨石灰，议会大厦的窗户也都挂上了浸透石灰的窗帘。但是恶臭越来越强烈，议员们终于从大厦里夺路而逃。最后，一场大雨驱散暑气，河水也回到了正常水位。这股恶臭促使国会采取行动，任命约瑟夫·巴泽尔杰特重建伦敦的排水系统，将下水道出口移到远离城市的下游。巴泽尔杰特设计的排水系统和同时期其他工程一样，到今天还在使用。

《清明上河图》里为何缺马少羊

□张继和

张择端的名画《清明上河图》，堪称北宋时代市井俚俗的活化石。

虽说宋徽宗赵佶当皇帝不怎么样，在艺术上却是一位极其卓越的书画家。由于他的倡导，翰林院专门设立了“图画院”。山东诸城的张择端，才得以接近皇室，发挥自己的绘画才能。本来，所谓“院体画”都是描绘风花雪月、声色犬马的贵族和士大夫生活，张择端恰恰走出了一条新路。他呕心沥血、独辟蹊径，终于完成了《清明上河图》。这幅作品的首位鉴赏者和收藏家，当然是赵佶。皇帝高兴坏了，用他特有的“瘦金体”题写了“清明上河图”几个字，并加盖了双龙小印章。

徽钦时代的汴梁城，已经具备了国际大都市的雏形，户口百万，商铺林立，到处都是勾栏等娱乐场所，甚至出现了繁华的夜市。《清明上河图》再现了北宋都城的水陆交通及日常生活。

据齐藤谦所撰《拙堂文话》统计，《清明上河图》上共有各色人物1643人，动物2008只，超过了《三国演义》（1191人）、《红楼梦》（975人）、《水浒传》（787人）等任何一部描绘人物的作品。

《清明上河图》全图可分为三大段落，按照展开的次序，首先是汴京郊外的景物，接着是大桥及汴河两岸的繁忙景象，后段描绘了汴京市区的街景。人物大不足三厘米，小者如豆粒，虽说人物形体微小，却个个毫纤毕现，极富情趣。这种大手笔，很少有人能模仿。据说，张大千是制作赝品的高手，他故意在伪作上留下破绽，以免谬种流传。其中一张，破绽在小鸟身上，虽说非常隐秘，却骗不了明眼人。小鸟的身体比两道瓦脊还宽，显然，与真实相悖。

每幅名画都暗藏着不可告人的玄机，包罗万象的《清明上河图》上，缺少了两种市井常见动物——马和羊。马匹，往往用毛驴和黄牛代替。这是为什么呢？

原来，北宋是典型的民富国穷，赵匡胤尤其善待文人，一开国，就奠定了重文轻武的基本国策。北方虎视眈眈的游牧民族对“三秋桂子，十里荷花”的中原早就垂涎欲滴，于是，赵匡胤不得不加紧对战备物资的控制。马和羊，即名列其中。马匹，是必不可少的交通工具；羊皮则要制作营帐、军服。黄仁宇在《中国大历史》中写道：“《辽史》说得很清楚：与宋互市时马与羊不许出境。同书也说及辽与金决战时不失去战马之来源关系极为重大。这限制马匹南下的禁令，也可以从张择端的《清明上河图》上看出：画幅上，开封之大车都用黄牛或水牛拖拉，可见马匹缺少的情景。马匹原来也可以在华中繁殖，只是受当地农业经济的限制，其耗费极难维持，而且在耕作地区所育马匹一般较为低劣。”

想不到，张择端现实主义的画风，千年之后，泄露了北宋王朝的军事机密。

留不住的书

□肖　如

你读书时喜欢一杯香茗，且饮且读，不紧不慢；还是喜欢风风火火，一口气读完，不留半点儿念想？或紧或慢，可见这个时长是最难把握的。这时如果你遇到了一本你不看就变空白的书，你会怎么想？

阿根廷的出版商和当地的书局将经典的拉丁文学作品集结成系列套书，联手推出一套名称奇特的“The Book That Can't Wait”（不能等的书本）。书如其名，最大的特点就是不能等，书本印刷过程中使用了一种特殊的墨水，印好之后就用塑料袋密封包装，拆封之后，只要碰到阳光和空气字迹就开始逐渐消褪，如果把书页打开后两个月不翻看，墨迹就会消失，让整本书彻底变成空白。

这一新奇的做法不仅吸引了大量读者的兴趣，也让第一次出版作品的拉丁作家获得了社会的极大关注。这批书籍在上市后很快就售罄，并且获得商家的青睐，以后此类出版物的订单量大增，作者的社会认知度也得到了提高。

不过有人说这是一个悲伤的设计，因为你没有办法将它永久保存，甚至没有办法和朋友一起分享，但总不是每件事都应该理所当然地在那里等着，时间不等人，书本也不等人的。

可是那么厚一本书变成空白了该怎么办，如果直接拿去回收似乎也有点儿浪费，这一点书商早就有所打算，你可以将消失的书重新利用，当作一本笔记本或画册，当然，是厚一点儿的笔记本跟画册，这样一来一书两用，既能传达深远的正面意涵，又不会有不环保的疑虑，何乐而不为呢！

请证明『女孩是魔鬼』

□廖　晶

美国中小学考试试卷中，经常会出现一些非常有趣的试题，即使生性再懒惰的学生也会兴趣盎然，因为这些试题可以让他们自由发挥想象力，在享受考试的同时加深对一些知识的了解和掌握。

这是一道南加州中学的数学试题：“Proof that girls are evil（证明女孩是魔鬼）”。老师在试卷上给出了证明该命题所需要用到的假设和已知条件，然后让学生根据条件，证明假设成立。

下面，让我们先来看一看这道题的证明过程。

首先，“追”女孩需要时间和金钱，那么根据这个给出的假设条件可以得出：Girls = Time × Money（女孩等于时间乘以金钱）。

而我们知道“时间等于金钱”，由这个已知条件可以得出：

Girls = Money × Money=(Money)^2，即女孩等于金钱的平方。

And because “money is the root of evil”（同时，因为“金钱是万恶之源”），这句话中的英文单词root本指“根源”，但在数学上却表示平方根。因此从数学意义上可以得出：Money是evil的平方根。而女孩等于金钱的平方，上式中的根号和平方相抵，由此可以证明：Girls=evil，即女孩是魔鬼。

有意思吧？不超过两分钟，美丽善良的女孩就变成邪恶的魔鬼了！

被美国教科书选中的三个中国人

□卫金桂

汉学流行，在美国也不例外，美国通行的教科书里有很多涉及中国的内容，中国历史人物自然会反映其中。我们做个假设，让中国人推荐，哪三个人该获选？结论虽然有可能五花八门，但一般跳不出以下几个圈子：帝王将相类，如秦皇、汉武、成吉思汗；文化名人类，如孔子抑或屈原；著名将领如岳飞、文天祥。分别昭示中国政治的强大，文化源远流长，对外不屈不挠等意思。但美国人不这样看，他们的选择有点儿出乎我们意料。

第一个被选中的人物是陶渊明。上榜理由：过上流生活，出淤泥而不染。

麦基《世界社会的历史》中的解释颇有代表性："他不是一般的中国农民，他跟士大夫阶层的人士保持着紧密联系，经常在一起喝酒吟诗。他的作品反映了他对这样简单的田园生活很满足，甚至把这种生活美化成世外桃源。"作者希望学生从中领略到魏晋南北朝的时代气息，即注重的不是学识，而是出身和门第。绝不与门不当、户不对的人通婚。他们自命为社会精英，在自己庞大的庄园里聚会、喝酒、行乐、吟诗……"陶渊明就是在这种乌烟瘴气的环境中，寻求超脱与自然。"

他们选中的第二个人物是杨玉环。上榜理由：浪漫。

斯特恩斯在他的《世界文明》中提到了唐玄宗的贵妃杨玉环。这部教科书用了整整两页的篇幅讲述杨玉环的故事，还配了一幅"贵妃行乐图"，渲染她的雍容华贵和婀娜多姿。这部教科书讲述完唐玄宗和杨玉环的"浪漫史"后指出，他们的感情是"最著名的，也是最不幸的"。这个人物的选择，纯粹是考虑到青年学子的口味。作者对杨玉环爱情故事的渲染，除了美国人对爱情的重视，不乏迎合、媚俗的考虑在里头，但浓浓的生活气息颇让人感动，显现出教科书的温馨和人情味。

被选中的第三个人物是李自成。上榜理由：暴力夺权改变不了旧的为政方式，要引以为戒。

布利耶特所著《地球和居住其间的人民》介绍到李自成时写道："李自成的农民起义军，成功只是短暂的。明朝将领吴三桂相信，跟李自成那样没有文化而暴力倾向很强的人在一起，很难共事，他就和满族结成了联盟。吴还可能因为李抢走了他的爱妾而心怀怨愤。""一年以后，李死了。死因要么是自杀，要么是因为偷吃了农民的粮食而被活活打死。"可见，美国人所关注的，并非谁来当皇帝的问题，关键在于某种社会形态是否产生了本质改变。他们认为，倘若李自成获胜，不过是牌桌上换了一个庄家，玩法没有任何变化。

为书痴狂的那些人

□董　桥

爱书越痴，孽缘越重，注定的，避都避不掉。瑟帛有一幅漫画画书房，四壁是书，妻子气冲冲地指着丈夫说："这屋子里有老娘就不能有文学，有文学就没有老娘！"可怕至极。西摩·德·利奇家里珍藏三万多本书，全是拍卖行编印的书目，堆得满满的，有客人来，妻子忍不住抓着客人说："全是书！你想看看我在哪儿挂我的衣服吗？"客人跟她进卧房，她打开大衣橱给客人看，里头堆满一摞摞的书，连挂一件衣服的空当都没有。"到处是书！"妻子说完，掉头走开。爱丁堡的沙洛利亚因藏书之富出了名，不得不想办法应付"内忧"，老劝太太出门旅行。太太不在家的那几天里，他不断打电话请各书商把他订下来的那一大堆书都运回来。太太回来心里总觉得家里的书多了好多，只是本来就有十几万册，现在多了多少她实在不敢说。沙洛利亚有钱，还不至于自己买书弄得家里没米。若钱不多，又爱书，就更烦了。多年前，英国有个穷藏书家，每买一本书，总是先照定价付钱给书商，再请书商帮帮忙，在那本书的扉页上写个很便宜的假价钱，最好不超过三英镑六便士。这种安排妥当得很。他过世之后，太太变卖那批藏书过日子，发现所得甚丰，不禁伤心起来，怪自己过去整天埋怨丈夫买书浪费金钱。这段故事格外令人伤感：那位藏书家活得太痛苦，也活得太有味道了。布鲁克那本《书和书的收藏》里收录了不少这些藏书家的逸事，实在不忍读下去。

去年，跟伦敦一位老书商谈起贝森的事，或可一录。贝森爱书，但家里穷，一辈子到处搜购旧书，装满一大布袋就分批卖给旧书铺，解决吃饭问题，再回去编书著书。他编过一册《好书待售一览表》，还编过毛姆的书目，著作则有四册《日志》。早年，他母亲硬是要他去当理发师，他偏去买卖旧书。母亲说："只要你每星期给我赚三十先令回来，我就准你去买卖旧书；赚不到三十先令给我，你休想去做旧书生意，快给我滚到理发店去！"贝森从此为了那三十先令，什么卑微的事都做过。幸好他还会弹钢琴，一度每个星期六下午到一家卖旧家具、旧钢琴的铺子里去弹钢琴，用琴声吸引顾客来买旧钢琴，卖出一架琴他可以分到两三先令，弹一个下午琴则赚十先令。贝森跟毛姆是老朋友，当年不少美国人愿意高价购买毛姆亲笔题款签名的初版书，贝森接到"订单"后就带着那些初版书去找毛姆，毛姆照写照签，而且规定所得"润笔"一律分为两份，一份给贝森，一份捐给他当年学医的圣托马斯医院。都说毛姆生性凉薄，贝森竟得其独厚，也算缘分。贝森晚年爱说自己一生跟书有缘，到老不悔。痴情到这个地步，难怪女人受不了爱书藏书的男人。但是，1976年的《藏书家季刊》有一期登了这样一封读者来信："内人酷爱收藏图书，她有好多书翻都没翻过。我再三劝她申请公立图书馆的借书证，希望从此治好她的藏书病，但她硬是不肯。"爱藏书而称之为"病"，甚妙！"爱"字害苦了太多人，买书无罪，爱书其罪，还有什么好说？

胡老板 章疯子 黄疯子

□俞剑明

抗战前，学术界习惯把有名望、地位高的教授称为“老板”。当时北京学术圈内公认的“老板”有三位：胡适、傅斯年、顾颉刚。

唐德刚曾如此描绘胡适在北大上课时的得意状：“老博士一肚子学问，满头脑真知灼见，再加上个能说会讲的嘴巴。可以想见，在北大红楼之内，聚天下之英才而讲演之，三山五岳、古今中外……讲台之下，欢笑四起，掌声如雷；胡博士好不乐煞人也！”

但也有不把“胡老板”放在眼里的，那就是人称“章疯子”的章太炎和他的弟子——“黄疯子”黄侃。

章太炎既是辛亥革命的元勋，又是超一流的国学大师。他“疯”到何种程度，看看他在日本时填写的一张户口调查表就知道了：“职业：圣人；出身：私生子；年龄：万寿无疆。”他一生狂放，至死依然，临终遗言是：“朴学从此绝矣！”

1920年，胡适送了一本新作给章太炎，扉页上题写了“太炎先生指谬”，下署“胡适敬赠”，并在两个人的名字旁各画了一条黑杠。章太炎不知何为新式标点，看见自己的名字旁被加了黑杠，勃然大怒：“何物胡适，竟敢在我名下胡抹乱画！”后来看见胡适的名字旁同样有黑杠，方才作罢。

黄侃是章太炎的得意门生，曾以一篇《大乱者，救中国之妙药也》的宏文，有力地推动了武昌起义。黄侃素性狂傲，落拓不羁。他曾寄住在好友吴承仕家，后闹翻，搬走时爬到房梁之上，写下了：“天下第一凶宅！”

比起“章疯子”来，“黄疯子”更不把“胡老板”放在眼里。“五四”前后，黄侃和胡适同在北大任教。黄竭力反对胡提倡的白话文运动。有一次，黄对胡说：“你口口声声要推广白话文，却未必出于真心。”胡适不解其意，问其故。黄侃答道：“如果身体力行的话，你的名字就不应叫胡适，应该叫‘往哪里去’才对。”胡适一时语塞。

有段时间胡适热衷于对墨子的研究，某次在宴会上谈及墨学，滔滔不绝。黄侃骂道：“讲墨子的人都是混账王八蛋！”胡适知道“黄疯子”的厉害，未予理会。谁知黄得寸进尺地接着大骂：“胡适的父亲，也应是混账王八蛋！”胡大怒，黄则缓缓道：“你不要生气，我只是考考你。你知道墨子讲兼爱，所以心中无父，而你心中有父，所以你不是墨子的标准信徒。”胡适无言以对，举座哄然大笑。

“章疯子”与“黄疯子”之结上师生缘，颇具戏剧性。两人本不相识，皆因鼓吹革命，先后流亡日本，并恰巧租住同一公寓。一晚，住在楼上的黄侃内急，竟跳上窗台，往外撒尿。楼下的章太炎正在窗前读书，猛然间臊尿如瀑，不由得怒火攻心，破口大骂。黄侃同样回骂，掷地有声！唇枪舌剑之中，黄侃觉得楼下那人骂人极富学问，于是匆匆下楼求见，一见而相惜，便当场对章太炎执弟子礼。

1935年，黄侃50岁。章太炎以黄侃的承诺为创意，郑重赠其一副寿联——

书编三绝今知命；

黄卷初裁好著书。

恩师对自己的勉励之情溢于言表，黄侃激动地将此联悬挂于厅堂。不料有眼尖者发现，此联内含不祥，竟嵌入了“黄绝命书”四字！

黄侃悚然，急忙撤下寿联。当年10月8日，因饮酒过度，黄侃泣血身亡。章太炎因自己的一联成谶，悔痛不已。他悲怆地撰写了《黄季刚墓志铭》。翌年，章太炎驾鹤西归。

食物中的人文历史

□林 郁

食物的历史也可以说是人类的历史，吃即意味着生存。其中所蕴含的文化和历史故事，令人回味。

藏入豆子的圣诞蛋糕

加入大量水果干和香辛料的英国圣诞蛋糕，原本是为主显节的前一天晚上（也称为第十二夜）所做的特别糕点。19 世纪 70 年代，因为十二夜的庆贺过于花哨，维多利亚女王下令禁止。不过，糕点还是作为圣诞节的食物流传了下来。

在糕点里偷藏豆子的奇妙习俗可以追溯至古罗马时代。赞扬古罗马农作之神萨杜恩的农神节，是一个奴隶与主人交换立场、抛开身份地位的日子。在专为奴隶举办的宴会中，主人要伺候奴隶用餐，并且用蚕豆从奴隶之中挑选一个人为“王”。为什么是蚕豆呢？因为它的形状很像胎儿，因此特别用来当作死亡与重生的象征。

“塞满无花果”的鹅肝

世界三大珍馐之一的鹅肝，自古埃及就开始为人食用了。野鹅在空中飞行数千公里之前，会大量进食以储存足够的能量，古埃及人发现鹅肝变肥之后味很美，于是把鹅当作家禽饲养，并且用漏斗强灌饲料，让鹅长肥。

古罗马人为了把鹅养肥，特意用干燥的无花果喂食。在古罗马时期，被喂食无花果的并不只是鹅，以无花果为饲料强制养肥的猪的肝脏也受到人们的喜爱。

令人感到不可思议的是，中世纪以后，人们不再爱吃鹅肝了。真正让这道食物重获生机的是 1780 年左右创制出来的一道料理。

阿尔萨斯省总督康达德侯爵的主厨克劳斯，为爱好美食的侯爵发明了一道料理——在鹅肝上面放上猪与小羊的绞肉，再用派皮包起来。这道“康达德风鹅肝派”也被献给了路易十六。路易十六一高兴，就把皮卡第的领地赏赐给侯爵，并赏赐奖金给这位天才厨师。

之后有一位叫作多洋的厨师突发奇想，把这道鹅肝派与西洋松露结合起来。这位厨师在波尔多因为法国革命的影响而丢了工作，于是来到克劳斯所在的斯特拉斯堡。他向克劳斯建议，在这道美味料理中加入法国西南部的特产松露。后来他自己也开始出售加有松露的鹅肝派。

鳗鱼难道是蛇的同类

鳗鱼是中世纪的高级食材。根据传闻，13 世纪的教皇马丁四世因食用鳗鱼过量而死亡。马丁四世绝不是昏庸的掌权者，他只是习惯每天食用一道将鳗鱼用白酒浸泡后再烘烤的料理，难以戒除，最后因为食用过量而失去性命。

鳗鱼的法语是“anguille”，源自同义的拉丁语。如果再往上追溯，语源是表示“蛇”之意的拉丁语“anguis”。可能是因为鳗鱼的形状看上去一点儿也不像鱼，所以被认为是蛇的同类。

古希腊的亚里士多德在多次研究鳗鱼之后，因为无法发现其生殖器官与卵，便推断鳗鱼没有生殖能力，是从大地的脏腑中生出来的。

其实，于春天来到西欧海岸的玻璃鳗，全都是从百慕大群岛附近的马尾藻海涌过来的。直到 1922 年，一位丹麦科学家彻底查明之后，才发现了真相。在此之前，鳗鱼虽然美味，却是一种谜样的可疑生物。

清朝皇子读书忙

□葛忠雨

清代帝王吸取了前朝的历史经验教训，非常重视皇子的教育。因此清朝多数皇子精通经史、策论、诗词歌赋与书画等，并善于骑射。清朝皇帝的整体素质也是中国历代帝王中最高的。

清统一中国后，皇族教育在制度上更加完善。康熙在位的时候，诸皇子分居读书，到了雍正初年，为了便于皇子读书，就在宫中设立尚书房，道光以后统称上书房。上书房坐落在今故宫内乾清门的左侧，上书房之所以设在这里是因为“近在禁御，以便上稽察也”。雍正帝还亲笔题写了“立身以至诚为本，读书以明理为先”的楹联悬挂其内。

与前朝相比，清代皇子读书入学早、学习时间长、规矩严、课程多。通常，皇帝选择学问、品德最好的大臣教皇子读书。

清朝规定，皇子6岁开始读书，皇子读书的时间为“卯入申出”，也就是早晨5点至下午3点，共计10个小时。上书房的规矩极严，皇子读书要正襟危坐；夏天不许摇扇子；吃午饭的时候，侍卫送上饭来，老师先吃，皇子们在另一旁吃，吃完不休息，继续做功课。上书房只有元旦、端阳、中秋、万寿（皇上的生日）、自寿（自己的生日）这几天放假，一共5天，除夕也不放假。

皇子们学习的内容包括满、蒙、汉等语言文字，以及四书五经等儒家经典。为了取得良好的教育成果，每个皇子都配有汉人师傅，人数多少不定，总管教学事务的称“总师傅”。学习儒家经典的方法是：师傅读一句，皇子读一句，如此反复诵读百遍后，与前几天所学内容合起来再读百遍，周而复始不间断。康熙皇帝回忆说，他5岁开始读书，从不间断，累得咳血，仍然坚持。每日老师给指定的这一段要念120遍，之后再背诵一段新的内容，直至把《大学》《中庸》《论语》《孟子》完全背下来。

由于清朝是“马上得天下”，因此对皇子、皇孙的骑射武功的训练也十分重视。每天下午三点半左右皇子们放学后，吃过晚饭，还得上一节“军事体育课”——骑马射箭，这部分教习师傅从满、蒙贵族中挑选，名为“谙达”。教弓箭、骑射的称“外谙达”，每位皇子配有5名；教满、蒙语文的为“内谙达”，一般有3人。除了满文、汉文、蒙文、骑射之外，皇子教育的内容也会依情况调整，例如康熙帝喜欢带皇子出巡，增广见闻，也让皇子有各种办理政务的实习机会，德宗载湉在翁同龢的安排下读西学，太后也曾请身边的女官裕德龄教载湉英文。

皇帝、皇子对上书房的师傅非常尊重。福建漳浦人蔡新入翰林院后，任总师傅30余年，“诸皇子皆敬惮之”。他退休后，乾隆帝对他很照顾，并多次将自己的诗文寄给他。嘉庆帝对他也很尊重，在他90岁生日时特赐匾额，亲笔题书“绿野恒春”四字。

由此可知清朝对皇子的教育之严格，与前代“皇子出阁讲学片刻即归，徒以为饰观者，真不啻霄壤分也”。

早餐里的世界地图

□张佳玮

嘲笑英国饮食，在欧洲是桩安全娱乐：法国人、意大利人、西班牙人天天以此开涮，连英国人都常自嘲。但万事都非尽负面，英国人到底还有英式早餐撑场。法国人常爱说：都是他们自己不重视早餐——法语中没有“早餐”一词，代以“迷你午餐”——才让英国人捡了便宜，又常笑说去了英国，三餐都吃早饭就对了。话虽刻薄，终究给了英式早餐一寸面子。

标准英式早餐如果摆全套，可以环绕一桌：熏肉和煎肉肠，那是撒克逊人的传统；煎蛋和炸蘑菇，有些南欧风；炸番茄和咖啡是大航海时代之后才兴起的；茶来自东方；炸面包片如果用心，得选烤过两天的面包再用黄油煎，以保证酥脆焦黄……总之是样样充满大英帝国的阔气排场。

法国人与西班牙人吃早餐简略些，大体是面包、橙汁、咖啡，葡萄牙人若奢华些，会来个加鳕鱼柳的煎蛋。当然他们振振有词：法国人重视晚饭，西班牙人一整天甜食不离嘴，而且一顿晚饭能从晚8点吃到凌晨。南欧人慵懒，不像英国人朝九晚五，大早上就排开阵势了。但欧陆早餐，也不是南欧这几家独大。往东望望，虽是欧洲，吃法大不相同。

土耳其人的饮食，学了许多希腊作风，又融合亚洲风俗，摆桌很是华丽：新鲜奶酪和陈年奶酪截然分开，黑橄榄和绿橄榄是古希腊史诗里就提及的经典，黄油、蜂蜜、火腿、煎蛋，再来点儿西红柿切片，外加各类面包——这是春夏吃食。如果天气寒冷，土耳其人游牧民族的嗜肉作风就会被催醒：煎蛋香肠锅，甚至著名的Pacha（巴夏）都能当早饭——所谓Pacha，就是羊头汤里煮各类面包和豆类，浑厚浓稠一大锅。大冬天，吃羊头、嚼香肠、喝浓汤，大清早就吃了一肚子金戈铁马。

德国人吃早饭不算华丽，颇有些英国早餐简略版的意思：以熏肉、各类香肠和咖啡为主。但德国人别有些坚持：比如，他们对果汁的新鲜度格外挑剔，早上喝不到好果汁，就像车子没油似的；还有，他们可以在两人早餐桌上，排开十来瓶果酱和酸奶。当然，德国人还觉得，他们有独一无二的德国面包卷，但法国人会抱怨说，这所谓的德国卷明明是跟法国人学的嘛！

印度南方的早饭大道至简，就是米饼配两种辣酱——通常一红一绿，红的辣，绿的是蔬菜腌酱。如果不饱，再来个脆煎饼也过得去了。中部印度有些邦，爱做蔬菜煎饼，妙在香料和蔬菜常混在一起，烘得半熟，爱吃的可以爱得死去活来，恨的人会觉得是野蛮人所食。

日本人的早饭最为宽泛，可以吃最西式的早饭，也可以吃老式日本早饭。所谓老式日本早饭，一般只有老饭馆当仪式呈奉：一份温泉蛋，一条烤鱼，一份鱼糕，一份味噌豆腐汤，一碗米饭，一份纳豆。盐腌鱼、酱菜或梅子汁腌姜也可以随时增补。如果家常些，可能就是一碗米饭、一份味噌汤、一份纳豆。

纳豆这玩意儿类似于印度蔬菜煎饼和中国香菜：喜欢的人无日或忘，讨厌的人觉得吃了会丧失生活的勇气。但如果一家人肯在早饭时请你吃米饭、味噌汤和家制纳豆，那就说明：这个日本家庭——不管那纳豆让你吃着何等痛苦，而人家还殷勤劝你多吃——是真把你当自家人了。

谁偷走了果戈里的头颅

□吴作望

1852年，世界著名作家《死魂灵》的作者果戈里，在莫斯科抑郁逝世，安葬在圣丹尼安修道院的名人陵园。

果戈里临终，得知亲友们要将他安葬在圣丹尼安修道院时，曾流下眼泪说："我死后葬在那里，灵魂不会得到安宁，将来无论在何处，我都会在黑暗中注视这个世界。"

79年的风雨过去了，1931年，苏联政府决定将一些著名人物的遗骸移迁到新圣母修道院的公墓中。令人吃惊的是，当打开果戈里墓室的棺木时，这位伟大作家的头盖骨竟然失踪了！

是谁盗走了果戈里的头盖骨？很快，苏联政府发现了线索，在一处教堂的地下室找到一个红木盒。据看守教堂的老人说，这是沙皇政府倒台前放在教堂的，交代他盒子里是一个大名人的头颅，任何时候不得向外界透露。然而，经考古学家鉴定，贮放在红木盒里的头盖骨，只是一个"赝品"。

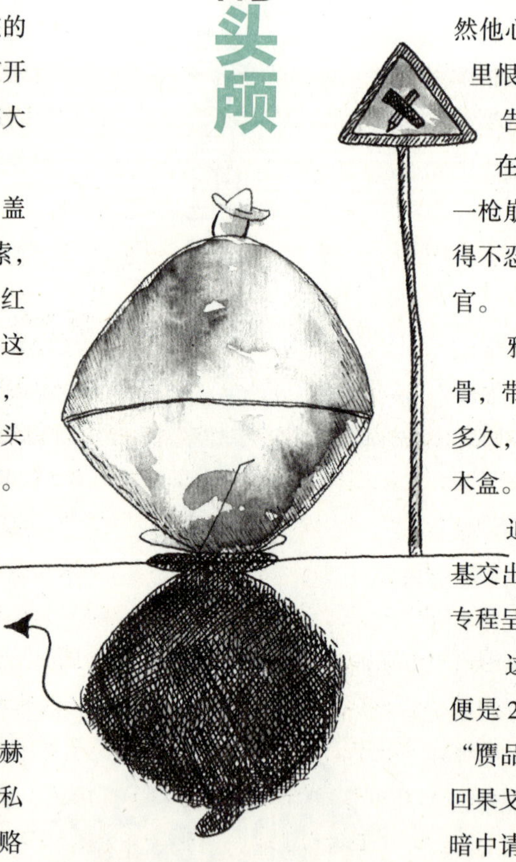

没过多久，苏联政府围绕"红木盒"这一线索终于查明。1909年，俄国一位叫巴赫鲁申的剧作家，为建立自己的私人戏剧文艺博物馆，花重金贿赂两名圣丹尼安修道院名人墓地的守夜人，掘开果戈里的墓室，盗走了果戈里的头盖骨。

巴赫鲁申得到果戈里的头盖骨后，就像获得圣物一样珍惜。用银制成桂冠装饰，安放在装有玻璃的红木盒中。并罩上一层黑色的山羊皮外套。

巴赫鲁申天生有一个毛病，喜欢让朋友分享他的最珍贵"藏品"。一天，来了几位剧作家，还有一个叫雅诺夫斯基的海军尉官。当拿出装有果戈里头盖骨的红木盒时，巴赫鲁申感到不安起来，惶然地问："很抱歉，我还不知先生的大名。"

海军尉官的火气突然爆发了，怒气冲冲地喝道："知道吗！我是果戈里的侄孙！"巴赫鲁申一听惊呆了。

海军尉官怒骂着，掏出手枪猛地朝桌上一拍道："枪膛里有两颗子弹，如果你拒绝将我祖父的头盖骨交还，一颗子弹给你，另一颗子弹留给我自己。"

巴赫鲁申的脸吓白了，虽然他心里明白，沙皇政府对果戈里恨之入骨，雅诺夫斯基就是告他，法院也不会理睬，但在盛怒之下，说不定他真会一枪崩了他。最后，巴赫鲁申不得不忍痛将红木盒交给了海军尉官。

雅诺夫斯基夺回祖父的头盖骨，带到自己供职的军舰上。没多久，上司知道了，命他交出红木盒。

迫于上司的压力，雅诺夫斯基交出了红木盒，上司马上派人专程呈交给了沙皇。

这个呈交给沙皇的红木盒，便是27年后被苏联政府鉴定的"赝品"。原来，雅诺夫斯基夺回果戈里的头盖骨后，为防不测，暗中请工匠制了一个同样的红木盒，并装上不知名的头盖骨，果然，蒙骗过了上司。

而装有果戈里头盖骨的红木盒，此刻藏在一艘航行在大海上的意大利军舰上。舰长叫鲍根。此次来俄国是将18年前在塞瓦斯托波尔战役阵亡的意大利官兵的遗骸运回去。鲍根到达俄国后，雅诺夫斯基通过关系找到鲍根，请他将祖父的头盖骨带到罗马安葬。因为果戈里晚年一直侨居意大利，把罗马视为自己的第二故乡。

这样，雅诺夫斯基就将红木盒交给了这位意大利舰长。谁知鲍根回国以后，工作异常繁忙，军舰也一直在海上游弋，黑布蒙盖的红木盒只得搁放在他的办公室。

一直到1911年春，鲍根的弟弟——一个酷爱收藏的罗马大学生——到军舰上来探望哥哥。鲍根就将装有果戈里头盖骨的红木盒，郑重地交给了弟弟，拜托他回罗马后，完成哥哥未能完成的任务。

鲍根一直盼望弟弟的回信，直到这年7月，弟弟来信了，鲍根看完后连连跺脚，心里充满了懊悔。原来弟弟在信中说，他带着红木盒返回罗马时，列车驶入一条隧道发生了可怕的事故，他幸免于难，目前还在罗马一家医院治疗，但装有果戈里头盖骨的红木盒，从此再也找不到了。

美国的厕所文化

□邓 勤

一天中午，我和乔治去洛杉矶的一家西餐厅用餐。餐前内急上洗手间，按箭头的指引找到了WC（厕所），但站在厕所门前，我却无所适从了。两个厕所门上的标志都是似鱼非鱼的图案，区别只是一条鱼是白色的，另一条是黑色的。我究竟该进哪间呢？如果走错了厕所，在美国这个注重个人隐私的国度，我说不定会被以性骚扰的罪名告上法庭。

无奈之中，我只得返回大厅，请乔治帮忙。乔治让我去门上画有白鱼的厕所。事后乔治解释："中国的太极图知道吗？那是一对阴阳鱼，厕所标志设计者把它借用过来了。白天为阳，因此白鱼表示男性，黑夜为阴，黑鱼表示女性。这也算中为西用吧。"

"可是餐厅的食客来自世界各地，并不是人人都知道太极图的，就连我这个中国人也云里雾里的。"我不解地问。

乔治说："现在是读图时代，美国人喜欢与众不同。图案的变化比较频繁，以前用头发作为标志，但现实生活中常常错位，如今洛杉矶长头发的男性和短发甚至光头的女性已是屡见不鲜。于是后来，便改为以裤子和裙子的图案分辨男女厕，但很快又发现穿裙子的男子粉墨登场了。在发式服饰难以分辨男女的情况下，有人便想到了以烟斗来代表男性，但过了一阵子，街头又有老妇人嘴叼烟斗招摇过市了。还有一阵子，以一顶礼帽来表示男厕所，但这一行为很快遭到女性的强烈抗议：既然男人以戴礼帽来展示绅士风度，女人就不能以礼帽来装点贵妇人形象吗？于是，年轻女士们纷纷戴起礼帽与男性分庭抗礼了。"

美国私人生活的充分自由化，决定了这个国度的厕所男女标志的多样化并存。因此在美国方便时，千万不能只认定一种标志。如果搞不清楚，最好请教别人，免得使自己陷入尴尬的境地。

古代丑女不愁嫁

□阿 零

横亘在丑女面前的最大人生问题，大抵应是嫁人吧？但中国古代的著名丑女们却似乎都没有陷入出嫁难的困境，甚至一个个都轻松自如地钓到了金龟婿，嫁得随心所欲，嫁得心满意足。这在没有整容技术的时代，真让人刮目相看。

战国时的丑女钟离春，“凹头深目，长肚大节，昂鼻结喉，肥项少发”，四十岁还没嫁出去，最后却嫁给了齐宣王。这段姻缘完全得益于她那特立独行的一次谏言。她一见齐宣王就说“殆哉，殆哉”（坏事了，坏事了），语惊四座。随后，口若悬河地讲述了齐国所面临的四大问题，有理有据，让齐宣王刮目相看，遂娶之为后。看来，人不怕丑，就怕没个性。

齐国还有一名丑女也名垂青史，她没有名字，因为脖子上长了个大瘤，人称“宿瘤女”。她是一名采桑女。一次，齐闵王路过东郭，民众争相一睹国君风采，蜂拥而至，只有宿瘤女不为所动，依旧忙着采桑。这与众不同的举动，立刻引起了齐闵王的注意，他便上前询问她其中缘由。她说：“父母教我采桑，没有教我去观看大王。”齐闵王视之为奇女子，想带她回去。而宿瘤女却说：“没有父母之命，和大王走，那不成了私奔吗？礼仪不到，虽死不从。”她要求齐闵王遵照礼仪，明媒正娶。宿瘤女超乎常人的言行，使齐闵王叹之为圣女，随后果真择良辰吉日，带着黄金来娶亲。齐国的两大丑女，都风风光光地嫁给了国君。丑女，本来就不是常人，所以她们获取幸福和出人头地的方式，更是要出奇制胜。

东晋名士许允也娶了个丑八怪妻子，后人称为阮氏女，据《世说新语》所记，阮氏女“奇丑”。婚礼之后，许允迟迟不肯入新房，在友人的劝说下他才不情愿地前去见新娘。可刚一见阮氏女，他就拔腿要跑，可见此女果然是丑得吓人。此时阮氏女伸手抓住了他，他便质问她：“妇有四德，卿有其几？”阮氏女不慌不忙地回答：“新妇所乏唯容尔。然士有百行，君有几？”

许允很自负地说：“皆备。”阮氏女立马反唇相讥：“夫百行以德为首。君好色不好德，何谓皆备？”此话让许允自惭形秽，也见识了丑老婆的智慧，敬重之情油然而生。

从这几位丑女钓到金龟婿的情节来看，要想成功：首先，最重要的是要自信，哪怕盲目一点儿，偏执一点儿也没关系，绝不能陷入自卑；其次，一定要大胆，要在心里抹掉阶级观念、美丑标准，坚信众生平等，爱谁就大胆地喊出来；最后，丑点儿没关系，重要的是一定要有属于自己的优点，要么像钟离春和阮氏女那样有胆识有见地，要么就像宿瘤女那样宠辱不惊，淡定从容，又或者像孟光那样“举案齐眉”，成为一名贤内助。

总之，绝不能从众，不能除了丑就没别的特点了。“虽然我很丑，但是我很特”，只有做一名特立独行的丑女，才能在追求幸福的路上险中求胜。

不抠门的晋商文化

□吴兴人

北京大学出版社出了一本《小民话晋商》，其中谈及历史上的乔家大院是如何对待员工的。作者曾访问了一位晋商员工的后人——燕师女士。她的父亲燕喜曾在乔家的德通票行当学徒。请看待遇如何：晋商的掌柜、伙计都由东家提供食宿。他们的伙食是：“每天中午有酒有蛋。冬天午饭顿顿加黄酒，还加两个火锅，一个是猪肉火锅，一个是羊肉火锅。主食多是面食，花样繁多，有剔尖、拨鱼、拨面、涮面、拉面、擀面、圪垛儿、轧饸饹、肉包子、扁食、烫面饺子、羊肉饺子、脂油饼、油糕等，十天半月不重样。早饭晚饭一般是稀饭，冬天时，早饭另有油茶、面茶、配有各种饼子：太谷饼、炉食、糖墩墩、肉墩墩、火烧、卷子等。”这些吃食，对我这个南方人来说，不仅没有吃过，连听也不曾听说过。掌柜、伙计有这等吃喝，自然是很丰盛的了。

交通呢？燕女士说，无论是探亲还是公出，“走平川是轿车接送，走山路多是驴拖轿，有时也坐架窝子（大约是当地的一种交通工具），民国以后也坐过火车，一应花销全由柜上支付，几十年都是如此”。

收入呢？燕女士的父亲的“劳金”第一年银子2两，第二年4两，逐渐增加到第十四年的100两。还可以享受顶身股，3年一分红，从0.5厘起，过5年加1厘。民国十六年，燕女士的父亲辞商归里时，身股2.5厘，共分得银洋8000元。这些钱在当时可在交城城内买宅院两处，在城北坡底村一带买良田二三十亩。

又据悉，乔家当年的伙计王俊今年90多岁了，但他仍把自己看作“乔家人”，谈起乔家无限亲热。这又证明了燕女士提供的史料是可信的。

许多晋商并没有读过多少四书五经，但山西当时为中原之地，文化氛围浓郁，许多商人深受中国儒家文化的熏陶，他们懂得“仁者爱人”的道理。宋代大学问家苏轼说过：“夫君子之所取者远，则必有所待；所就者大，则必有所忍。”用这个道理来指导经商，就出了一批儒商。他们懂得做人之道和经商之道应当结合起来。宽厚待人，给予员工必要的付出，就是“有所待”和“有所忍”。看来，这既是一种做人之道，也是一种成功的经商之道、管理企业之道。这样做了，成就了晋商的大气，也成就了晋商的事业。

成功的晋商不“抠门”，其实是为了更好地管好自己的“门”。一家企业的成功，关键是要有人才。乔家大院这样做，为的是吸引和留住有用的人才。在待遇上宽厚地对待员工，不是不要赚钱，而是舍得投入，先少赚一点儿钱，然后可以赚更多的钱。这个“所取者远”的道理其实并不难懂，难的是即使懂了这个道理，实施起来却做不到。因为宽待员工，眼前要有相当的付出，对那些急功近利——早上投入、晚上就想产出的目光短浅的小老板来说，是办不到的。

让囚犯不舍出逃的国家

□余秋雨

位于莱茵河畔的列支敦士登，在欧洲算是一个名副其实的微型国家，它夹在瑞士和奥地利中间，面积一百六十平方公里，大约是北京市的百分之一。

列支敦士登的首都叫瓦杜兹，最明显的标志是山巅危崖上的一座王子城堡，当今皇家住处，瓦杜兹就在危崖脚下。其实这个首都只是干干净净一条街，齐齐整整两排楼，在热闹处敞开着几十家店铺。

一进店就知道这里富裕，价格足以说明一切。

小国多是邮票大国，列支敦士登也不例外，很多商店都有卖。刚一打眼就看上了，印得实在精美。连对集邮兴趣不大的我，也毫不犹豫地买下了王室成员婚礼和王室收藏的鲁本斯绘画各一套，又配上几套杂票，结算时价格不菲，才知轻重。

我很想用步行方式把整个首都快速走完，便不顾一切地急速迈步了。路上新旧建筑交杂，无论新旧都很见气韵。相比之下，邮票大厦最有派头，这与经济收益有关。大厦廊厅边上见到一些信箱，联想到列支敦士登为了吸引外资，制定了极其方便的公司注册的规则，甚至连房子地址都不要，只需申请一个邮政信箱即可。这事对我有点儿诱惑，心想：何不轻轻松松开办一家注册在列支敦士登的文化传播公司，然后再在国内找个公司搞中外合资？但一想山高水远也就哈哈一笑不当真了。

我终于找到了做过首相府的那栋楼，现在是一家老式旅馆。做首相府那些年，法院也在里边，而且我知道，地下室是监狱。

这些知识，都来自一个未被查证的传说。

那天晚上，副首相被一要事所牵，下班晚了，到大门口才发现门已被锁，无法出去。他敲敲打打，百般无奈。地下室上来一个人，拿出钥匙帮他开了门。副首相以为是守门人住在地下室，一问，谁知这是关在下面的囚徒。

囚徒为什么会掌握大门钥匙？是偷的，还是偷了重铸后又把原物放回？这不重要，副首相认为最重要的问题是：囚徒掌握了钥匙为什么不逃走？于是他就当面发问。

囚徒说："我们国家这么小，人人都认识，我逃到哪儿去？"

"那么，为什么不逃到外国去呢？"

囚徒说："你这个人，世界上哪个国家比我们好？"

于是他无处可逃，反锁上门，走回地下室。

一个爱书的人，他必定不至于缺少一个忠实的朋友，一个良好的老师，一个可爱的伴侣，一个温情的安慰者。——巴罗

《飘》最开始是本『科幻书』

□张佳玮

美国文学界曾经流传一则笑话，主角多变，但情节如一：某作家巧遇玛格丽特·米歇尔，自吹自擂如何著作等身，如何挥才如水。米阿姨到最后才磕磕巴巴地说：“啊，我……我也写过点东西的……”“啊，是吗？你写过什么呢？”“《飘》……”然后，某作家的眼镜就碎了。

姑不论故事真伪，《飘》的破坏力之大就那么吓人。1926年米歇尔阿姨开始写此书，只为打发时光；到1935年此书出版时，广告语不过是“买本假期读读，5美元不亏”；发售一个月后，已经有人为了抢此书，去砸书店的橱窗了……电影播映时，开头用了开篇的那段句子来解释此书的命名，黯然销魂，但又严丝合缝。然而随你信不信：这书本来可能叫其他名字。

米歇尔阿姨当年交书稿时，没想好书名，编辑催她，她就想以本书的经典台词来做书名：《明天就是另外一天了》，被编辑否了：“现在带‘明天’字样的书名太多了！”米切尔一寻思，就换成《军号歌唱真实的故事》、《不在我们的星球上》，又被编辑们一一否掉。最后，定下来了：《飘》。很多年后，亚特兰大有媒体曾笑言：“如果真叫作《不在我们的星球上》，乖乖，我去买这本书时一定会以为，这是本科幻书呢！”

如此这般，挑书名实在是个大工程。比如，2013年恰好是《傲慢与偏见》出版200周年，当初简·奥斯汀写完这书送交时，定的书名是《第一印象》。这个书名如今看来，活像个新闻透视节目。但奥斯汀起这书名自有其用意：书里的几对欢喜冤家，尤其是男女主角达西和伊丽莎白，都是因为“第一印象”，互相别扭开了：无非是你嫌我陈腐，我恨你傲慢，把一个可以三五页结束的故事，拖成了一本书。但此书名一如奥斯汀的风格：又尖锐，又嘲讽，还带点儿不易理解的幽默感，所以改成《傲慢与偏见》。

孤本一夜不再孤

□老　猫

家有藏书的人，最怕有人借书，可借书的人还总有。多年前去朋友家，看到书架上摆了个牌子，写着“图书概不外借，免开尊口”，茅塞顿开。后来自己也就做了个一样的牌子，放在书架上，但就这样也拦不住人借书。有时候想约人来家吃饭，电话那头说：“行，正好到你家借几本书看。”放下电话，立刻就收了请客的心。别人对此不理解：书才多少钱啊？可我就是舍不得，怎么办吧！

终于有一次，让人把书借走了，两三年没还，我也不好意思开口催。后来终于还了，却不是以前借的那几本。原来这位习惯借书看，东家借几本，西家借几本，最后记串了，张三的书还给李四，李四的书又给了王五，全不是那么回事。再去追也没戏了，那几本书现在买都买不到，我心疼坏了。这算是毁书的一种吧。

后来看书，发现我远远不是最悲催的那位。清末有位大学问家杨守敬，才是被坑得最惨的。这位老先生费了很大的劲，弄到本宋版的《大观本草》，孤本啊，视若珍宝。这事让个熟人知道了，这哥们儿叫柯逢时，是个官员。他跑来和杨守敬商量：“我帮你把这书高价卖了吧。不过，你得先借我看一眼，就一个晚上，明天早晨一定还。”

杨守敬实在拗不过，还是借了。柯逢时这边可是早准备好了，全府上上下下，书吏们全都备着笔墨纸砚，书一到，一人一本，开抄。到了天亮，全部抄完。柯逢时还书的时候说：“您这个不是孤本啊，我见过坊间的刻本。”果然，没过多长时间，这书就到处有卖的了。

知道事情真相后，杨守敬气坏了，立刻把家搬得远远的，终身与柯逢时再无来往。周边人说，老杨这辈子，就上过柯逢时一个大当。

还有抢着借书的，以致借得兄弟翻了脸。

南宋，宋宁宗开科试宏博之士，徐凤和刘淡然这哥俩去应试。徐凤判断，考题很可能和《山河两界历》这本书有关。这本书谁有呢？徐凤知道，有个叫鲍明的官员那里有，而鲍明又是刘淡然的老乡。于是，徐凤就撺掇刘淡然去借书。

书是借来了，可刘淡然生了私心，根本不提这茬儿，一个人偷着看。徐凤等来等去没消息，还以为没借到呢，硬着头皮直接去找鲍明。鲍明说：“那书就一个草本，已经被小刘借走好多天了啊。”

徐凤能不生气吗？考试的时候，试题果真和他判断的一样。徐凤答完题，接着写道：“论述这个问题的还有本书——《山河两界历》，但那本书不是正史，不能拿来做论据。”瞧，不是我没看过，而是我没看上。

考官先看的是刘淡然的卷子，里面大量引用《山河两界历》里的内容，心里嘀咕，还有这么本书吗？等看到徐凤的卷子，瞧见这句话，恍然大悟，又找回刘淡然的卷子，批道：“不必全用《山河两界历》，显得啰唆。”最后，哥俩全没考上，两败俱伤。

看看，借书借出毛病来了，还毁前途、伤感情。

前几天在网上的旧书论坛闲逛，看到有人发帖子，说某某大学某教授去世了，没两三个月，市面上就出现了大量他的藏书，不由得心生感慨。留那么多书，可惜子孙不识货，不珍惜。

书和人是有缘分的，缘分尽了，借也好，卖也好，就会离开主人，去寻找新的主人。唯一让人欣慰的是，它们还在，还在被后来的人喜欢。

毁书毁得最干脆、最彻底的，就是烧书。

元朝有位藏书家，叫庄蓼塘，家住松江府上海县青龙镇。这位庄先生当过南宋的秘书小史，家中藏书万卷，而且有大量手抄本。经史子集、稗官小说、山经地志，无所不包，光书目就分了十门。庄先生去世后，子孙没把书当回事，虫蛀鼠啮、邻居盗窃、出售换酒……毁伤散落甚多。至正六年（1346年），元朝要开修宋辽金史，派官员到处搜罗民间图书。谁献上本好书，还给官职。江南藏书大家，庄先生算一个，朝廷知道这事，立刻派官员前来取书。

庄家的反应是什么呢？害怕藏书里有朝廷忌讳的文字，干犯禁条，抢先把书全给烧了。

等到朝廷官员到来，从余烬里只抢出来点儿残本，装了车，带着庄先生的孙子，一起进了北京。过了很久，小小庄才“布衣而归”，可见残书已无价值。

看着就让人伤心欲绝。毁什么别毁书，王朔说过：“书招谁惹谁了？”

雨果家的“赝品”

□秦 湖

雨果和巴尔扎克是世界文坛的两位巨人，同时，他们也是一对非常要好的朋友。有一次，巴尔扎克专程到雨果家里去拜访。一踏进雨果豪华典雅的红砖寓所，巴尔扎克顿时就感觉到一种大宅门的富足气派。屋内不仅装饰华丽，还有不少考究的雕饰物品。

巴尔扎克在参观雨果的书房时，一不小心，将桌上的一个笔筒弄掉在地。只听“啪”的一声响，笔筒当即就摔得四分五裂。巴尔扎克的心里不由得紧张起来：要知道，这可是雨果最喜欢的笔筒啊。随即，巴尔扎克一脸歉意地向雨果连连赔不是，希望能得到他的谅解。

谁知，雨果一点儿也不生气，他笑呵呵地说道：“你不必内疚。我也是最近才知道，它只是一件很普通的用梨木做的赝品而已，它竟然欺骗了我这么长时间，我真恨不得扔掉它呢。”听了雨果的一番解释，巴尔扎克这才如释重负。

其实，那个笔筒是一件制作考究、年代久远的真品，价值不菲。即便笔筒被摔烂了，雨果也舍不得扔掉它。等巴尔扎克走后，雨果把残缺的笔筒碎片全部捡起来，并将它们精心地珍藏了起来。

住在谐趣园的小老头儿

□黄　汇

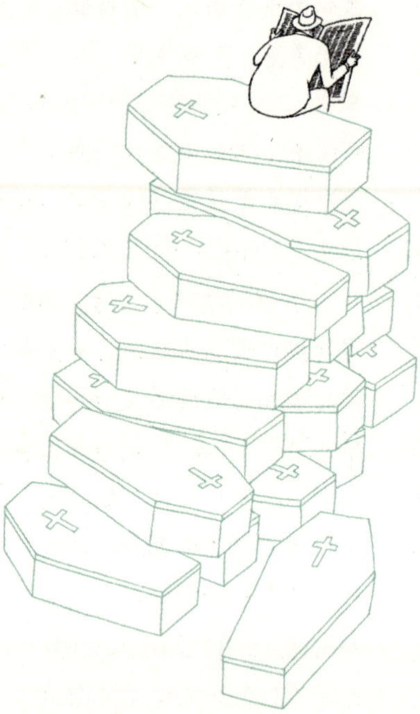

我们建一（1）班（清华大学1961届建筑系一班）和梁思成先生有着一段深厚的师生情，回顾46年前与先生相处的那些戏剧性场面，幅幅相连仍如同昨日。先生在同学们和我的心中不是圣者，甚至不是严师，而是我们成长过程中亲切的“老伙伴”。

这“小老头儿”画得真好

1955年我高高兴兴走入清华园的时候，还是个未成年的孩子。因为能咋呼，班主任派我暂任文娱干事。为了使来自全国各地互不相识的同学熟悉起来，我组织全班同学到颐和园玩了一次。

一到谐趣园，我们不由得叫了起来：“快来看呀！这里有个小老头儿，水彩画画得真棒！”他又瘦又“小”，抬起头来看了看我们胸前佩戴的清华大学新生的小布章：“呵！了不起！清华大学的学生。你们也喜欢画画？是哪个系的呀？”我们颇有些得意地表示：“当然，我们是建筑系的学生。你知道吗？进了清华大学，要上建筑系还得再考一次画画呢！”

“噢？建筑系？你们的系主任是谁呀？”

“不知道，还没正式开学，怎么会知道系主任是谁呢？不管他是谁都行呗。”

“好，我也累了，不画了。我请你们上楼去看看吧。”

“上楼？那楼上是不开放的。”

“没关系，我就住在上面。”

“你是颐和园的干部吧？住在这地方多好玩！”

“我是个没事干的小老头儿，住在这里并不好玩，因为没人跟我玩，你们来了这里，带我玩行吗？”

“行！你这人挺好玩。”

他请我们上了楼，给我们吃了许多好吃的零食，然后又带我们到对面竹林旁的一块平整的场地上席地而坐。当时玩的是“叫名字”游戏，他自报的名字就是“小老头儿”，而且他一下子就记住了我们四五个人的名字。

开学后才知道，那“小老头儿”竟然就是我们的系主任梁思成。那是在林徽因先生刚去世时，总理关照他在谐趣园休养。

德国高中这样上语文课

□龙应台

我记得安德烈高二时，说他们在德文课上读布莱希特的一个剧本《伽利略》。安德烈说，布莱希特有一个独特的呈现，就是当教会不容许伽利略的这种理论的时候，伽利略的两个选择是：第一，为了我的伟大的原则，我被教会迫害而死；另外一个选择，是我对你屈服来保存我自己，可是保存了我自己之后我还有更多的发现、更大的贡献、更大的颠覆要做。剧本的结局是伽利略选择了后者。

我问他，在你们同学课堂的讨论里，最核心的是什么？他说，课堂讨论到最后的核心就是个人跟群体之间的关系问题，面对教会或国家这种巨大的机器，个人什么时候要抗争、要牺牲，什么时候是可以妥协、可以退让的。我听来惊心动魄，这群17岁孩子是这样在上语文课吗？个人面对国家机器如何自处，不正是公民教育最核心的题目吗？

在剑桥，谁是老大

□刘 瑜

以前我曾跟外婆开玩笑：您真倒霉，在一个媳妇地位特别低的时代做了媳妇，又在一个婆婆地位特别低的时代当了婆婆。其实同样的句式也可用于我自己：在一个学生必须听老师话的国家做了学生，然后在一个老师地位特别“低下”的国家做了老师。

我做学生的大部分时间都在国内，小学亲见老师用粉笔头砸同学，中学目睹老师把不听讲的学生的书包从四楼扔下去，大学被告知答辩时千万不要跟老师们辩论……等我做了老师，以为自己也可颐指气使一把的时候，却到了英国。

在剑桥的讲台上，对“谁是老大”这个问题，答案很明确：不管是谁，肯定不是我。

刚到剑桥时，我就被同事告知，学生可以不来上课。“理论上而言，一个学生可以不上一堂课而顺利毕业——只要他参加并通过各类考试。”好吧，看来我在剑桥是没有指望揪住任何学生的胳膊勒令他不准离开了。

学生可以不来上课，但你必须给学生“开小灶”——这又是剑桥老师“地位低下”的一个表现。所谓“开小灶”，是指剑桥、牛津等大学一直保留的一种叫“个别辅导”的传统教育制度，即所有登记选修你的课的学生，一个学期必须得有三次个别辅导。所谓个别辅导，一般是学生写好一个专题小论文，老师事先阅读，然后共同讨论。这种“个别辅导”的好处在于教育是量体裁衣的：学生可以完全根据自己的兴趣选择题目，老师可以及时发现该学生的长处和短处进行因人制宜的教育；论文不打分，不是考试教育的一部分，而是纯粹的思想交流，比较放松、自然；能加强学生和老师的联系——与那种大学四年下来师生几乎素不相识的情况相比，这种制度下的师生关系会更密切。

这种模式的“坏处”当然也很明显：老师们忙得不可开交。试想你有20个学生，每个学生一学期见3次，加上批阅论文的时间……对于我这样的新手，基本上整个学期都像是消防队员四处灭火。对了，一般来说，不管你是新手老手，都要做“个别辅导”。即便是系主任的办公室里，都时常传出大一学生的反问：“你真的觉得霍布斯的这段话是这个意思吗？”

就是改卷子判分，老师也不能一手遮天。喜欢这个学生就给他高分，那个学生没来上课就给他低分？没那么简单。至少在我们系，考试判分是双向匿名的：学生不知道哪个老师给他判分，老师也不知道试卷是哪个学生的。更“过分”的是，每份考卷或论文都要由两个老师来改，如果判分相差太大，还要由第三人介入。这样做的好处是对学生比较公平，坏处当然是老师的工作量又多了一倍。

在剑桥，师生关系中的第一原则是学生的权利，第二原则才是老师的权威，这点是清晰可见的。关于公平、自由、平等，最好的教育方式并不是“洛克说过……”“卢梭说过……”，而是老师们放下架子，平视眼前的学生并敬畏他们的天真。

从小我们就被反复告知自己是“未来的主人翁”，要我说，先不要扣那么大帽子，给那么大殊荣，“未来的主人翁”还是从“校园的主人翁”开始吧。

飘荡剑桥上空800年的灵魂

□柴 静

剑桥的创立，本来就不拘一格，甚至来自一场不顺从者的叛逃。

“撑一支长篙，向青草更青处漫溯”。来到这里才会理解，为什么徐志摩用这样的诗句来描述剑桥大学。这座有800多年历史的古老大学，就建在剑河之上。听船夫的话我们才知道，这所大学的起源居然与一桩凶杀案有关。1209年，牛津大学的一名学生失手误伤了当地小镇的居民，盛怒之下，居民们冲进牛津大学以私刑处死了3名学生。

有3位师生，出于逃避殴斗和向当局表示抗议，离开了牛津大学，来到当时的荒芜之地，开办了剑桥大学，就是今天拥有八十多位诺贝尔奖获得者的著名大学。

一棵树

这也许是世界历史上最著名的一棵苹果树了，当年它曾经种植在肯特郡牛顿家的后花园里。二十出头的时候，牛顿就是被这棵树上的苹果砸中，开始思考万有引力之源。60年前剑桥把这棵树移植过来，就种在三一学院的门口，来纪念这位剑桥历史上最伟大的学生。

我们在树下站了很久，其实一棵苹果树的寿命没这么长，这棵树最多也只是牛顿那棵树的后代吧。剑桥为什么要把它移植过来呢？我们问了几个路过的学生，有个男孩说，学校是想提醒学生，你不知道苹果何时掉落，科学研究需要灵光一现，但更多时候，需要漫长的等待。剑桥最近的一位获诺贝尔奖者，是人称“试管婴儿之父”的罗伯特·爱德华兹教授，他在成功之前的14年里没有任何成果。

一本书

《夜间攀爬者》是我们在剑桥一个小书摊上买的，据说绝大多数剑桥学生都读过。这本书详细指导了剑桥每一座标志性建筑该怎么爬上去，也记录了多年来剑桥学生在夜间攀爬中留下的传奇。

剑桥大学评议堂戒备森严，被称为“剑桥的心脏”，每年的毕业典礼都在这里举行，是剑桥最庄严神圣之地。但在1958年某一个清晨，人们从这里经过的时候，突然发现楼顶上斜放着一辆奥斯汀牌小汽车。没有人知道这辆车是怎么上去的，因为以当时的起重条件，不可能把一辆完整的车放上二十多米高的斜屋顶。就连消防队员想要把这辆车搬下来，也只好把它零敲碎打，变成一个个的零件，才从屋顶上卸了下来。

这辆屋顶上的汽车一直是剑桥的传奇。不过这个故事中最打动我的细节，不是那几个学生怎么把一辆汽车巧妙地运上楼顶，挑战权威，而是事后学校知道了这件事情是谁干的，可校方一直守口如瓶，也没有给那几个学生任何处分，校长还悄悄地送给那几个男生一箱香槟。

一次晚宴

晚上7点半，我们在耶稣学院跟学生和老师们一起用晚餐。这是一个很正式的场合，要求每个人一定要穿长袍。

晚餐有鸡块和一些水煮的萝卜和青菜。座位看起来不是很大，不过看到这个用餐的地方，你也会像我们一样想起《哈利·波特》里的魔法学校。这就是有800多年历史的剑桥的传统。在这场正式的晚宴上，只有教授和学者可以坐在大厅的高台之上，下面的长条桌是学生用的。当教授们进入大厅时，每个人必须起立，向他们致敬，而且跟随他们一起念完拉丁文的晚祷文之后，才可以坐下来用餐。晚上9点钟，教授和学者离开大厅之后，我们才可以开始拍摄。那一瞬间，确实有很多学生站起来欢呼和鼓掌，庆贺重获自由。可是让我们印象最深的是，他们所有人站起来，送这些教授出门的时候，拉开椅子那一瞬间的寂静，会让我们想起某个剑桥博士说的话，他说：有的时候，剑桥的庄严会在一瞬间秒杀所有年轻的叛逆。

一次错认

在剑河上泛舟时，桥上一个坐在轮椅上的身影让我们激动了一下。掉转船头，追至近处，才发现，并不是我们想象中的那个人。河上的游客都像我们一样将他误认为霍金，人人都渴望见到这位继爱因斯坦之后最杰出的坐在轮椅上的理论物理学家。来剑桥前，我们曾数次尝试联系他，但得知他身体欠佳，一直在家养病，很少出门会客。我们也去他工作的地方尝试过。霍金教授的一位同事知道了我们的想法后乐了，他说他来这里工作已经5年，也只见过霍金教授两回。

在剑桥，有个钟被叫作“吃时间的虫子”。因为在它的顶端有一只凶猛的蚱蜢，每一分钟的第一秒它张开嘴，最后一秒闭上，吞吃时间。这个钟的钟摆是西方的棺材，每到一点钟的时候，它就会重重地一响，来提示人们，距死亡又近了一步。这其中蕴含着剑桥的校训，那是苏格拉底的一句话：“我们与世界相遇，我们与世界相蚀，我们必不辱使命，得以与众生相遇。”一个人的一生，非常短暂和脆弱，容易被时间侵蚀。但一所大学，仍然可以帮助那个人去完成认识世界、探索自身的全部征程。

一本书，一棵树，一个人，一次晚宴……剑桥在国际学术界的影响力，在于它拥有的杰出的人类头脑，从牛顿、达尔文到霍金，这所大学对他们珍重、爱惜。人们寻求知识，是为了寻求进步，在这个意义上，尊重一切能够使人类进步的方法、常识和规律，这就是剑桥的灵魂。

美国高中生也为名牌大学狂

□段傲舒

17岁的玛拉来自新泽西一个小镇，她有一个藏了好几年的秘密，朋友们都不知道。她私下承认：“我想读哈佛。同学们问我要申请哪个大学，我说还没想好。我的梦想似乎太荒唐了，自己都不敢说出口。”她这三年的大半时间都在为申请这所一流大学做准备。“我SAT（学术能力评估测试）考得很好，现在在读6门高级班课程。我还把家族史调查了一番，缠着父母打听他们的同事中是否有哈佛毕业生。我甚至告诉哈佛我喜欢工程学，因为我知道一个女生有这样的爱好被录取的可能性更大。”

玛拉的故事并不是个例，就读于纽约某私立高中的凯茜也是如此。“所有人一开口，不是谈考试成绩就是说SAT、ACT（美国高考）考了多少分，”她表示，“为了超过别人进名校，大家都不惜一切代价，包括请家教传授考试和论文得高分的技巧。没有经济实力的学生又如何竞争得起呢？”

随着申请名校的人数不断上升，越来越多的孩子感到进大学的艰难。“不进名校，一生毁掉”的心理可能从初中就开始萌生。“我读6年级的时侯，班上就有同学因为考试得了B哭起来，”纽约学生、15岁的瑞秋回忆道，“他担心考不上理想的大学。”而18岁的玛丽莎透露，她的大多数朋友都有升学计划，有的甚至一进高中就开始准备：“你需要安排好自己的课程和课外活动，请SAT或ACT家教，还要做社区服务，因为这样‘好看’，会为你的形象加分。”

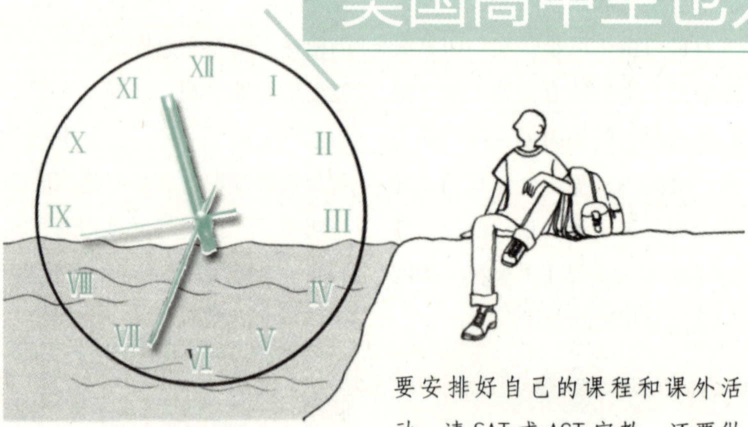

16岁的斯蒂芬就是个例子：“我每天5点半起床做功课，7点半去上学，一整天除了上课，只有40分钟时间吃午饭，同时还要尽量赶点儿作业。放学后我要打3个小时网球，有时还要上一节摄影课。最后才开始做作业，准备各门课的考试和SAT。”

学生们大多把苯丙胺称为“学习药”，因为它可以提高注意力并减少睡眠。虽然这类药品在法律上属于处方药，不过海伦表示：“拿到处方的人极少把开来的药按医嘱服用，他们会分一些给朋友。”

在纽约经营一家咨询中心的希瑟·鲍尔表示：“我的确看到很多学生使用苯丙胺或是过量摄取咖啡因，比如喝星巴克咖啡或红牛。难道大学录取通知书比一个人的健康还重要吗？”

事实上，保持健康的生活方式才是解决考名校压力的不二法宝。applywise.com网站的CEO（首席执行官）凯瑟琳·科恩告诫大家不要参加太多的俱乐部和社团。“你不可能凡事都成为佼佼者，最好是坚持专注于几件事，把它们做好就行，而不是什么都想试。”她建议道，“名校寻求的是各有专长的个体组合而成的多才多艺的学生群体。所以，确定自己感兴趣的东西，然后尽最大努力在校内外一展才华。”

对于申请大学，最糟糕的决定就是仅凭名气盲目择校。如果你得靠极端的手段进某所大学，这个学校也许根本不适合你。去不同的校园转转，看看学校的环境是不是适合你的性格，有没有你特别感兴趣的专业。还要记住，常春藤大学的录取通知书并不能确保你一定能成功。“你是什么人、你的成就和你读哪所大学无关，”科恩说，“你的生活由你自己创造。”

历史望远镜

乔伊斯藏在书中的玄机

□张书宁

爱尔兰作家乔伊斯患有严重的眼疾，过了50岁后视力更是下降很多。家人看他成天伏案写作太辛苦，便打算找一位代写员来帮助他写作。

于是，家人在报纸上刊登了招聘启事。没多久，几十位文学爱好者便慕名而来，争取这个学习的好机会。乔伊斯没有拒绝任何人，只是送给每个人一本自己的作品《尤利西斯》，让他们回去好好阅读，一周后再来。

一周过去了，应聘者们早早赶来。乔伊斯没出任何考题，便抱歉地说："我已经找到合适的人选了，大家请回吧！"对此，大家都愤愤不平，说乔伊斯欺骗了他们。无奈，乔伊斯只能继续解释："你们都没认真读我的书，哪是我欺骗你们？"

众人竞相开始辩解，有人说读过他的作品多遍，有人说写过多篇作品的评论，甚至有人说能一字不漏地背下来……乔伊斯笑了，指着身边一位并不起眼的年轻人说："也许大家说的都是事实。但请翻开我给你们的书，在第87页我特意标注了一句话：遇到要事时，智者会把一周当作3天。只有这个年轻人看到了，并在第四天就来报到，所以我选了他。"众人打开手中的新书，这才发现藏在书中的玄机，顿时傻了眼。

乔伊斯认为，机会就是要留给有准备的人，你必须付出十二分的专注才能有所收获。

勃朗宁的爱情奇迹

□吕　麦

伊丽莎白·巴莱特15岁时，骑马不幸摔伤了脊椎骨，只能困守在楼上的静室里，在一只沙发上寂度岁月，莎士比亚与古希腊的诗人是她唯一的慰藉。

“见过她画像的，都不能忘记她那双悲怆的眼睛。”

然而，1844年，39岁的伊丽莎白·巴莱特，结识了小她6岁的诗人罗伯特·勃朗宁，生命从此打开了新的一章。

勃朗宁大器晚成，当同期的一些诗人熠熠生辉的时候，认识到他的天才的，只有少数的几个人，伊丽莎白·巴莱特即是其中之一。一次，勃朗宁读到巴莱特的诗，发现她引用了自己的诗句，感到莫大的欢愉。于是，他迫不及待地给这位同行写信：“亲爱的巴莱特小姐，你那些诗篇真叫我喜爱极了。”女诗人很快回信说：“亲爱的勃朗宁先生：我从心坎深处感谢你。”由此，“一叶薰香”的恋情拉开帷幕。

他们不断地互通信札，“彼此贡献早晚的灵感，彼此许诺忠实的批评”。从文学到人生，从爱好到性情。最初五个月密切的通信，使伊丽莎白·巴莱特灰暗的生活豁然开朗，拥有了灿烂的光明。每一天她最开心的时刻，就是黄昏降临，听到邮差的那声叩门。

后经勃朗宁的几次请求，她终于准许他去见她。他终于见着了她：可怜瘦小的病模样，蜷伏在沙发上，客人来临都不能起身迎接！他的心里涌起无限的悲怜。

翌日，巴莱特接到勃朗宁的一封求爱信。在迟暮的岁月里赶上了早年的爱情，这让她既欢欣又自卑。经过一宵踌躇，她“忍痛”警告他：再要如此，便不再见他。勃朗宁慌忙写信去谢罪，解释前信只是感激话说过了头，请求退还原函。“风波”过后，勃朗宁没有放弃。他住在伦敦近郊，乡间空气的清芬，红的玫瑰、紫的铃兰，不断通过邮差传递到巴莱特的闺房。巴莱特压抑在心底的爱，随着初秋的阳光一天天成熟。但她还不能完全放开顾虑：他，一个健康的、伟大的人，我，一个颓废的病人，这公平吗？可爱是这样炽烈，幸福得让她眩晕。终于，她不能再固执、不能再坚持。

爱，真是一个奇迹。相爱的第二个春天，在沙发上蜷伏了25年的伊丽莎白·巴莱特，奇迹般地恢复了健康。她步履轻盈、愉快地走出病室和囚笼，在阳光下，在青草与花香间，在小鸟的歌声中，呼吸着清新的空气。也就在那段时期里，她写下献给她情人的《葡萄牙人十四行诗集》，才华达到了顶点。

可她的爱情，却遭到“无可通融的父亲”的反对。1846年9月12日，女诗人由她忠心的女仆陪着，来到附近一个教堂，和她的情人悄悄地结了婚。尽管没有得到父母的祝福，她却不遗憾，且欢欣地说：“因为我太幸福了，用不到呀！”一个星期后，她带着女仆、爱犬，还有这一年又八个月积聚起来的一封封情书，离开了家，栖居在有名的Casa Euidi岛上，过起了幸福生活。

伊丽莎白·巴莱特曾在诗中写道：“我如有其命，完全是他的爱一手救活。”

俄国有个犟老头儿托尔斯泰

□杨林川

有个老头儿，俄国的，他胡子大，脾气更大。

82岁的时候，他老婆要看他的日记本，他急了，大吼："我的财产给了你，作品给了你，我就剩下这本日记了，你还想要？你还想要？你再这样折磨我，我离家出走。"

这是个犟老头儿，他这样说，还真这样做了。

一个寒冷的早晨，五点，他离家出走。十天后，他死在一个偏僻的火车小站。

死的时候，他嘴咧得好大，笑得很开心，老天，这一次，他总算活成了自己。

好幸福，这个老头儿是笑着死的。我以为，他的笑，是在得意这80年来，没有人管束的十天自由，这十天，他享受到生命中最真实的味道。

这十天，他抛弃了野心，抛弃了名利，抛弃了责任，抛弃了所有的亲人和冤家，他，活成了自己。

这个老头儿叫托尔斯泰，人类历史上最伟大的作家之一。

我们活在这个世界上，委实累得紧。从生到死，好像都被许多眼睛监管着，更好像被许多温柔或强壮的手禁锢着。

每当我们想把这些手推开的时候，总会听见有人说："我这是为你好，是在关心你，在教你怎么做人，你别不知好歹。"

是的，我知道你们是为我好，是在关心我。但，其实我很希望你们放弃我一次，行不行？

我就渴望随心所欲过上些日子，哪怕我的结局像那老头儿一样得肺炎死在车站，我也乐意。我讨厌你们打着爱和关心的旗号，把我训练成一个丰衣足食的模范囚徒。

我以为，与其戴着枷锁活上一万年，不如像鸟一样自由飞翔十天。

我得按我自己的想法活着或者死去，别给我指出一条条阳光大道来。哪怕我明明知道那个大道上有你放上的诱饵：大饼、鲜花、奖状。

"他是如此矛盾和不一致的一个人"，托尔斯泰妻子这样说自己男人，"在世上无人能真正了解他的需要。"

这话真没错，没有人可以知道别人需要的是什么。但我的需要，我可以很厚颜地告诉大家，六个字：自由！别管着我！

你们得体谅我，我已经和那老头一样，除了日记是自己的，早就赤贫如洗。你们别再想把自己独自思考和追求自由的欲望拿走。

托尔斯泰说话很牛，他说："每个人的精神生活是这个人与上帝之间的秘密，别人不该对它有任何要求。"

他这个话，是在死的那年说的，说的时候，他头上已经有了一大堆光环——什么文学巨匠，什么人类最伟大的思想家。可这些带给他的快乐，都不如那离家出走的十天。

那十天，他是自由的，他是真正的托尔斯泰。

他是他自己！

多丽丝·莱辛：感谢苦难

□感　动

多丽丝·莱辛出生在伊朗东北部一个贫困的家庭。父亲做苦力，母亲给人家帮佣，勉强维持着一家人的生存。所以，她刚刚出生，就掉进了苦难里。

困于生计，她6岁时随父母移居到非洲的津巴布韦，在那里上学。12岁那年，她突然得了眼疾，眼里的世界一下子都模糊起来。那天，母亲带着她离开校园，她绝望地痛哭流涕。白天，父母都出去做工了，为了打发时光，她就把听到的那些见闻编成许多感人的故事。没想到，父母听了她的故事后，竟被感动得泪流满面。

16岁时，她的视力渐渐恢复了正常。看着家里的窘境，她主动向父母要求出去做工，赚钱养家。她给一个有钱人家的小孩做保姆。那是个不听话的孩子，为了哄他高兴，她就编各种各样的故事讲给他听。有一天，孩子的父亲偶然听到了她讲的故事，这位博览群书的男主人对她说："你讲的故事很精彩，出自哪本书呢？"她害羞地说是自己编出来的。男主人吃惊地对她说："一定把你的故事都记录下来，有一天，你也许会成为作家呢。"

20岁时，她结婚生子了，但她没想到，婚后第三年，那个她认为可以依靠的男人，扔下了3个幼子和支离破碎的家。为了排遣苦闷，她又开始提起笔来写被自己称为"故事"的小说。写小说，成了可以让她逃避现实、排遣痛苦的方式。

31岁时，她做出了一个大胆的决定：离开贫困的津巴布韦，到外面的世界寻找生机。此时，她的全部家当只是背包中一部反映非洲生活的小说草稿。

没有食物，没有住处，孩子们嗷嗷待哺。她拿着自己唯一的筹码——那部长篇小说的草稿到一些出版社去碰运气。在半个月的时间里，她几乎敲遍了伦敦所有出版社的大门，直到有一家出版社同意以《野草在歌唱》为题出版她的小说。包括她自己在内的所有人都没有想到，这部非洲题材的小说出版后竟吸引了无数读者，整个伦敦出版界在一夜之间认识了这位带着3个孩子的年轻母亲。

从1952年开始，她用17年的时间，创作发表了《暴力的孩子们》《金色笔记》等多部长篇小说。时光荏苒，她由少妇变成了耄耋的白发老婆婆。有一天，当她去超市回来时，看到自家门口挤满了带着摄像机的人。她好奇地问那些人："你们是要在这里拍外景剧吗？"这些人告诉她："我们是在等你呢，你不知道吗？你获得了诺贝尔文学奖！"2007年10月11日，瑞典文学院宣布：本年度"诺贝尔文学奖"获得者为多丽丝·莱辛。颁奖公告中这样写道："她用怀疑、热情、构想的力量来审视一个分裂的文明，以及她那史诗般的女性经历。"

回顾一生，莱辛认为，自己是与苦难结缘的，苦难一直伴随着她，这是一种不幸，但这又何尝不是一种大幸！正是有缘得到这些苦难的磨砺，她的人生才会光芒四射。

当一个伟大的思想作为一种福音降临这个世界时，它对于受陈规陋习羁绊的大众会成为一种冒犯，而在那些读书不少但学识不深的人看来，却是一桩蠢事。——歌德

冯桂芬“三读”《汉书》

□王江江

清朝咸丰年间，吴县（今江苏苏州）有一个人中了进士，以翰林编修进入南书房任职，类似于现在的书目编辑。一天，咸丰皇帝询问他：“你闲暇时常用什么方式消磨时间？”这人回答道：“我闲暇的时候读《汉书》。”

恰巧咸丰皇帝当时也在读《汉书》，听到他的回答很高兴。因此便谈起书中说诗解颐的内容，谁知这个人原来并没有读《汉书》，一时间惊慌失措，答不出皇帝的问题。咸丰皇帝顿时感到非常恼火，命令他回到原籍读三年《汉书》再来复职。

这人回到家乡以后，悠闲地生活了三年，回京复职。不久他又被咸丰皇帝召见，他估摸着皇帝日理万机，早把自己以前的事情忘在脑后了。哪知咸丰皇帝记忆力超强，还记得上次命他读书的事情，说：“你不是上次回乡读《汉书》的那个编修吗？”他不禁惊恐万状，战战兢兢地说：“是的。”

“那么党锢案所涉及的人物你能全说出来吗？”咸丰紧接着问道。不想那人却说：“我所读的是《前汉书》，这段历史好像在《后汉书》，我还没来得及读。”《汉书》的确是有《前汉书》《后汉书》。《后汉书》中增加了《党锢传》《列女传》等七个类传。看来他回乡这三年的确是读书了，但想来也只是不求甚解地扫视了一遍。结果可想而知，他又像上次那样回家了。

俗话说事不过三。这次他终于在家发奋读书，通读了两部《汉书》并且从中学习到治理天下之道。这个人叫冯桂芬，是林则徐的门生，晚清著名的思想家、散文家，最早提出了“中体西用”的指导思想。

我们不妨环顾一下四周，会发现身边也不乏这样的朋友，经常说自己读了多少本书，时常在朋友圈“晒一晒”自己读的书。可是仔细一问，往往很多书也就是只知道个书名或者是蜻蜓点水般地翻看了几页而已。每每到了真需要用的时候，恐怕就像冯桂芬那样直接露馅儿了。

究其原因，这些人或是为了炫耀，或是为了撑面子。子曰：“知之为知之，不知为不知，是知也。”读书不是为了炫耀，也不应该怕丢面子，而是为了丰富我们的学识，提升我们灵魂的高度。只有不急功近利地潜心读书、感悟，才能在一片书页中看到一个世界。在这个快餐化阅读的时代，用心读完一本书，就如同细细地品一盏茶，回味无穷。

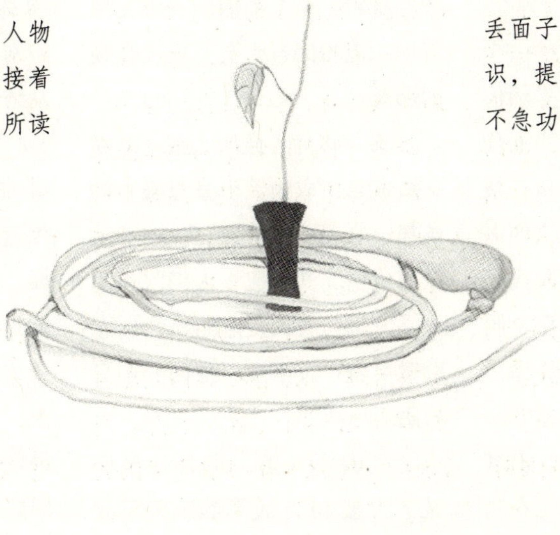

汉光武帝陵旁的“苦恋柏”

□宇　为

汉代刘秀是汉高祖第九代孙，出自汉景帝所生长沙定王刘发的那个支系，是刘氏皇族中最不得宠的一脉。

刘秀9岁那年，父母先后撒手西去。无依无靠的他被住在南阳的叔父刘良收养，每天日出而作，日落而息，默默地“躬耕于南阳”。

与之相比，阴丽华有一个荣耀的家谱，他们的先世是辅佐齐桓公的管仲一脉。家族第七代管修，以医术精湛闻名于世，被封为阴大夫，从此他的后人便以“阴”为姓。秦汉之际，阴氏子孙为躲避战乱，迁居到南阳，阴丽华就出生在这里，和刘秀做了同乡。

阴丽华不仅出身显赫，而且年轻貌美，才华出众。阴家在当时仍然是富甲一方的豪门大户，面对这样一个才貌双全的名门闺秀，情窦初开的少年郎虽然朝思暮想，但掂量自己的身份、家境和地位，实在配不上这位名门闺秀。所以，他对阴妹妹的感情叫作“暗恋”。在以后的10年，刘秀的脑海中会不时浮现出阴丽华的身影。这个美丽的身影支撑着他，他相信自己会有功成名就的那天。

多年以后，昆阳大战，刘秀一战成名，成为天下豪杰眼中的英雄。在那个时代，快30了还没有成婚，刘秀成了人们眼中的异类。每当有人提起婚事，他总会微笑着一言不发，他的心中只有阴丽华。

刘秀不知道，那个在昆阳城下大破40万敌军的统帅早就在阴丽华的心中刻下了一道道痕迹。于是，尽管这两年方圆百余里的士族子弟托人来求亲的把阴家的门槛都快踩平了，不论是谁，都会遭到委婉的拒绝。

有时候，两个心心相印的人之间，只隔着一层纸。

刘秀这时候想到一个人。大哥刘縯手下有一个校尉，叫阴识，他正是刘秀朝思暮想的阴丽华的异母哥哥。有这样一层关系，刘秀当然不会放过。刘秀来到阴识住处，对他说明来意。阴识微微一笑，只说了一句话：“你就等着我的好消息吧！”

起兵以来，阴识慢慢发现刘秀身上的雍容仁厚的大气、深沉内敛的智慧。他相信，眼前这个恳切的男人是值得自己妹妹托付终身的人。阴识毫不犹豫地揽下了这个重任，第二天就快马加鞭往老家而去了。

阴识没有让刘秀失望，很快，他就带回了刘秀等待了10年的那个喜讯。在宛城，刘秀和阴丽华相见了。刘秀挽着阴丽华纤细的手，把她迎下了车轿，她微笑着对他说“谢谢”，然后他们在众人的祝福声中成为了夫妻。

很多年之后，已经做了皇后的阴丽华问刘秀：“你拿起刀枪造反的时候，很多人都觉得奇怪，到底是什么原因让你那样做的？”刘秀微微一笑：“因为你。因为你，我想成为一个更出色的人。”“这是我这辈子听到过的最好的赞美。”阴丽华笑着回答，眼睛里噙着泪水。

大宋诗豪石延年的酒怪生涯

□刘 松

石延年是北宋著名文学家、书法家、诗人，其诗和欧阳修的文章、杜默的歌被称为北宋“三豪”。虽然身为“三豪”之一，但他就是考不上一个进士。

有一年，他终于中了进士。偏偏这时有人检举，说这次考试有人作弊。于是，朝廷下令，这次考试不算，要重新考试。结果好几个进士在重试中落了榜，运气不佳的石延年也在其中。那些人的敕牒和朝服本来都拿到手了，大家正穿着新衣服兴高采烈地在兴国寺欢聚，突然朝廷派官员来收缴这些复试落第者的敕牒和朝服。他们惊呆了，甚至有人禁不住号啕大哭。只有石延年非常镇定，若无其事地脱下帽子和朝服交给使者，仍旧与大家谈笑欢饮，好像什么事也没发生一样。他还集古人的诗句，豁达地写诗自嘲：“年去年来来去忙，为他人作嫁衣裳。仰天大笑出门去，独对春风舞一场。”

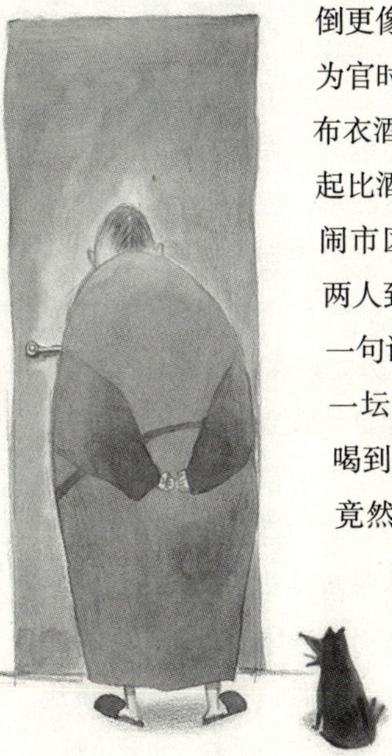

第二天，朝廷为了安抚他们，授予他们“三班奉职”一职。这是宋代武臣中最低的职级，属于从九品下，是不入流的小吏。大伙纷纷就职，唯独石延年以此为耻，不仅不就任，还写诗讽刺。

后来，宰相爱其才华，以石延年的老母年迈需要赡养为由，劝他就职。入仕后，他连年获得提升，后因上书皇太后，请其还政给宋仁宗，而被贬为海州（今连云港）通判。不久皇太后病逝，宋仁宗为表示感谢，又把他召回京师。

石延年在海州期间，不仅廉洁奉公，深受百姓爱戴和同僚钦佩，更以文人的浪漫方式为当地造福。海州府衙南门外五六里处，有一座70多米高的小山，石延年闲暇时常到山上读书弹琴，饮酒抒怀。当时山上树木很少，到处乱石叠堆，杂草丛生，无路可攀，石延年就让随从把桃核裹上黄泥，做成弹丸，用弹弓胡乱抛射到山上的乱石间。几年后，桃核在石缝里生根发芽，长成了满山桃林。多年后，苏东坡路过海州，缅怀石延年旧迹，赞其奇思妙想“坐令空中出锦绣，依天照海花无数”。

石延年不但诗词和书法在北宋名气很大，他的酒量估计也无人可比。历史上说石延年是个“酒仙”，其实他倒更像个“酒怪”。他在京城为官时，认识了一个叫刘潜的布衣酒友，两个人经常聚到一起比酒量。一天，他俩相约到闹市区新开的王氏酒楼饮酒，两人到了酒楼，坐下来就喝，一句话也不说。一杯接一杯，一坛喝完再开一坛，从早上喝到晚上，足足喝了一整天，竟然没有丝毫醉意，把老板都看呆了。第二天，此事传遍了京城，说有两位酒仙到王氏酒楼喝酒。后来大家才知道传说中的两位酒仙就是石延年和刘潜二人。

后来，宋仁宗爱惜石延年的才能，怕他太爱喝酒会喝坏身子，于是就下旨劝他戒酒。这本来是好事，可惜事与愿违。这酒一戒，石延年却酒渴成病，不久竟然英年早逝，死时才47岁。历史上因戒酒而死的并不多见，石延年也算是一个特例。

他死后，他的酒友苏舜钦写了一首悼亡诗：“去年春雨开百花，与君相会欢无涯。高歌长吟插花饮，醉倒不去眠君家。”这位酒友追忆石延年，念念不忘的还是喝酒。有酒友如此，石延年若泉下有知，也会含笑的吧。

伴着月光听《月赋》——民国老师范儿不同

□唐时月

鲁迅上课时，从来不照本宣科。虽然他也把教科书放在讲台上，但很少翻动，而是把所要讲的重点一一讲解，引经据典、滔滔不绝。他不是枯燥地给学生灌输知识，而是用生动的语言、形象化的比喻帮助学生消化理解，并且喜欢和自己所学的医学知识联系起来，还穿插一些与课文有关的故事及在日本时的见闻，因而受到了学生们的热烈欢迎。他还有个习惯，就是一边讲一边在黑板上画图给大家看，通过这种直观的方式来加深学生们的印象，收到了事半功倍的效果。

鲁迅先生课上的语言非常幽默。王冶秋在《怀念鲁迅先生》一文中这样写道："有时讲得把人都要笑死了，他还是讲，一点也不停止，一点也没有笑容。他本意并没有想'插科打诨'故意逗人笑的，只是认真地讲，往深里钻，往皮骨里拧……假若笑是表示畅快，那你又怎能不笑？"

陈寅恪每次上课，都用花布或黑布包着一大包书，在课前匆匆走进教室，从不迟到。他总是先把要讲的内容满满地抄到两个黑板上，然后坐到讲台前的扶手椅上，开始讲课。他讲课的时候，总是能自己营造出一种境界来，带着学生穿越数千年历史，置身于汉唐时期的盛世繁华中。他喜欢闭着眼睛讲课，让自己也沉浸在那种历史语境中。他记忆力非常惊人，讲课时所引用的知识从不用翻书，张口就来，如数家珍，连出处都说得明明白白。有好奇的学生记下了他所引用的资料，过后到图书馆一查，果然一点儿不差。

在西南联大时，陈寅恪的右眼视网膜已经剥离，左眼仅剩微弱视力。有一天上课时，他先在黑板上写好所要讲的重点，然后坐到扶手椅上开始闭着眼睛讲课，但那天因为学生打扫卫生，把本来面朝学生的扶手椅放反了，陈寅恪没能觉察到，就坐下来，面朝黑板，背对着学生开始讲课，讲了好久才发觉方向不对，于是站起来搬转座椅，微笑着坐下来继续讲。

国学大师刘文典有一次在西南联大授课，临下课时，告诉大家下一堂课在下周三晚饭后七点半上。约定之日到了，学生们发现那天正好是农历五月十五，刘文典把讲课的地点从教室搬到了操场上，一轮皓月当空，月光如银瀑一样倾泻而下，使得远山近水都笼罩在一层如幻似梦的朦胧色彩中。刘文典那天讲的是著名的《月赋》，只见他一袭长衫、飘然而来，如仙人降世般在桌前落座。他引经据典、侃侃而谈，音调抑扬顿挫，时而闭目摇头，时而站起身来用手指向空中的明月，瘦削的身子前仰后合，长衫下角随风摆动，颇有一副仙风道骨的模样，使得听课的学生如醉如痴，大呼过瘾。

大师之所以被称为大师，是因为在某一方面或几方面有着与众不同之处。大师们的讲课方式，也体现出了有别于常人的真性情。

读书不知味，不如束高阁；蠹鱼尔何如，终日食糟粕。——袁牧

金庸小说里的唯一女主角

□一鸣

文坛上辉煌得意的金庸，在情场上却曾是悲苦失意的。他曾无奈嗟叹：“即使‘流水有情’也毕竟东流去……”他的内心究竟有着怎样的苦情？

1957年，33岁的金庸加盟新组建的以大明星夏梦为当家花旦的香港“长城电影制片公司”。名满香江的大才子，为什么要屈就当编剧呢？“醉翁之意不在酒”，他是为了接近夏梦而去的。

金庸到了长城电影制片公司之后，取了个艺名叫作“林欢”。为博得夏梦的欢心，他在工作上极其卖力。短短3年就先后创作了《绝代佳人》等电影剧本，不久又与人合作导演了多部影片。他在工作上的出色成绩，得到了夏梦的称赞。

夏梦原名杨蒙，因容貌清丽，体态线条优美，艳光熠熠照人，17岁就进入长城电影制片公司当了演员。由于文化素质高，人聪颖灵慧，扮相又极俏丽，所以夏梦在银幕上极有光彩，是国语片十分罕见的全能演员，不愧为一流明星。

正因如此，才使金庸对夏梦爱慕不已，倾心拜服，但使金庸苦恼的是：他对夏梦的爱是可望而不可即的，其根本原因在于夏梦早已名花有主。早在3年前夏梦21岁时，她就与上海圣约翰大学的学生林葆诚先生结婚了。

金庸与夏梦最难忘的一幕也许是一个夜晚在咖啡店的幽会。在咖啡店幽幽的烛光和柔柔的音乐中，两个人人四目相对，不时频频举杯，那种诗意的氛围及浪漫的情调，实在令人陶醉销魂。金庸再也抑制不住激情，趁着几分酒意，倾吐出了深藏多年的爱慕之情。夏梦听了极为感动，她含泪对金庸说她非常敬重他的人品、欣赏他的才华，只可惜他的“爱使”迟到了一步，只能感叹“恨不相逢未嫁时”了，并说以她的为人，是绝不愿去伤害夫君的，请求他能格外原谅她。最后她深情地说：“今生今世难偿此愿，也许来生来世还有机会。”

从此之后，金庸只好幽闭心曲，把夏梦当作苦心依恋的“梦中情人”。

1959年，金庸带着情感的失意和无奈离开了长城电影制片公司，去创办《明报》，并致力于写作他的武侠小说了。

就在金庸创办《明报》不久，夏梦曾有过一次长时间的国外旅游。他就在《明报》上系列报道夏梦的游踪行迹，而且开辟了一个专栏——《夏梦游记》，一连十多天登载夏梦写的旅游散文和小说。

金庸对夏梦的“藕断丝连”还表现在他的武侠小说中，他在那里深深寄托着对夏梦的爱。已故女作家三毛说过：“金庸小说的特殊之处，就在于其写出了一个人类至今仍捉摸不透、既可让人上天堂又可让人下地狱的‘情’字。而不了解金庸与夏梦的这段情，就读不懂他在小说中对‘情缘’的描写。”

1976年，夏梦告别了26年的银幕生涯，移民去了加拿大。金庸情心依依，破例把这件本是很平常的事，一连几天在报纸的头版头条位置上作详细报道。不仅如此，金庸还为此专门写了一篇社论，向夏梦这个“真善美女人”祝福。《明报》专为一个女明星的移民国外而大做文章，实在是一件异常的事，不明白其中内幕的人会感到惊讶，只有知道内情的人，才能理解作为《明报》主编的金庸先生对夏梦的那份不同寻常的痴心爱恋。

佳人远别，金庸苦恋多年，终未修成正果，但毕竟给他留下了一个终身怀念的梦。

黄裳书摊淘古书

□姚一鸣

作家黄裳也有卖文买书的经历，黄裳痴迷旧时线装古书，也写得一手好文章，为淘到心仪的书籍，为此努力地多写文章多刊稿。黄裳淘旧书眼光老到，那个时代不为人重视的清刻本，黄裳看内容，有时残卷也会得来，并写下了一段段精妙的书话。但有时书买多了，经济上也会捉襟见肘。于是有了预支稿费购书之事：

“一直跑小铺、逛冷摊，总希望能有好运气，会遇见什么宝贝。不过实践的结果是，巡阅书摊二十年，好像只买到过一册较中意的书，那是王国维的诗集《壬癸集》，薄薄一本，开本却很大，用的是日本皮纸。这是王国维住在日本时用古江州木活字所印。书中有墨笔小楷校字，是王观堂的亲笔，估计这书是他送给况蕙风的，因为卷中有蕙风的儿子又韩的印记，不知怎样流落在地摊上了。除了这本书以外，好像就不曾从摊上买到另外什么好书过。事实上所有比较好的书，毫无例外，都只能从书店里得来。有一次我在一家书店里看到一部张宗子（岱）的手书《史阙》以及康熙原刻的《西湖梦寻》，不禁为之激动了。书店主人告诉我这些书是从浙东山中收来的，是张氏家传之物，说得也真历历如绘。没有办法，只好预支稿费，多方设法，终于买到手中。等我捧着书又路过书店前街的书摊时，才知道这些书原来就睡在这里的地上，是被书店发现了买去的。什么浙东山中云云，原来不过是书店老板创作的美丽的故事。”

其实作家都是爱书人，在经济并不宽裕的情况下，靠写文来赚取稿费买书，是一种常有的事，如沈从文、郑振铎、叶灵凤、朱光潜、邓云乡等都有类似的经历，不过也有现代作家，卖文投稿竟为了换书看，这个作家就是周作人，时间是在五四以前，那时的周作人还没有名气，投稿也多为失败，他在《儿童文学小论》序言中细诉了整个过程：

“《童话略论》与《研究》写成后都没有地方发表，商务印书馆那时出有几册世界童话，我略加以评论，心想那边是未必要的。于是寄给《中华教育界》，信里说明是奉送的，只希望他送报一年，大约定价是一块半大洋罢。过了若干天，原稿退回来了，说是不合用。恰巧北京教育部编纂处办一种刊物，由我编辑，写了两篇讲童话儿歌的论文，预备补白，不到一年又复改组，我的沉闷的文章不大适合，于是趁早收摊……”

写文投稿不为谋取稻草粮，只为争取送报一年，这也可算是文坛佳话了。

林觉民的卿卿意映

□韩松落

1911年4月24日的晚上，林觉民在香港，住在临江的小楼上，给妻子陈意映写着一封信。这封信，我们都能背诵：

意映卿卿如晤，吾今以此书与汝永别矣！吾作此书时，尚是世中一人，汝看此书时，吾已成为阴间一鬼。吾作此书，泪珠和笔墨齐下，不能书竟，而欲搁笔。又恐汝不察吾衷，谓吾忍舍汝而死，谓吾不知汝之不欲吾死也。故遂忍悲为汝言之……

他生在福州的三坊七巷，13岁时遵父命应考童生，却在试卷上写下“少年不望万户侯”，随后第一个交卷，扬长而去。1902年他考入福州全闽大学堂文科学习，毕业后去日本留学，在去日本前夕，和陈意映结婚。1911年，他从日本归来，参加广州起义，临行前回家探望父母妻子，家人问起他回家的缘由，他说，学校正在放樱花假。

那确是樱花开放的季节，每一年，樱花在这个季节就像是一场人生：盛开的时候灿烂，凋落的时候果断。只是我们再也无法想象，这24岁的青年也如此果断：4月27日下午5时30分，林觉民随黄兴攻入总督衙门，后在巷战中被捕，接受审讯时，他不会说广东话，就以英文在大堂上侃侃而谈，两广总督张鸣岐曾叹息：“惜哉，林觉民面貌如玉，肝肠如铁，心地光明如雪。”那几天里，他不肯吃，也不肯喝，泰然上刑场，他是黄花岗七十二烈士之一。

后来的某一天，在乡下避祸的林家人，发现有人把林觉民写下的两封信塞进了门缝，一封写给父亲，另一封，就是我们都能背诵的，这封写给陈意映的信。一年多后，陈意映郁郁而终。

又过去好多年，有人为他写了歌，而几首歌里，几乎都有段对白：“意映卿卿如晤……”

林觉民的故事还有余韵。他就义之后，家人把祖宅卖掉去乡下避难，买主叫谢銮恩，他有个孙女叫冰心，林觉民有个堂哥林长民，他有个女儿，叫林徽因。

他们都活下去了，活在他没有看到的将来里，甚至活到新的世纪，而他却永远24岁，永远都那么年轻，永远停在四鼓时分，写着那封诀别的信。

萧红的寂寞人生

□黑豆梨

人的一百年是很漫长的，萧红虽然只活了三十岁出头，却以有形的生命占据了前三十年，而以精神迁延着那后七十年。呼兰河畔寂寞红，萧红的一生绝说不得上是幸福和热闹的，她坎坷孤独的一生短暂如一束呼兰河畔的红花，却凭借写作的激情燃烧了整个人生的冬季。

萧红的童年在一个封建地主家庭度过，九岁时母亲便去世，除了祖父，没有人再心疼她。在她那个年代，女孩子念不了多少书，十七岁那年，为了上中学，萧红和她父亲吵得死去活来，终于去了哈尔滨读书，可还没毕业，严苛的父亲就逼她嫁人，为了自由，为了读书，她十九岁就跟家人决裂，孤身在北平飘荡，终其一生，没有再向家人妥协。她一生几乎全部寄望于陌生人的善意，先后跟着两个男人颠沛流离，过着饥寒交迫的日子。流浪时，患胃病的萧红吃不饱饭，她甚至把想偷隔壁面包圈的念头写进文章里，又痛苦地剖析自己的“堕落”。得到一个饺子的兴奋，独走在冬日大街里的落寞，春日里洗洋芋的欢喜，她将这些走投无路的绝望、形影不离的孤独感，微小而细微的感动，纷纷写进短篇散文，读之如见当时景。她与家人决裂，却从未割舍过对故乡的热爱，孤身飘零的生活，没有让她放下写作的笔，她却将痛苦淬炼，将热爱凝聚，写下了著名的《生死场》。

萧红成名了，爱人萧军却变心了，痛苦中，萧红东渡日本，又写下了散文《孤独的生活》，长篇组诗《砂粒》等，回国后的萧红结识了东北作家群中的端木蕻良，并创作了长篇小说《呼兰河传》，在颠沛流离中，几次遭逢劫难时，端木竟又把萧红抛弃一个人逃跑了，萧红试图靠近温情取暖，却孤独地死在异地他乡的病床上。三十一岁的她临死前，说了这样的话，“我将与蓝天白云永处，留下那半部《红楼》给别人写了”。临死前，她难过的是，那满腔热血与情感，那身才华与天赋，到此戛然而止，再无法释放。萧红说过：“女性的天空是低的，羽翼是稀薄的，而身边的累赘又是笨重的。”她想飞但最终还是掉下来。写作是萧红抵御孤独的翅膀，虽然飞得低低的，矮矮的，却在天空里留下不朽的痕迹。

萧红这一生，用苍凉、孤独这样的词形容，都不为过。然而在这孤独中独绽一簇红来，那是她的文字，在蓬勃生长。

萧红在《生死场》中说：“是山么，是山你就高高的！是河么，是河你就长长的！”她从不叩问命运，仅凭单手只笔，对抗命运的孤独。

“坟场是死的城郭，没有花香，没有虫鸣，即使有花，即使有虫，那都是唱奏着别离歌，陪伴着说不尽的死者永久的寂寞。”这是萧红的《生死场》中的一段描写，而今仿佛就是她死后的写照。

戴望舒拜谒萧红墓，留诗一首：“走六小时寂寞的长途，到你的头边放一束红山茶，我等待着，长夜漫漫，你却卧听着海涛闲话。”走六小时的寂寞，去祭奠一生的孤独，然而这孤独前有一束红色，那是萧红对抗这生命不能承受之重的武器。

饭桌上的胡适先生

□梁实秋

胡先生是安徽徽州绩溪县人，他对于他的乡土念念不忘，常告诉我们他的家乡的情形。徽州是个闭塞的地方，四面皆山，地瘠民贫，山地多种茶。每逢收茶季节，茶商经由水路从金华到杭州再到上海求售，所以上海的徽州人特多，号称徽帮，其势力一度不在宁帮之下。四马路一带就有好几家徽州馆子。

1928年至1929年间，有一天，胡先生特别高兴，请努生、光旦和我到一家徽州馆吃午饭。上海的徽州馆相当守旧，已经不能和新兴的广东馆、四川馆相比，但是胡先生要我们去尝尝他的家乡风味。

我们一进门，老板一眼望到胡先生，便从柜台后面站起来笑脸相迎，满口的徽州话，我们一点儿也听不懂。等我们扶着栏杆上楼的时候，老板对着后面厨房大吼一声。我们落座之后，胡先生问我们是否听懂了方才那声大吼的意义。我们当然不懂，胡先生说：“他是在喊：‘绩溪老倌，多加油啊！’”原来绩溪是个穷地方，难得吃油大，多加油即是特别优待老乡之意。果然，那一餐的油不在少。有两个菜给我的印象特别深：一个是划水鱼，即红烧青鱼尾，鲜嫩无比；一个是生炒蝴蝶面，即什锦炒生面片，非常别致。缺点是味太咸，油太大。

徽州人聚族而居，胡先生常夸说，姓胡的、姓汪的、姓程的、姓吴的、姓叶的，大概都是徽州的，或是源出于徽州的。努生调侃地说：“胡先生，如果再扩大研究下去，我们可以说中华民族起源于徽州了。”相与拊掌大笑。

吾妻季淑是绩溪程氏，我在胡先生座中如遇有徽州客人，胡先生必定这样介绍我：“这是梁某某，我们绩溪的女婿，半个徽州人。”他的记忆力特别好，他不会忘记提起我的岳家早年在北京开设的程五峰斋，那是一家在北京与胡开文齐名的笔墨店。

胡先生酒量不大，但很喜欢喝酒。有一次他的朋友结婚，请他证婚，这是他最喜欢做的事，筵席只预备了两桌，礼毕入席，每桌备酒一壶，不到一巡而酒已告罄。胡先生大呼添酒，侍者表示为难。主人连忙解释，说新娘是节酒会的会员。胡先生从怀里掏出现洋一元交付侍者，说：“不干新郎新娘的事，这是我们几个朋友今天高兴，要再喝几杯。赶快拿酒来。”主人无可奈何，只好添酒。

胡先生交游广，应酬多，几乎天天有人邀饮，家里可以无须开伙。徐志摩曾风趣地说：“我最羡慕我们胡大哥的肠胃，天天酬酢，肠胃居然吃得消！”其实胡先生并不欣赏这种交际性的宴会，只是无法拒绝而已。1931年6月21日胡先生写信给我，劝我离开青岛到北大教书，他说：“你来了，我陪你喝十碗好酒！”

胡先生住上海极司菲尔路的时候，有一回请“新月社”一些朋友到他家里吃饭，菜是胡太太亲自做的徽州著名的“一品锅”。一只大铁锅，口径差不多有一英尺，热腾腾地端了上桌，里面还在滚沸，一层鸡，一层鸭，一层肉，点缀着一些蛋皮饺，紧底下是萝卜白菜。胡先生详细介绍这一品锅，告诉我们这是徽州人家待客的上品，酒菜、饭菜、汤，都在其中矣。对于胡太太的烹调本领，他是赞不绝口的。他认为另有一样食品也是非胡太太不能办的，那就是蛋炒饭——饭里看不见蛋而蛋味十足，我虽没有品尝过，可是我早就知道其做法是把饭放在搅好的蛋里拌匀后再下锅炒。

胡先生最爱写的对联是：“大胆地假设，小心地求证；认真地做事，严肃地做人。”我常惋惜，大家都注意上联，而不注意下联。这一联有如双翼，上联教人求学，下联教人做人，我不知道胡先生这一联产生了多少效果。这一联教训的意味很浓，胡先生自己亦不讳言他喜欢用教训的口吻。他常说：“说话而教人相信，必须斩钉截铁，咬牙切齿，翻来覆去。”胡先生说话并不武断，但是语气永远是非常非常坚定的。

胡先生从来不在人背后说人坏话，也不喜欢听人在他面前说别人的坏话。有一次他听了许多不相干的闲话之后喟然而叹曰：“来说是非者，便是是非人！”相反地，人有一善，胡先生辄津津乐道，真是口角春风。徐志摩给我的一封信里有“胡圣潘仙”一语，是因为胡先生向有“圣人”之称，潘光旦只有一条腿，可跻身八仙之列，并不完全是戏谑。

神秘的水书

□郑立华

文字是人类文明发展的见证和最有力的推动器，我国是多民族、多文字的国家，很多少数民族或地区都曾经用自己独特的文字记载古老而神秘的生活和信仰，比如湖南的女书，又比如纳西族的东巴文字。而如今，这些文字有的没落失传，有的濒临绝境。目前，与东巴文字并称为“文字幼儿”的水书，正面临着保护和开发的难题。

如果你是第一次听说水书，你会以为它是什么？有人认为水书就是用水写的书，其实，水书是我国56个民族之一——水族的古文字、水族书籍的通称。水书还有其他的荣誉称号：比如水家人的“易经”“百科全书”，是解读水族悠远、沧桑、苦涩历史的重要典籍。同时，水书还被誉为 “华夏古文化宝库中一块珍贵的活化石”，是象形文字未开发的最后领地。

从目前的研究成果来看，水书通常被认为是一种巫术用书。水书的制造时代极为古远，有学者推测，水书可追溯至夏代，而且“水书与古代殷人甲骨文之间，当有若干姻缘关系”。水书制造之地点，初在西北一带，由北方次第

传入江西，再由江西迁入贵州省，“乃携之俱来”。

水族古文字，绝大多数的字属于表意方块字，与甲骨文、金文形体类似。水书是神奇的，也是神秘的，仅仅是文字的数量，至今都众说纷纭，没有定论。据专家介绍，水族古文字至少有2500个，其中独体字约为800个。另外，水书中还有一些图画文字，属段落表意的图画文字或词组表义文字，很难用单字的字头来计算。

水书，作为一个民族的精神支柱，支撑着这个民族几千年的文字史和文明史。水书有自己独特的文字体系，尽管这个文字体系显得十分“稚嫩”与脆弱。水书储存的信息量，已远远超过水族社会的范畴，水书中蕴含的一些信息有助于认识中原古文化的内涵。

学生如果把先生当作一个范本，而不是一个敌手，他就永远不能青出于蓝。——别林斯基

郁达夫的五块钱

□佚　名

郁达夫和沈从文都是我极其敬重的作家，郁达夫笔下的浙东和沈从文笔下的湘西，像桃花源一样至今仍寄托着无数文学爱好者的怀古幽思。

他们俩之间，还有一段“送人玫瑰，手留余香”的美谈。

1923年，20岁的沈从文做了北漂一族，从湘西来到北京闯世界。当时的沈从文只有小学文化程度，甚至连标点符号也不会用，而他的写作热情却很高。在北京，他考学考不上，投稿没人用，只好在北京大学一边旁听，一边打工以维持生计。他每天早上吃两三个馒头和一点儿泡咸菜就算打发了肚子，除了听课便一头扎进图书馆，直到闭馆时才返回住处。即使到了寒冬腊月，他仍是一身薄薄的单衣，走在街上冻得发抖。晚上躲进自己的住处——“窄而霉小斋”，冬天屋里没有火炉，他就钻进被窝，看他随身带来的那本《史记》。

1924年冬天，穷困潦倒的沈从文，在濒临死亡的时候，尝试着给作家郁达夫写了一封求助信。当时的郁达夫也正在苦闷之中。在文坛颇有名气的他，却在大学教他实在不愿教的会计学；精心创办的杂志被迫停刊，还时常受到同行的攻击；生性不甘寂寞，却要忍受一份无爱的婚姻。他彷徨无计，整日嗜烟酗酒甚至自残自虐。接到沈从文的求助信，他不相信，世界上还有比自己更困苦的人。他发出了一声苦笑，带着看个究竟的心理，决定去看望沈从文。

在一个大雪纷飞的日子，郁达夫推开沈从文那间“窄而霉小斋”的房门，屋内没有火炉，沈从文身穿一件单衣，用棉被裹着两腿，坐在凉炕上，正用冻得红肿的手提笔写作。这时，他已经三天没有吃任何东西了。

郁达夫感动得眼圈发红，先解下自己的羊毛围巾给这位小兄弟围上，再把他拉到馆子里撮了一顿。沈从文清楚地记得，自己当时也顾不上斯文了，吃得狼吞虎咽，看得郁达夫直想流泪。一结账，共花去一块七毛钱。郁达夫拿出五块钱付了账，将找回的三块多钱全给了沈从文。当时，五块钱也不算小数目了。郁达夫当时在经济上也极窘迫，月薪实际上只能拿到三十块，也正处于“袋中无钱，心头多恨”的时期。

一回到住处，沈从文禁不住伏在桌上哭了起来。半个世纪后，当郁达夫的侄女郁风拜访他时，他还激动地谈起了这件事，可见感动之深了。

之后，郁达夫把沈从文介绍给当时著名的《晨报副刊》的主编。一个月后，沈从文的处女作《一封未曾付邮的信》在《晨报副刊》上发表了，荒漠的原野上终于出现了第一枝花，只几年工夫他便享誉文坛。郁达夫在帮助沈从文的同时，自己也重新振作精神，既找到了自己的最爱，又在事业上梅开二度。

“没有郁达夫，沈从文可能会客死他乡；少了沈从文，郁达夫可能会沉沦一生。”其实他们是在互相成全着彼此。

那个最爱徐志摩的女人

□江　泓

徐志摩的侄子徐炎说，徐志摩与张幼仪离婚后，张幼仪一直是希望能够复婚的。张幼仪总是把徐志摩的油画摆放在自己的房间里，将关于他的信息放在写字台的玻璃板下面。虽然能干的张幼仪内心明白，只要她愿意，在很多方面她都可以做得比男人还好，可是一个骨子里传统的女人，还是会把她的第一个男人当作终身伴侣。

至于徐志摩，脱离了夫妻关系以后，用朋友的眼光来看张幼仪，也另有体会了，“张幼仪可是一个有志气有胆量的女子”。可是，尊重依旧代替不了爱，1925年，他们三岁的儿子彼得早逝，张幼仪让徐志摩陪她喝咖啡，看歌剧《茶花女》，看萧伯纳的《圣女贞德》，在最心痛的时刻，她仍然希望徐志摩陪在她身边。可是，徐志摩竟在给陆小曼的信里大发牢骚，“再隔一个星期到柏林，又得对付张幼仪，我口虽硬，心头可是不免发腻。小曼，你懂是不是？这一来，柏林又变成了无趣的难关”。

柏拉图曾经说过：个体在另一个人身上寻找的，不是他自己的另一半，而是与他的灵魂结合在一起的真理。张幼仪显然不是徐志摩的真理，林徽因以及后来的陆小曼才是他追求的真理，张幼仪几乎不幸地站在了真理的对立面。这是她无法摆脱的悲哀和不幸。

张幼仪1949年去了香港，认识了租她房屋的苏记之——一位专门治花柳病的医生。这位医生性情温和，谈吐风雅，不料老婆弃他而去，他独自抚养四个孩子。相似的命运让房东与房客惺惺相惜，加上宛如一家人地住在一起，难免日久生情。1953年，苏记之向张幼仪求婚了。

张幼仪先后给自己的二哥张君劢、四哥张公权、儿子阿欢写了信。二哥当年规定妹妹离婚后五年内不许再嫁，现在三十多年过去了，是多少个五年，于是回了个电报，只有一个字“好”，可是回到家里又反悔了，跑回去又拍了个电报，变成两个字“不好”。四哥当年为妹妹做媒失败，自己对原配也不满意，处理自己的问题很干脆，离婚娶了个知识女性，对妹妹却另有要求，不许她再嫁。现在面对孤苦了大半辈子的妹妹的来信，他未置可否，说“让我考虑考虑”。只有儿子阿欢的信让张幼仪泪流满面，放下一颗心。信写得通情达理，情真意切，“母职已尽，母心宜慰，谁慰母氏？谁伴母氏？母如得人，儿请父事”。

1953年8月，张幼仪和苏记之在日本东京一家大酒店举行了婚礼，五十三岁的张幼仪漂泊到此，终于找到了一个停靠的港湾。两位历经沧桑的“好”人终于找到了自己的另一半，和美平静地生活了二十年，苏记之因为肠癌先走一步。

张幼仪来到美国，希望和儿子一家生活在一起，不料遭到儿媳拒绝："你姓苏，我们姓徐，不能住在一个屋檐下。"面对亲情的疏离，七十多岁的老人依然沿袭着她一贯的坚强和隐忍，在儿子家附近住下来，开始她有规律的生活：每天七点半起床，做完操吃早餐，一碗麦片粥，一个白煮蛋；平时上上老年课程，德文班、有氧操、编织班之类的；每周还搓一次麻将，允许自己有两百美元的输赢。还是按部就班，有条不紊。

在徐志摩的各版本传记里，张幼仪也只有薄薄的几页，在徐志摩活色生香的感情生活里，她是惨淡、单调的一笔，没有人过多地关注她。她自己也沉默着，从不向别人披露那些陈年往事。直到20世纪80年代，她九弟的孙女张邦梅在哈佛大学图书馆无意中发现，她的姑奶奶竟然是大诗人徐志摩的原配夫人。这才有了1983年到1988年五年间，两代人陆陆续续的谈心，也才有了《小脚与西服——张幼仪与徐志摩的家变》，才让我们对张幼仪多有了一些了解。

张幼仪没能看到这本记录了她一生悲欢的书，面对孙辈的逼问，她在临终前终于梳理清楚自己对徐志摩的感情，"我没办法说什么叫爱，我这辈子从来没有跟人说过'我爱你'。如果照顾徐志摩和他的家人叫作爱的话，那我大概爱他吧。在他一生当中遇到的几个女人里面，说不定我最爱他"。

钱家"父子精英"是怎样炼成的

□赖　晨

钱三强是著名的核物理学家，中国科学院院士，其父钱玄同是著名的国学大师、语言学教授、五四新文化运动的闯将。那么，钱玄同是怎样教育自己的儿子走上科学之路的呢？

钱玄同对儿子的教育持趋新开放的态度：让他接受新式的学校教育，自己选择学习的专业。钱三强在孔德学校，识字从学国语和罗马字母开始，读的是"人、手、足、刀、斥"和注音字母，钱玄同为他订了中华书局和商务印书馆出版的《小朋友》《儿童世界》作为课外读物。五四运动之后，钱玄同给他的课外读物，还有《小说月报》《创造季刊》《语丝》；旧小说如《儒林外史》《水浒》《西游记》《红楼梦》《镜花缘》《三国演义》；新小说如《呐喊》《彷徨》《鲁滨逊漂流记》《爱丽思漫游奇境记》等。这些课外读物丰富了钱三强的课外生活。

一个国学大师的儿子为何转向自然科学呢？钱玄同教育钱三强要认真学好外语和自然科学："一个人应该有科学的头脑，对于一切事物，应该用自己的理智去分析，研求真相，判断其是非、对错，然后定改革的措施。"这些话深深地印在钱三强的脑海里。

"别忘记，你是属牛的，要拿出一股牛劲来。"这是钱玄同鼓励儿子最常用的一句话。1933年，20岁的钱三强正在清华大学学习，那年的"双十"节，钱玄同题赠儿子"从牛到爱"四个字，鼓励儿子要学习牛顿和爱因斯坦。钱三强把这四个字当作座右铭，终生挂在室内举目可及的地方。

正是父亲的鼓励，给了钱三强极大的鼓励和动力，一次次坚定了信心，从而不断攀登科学高峰，取得一次次成功。

鲁迅评点萧红穿衣

□任万杰

鲁迅先生给人一种不修边幅的感觉，从他那短发、穿长裤、吸烟的形象就能看出来。如果有人告诉你，他对女人的穿着有研究，你可能不相信，但那就是事实。

萧红的《回忆鲁迅先生》提到：萧红和鲁迅很熟，她天天去鲁迅家做客，将鲁迅尊称为周先生，对他的妻子许广平，很尊敬地叫许先生。有一次萧红穿了一件新的大红上衣，很宽的袖子，到鲁迅家想让他们表扬一下。

鲁迅先生坐在躺椅上，抽着烟，看见萧红来了，也没有太在意，没说衣服而说了天气：“这天气闷热起来，这就是梅雨天。”许先生忙着做家务，也没有对萧红的衣服加以鉴赏。

萧红坐了一会儿忍不住了，直接问：“周先生，我的衣服漂不漂亮？”

鲁迅先生从上往下看了一眼说：“不大漂亮。”

看萧红有些生气，鲁迅笑了笑补充说：“你的裙子配的颜色不对，并不是红上衣不好看。各种颜色都是好看的，红上衣要配红裙子，不然就是黑裙子，咖啡色的就不行了，这两种颜色放在一起很浑浊。你没看到外国人在街上走的吗？绝没有下边穿一条绿裙子，上边穿一件紫上衣，也没有穿一条红裙子而后穿一件白上衣的。”

鲁迅先生停顿了一下，喝了一口茶，接着说：“你这裙子是咖啡色的，还带格子，颜色浑浊得很，所以把红色衣服也弄得不漂亮了。人瘦不要穿黑衣服，人胖不要穿白衣服；脚长的女人一定要穿黑鞋子，脚短就一定要穿白鞋子；方格子的衣裳胖人不能穿，但比横格子的还好；横格子的胖人穿上，就把胖子更往两边裂着，更显宽了；胖子要穿竖条子的，竖的把人显得长，横的把人显得宽。”

那天鲁迅先生很有兴致，把萧红的一双短筒靴子也略批评了一下，说萧红的短靴是军人穿的，因为靴子的前后都有一条线织的拉手，这拉手应该放在裤子下边的。

萧红问：“周先生，为什么那靴子我穿了很久你不告诉我，现在才想起来呢？现在我不是不穿了吗？我穿的这不是另外的鞋吗？”

鲁迅先生又笑了笑说：“你不穿我才说的，你穿的时候，我一说你该不穿了。”

三毛：站在爱情荒年里憧憬爱情

□三　毛

二十岁，刚刚由一重重的浓雾中升上来，眼前一片大好江山，却不敢快步奔去，只怕那是海市蜃楼。好似二十岁的年纪，不是自大便是自卑，面对展现在这个阶段的人与事，新鲜中透着摸不着边际的迷茫和胆怯。毕竟，这是太看重自己的那份“是否被认同”才产生的心态，回想起来，亦是可怜又可悯的。

我没有参加联考进入大学，而是凭两三篇印成铅字的文章加上两幅画、一封陈情书信才进入当年的文化学院做选读生的。这十分公平，一样缴学费，一起与同学上课，一律参加考试，唯一的不同是，同学们必须穿土黄色的制服参加周会，而我不必，同学们毕业时得到学历的认可，而我没有。不相同的地方，微不足道，心甘情愿地感激。再说，不用穿那种土黄色的外套，实在是太好了。

注册的时候仍是艰难的，排了很久的队伍，轮到自己上前去，讷讷地涨红了脸，名单上不会印出我的名号，一再地解释情况，换来的大半是一句：“你等着，等最后再来办理。”等着等着，眼看办事的人收了文件，挨上去要缴费，换来的往往是讶然与不耐烦：“跟你讲没有你的名字，怎么搞不清楚？”好不容易勉勉强强收了学费，被人睇着冷冷地来上一句：“讲人情进来的嘛——”那时候，虽然总是微微地鞠着躬，心里却马上要死要活起来。

没有讲情，只是在给创办人的信中写出了少年失学的遭遇和苦痛，信中的最后一句话至今记得，说：“区区向学之志，请求成全。”信写得十二分真诚，感动了创办人张晓峰先生。

好在注册这样的事半年才有一次，情况不大会改，但也是值得忍受的，毕竟小忍之下，换来的生活与教化是划算的。记得在入学的前一阵，院长慈爱地问我希望进入哪一门科系选读，我的心在美术系和哲学系之间挣扎了好久。父亲的意思是念美术，因为他一生的梦想是做一名运动家或艺术家，很奇怪的是，他却念了法律。我没有完成父亲的梦，进了听起来便令人茫然无措的哲学系，总认为，哲学是思想训练的基础，多接近它，必然有益的。

大学时代，回忆起来，是除了狂热读书之外，又同时投入恋爱中去的两种情景。那个年纪，对于智慧的追求如饥似渴，而对于一生憧憬的爱情，亦是期待付出和追寻。同学之间，是虚荣的，深觉本身知识的浅薄与欠缺，这使我们产生自卑，彼此比来比去，比的不是容貌和衣着，比不停的是谈吐和思想。要是有个同学看了一本自己尚没有发现的好书，在班上说了出来，起码当时要强的我，必然急着去找一找，细心地阅读体会，下星期夜谈时立即给她好看。这真是虚荣，而也因为这份激励和你死我活的争美，读书成了一生的习惯，却不再为着虚荣的理由了。

恋爱嘛，那也是自自然然，花到了时候与季节，必然是要开的，没有任何理由躲开这自然的现象，只是入了大学，便更加理直气壮起来。

其实，我从小便非常喜欢幻想，小说看多了，生活中接触的少数几个异性，便成了少年情怀中白马王子的替身，他们或是我的老师，或是邻家那个老穿淡蓝衬衫的大学生，或是影片中的男主角，或是贾宝玉，或是林冲，或是堂哥的一位同学……年龄不同，角色各异。这种种想象出来的倾慕使得平淡的生活曲折而复杂，在当时，是一种精神上的维他命，安全而又不可或缺。

进入大学之后，同学之间十二分友爱，这是难能可贵的经验。同学们近乎手足之情的关爱，使我初踏入人群里时，便增加了一份对人世的信任。

虽然哲学系的我们几乎天天腻在一起上课、吃饭、坐车、夜谈、辩论、阅读、郊游，可是彼此之间越来越单纯，好似除了书本及所谓的“人生观法”，再没有可能发生知识之外的化学作用。在那样“不知有汉，无论魏晋”的日子里，内心竟然隐藏着一丝丝欠缺与空虚的感觉。

我知道那是什么。

缺乏爱情的寂寞，是一种潜伏的恐慌，在那种年龄里，如果没有爱情，就是考试得了一百分，也会觉得生命交了白卷，再说，我的学期总平均成绩只有八十五分。

大二的那一年刚刚开始，我拿了一百九十台币的稿费，舍不得藏私，拿出来请全班同学在校园外面的小食店吃中饭。菜还没有上来，门口进来了一个旁系的同学，恰好他认识我们班上的一个同学，双方打了招呼，我们请他一起来吃饭。就在他拉着椅子坐下来的那一霎间，我的心里有声音在说：“噢，你来了。”

选男朋友和买鞋子是十分相似的一件事情，看了几百双鞋，店员小姐不耐烦，追问到底要什么花色和式样的，自己往往说不明白，但是，当你一眼看见一双合意的，立即就知道是它了。可怕的是，视觉心灵上的选择，并不代表那双鞋子舒适合脚，能够穿一辈子。

总而言之，那种灯火阑珊处的蓦然回首，至今想来仍是感动的。这件事情不来则已，一来便立即粉身碎骨，当年不顾一切的爱恋和燃烧，是一个年轻生命中极为需要的经验和明证，证明了一霎永恒的真实存在与价值。

奇怪的是，学业并没有因为生命的关注不同而退步，事实上，我从来没有不关注智慧的追寻，无论在任何情况下。一直跟着这位男朋友——如同亲人般的男同学，到大学三年级。随着相处时日的增加，恋爱并不是小说中形容的空洞和不真实，许多观念的改变、生活的日渐踏实、对文学热烈的爱、对生命的尊重、未来的信心、自我肯定、自我期许……都来自这份爱情中由于对方高于我太多的思想而给予的潜移默化。

结果仍是分手了，知道双方都太年轻，现实生活中没有立即可用的形式可以使这份至情得到成全。

离开台湾的我，在一年后，与这位朋友淡了音讯。

那是自然，是造化，也是最合情合理的一种结束，不能幼稚地视为双方的变心，只能作为一切分离的解释。

相聚时的一切悲欢，付出得真诚，而分别的事实又来得自自然然，没有任何一方在这份肯定的至情中强求以结合为终场，在我看来，这是一种认知与胸襟，其中没有遗憾，有的是极为明确的面对事实的成长。

回想起来，在那样的年纪里，这种对待感情的态度，仍是可贵的，虽然我也同时付出过血泪和反省。

那场恋爱，若一定要用成败来论断的话，它是成功的，其中许多真理，书本中得不着的“直接真理”，使我日后的人生受益极多。

青少年推荐书目

读书即生活，这种生活更活跃也更严肃，这种生活让每个人乐在其中的同时多了一份睿智恒久。青少年需要阅读，更需要进行有益的阅读。我们在广泛考量各家观点的基础上，选出了 10 类适合青少年课外阅读的书籍，希望可以帮助青少年朋友们解决“想阅读却不知读哪本”的苦恼。

中国文学类：

“四大名著”、《东周列国志》冯梦龙、《儒林外史》吴敬梓、《官场现形记》李伯元、《孽海花》曾朴、《阿 Q 正传》鲁迅、《猫城记》老舍、《骆驼祥子》老舍、《围城》钱钟书、《呼兰河传》萧红、《边城》沈从文、《平凡的世界》路遥、《麦秸垛》铁凝、《穆斯林的葬礼》霍达、《钟鼓楼》刘心武、《长恨歌》王安忆、《尘埃落定》阿来、《许三观卖血记》余华、《额尔古纳河右岸》迟子建、《秦腔》贾平凹、《蛙》莫言、《生活秀》池莉、《有只鸽子叫红唇》高行健、《俗世奇人》冯骥才

外国文学类：

《坎特伯雷故事集》[英] 乔叟、《堂·吉诃德》[西班牙] 塞万提斯、《侯爵夫人》[法] 乔治·桑、《呼啸山庄》[英] 艾米莉·勃朗特、《白獠牙》[美] 杰克·伦敦、《死魂灵》[俄] 果戈里、《傲慢与偏见》[英] 简·奥斯汀、《包法利夫人》[法] 福楼拜、《羊脂球》[法] 莫泊桑、《第六病室》[俄] 契诃夫、《百万英镑》[美] 马克·吐温、《战争与和平》[俄] 列夫·托尔斯泰、《欧·亨利短篇小说集》[美] 欧·亨利、《双城记》[英] 狄更斯、《玩偶之家》[挪威] 易卜生、《魔戒》[英]J.R.R·托尔金、《生活在别处》[捷克] 米兰·昆德拉、《十一种孤独》[美] 理查德·耶茨、《布谷鸟的呼唤》[英]J.K. 罗琳、《一个人朝圣》[英] 蕾秋·乔伊斯、《青春咖啡馆》[法] 帕特里克·莫迪亚诺
《抒情歌谣集》[英] 华兹华斯、《飞鸟集》[印度] 泰戈尔、《草叶集》[美] 沃尔特·惠特曼

国学经典类：

《诗经》、《楚辞》、《论语》、《道德经》、《韩非子》、《史记》司马迁、《资治通鉴》司马光、《梦溪笔谈》沈括、《茶经》陆羽、《颜氏家训》颜之推、《文心雕龙》刘勰、《经典常谈》朱自清

青少年推荐书目

散文游记类：

《朱自清散文精选》朱自清、《牛棚杂记》季羡林、《丑陋的中国人》柏杨、
《干校六记》杨绛、《目送》龙应台、《山居笔记》余秋雨、《跨一步，就成功》刘墉、
《遇见未知的自己》张德芬、《观念的水位》刘瑜、《爱默生家的恶客》木心、
《千年一叹》余秋雨、《再见，故宫》安意如、《一路向南》孙民、
《西非丛林的家——我与塞拉利昂曼迪人》梁子

文学历史类：

《中华上下五千年》林汉达等、《图说中国历史》中国地图出版社、
《全球通史》[美]斯塔夫里阿诺斯、《历史是个什么玩意儿》袁腾飞

政治经济类：

《毛泽东传》[英]迪克·威尔逊、《林肯传》[美]戴尔·卡耐基、
《铁娘子撒切尔》[英]约翰·布伦德尔、《你的经济学教科书》[日]山冈道男 浅野忠克、
《牛奶可乐经济学》[美]罗伯特·弗兰克

民俗文化类：

《沈从文说文物》沈从文、
《大中国上下五千年：中国民俗文化大观》《大中国上下五千年》编委会

科技应用类：

《酷科技》[英]克里斯·伍德福特，乔·伍德考克

生物地理类：

《中国国家地理自然百科系列》中国大百科全书出版社、
《我的自然笔记》[美]克莱尔·沃克·莱斯利、
《DK自然发现大百科（精华版）》[英]彼得·邦德等、
《昆虫记》[法]法布尔、《鸟与兽的通俗生活》果壳网、
《大象的时间，老鼠的时间》[日]本川达雄、《玫瑰之吻：花的博物学》[美]伯恩·哈特

科学探索类：

《从一到无穷大》[俄]乔治·伽莫夫、《啊哈，灵机一动》[美]马丁·伽德纳、
《细胞生命的礼赞》[美]刘易斯·托马斯、《自私的基因》[英]理查德·道金斯、
《万物简史》[美]比尔·布莱森、《科学的旅程》[美]雷·斯潘要贝格

书斋·书摘

阅读是一种享受

□张兆钦

大学时，一位很有才华的心理学老师说过的一句话，让我终生难忘："很多同学喜欢说自己一天能读多少页的书，有些人一天能读50页，有些人能读100页。可是一旦你以'页数'为单位来度量读书这种行为时，从一开始你就错了。"

同理，如果你用读了多少本书来形容你的读书经历，这种思路从一开始就错了。

如果你认真读到了书里去，当你沉迷于书中绚烂多彩的世界，当你的观念被翻天覆地地革新，是不会在乎甚至会完全忽略掉今天读了多少页、今年读了多少本的。

阅读是一种享受，但如果读完一本书，没有新的体验、完全不同的视角和观点，不能让你的思维有所改变，特别是读完一本好书之后，想不清楚、说不清楚、写不清楚，也从来没有行动过，那你看书就是在浪费时间。

学而悟道，有时候一本书就够了，有时候一万本都不够。这取决于你读了什么书，更重要的是，你是如何读的：你有没有读进去，把自己活埋在里面，又有没有读出来，敲打出一个新的自己？

一本值得读烂读透的书，需要你去五遍、十遍地读烂读透它。所以建议你重新拿起一本你最崇敬的书，换一种方式，再读一遍、两遍、三遍……

《俗世奇人》

□冯骥才

（节选）

《俗世奇人》是当代著名作家冯骥才创作的小说集，也是冯骥才的第一本小说。全书由19个短篇小说连缀构成，各篇文字极精短，半文半白，带有“三言两拍”笔意。书中所讲之事，多以清末天津市井生活为背景，每篇专讲一个传奇人物生平事迹，素材均收集于长期流传于津门的民间传说，故事生动有趣，读来让人拍案叫绝。冯骥才在这本书的后记里说：“写完了这一组小说，便对此类文本的小说拱手告别”。这样一来，《俗世奇人》便既是绝活又是绝唱，虽出版有年，仍值得再三推荐。

刷子李

码头上的人，全是硬碰硬。手艺人靠的是手，手上就必得有绝活。有绝活的，吃荤，亮堂，站在大街中央；没能耐的，吃素，发蔫，靠边待着。这一套可不是谁家定的，它地地道道是码头上的一种活法。自来唱大戏的，都讲究闯天津码头。天津人迷戏也懂戏，眼刁耳尖，褒贬分明。戏唱得好，下边叫好捧场，像见到皇上，不少名角便打天津唱红唱紫、大红大紫；可要是稀松平常，要哪没哪，戏唱砸了，下边一准起哄喝倒彩，弄不好茶碗摇篮上去；茶叶末子沾满戏袍和胡须上。天下看戏，哪儿也没天津倒好叫得厉害。您别说不好，这一来也就练出不少能人来。各行各业，全有几个本领齐天的活神仙。刻砖刘、泥人张、风筝魏、机器王、刷子李等等。天津人好把这种人的姓，和他们拿手擅长的行当连在一起称呼。叫长了，名字反没人知道。只有这一个绰号，在码头上响当当和当当响。

刷子李是河北大街一家营造厂的师傅。专干粉刷一行，别的不干。他要是给您刷好一间屋子，屋里任嘛甭放，单坐着，就赛升天一般美。最别不叫绝的是，他刷浆时必穿一身黑，干完活，身上绝没有一个白点。别不信！他还给自己立下一个规矩，只要身上有白点，白刷不要钱。倘若没这一本事，他不早饿成干儿了？

但这是传说，人信也不会全信。行外的没见过的不信，行内的生气愣说不信。

一年的一天，刷子李收个徒弟叫曹小三。当徒弟的开头都是端茶、点烟、跟在屁股后边提东西。曹小三当然早就听说过师傅那手绝活，一直半信半疑，这回非要亲眼瞧瞧。

那天，头一次跟随师傅出去干活，到英租界镇南道给李善人新造的洋房刷浆。到了那儿，刷子李跟随管事的人一谈，才知道师傅派头十足。照他的规矩一天

一种纯粹靠读书学来的真理，与我们的关系，就像假肢、假牙、蜡鼻子甚或人工植皮。而由独立思考获得的真理就如我们天生的四肢：只有它们才属于我们。——叔本华

只刷一间屋子。这洋楼大小九间屋，得刷九天。干活前，他把随身带的一个四四方方的小包袱打开，果然一身黑衣黑裤，一双黑布鞋。穿上这身黑，就赛跟地上一桶白浆较上了劲。

一间屋子，一个屋顶四面墙，先刷屋顶后刷墙。顶子尤其难刷，蘸了稀溜溜粉浆的板刷往上一举，谁能一滴不掉？一掉准掉在身上。可刷子李一举刷子，就赛没有蘸浆。但刷子划过屋顶，立时匀匀实实一道白，白得透亮，白得清爽。有人说这蘸浆的手臂悠然摆来，悠然摆去，好赛伴着鼓点，和着琴音，每一摆刷，那长长的带浆的毛刷便在墙面"啪"地清脆一响，极是好听。啪啪声里，一道道浆，衔接得天衣无缝，刷过去的墙面，真好比平平整整打开一面雪白的屏障。可是曹小三最关心的还是刷子李身上到底有没有白点。

刷子李干活还有个规矩，每刷完一面墙，必得在凳子上坐一大会儿，抽袋烟，喝一碗茶，再刷下一面墙。此刻，曹小三借着给师傅倒水点烟的机会，拿目光仔细搜索刷子李的全身。每一面墙刷完，他搜索一遍，居然连一个芝麻大小的粉点也没发现。他真觉得这身黑色的衣服有种神圣不可侵犯的威严。

可是，当刷子李刷完最后一面墙，坐下来，曹小三给他点烟时，竟然瞧见刷子李裤子上出现一个白点，黄豆大小。黑中白，比白中黑更扎眼。完了！师傅露馅了，他不是神仙，往日传说中那如山般的形象轰然倒去。但他怕师父难堪，不敢说，也不敢看，可妨不住还要扫一眼。

这时候，刷子李忽然朝他说话："小三，你瞧见我裤子上的白点了吧。你以为师傅的能耐有假，名气有诈，是吧。傻小子，你再细瞧瞧吧——"

说着，刷子李手指捏着裤子轻轻往上一提，那白点即刻没了，再一松手，白点又出现，奇了！他凑上脸用神再瞧，那白点原是一个小洞！刚才抽烟时不小心烧的。里边的白衬裤打小洞透出来，看上去就跟粉浆落上去的白点一模一样！

刷子李看着曹小三发怔发傻的模样，笑道："你以为人家的名气全是虚的？那你在骗自己。好好学本事吧！"

曹小三学徒头一天，见到听到学到的，恐怕别人一辈子也未准明白呢！

冯五爷

冯五爷是浙江宁波人。冯家出两种人，一经商，一念书。冯家人聪明，脑袋瓜赛粤人翁伍章雕刻的象牙球，一层套一层，每层一花样。所以冯家人经商的成巨富，念书的当文豪做大官。冯五爷这一辈五男二女，他排行末尾。几位兄长远在上海天津开厂经商，早早地成家立业，站住脚跟。唯独冯五爷在家啃书本。他人长得赛条江鲫，骨细如鱼刺，肉嫩如鱼肚，不是赚钱发财的长相，倒是舞文弄墨的材料。凡他念过的书，你读上句，他背下句，这能耐据说只有宋朝的王安石才有。至于他出口成章，落笔生花，无人不服。都说这一辈冯家的出息都在这五爷身上了。

冯五爷二十五，父母入土，他卖房地、携家带口来到天津卫，为的是投兄靠友，谋一条通天路。

他心气高，可天津卫是商埠，毛笔是用来记账的，没人看书，自然也没人瞧得起念书的。比方说，地上有黄金也有书本，您捡哪样？别人发财，冯五爷眼热，脑筋一歪，决意下海做买卖。但此道他一窍不通，干哪行呢？

中国人想赚钱，第一个念头便是开饭馆。民以食为天，民为食花钱。于冯五爷拿定主意，开个宁波风味的馆子，便在马家口的闹市里，选址盖房，取名"状元楼"。择个吉日，升匾挂彩，燃鞭放炮，饭馆开张了。冯五爷身穿藏蓝暗花大褂，胸前晃着一条纯金表链，地道的老板打扮，站在大厅迎宾迎客，应付八方。念书的人，讲究礼节，谈吐又好，很得人缘。再说，状元楼是天津卫独一家宁波馆，海鱼河虾都是天津人解馋的食品，在宁波厨子手里一做，比活鱼活虾还鲜。故此开张以来，天天坐满堂，晚上一顿还得"翻台"，但赚钱并不多。冯五爷纳闷，天天一把把银钱，都落到哪儿去了？往后再瞧账，哟，反倒出了赤字！

一日，一个打宁波帮工来的

小伙计，斗着胆子告诉他，厨房里的鸡鸭鱼肉，进到客人嘴里的有限，大多给厨子伙计们截墙扔出去，外边有人接应。状元楼有多少钱经得住天天往外扔？

冯五爷盛怒之后，除去那个打宁波老家带来的胖厨子没动，其余伙计全轰走，斩草除根换一拨人，还在后院墙头安装电网，以为从此相安无事，可账上仍是赤字，怎么回事？

又一日，住在状元楼邻近一位婆子对他说，每天后晌，垃圾车一到，一摇铃铛，打状元楼里抬出的七八个土箱子，只有上边薄薄一层是垃圾，下边全是铁皮罐头、整袋咸鱼、好酒好烟。原来内外勾结，用这法儿把东西弄走。这不等于拿土箱子每天往外抬钱吗？冯五爷赶在一个后晌倒垃圾的时候，上前一查，果然如此。大怒之下，再换一拨人。人是换了，但账本上的赤字还是没有换掉。

冯五爷不信自己无能。天天到馆子瞪大眼珠，内内外外巡视一番，却看不出半点儿毛病。状元楼就赛破皮球，撒气漏风，眼瞅着败落下来。饭厅有时只开半边灯了。

再一日，身边使唤的小僮对他说，外头风传，状元楼里最大的偷儿不是别人，就是那个打老家带来的胖厨子。据说他偷瘾极大，而且偷术极高，绝对查看不出。冯五爷不肯相信，这胖厨子当年给自己父亲做饭，胖厨子的父亲给自己爷爷做饭，他家的根早扎在冯家了。倘若他是贼，谁还会不是贼？

但是，冯五爷究竟干了两年的买卖，看到的假笑比真笑多，听到的假话比真话多，心里也多了一个心眼儿了。当日晚上，状元楼该关灯闭门时候，冯五爷带着小僮到饭馆前厅，搬一把藤椅，撂在通风处，仰面一躺，说是歇凉，实是捉贼。

等了不久，胖厨子封上炉火，打后头厨房出来，正要回家。他光着脑袋一身肉，下边只穿一条大白裤衩，趿拉一双破布鞋，肩上搭一条汗巾，手提一盏纸灯笼。他瞅见老板，并不急着脱身离去，而是站着说话。那模样赛是说："您就放开眼瞧吧！

冯五爷嘴里搭讪，一双文人的锐目利眼却上上下下打量他，心中一边揣度——这光头光身，往哪儿藏掖？破鞋里也塞不了一盒烟呵！裤衩虽大，但给大厅里来回来去的风一吹，大腿屁股的轮廓都看得清清楚楚，还能有嘛？是不是搭在肩上那条擦汗的手巾里裹着点什么？心刚生疑，不等他说，胖厨子已把汗巾从肩上拿下，甩手扔给小僮，说道："外边都凉了，我带这条大毛巾做什么，烦你给搭在后院的晾衣绳上吧！"说完辞过冯五爷，手提灯笼，大摇大摆走了。

冯五爷叫小僮打开毛巾，里头嘛也没有，差点儿冤枉好人。

可是转天，这小僮打听到，胖厨子昨晚使的花活，在那灯笼上。原来插洋蜡的灯座不是木头的，而是拿一块冻肉镟的，这块肉足有二斤沉！可人家居然就在冯五爷眼皮子底下，使灯照着，大模大样提走了，真叫绝了！

冯五爷听罢，三天没说话，第四天就把状元楼关了。有人劝他重返文苑，他摇头叹息。念书得信书。他连念书的人能耐还是不念书的人能耐都弄不清，哪还会有念书的心思？

范仲淹的"穷读"

□毕家龙

宋·魏泰《东轩笔录》："公与刘某同在长白山醴泉寺僧舍读书，日作粥一器，分为四块，早暮取二块，断齑数茎，入少盐以啖之。如此者三年。"

范仲淹年轻的时候，勤奋读书。每天煮一锅粥，等冷却凝固了，分为四块，早晚各吃两块。就着几根咸菜，稀饭里拌一点儿盐，这样整整吃了三年。

《猫城记》（节选）

□老舍

《猫城记》可以称得上是中国最早的科幻类小说，故事讲述的是一架飞往火星的飞机在碰撞到火星的一刹那机毁人亡，只剩下“我”幸存下来，却被一群长着猫脸的外星人带到了他们的猫城，开始了艰难的外星生活。老舍先生在1932年完成了这部当时称得上异类的《猫城记》，当年代表世界文坛最高荣誉的诺贝尔文学奖曾经钟情于它。从某种意义上来说，这部作品在当时可算得上是一部超越时代的作品。当这部作品被介绍到西方时，这种题材及风格使深受西方读者的喜爱。有消息说，在1968年，诺贝尔奖已经决定将奖颁给老舍，只是由于他已辞世而改将奖颁给日本作家川端康成。

树林绿得多了。四围的灰空气也正不冷不热，不多不少的合适。灰气绿树正有一种诗意的温美。潮气中，细闻，不是臭的了，是一种浓厚的香甜，象熟透了的甜瓜。“痛快”不足以形容出我的心境。“麻醉”，对，“麻醉”！那两片树叶给我心中一些灰的力量，然后如鱼得水的把全身浸渍在灰气之中。

我蹲在树旁。向来不喜蹲着；现在只有蹲着才觉得舒坦。

开始细看那个猫人；厌恶他的心似乎减去很多，有点觉得他可爱了。

所谓猫人者，并不是立着走，穿着衣服的大猫。他没有衣服。我笑了，把我上身的碎布条也拉下去，反正不冷，何苦挂着些零七八碎的呢。下身的还留着，这倒不是害羞，因为我得留着腰带，好挂着我的手枪。其实赤身佩带挂手枪也未尝不可，可是我还舍不得那盒火柴；必须留着裤子，以便有小袋装着那个小盒，万一将来再被他们上了脚镣呢。把靴子也脱下来扔在一边。

往回说，猫人不穿衣服。腰很长，很细，手脚都很短。手指脚指也都很短。（怪不得跑得快而作事那么慢呢，我想起他们给我上锁镣时的情景。）脖子不短，头能弯到背上去。脸很大，两个极圆极圆的眼睛，长得很低，留出很宽的一个脑门。脑门上全长着细毛，一直的和头发——也是很细冗——联上。鼻子和嘴联到一块，可不是象猫的那样俊秀，似乎象猪的，耳朵在脑瓢上，很小。身上都是细毛，很光润，近看是灰色的，远看有点绿，象灰羽毛纱的闪光。身腔是圆的，大概很便于横滚。胸前有四对小乳，八个小黑点。

他的内部构造怎样，我无从知道。

他的举动最奇怪的，据我看是他的慢中有快，快中有慢，使我猜不透他的立意何在；我只觉得他是非常的善疑。他的手脚永不安静着，脚与手一样的灵便；用手脚似乎较用其他感官的时候多，东摸摸，西摸摸，老动着；还不是摸，是触，好象蚂蚁的触角。

究竟他把我拉到此地，喂我树叶，是什么意思呢？我不由的，也许是那两片树叶的作用，要问了。可是怎样问呢？言语不通。

三四个月的工夫，我学会了猫话。马来话是可以在半年内学会的，猫语还要简单的多。四五百字来回颠倒便可以讲说一切。自然许多事与道理是不能就这么讲明白的，猫人有办法：不讲。形容词与副词不多，名词也不富裕。凡是象迷树的全是迷树：大迷树，小迷树，圆迷树，尖迷树，洋迷树，大洋迷树……其实这是些决不相同的树。迷树的叶便是那能使人麻醉的宝贝。代名词是不大用的，根本没有关系代名词。一种极儿气的语言。其实只记住些名词便够谈话的了，动词是多半可以用手势帮忙的。他们也有文字，一些小楼小塔似的东西，很不好认；普通的猫人至多只能记得十来个。

大蝎——这是我的猫朋友的名字——认识许多字，还会作诗。把一些好听的名词堆在一处，不用有任何简单的思想，便可以成一首猫诗。宝贝叶宝贝花宝贝山宝贝猫宝贝肚子……这是大蝎的“读史有感”。猫人有历史，两万多年的文明。会讲话了，我明白过来一切。大蝎是猫国的重要人物，大地主兼政客、诗人与军官。大地主，因为他有一大片迷树，迷叶是猫人食用的食物。他为什么养着我，与这迷叶大有关系。据他说，他拿出几块历史来作证——书都是石头做的，二尺见方半寸来厚一块，每块上有十来个极复杂的字——五百年前，他们是种地收粮，不懂什么叫迷叶。忽然有个外国人把它带到猫国来。最初只有上等人吃得起，后来他们把迷树也搬运了来，于是大家全吃入了瘾。不到五十年的工夫，不吃它的人是例外了。吃迷叶是多么舒服，多么省事的；可是有一样，吃了之后虽然精神焕发，可是手脚不爱动，于是种地的不种了，作工的不作了，大家闲散起来。政府下了令：禁止再吃迷叶。下令的第一天午时，皇后瘾得打了皇帝三个嘴巴子——大蝎搬开一块历史——皇帝也瘾得直落泪。当天下午又下了令：定迷叶为“国食”。在猫史上没有比这件事再光荣再仁慈的，大蝎说。

自从迷叶定为国食以后的四百多年，猫国文明的进展比以前加速了好几倍。吃了迷叶不喜肉体的劳动，自然可以多作些精神事业。诗艺，举个例说，比以前进步多了；两万年来的诗人，没有一个用过“宝贝肚子”的。

可是，这并不是说政治上与社会上便没有了纷争。在三百年前，迷树的种植是普遍的。可是人们越吃越懒，慢慢的连树也懒得种了。又恰巧遇上一年大水——大蝎的灰脸似乎有点发白，原来猫人最怕水——把树林冲去了很多。没有别的东西吃，猫人是可以忍着的；没有迷叶，可不能再懒了。到处起了抢劫。抢案太多了，于是政府又下了最合人道的命令：抢迷叶吃者无罪。这三百年来是抢劫的时代；并不是坏事，抢劫是最足以表现个人自由的，而自由又是猫人自有史以来的最高理想。

（按：猫语中的“自由”，并不与中国话中的相同。猫人所谓自由者是欺侮别人，不合作，捣乱……男男授受不亲即由此而来，一个自由人是不许别人接触他的，彼此见面不握手或互吻，而是把头向后扭一扭表示敬意。）

“那么，你为什么还种树呢？”我用猫语问——按着真正猫语的形式，这句话应当是：脖子一扭（表示“那么”），用手一指（你），眼球转两转（为什么），种（动词）树？“还”字没法表示。

大蝎的嘴闭上了一会儿。猫人的嘴永远张着，鼻子不大管呼吸的工作，偶尔闭上表示得意或深思。他的回答是：现在种树的人只有几十个了，都是强有力的人——政客军官诗人兼地主。他们不能不种树，不种便丢失了一切势力。作政治需要迷叶，不然便见不到皇帝。作军官需要迷树，它是军饷。作诗必定要迷叶，它能使人白天作梦。总之，迷叶是万能的，有了它便可以横行一世。“横行”是上等猫人口中最高尚的一个字。

设法保护迷林是大蝎与其他地主的首要工作。他们虽有兵，但不能替他们作事。猫兵是讲自由的，只要迷叶吃，不懂得服从命令。他们自己的兵常来抢他们，这在猫人心中——由大蝎的口气看得出——是最合逻辑的事。究竟谁来保护迷林呢？外国人。每个地主必须养着几个外国人作保护者。猫人的敬畏外国人是天性中的一个特点。他们的自由不能使五个兵在一块住三天而不出人命，和外人打仗是不可能的事。大蝎附带着说，很得意的，“自相残杀的本事，一天比一天大，杀人的方法差不多与作诗一样巧妙了”。

“杀人成了一种艺术，”我说。猫语中没有“艺术”，经我解释了半天，他还是不能明白，但是他记住这两个中国字。

在古代他们也与外国打过仗，而且打胜过，可是在最近五百年中，自相残杀的结果叫他们完全把打外国人的观念忘掉，而一致的对内。因此也就非常的怕外国人；不经外国人主持，他们的皇帝连迷叶也吃不到嘴。

三年前来过一只飞机。哪里来的，猫人不晓得，可是记住了世界上有种没毛的大鸟。

我的飞机来到，猫人知道是来了外国人。他们只能想到我是火星上的人，想不到火星之外还有别的星球。

大蝎与一群地主全跑到飞机那里去，为是得到个外国人来保护迷林。他们原有的外国保护者不知为什么全回了本国，所以必须另请新的。

他们说好了：请到我之后，大家轮流奉养着，因为外国人在最近是很不易请到的。“请”我是他们的本意，谁知道我并没有长着猫脸，他们向来没见过象我这样的外国人。他们害怕的了不得；可是既而一看我是那么老实，他们决定由“请”改成“捉”了。他们是猫国的“人物”，所以心眼很多，而且遇到必要的时候也会冒一些险。现在想起来，设若我一开首便用武力，准可以把他们吓跑；可是幸而没用武力，因为就是一时把他们吓跑，他们决不会甘心罢休，况且我根本找不到食物。从另一方面说呢，这么被他们捉住，他们纵使还怕我，可是不会“敬”我了。果然，由公请我改成想独占了，大蝎与那一群地主全看出便宜来：捉住我，自然不必再与我讲什么条件，只要供给点吃食便行了，于是大家全变了心。背约毁誓是自由的一部分，大蝎觉得他的成功是非常可自傲的。

把我捆好，放在小船上，他们全绕着小道，上以天作顶的小屋那里去等我。他们怕水，不敢上船。设若半路中船翻了，自然只能归罪于我的不幸，与他们没关系。那个小屋离一片沙地不远，河流到沙地差不多就干了，船一定会停住不动。

把我安置在小屋中，他们便回家去吃迷叶。他们的身边不能带着这个宝贝；走路带着迷叶是最危险的事；因此他们也就不常走路；此次的冒险是特别的牺牲。

有家属没有呢？他点点头。“收了迷叶便回家，你与我一同去。”

他还有利用我的地方，我想，可是：“家在哪里？”“京城，大皇帝住在那里。有许多外国人，你可以看看你的朋友了。”

“我是由地球上来的，不认识火星上的人。”

“反正你是外国人，外国人与外国人都是朋友。”不必再给他解释；只希望快收完迷叶，好到猫城去看看。

难以畅销的“畅销书”

□王昊军

20世纪40年代，美国出版了7000多种图书，但是，其中只有10种图书成为畅销书。所以，当时美国的许多出版商都感慨地说：“任何一种图书要成为畅销书，只有七百分之一的可能。”

有一个纽约的出版商为了抓住商机大赚一把，做了一个市场调查，结果他发现，这一年美国销路最佳的畅销书有三种，一种是与美国总统林肯有关，一种是与医生有关，还有一种是与狗有关。这个出版商做完市场调查后，就打起了如意算盘，他满怀侥幸地想，若是把这三种畅销书所述说的内容掺杂在一起出版一本书，肯定会成为畅销书，那样，自己就能赚不少的钱。

于是，这个怀着侥幸心理的出版商花费大本钱出了一本书，书名就叫《林肯总统的内科医生的宠物狗》。

结果，这本书的销路却格外差，成了难以畅销的“畅销书”。

《呼兰河传》（节选）

□萧　红

《呼兰河传》是中国著名女作家萧红创作的一部自传体小说，1940年写于香港。小说共分7章，前有序后有尾声，由著名文学巨匠茅盾作序。本书描绘了萧红童年的家乡——东北边陲小镇呼兰河的风土人情，通过孩童天真轻松的观察视角，展示了萧红独特的童年体验。浑重而又轻盈的文笔，造就了她“回忆式”的巅峰之作。茅盾曾这样评价这部小说的艺术成就：它是一篇叙事诗，一片多彩的风土画，一串凄婉的歌谣。

等我睡醒了，回到屋里去，老厨子第一个就告诉我：“老胡家的团圆媳妇来啦，你还不知道，快吃了饭去看吧！”

老厨子今天特别忙，手里端着一盘黄瓜菜往屋里走，因为跟我指手划脚地一讲话，差一点没把菜碟子掉在地上，只把黄瓜丝打翻了。

我一走进祖父的屋去，只有祖父一个人坐在饭桌前面，桌子上边的饭菜都摆好了，却没有人吃，母亲和父亲都没有来吃饭，有二伯也没有来吃饭。

祖父一看见我，祖父就问我：“那团圆媳妇好不好？”

大概祖父以为我是去看团圆媳妇回来的。我说我不知道，我在草棵里边吃天星星来的。

祖父说：“你妈他们都去看团圆媳妇去了，就是那个跳大神的老胡家。”祖父说着就招呼老厨子，让他把黄瓜菜快点拿来。

醋拌黄瓜丝，上边浇着辣椒油，红的红，绿的绿，一定是那老厨子又重切了一盘的，那盘我眼看着撒在地上了。

祖父一看黄瓜菜也来了，祖父说：“快吃吧，吃了饭好看团圆媳妇去。”

老厨子站在旁边，用围裙在擦着他满脸的汗珠，他每一说话就眨巴眼睛，从嘴里往外喷着唾沫星。他说：“那看团圆媳妇的人才多呢！粮米铺的二老婆，带着孩子也去了。后院的小麻子也去了，西院老杨家也来了不少的人，都是从墙头上跳过来的。”

他说他在井沿上打水看见的。

经他这一喧惑，我说：“爷爷，我不吃饭了，我要看团圆媳妇去。”

祖父一定让我吃饭，他说吃了饭他带我去。我急得一顿饭也没有吃好。

我从来没有看过团圆媳妇，我以为团圆媳妇不知道多么好看呢！越想越觉得一定是很好看的，越着急也越觉得是非特别好看不可。不然，为什么大家都去看呢。不然，为什么母亲也不回来吃饭呢。

越想越着急，一定是很好的节目都看过。若现在就去，还多少看得见一点，若再去晚了，怕是就来不及了。我就催促着祖父。

“快吃，快吃，爷爷快吃吧。”

那老厨子还在旁边乱讲乱说，祖父间或问他一两句。

我看那老厨子打扰祖父吃饭，我就不让那老厨子说话。那老厨子不听，还是笑嘻嘻地说。我就下地把老厨子硬推出去了。

祖父还没有吃完，老周家的周三奶又来了，是她说她的公鸡总是往我这边跑，她是来捉公鸡的。公鸡已经捉到了，她还不走，她还扒着玻璃窗子跟祖父讲话，她说："老胡家那小团圆媳妇过来，你老爷子还没去看看吗？那看的人才多呢，我还没去呢，吃了饭就去。"

祖父也说吃了饭就去，可是祖父的饭总也吃不完。一会要点辣椒油，一会要点咸盐面的。我看不但我着急，就是那老厨子也急得不得了了。头上直冒着汗，眼睛直眨巴。

祖父一放下饭碗，连点一袋烟我也不让他点，拉着他就往西南墙角那边走。

一边走，一边心里后悔，眼看着一些看热闹的人都回来了。为什么一定要等祖父呢？不会一个人早就跑着来吗？等真的进屋一看，全然不是那么一回事，母亲，周三奶奶，还有些个不认的人，都在那里，与我想像的完全不一样，没有什么好看的，团圆媳妇在哪儿？我也看不见，经人家指指点点的，我才看见了。不是什么媳妇，而是一个小姑娘。

我一看就没有兴趣了，拉着爷爷就向外边走，说："爷爷回家吧。"

等第二天早晨她出来倒洗脸水的时候，我看见她了。

她的头发又黑又长，梳着很大的辫子，普通姑娘们的辫子都是到腰间那么长，而她的辫子竟快到膝间了。她脸长得黑忽忽的，笑呵呵的。

院子里的人，看过老胡家的团圆媳妇之后，没有什么不满意的地方。不过都说太大方了，不像个团圆媳妇了。

周三奶奶说："见人一点也不知道羞。"

隔院的杨老太太说："那才不怕羞呢！头一天来到婆家，吃饭就吃三碗。"

周三奶奶又说："哟哟！我可没见过，别说还是一个团圆媳妇，就说一进门就姓了人家的姓，也得头两天看看人家的脸色。哟哟！那么大的姑娘。她今年十几岁啦？"

"听说十四岁么！"

"十四岁会长得那么高，一定是瞒岁数。"

"可别说呀！也有早长的。"

"可是他们家可怎么睡呢？"

"可不是，老少三辈，就三铺小炕……"

这是杨老太太扒在墙头上和周三奶奶讲的。

至于我家里，母亲也说那团圆媳妇不像个团圆媳妇。

老厨子说："没见过，大模大样的，两个眼睛骨碌骨碌地转。"

有二伯说："介（这）年头是啥年头呢，团圆媳妇也不像个团圆媳妇了。"

只是祖父什么也不说，我问祖父："那团圆媳妇好不好？"

祖父说："怪好的。"

于是我也觉得怪好的。

她天天牵马到井边上去饮水，我看见她好儿回，中间没有什么人介绍，她看看我就笑了，我看看她也笑了。我问她十几岁？她说："十二岁。"

我说不对。

"你十四岁的，人家都说你十四岁。"

她说："他们看我长得高，说十二岁怕人家笑话，让我说十四岁的。"

我不知道，为什么长得高还让人家笑话，我问她："你到我们草棵子里去玩好吧！"

她说："我不去，他们不让。"

过了没有几天，那家就打起团圆媳妇来了，打得特别厉害，那叫声无管多远都可以听得见的。

邻居左右因此又都议论起来，说早就该打的，哪有那样的团圆媳妇一点也不害羞，坐到那儿坐得笔直，走起路来，走得风快。

她的婆婆在井边上饮马，和周三奶奶说："给她一个下马威。你听着吧，我回去我还得打她呢，这小团圆媳妇才厉害呢！没见过，你拧她大腿，她咬你；再不然，她就说她回家。"

从此以后，我家的院子里，天天有哭声，哭声很大，一边哭，一边叫。

后来越打越厉害了，不分昼夜，我睡到半夜醒来和祖父念诗的时候，念着念着就听西南角上哭叫起来了。清早醒了，正在念"春眠不觉晓"的时候，那西南角上的哭声又来了。

一直哭了很久，到了冬天，这哭声才算没有了。

迟子建是当今文坛一颗耀眼的明星，她是唯一一位三次获得鲁迅文学奖、两次获得冰心散文奖、一次获得庄重文文学奖、澳大利亚悬念句子文学奖和茅盾文学奖的作家。《额尔古纳河右岸》在《收获》杂志上登载以来，受到读者和评论家的热切关注，被媒体称为最值得期待的书之一，也是我国第一部描述东北少数民族鄂温克人生存现状及百年沧桑的长篇小说。女作家迟子建以年届九旬的鄂温克族最后一位酋长的女人的自述口吻，向我们讲述了这个弱小民族顽强的抗争和优美的爱情。小说语言精妙，以简约之美写活了一群鲜为人知、有血有肉的鄂温克人。小说以小见大，以一曲对弱小民族的挽歌，写出了人类历史进程中的悲哀，其文学主题具有史诗品格与世界意义。迟子建也凭借《额尔古纳河右岸》获得包括第七届茅盾文学奖在内的多项大奖。

《额尔古纳河右岸》

□迟子建

（节选）

我是个鄂温克女人。

我是我们这个民族最后一个酋长的女人。

我出生在冬天。我的母亲叫达玛拉，父亲叫林克。母亲生我的时候，父亲猎到了一头黑熊。为了获取上好的熊胆，父亲找到熊“蹲仓”的树洞后，用一根桦木杆挑逗它，把冬眠的熊激怒，才举起猎枪打死它。熊发怒的时候，胆汁旺盛，熊胆就会饱满。父亲那天运气不错，他收获了两样东西：一个圆润的熊胆，还有我。

我初来人间听到的声音，是乌鸦的叫声。不过那不是真的乌鸦发出的叫声。由于猎到了熊，全乌力楞的人聚集在一起吃熊肉。我们崇拜熊，所以吃它的时候要像乌鸦一样“呀呀呀”地叫上一刻，想让熊的魂灵知道，不是人要吃它们的肉，而是乌鸦。

很多出生在冬季的孩子，常由于严寒致病而夭折，我有一个姐姐就是这样死去的。她出生时漫天大雪，父亲去寻找丢失的驯鹿。风很大，母亲专为生产而搭建的希楞柱被狂风掀起了一角，姐姐受了风寒，只活了两天就走了。如果是小鹿离开了，她还会把美丽的蹄印留在林地上，可姐姐走得像侵蚀了她的风一样，只叫了那么一刻，就无声无息了。姐姐被装在一个白布口袋里，扔在向阳的山坡上了。这让我母亲很难过。所以生我的时候，母亲把希楞柱的兽皮围子弄得严严实实的，生怕再有一缕寒风伸出吃人的舌头，带走她的孩子。当然，这些话都是我长大后母亲告诉我的。她说我出生的那天晚上，全乌力楞的人在雪地上点起篝火，吃着熊肉跳舞。尼都萨满跳到火里去了，他的鹿皮靴子和狍皮大衣沾了火星，竟然一点都没伤着。

尼都萨满是我父亲的哥哥，是我们乌力楞的族长，我叫他额格都阿玛，就是伯父的意思。我的记忆是由他开始的。除了死去的姐姐，我还有一个姐姐，叫列娜。那年秋天，列娜病了。她躺在希楞柱的狍皮褥子上，发着高烧，不吃不喝，昏睡着，说着胡话。父亲在希楞柱的东南角搭了一个四柱棚，宰杀了一只白色的驯鹿，请尼都萨满来给列娜跳神。额格都阿玛是个男人，可因为他是萨满，平素的穿着就得跟女人一样。他跳神的时候，胸脯也被垫高了。他很胖，披挂上沉重的神衣神帽后，我想他一定不会转身了。然而他击打着神鼓旋转起来是那么轻盈。他一边舞蹈一边歌唱着，寻找着列娜的“乌麦”，也就是我们小孩子的灵魂。他从黄昏开始跳，一直跳到星星出来，后来他突然倒在地上。他倒地的一瞬，列娜坐了起来。列娜朝母亲要水喝，还说她饿了。而尼都萨满苏醒后告诉母亲，一只灰色的驯鹿崽代替列娜去一个黑暗的世界了。母亲拉着我的手走出希楞柱，我在星光下看见了先前还是活蹦乱跳的小驯鹿已经一动不动地倒在地上了。我攥紧母亲的手，打了个深深的寒战。我所能记住的最早的事情，就是这个寒战，那年我四五岁光景吧。

我从小看到的房屋就是像伞一样的希楞柱，我们也叫它“仙人柱”。希楞柱很容易建造，砍上二三十根落叶松干，锯成两人高的样子，剥了皮，将一头削尖了，让尖头朝向天空，汇集在一起；松木干的另一端则贴着地，均匀地散布开来，好像无数条跳舞的腿，形成一个大圆圈，外面苫上挡风御寒的围子，希楞柱就建成了。早期我们用桦皮和兽皮做围子，后来很多人用帆布和毛毡了。

我喜欢住在希楞柱里，它的尖顶处有一个小孔，自然而然成了火塘排烟的通道。我常在夜晚时透过这个小孔看星星。从这里看到的星星只有不多的几颗，但它们异常明亮，就像是擎在希楞柱顶上的油灯似的。

尽管我父亲不愿意到尼都萨满那里去，但我爱去。因为那座希楞柱里不光住着人，还住着神。我们的神统称为“玛鲁”，它们被装在一个圆形皮口袋里，供奉在希楞柱入口的正对面。大人们出猎前，常常要在神像前磕头。这使我很好奇，总是央求尼都萨满，让他把皮口袋解下来，让我看看神什么样子。神身上有肉吗？神会说话吗？神在深更半夜会像人一样打呼噜吗？尼都萨满每次听到我这样跟他说玛鲁神，都要拿起他跳神用的鼓槌，将我轰出。

尼都萨满和我父亲一点也不像亲兄弟。他们很少在一起说话，狩猎时也从不结伴而行。父亲非常清瘦，尼都萨满却很胖。父亲是个打猎高手，尼都萨满行猎时却往往是空手而回。父亲爱说话，而尼都萨满哪怕是召集乌力楞的人商议事情，说出的话也不过是只言片语。据说只有我出生的那天，他因为前一夜梦见了一只白色的小鹿来到我们的营地，对我的降生就表现出无比的欣喜，喝了很多酒，还跳了舞，跳到篝火中去了。

父亲爱和母亲开玩笑，他夏季时常指着她说，达玛拉，伊兰咬着你的裙子啦！伊兰是我们家猎犬的名字。母亲在全乌力楞的女人中是最能干的。她有着浑圆的胳膊，健壮的腿。她宽额头，看人时总笑眯眯的，很温存。别的女人终日在头上包着一块蓝头巾，而她是裸露着头发的。她将那茂密乌黑的发丝绾成一个发髻，上面插着一支月白色的鹿骨打磨成的簪子。

达玛拉，你过来！父亲常常这样召唤她，就像召唤我们一样。母亲慢吞吞地走到他身边，父亲往往只是笑着扯一下她的衣襟，说，没事了，你走吧！母亲努一下嘴，不说什么，接着忙她的活去了。

我和列娜从小就跟着母亲学活计，熟皮子，熏肉干，做桦皮篓和桦皮船，缝狍皮靴子和手套，烙格列巴饼，挤驯鹿奶，做鞍桥等。父亲看我和列娜像两只蝴蝶离不开花朵一样绕着母亲飞，就嫉妒地说，达玛拉，你一定得送给我个乌特！“乌特”就是儿子的意思。

而我和列娜，像我们这个民族的其他女孩一样，被叫作“乌娜吉”。父亲管列娜叫“大乌娜吉”，我则成了“小乌娜吉”。

《钟鼓楼》（节选）

□刘心武

《钟鼓楼》是当代作家刘心武的第一部长篇小说。小说讲述了1982年某一天发生在北京钟鼓楼一带的故事。文中生动的语言和心理描写，真实地反映了20世纪80年代初北京市民的社会生活面貌。市井的悲欢和琐碎的生活中映现着几代人的命运，有人说它是一部洋溢着浓郁京味的现代《清明上河图》。作家刘心武也凭借《钟鼓楼》荣获第二届茅盾文学奖。

女大学生单相思的可爱小伙

一个女大学生的单相思。那小伙子确实可爱。

话说张秀藻这天早晨捧着小竹笸箩，把买来的早点送进了家门，她因为在门洞里遇上了荀磊，弄得方寸已乱，满心满意想把早点往桌上一搁，推说自己在早点铺里吃过了，便到左边自己的屋里一坐，整理一下的思绪；谁知她刚进屋，妈妈就告诉她：“刚来了电话，今天飞往法兰克福的班机推迟到下午四点钟起飞，你爸上午不走了。”而爸爸则已经脱去了原来穿妥的出国服装，换上了家常打扮，坐在饭桌旁说：“秀藻呀，你一会儿没事吧？吃完早点，你来帮我整理一下书橱吧——两年没整理过了，今天上午倒是个意外的机会。”

张秀藻真想托词拒绝，比如说自己不舒服，或者说学校里留的作业还没弄完，但多年来父母对她的教养，使她难以撒出哪怕是这样一种谎来。而她又绝不能说出她是被荀磊弄得心猿意马的真情。她默默地坐到了饭桌旁，接过妈妈递过的热粥，点了点头。

整理书橱！为什么偏偏是整理书橱？

就是在爸爸那高大充实的书橱前，她头一回见到荀磊的。

那是今年夏天的一个傍晚，她从西郊回来，刚进屋，就听见爸爸在唤她。她走进爸爸妈妈的那间屋，头一眼就看见了一个清俊的小伙子，站在了爸爸的书橱前，手里捧着一本英文书，正翻着。

爸爸从旁介绍说：“秀藻，这就是咱们院的传奇人物——荀磊啊！”

荀磊这时把眼睛从书上移开，抬起来径直望着张秀藻。张秀藻吃惊了——这双眼睛为什么这样熟悉，又这样新奇？

是的，荀磊恐怕不仅在这个小院里算得上是个传奇人物，在钟鼓楼一带，乃至在整个北京市，也算得是传奇人物吧？

他比张秀藻大两岁，1960年生人。1960年是什么岁月？“大跃进”带来的恶果不仅使农村里饿死了人，也给城市里的居民带来了物质生活的大匮乏。那时候，荀磊的爸爸正是负担最重的时候：他奶奶还活着，要赡养；他妈妈所在的街道工厂紧缩了，又重新成了家庭妇女，而他的两个姐姐当时还小。荀磊的爸爸荀兴旺师傅一个人要养活五个人。那时候荀师傅只有三十多岁，正身强力壮，但他食量大，定量不够，因此上班干活时，当中总得停下几次，好把腰带多扣紧一个眼儿。当时全家都宠着荀磊，但毕竟营养不良，他都一岁半了，还不怎么会说话，而且头颅显得过大，囟门长久发软……

正像钟鼓楼下流行过的顺口溜所说的那样，荀磊那茬人是“生出来就挨饿，一上学就停课，出校门就插队，回了城没工作”。咱们党的几次失误和转折后的困难时期，恰好发生在他们个人命运的几个关键时刻，这一事实也毋庸讳言。与这样的命运抗争，克服客观因素带来的缺陷，发挥出主观因素的全部力量，自然并不是一桩容易的事。但荀师傅指导着他所有的孩子，特别是荀磊，这样去做了。不管社会上如何乱，他要求他的孩子学文化、“懂人事”、“不许出去瞎起哄”。在小学里，荀磊成了乱哄哄的教室中少数能认真听讲的学生。当他下课后居然拿着课本，站到老师面前，眨着一双明亮的眼睛，有礼貌地提出几个没弄懂的问题，要老师解答时，老师心里一阵酸楚，一阵欣慰，把他悄悄引到自己的宿舍，不但回答了他的问题，还诚心诚意地给他补充了一些知识——那都是当时被从教学内容中粗暴删刈掉的。1973年至1976年上初中时，学校里的文化课几起几落，不过总算设置了英语课，那英语教师据说有历史问题，饱受过一番冲击，让他重执教鞭不过是“控制使用”，所以他站到讲台上时真是如履薄冰、如临深渊。市民的子弟们有几个学得下英语的？教了半学期，默写26个字母竟还有一多半不及格。那英语课他最后简直是闭着眼睛教了——下头像茶馆一样，几个连本国语也不要学的学生爽性在教室后头打起扑克牌来……而就在这样的混乱当中，他发现总有一个声音跟着他念，那便是坐在第一排的荀磊，他从最贫瘠的知识土壤中，贪婪地吮吸着所能获得的每一点每一滴营养……

据薛大娘他们回忆，在那几年里，院里头好像就没有荀磊这么个孩子似的。他一下学便坐在他家所在的那个小偏院里念书，偶尔提个水桶到公共自来水管那儿接水，脸儿白白净净的，见人羞怯地笑着打招呼，懂礼得让人反倒觉得他古怪。又据澹台智珠回忆，有一回她不知为什么事去找荀师傅的爱人荀大嫂——那时她沦落到纽扣厂，大约是家里炉火灭了去借块发火煤——进了他家小院，便看见荀磊坐在小板凳上聚精会神地读着什么，她俯身一细看，发现荀磊读的竟是一沓过了时的台历，她不免问他哪儿找来的这种东西。荀磊脸儿涨得通红，像希望能“坦白从宽”似的说：“珠阿姨，是胡同里捡废纸的胡爷爷给我的——人家扔了不要的。”她从荀磊手里抽出几张来一看，原来那是头年用过的台历，每篇底下都有一点文字，或者引点语录、谚语，或者有点历史、地理知识，或者有点人物介绍，现在回忆起来，那些文字编得都很不精当，很粗糙，而且整体受着当时极“左”路线的制约，可荀磊在实在找不到书读时，他就连那用过的台历也视为珍宝，用心地揣摩……澹台智珠因而深深地感动，她内心里萌动着的重新喊嗓、练功的念头，被这偶然的接触激发起来……倘若连石缝中的小草也在这样顽强地伸展自己的身躯，那么，已经开过花的小树，难道就甘心在寒霜侵袭中凋敝吗？

如今常有人问荀师傅：“您是怎么教育小磊子的？”他说不出来，真觉得没的说。也常有人问荀磊：“你爸爸是怎么把你教育成这样的？”他也说不出来，真觉得无从说起。一切似乎都是无形的。当然也有令他难忘的一些情景，可那值得一说吗？比如，大约是1969年吧，爸爸带他到厂里的淋浴室洗澡。当时，爸爸同车间的一位师傅，全身的汗毛都很重，他戏谑地用粗大的手指拧了一下荀磊的屁股，荀磊出于本能，声音尖锐地骂出了两句话：“你妈×！砸烂你狗头！”那师傅尴尬地笑着，苟师傅却过来关掉了苟磊头上的喷头，绷着脸，训斥苟磊说：“你说什么来着？你听着：任何时候也不准骂人！更不许学那些瞎胡闹的脏话！”并命令他，“给你大爷说‘对不起’！”苟磊低着头，嘴唇紧抿着，成了一道线，半天不言语。那师傅忙把他那喷头也停了，笑着说：“老苟，你也真是，这年头大姑娘都骂街，谁不说两句‘砸烂’、‘油炸’、‘清蒸’？算了算了算了！”谁知苟师傅竟气得脸色铁青，厚厚的胸脯绷得像两块铸铁，瓮声瓮气地宣布：“我不管它什么年头，我的儿子就得正正经经像个人样！”苟磊抬眼望着爸爸，那是全裸的爸爸，身上有解放石家庄时，作为一个最普通的士兵挂上的彩——锁骨边上一处，腰上一处，他小小的心灵忽然像被电击了一般战栗起来，于是他大声地向那师傅说：“大爷，我不对，我错了！”那师傅听了他这话，看着他父子那情景，猛地转过身去，拧开了喷头，让喷泻的热水，掩盖住就要涌出的热泪……

1976年苟磊升入了高中，他要求父亲给他买个袖珍半导体收音机，苟师傅毫不犹豫地给了他钱，让他去买。想到这孩子多年来从未跟家长要过买冰棍的钱，苟师傅心里不知怎的有点难过。苟磊每天用那收音机听英语广播。同学们都觉得他很滑稽：“小磊子想吃天鹅肉呢！吃外语饭，进外事部门，头一条得有门子！就凭他那爹妈……哈！”这话后来竟至于当着苟磊的面说，苟磊只是安详地微笑着，他真的是向往什么外事部门吗？其实他连哪些部门算外事部门也不甚了了。他只不过是觉得在那种气氛下，惟有这英语广播讲座还听得下去，况且，他牢牢记住了爸爸有一天讲的话：“技不压身。”

1978年，高中毕业前夕，某外事部门在北京几个区的中学里招收培训人员，条件之一是必须具有优异的外语成绩。学校的那位英语教师竭力推荐苟磊应考。英语教师的“历史问题”那时已经澄清，他只不过是1948年去台湾中学教过半年书，绝不是什么坏人。他到哪儿都是教中学，教英语，说他以此谋生也好，说他以此服务于社会也好，总之对他完全可以放心。他让苟磊天天晚上都到他家，悉心地给苟磊辅导；当苟磊进了考场时，他在那大门外背着手焦躁地踱来踱去，以至于别人以为他得了精神病……

考完了，苟磊回忆出全部考题和自己的答法，老师拿笔的手颤抖着，给他预测得分——他能得84分。老师说，这即使不是最高分，也一定在录取线之上了。

但消息不断传来。许许多多的人——不仅考生本人，还有他们的家长及其亲友——利用各种从最原始到最现代化的手段，涌向这个部门的“后门”：请客送礼、以位易位（你给我安排一个，我给你安排一个）、热线要挟、秘书传话……乃至坐着小轿车来“御驾亲征”、拿着“尚方宝剑”（某大人物开的条子）来当场“宣谕”，如此等等，不一而足。部门中有人敢言，有人敢怒，但“后门”仍然堵不死，一个又一个考得相当差乃至根本没参加考试的人获得了“录取通知”。后来有人给报社写了信，信登在了“读者来信”栏，加上了很严厉的“编者按”。老师和苟磊捧读那张报纸时的心情，可想而知。

这场招考据说以“后门进入率74%”收场。总算不是百分之一百。完全没有后门，没有背景，父母只是最普通的劳动群众的考入者，据说只有苟磊一个人。他是第一名。他的英文考试得了87分，老师还给少算了3分。第二名是64分，他这个第一名同那第二名的差距居然多达23分！连参加招考工作的一位工作人员后来也说：“如果我们连苟磊也不要，那可真是没有天理良心了！”

考入的这批青年人在国内培训了一年，后来便送到英国学习。苟磊一直保持着第一名的位置，并且总是把第二名甩开相当一段距离。在泰晤士河畔，听着威斯特敏斯特寺的钟声，苟磊回想起9岁时淋浴室中的那一幕，泪水涌到了他的眼眶，又被他咽进了咽喉。他的灵魂颤动着，他感到从来没有这样强烈地爱过自己的祖国——那是具体已极的、实实在在的祖国，有尘土飞扬的小胡同，古老的、顶脊上长着枯草的钟鼓楼，四合院黑糊糊的门洞，门洞顶上挂着一对旧藤椅，锁骨下和腰上有着枪伤的爸爸，爱做鸡蛋炸酱面给大家吃的妈妈，善良的安心于服务工作的姐姐们，以及那些可爱的邻居，从珠阿姨家传出来的胡琴声和咿呀的西皮流水腔，还有英语老师那似乎总是吃惊的表情。他一定要好好地为祖国做一个正正经经的、有切实贡献的人……

在英国的学业结束了。同伴们都迫不及待地要坐飞机回国，因为回去后将有另一场战斗——争取分配到一个可心的下属部门，从事可意的具体工作。荀磊却取得大使馆同意，乘火车回国。他渡过了英吉利海峡，穿越了整个欧洲，并且横切过整个苏联，经过了西伯利亚，历时半月，终于回到了北京，回到了钟鼓楼附近的这条胡同。他发现这里一切似乎都没有变化，门洞里依旧挂着那一对旧藤椅，院中樗树（臭椿）上的蝉鸣还是那么一种声调，公共自来水管水击桶底的声音也还是那么淙淙有韵……可是毕竟也有比较显著的变化，原来里院北房换了一家姓张的来住，据说是位局长，有好几大橱的书，其中还有不少英文书。于是他便在等待分配具体工作的那段时间里，跑去借书看……

张秀藻在自家的书橱前，头一回见到荀磊后，不知为什么，第二天总忍不住同爸爸妈妈议论他。妈妈说："是个奇迹。他那么个家庭，又碰上这么个年月，居然能自学外语成才，说出去人家怕都不信，可小磊子成才的经历本身，也就说明我们这个社会还有足以战胜阴暗面的光明力量，这个力量有时也许是零散的、不起眼的、无形的，可它到底还是有胜利的时候。"张秀藻对爸爸妈妈这种一本正经的议论并不怎么感兴趣，她发表感想说："多聪敏呀——不坐飞机，而是坐火车回来；火车车窗提供给他的，不知要比飞机舷窗能提供给他的，超过多少倍！何况他们去的时候，已经坐过了飞机……他说他记了一本《乘火车回国日记》，真想向他借来看看！"

第二个星期日，她便去荀磊家借，荀磊爽快地借给了她。她当晚便读了。后来又带到学校，每晚偷偷重读一部分。她惊讶地发现，虽然他们以前并不认识，而且各自的生活经历也有那么多的差别，可他们对生活的看法，却有着那么多相通的地方……她把那本日记压在枕下，头一次体验到失眠的滋味，一颗少女的心，在胸腔里被爱慕和向往煎熬着……

又一个星期日，她去荀磊家还那本日记，发现荀磊的小屋里还有另一个人，那是一位同她年龄相仿的少女，高高的额头（北京叫"奔儿头"），深深的眼窝，油黑的大眼仁，鲜红的厚嘴唇，个子不高，体态轻盈，头上梳着时下已经不多见的短辫，穿着一件质地、样式一看就不同于国货的衬衫；头一眼望去，张秀藻心里本能的反应是：啊，华侨，要么外籍华人，他们搞外事活动的人，所以有这种人来往……可稍一冷静，她就看出那少女同荀磊的关系很不一般，同时心里也就清醒了：荀磊即使已经分了具体工作，也不会把工作对象引到家里来啊……

"我来给介绍一下，这位是我的朋友冯婉姝，这位是我的邻居张秀藻。"分明是荀磊的声音，响在了耳边。

张秀藻同冯婉姝的手握到了一起。当双方把手松开以后，张秀藻觉得脚下的地在往下陷，而头上的屋顶变成了一股烟。她知道一切都绝望了：她仅仅是邻居，而人家才是朋友！

张秀藻心海里波涛翻涌，张奇林竟然一点也没有发觉。他让她帮着整理书橱。在这样一个清晨，当她走进右边屋里时，怎能不勾起她头一回见到荀磊的回忆：荀磊就站在那个位置，手里正翻着一本英文书，而窗外的阳光，正斜射进来，铺到了他的肩头……

"秀藻，你怎么了？不舒服吗？"妈妈看出来点苗头。

"不，没有。没。"张秀藻挺起胸脯，勇敢地走到了书橱前，镇静地问爸爸："咱们从哪边开始？"

《许三观卖血记》

（节选）

□余　华

《许三观卖血记》是著名作家余华 1995 年创作的一部长篇小说，可以说，这是一部颇具形式美感的作品，而这份美感有相当部分是来自于作品的叙述方式：简洁的叙事、单纯抽笨的人物、大段略带傻气的对话，使全文透着风趣、幽默，让人笑着心酸。《许三观卖血记》入选百位批评家和文学编辑评选的“九十年代最具有影响的十部作品”、2000 年入选韩国《中央日报》——100 部必读书。法国《读书》杂志在评论《许三观卖血记》时说道：这是一部精妙绝伦的小说，是朴实简洁和内涵意蕴深远的完美结合。

“四叔，我这身子骨能卖血吗？”

许三观的四叔抬起头来看了看屋顶上的侄儿，他三哥的儿子光着膀子笑嘻嘻地坐在那里。许三观膀子上的肉看上去还不少，他的四叔就说：

“你这身子骨能卖。”

许三观在屋顶上嘻嘻哈哈笑了一阵，然后想起了什么，就低下头去问他的四叔：

“四叔，我还有一件事要问你。”

“问什么？”

“你说医院里做检查时要先抽一管血？”

“是啊。”

“这管血给不给钱？”

“不给，”他四叔说，“这管血是白送给医院的。”

他们走在路上，一行三个人，年纪大的有三十多岁，小的才十九岁，许三观的年纪在他们两个人的中间，走去时也在中间。许三观对左右走着的两个人说：

“你们挑着西瓜，你们的口袋里还放着碗，你们卖完血以后，是不是还要到街上去卖西瓜？一、二、三、四……你们都只挑了六个西瓜，为什么不多挑一、二百斤的？你们的碗是做什么用的？是不是让买西瓜的人往里面扔钱？你们为什么不带上粮食，你们中午吃什么……”

“我们卖血从来不带粮食，”十九岁的根龙说，“我们卖完血以后要上馆子去吃一盘炒猪肝，喝二两黄酒……”

三十多岁的那个人叫阿方，阿方说：

“猪肝是补血的，黄酒是活血的……”

许三观问：“你们说一次可以卖四百毫升的血，这四百毫升的血到底有多少？”

阿方从口袋里拿出碗来，“看到这碗了吗？”

“看到了。”

“一次可以卖两碗。”

“两碗？”许三观吸了一口气，“他们说吃进一碗饭，才只能长出几滴血来，这两碗血要吃多少碗饭啊？”

阿方和根龙听后嘿嘿地笑了起来，阿方说：

“光吃饭没有用，要吃炒猪肝，要喝一点黄酒。”

“许三观，”根龙说，“你刚才是不是说我们西瓜少了？我告诉你，今天我们不卖瓜，这瓜是送人的……”

阿方接过去说：“是送给李

血头的。”

“谁是李血头？”许三观问。

他们走到了一座木桥前，桥下是一条河流，河流向前延伸时一会儿宽，一会儿又变窄了。青草从河水里生长出来，沿着河坡一直爬了上去，爬进了稻田。阿方站住脚，对根龙说：

“根龙，该喝水啦。”

根龙放下西瓜担子，喊了一声：

“喝水啦。”

他们两个人从口袋里拿出了碗，沿着河坡走了下去，许三观走到木桥上，靠着栏杆看他们把碗伸到了水里，在水面上扫来扫去，把漂在水上的一些草什么的东西扫开去，然后两个人咕咚咕咚地喝起了水，两个人都喝了有四五碗，许三观在上面问：“你们早晨是不是吃了很多咸菜？”

阿方在下面说：“我们早晨什么都没吃，就喝了几碗水，现在又喝了几碗，到了城里还得再喝几碗，一直要喝到肚子又胀又疼，牙根一阵阵发酸……这水喝多了，人身上的血也会跟着多起来，水会浸到血里去的……”

“这水浸到了血里，人身上的血是不是就淡了？”

“淡是淡了，可身上的血就多了。”

“我知道你们为什么都在口袋里放着一只碗了。”许三观说着也走下了河坡。

“你们谁的碗借给我，我也喝几碗水。”

根龙把自己的碗递了过去：

“你借我的碗。”

许三观接过根龙的碗，走到河水前弯下身体去，阿方看着他说：“上面的水脏，底下的水也脏，你要喝中间的水。”

他们喝完河水以后，继续走在了路上，这次阿方和根龙挑着西瓜走在了一起，许三观走在一边，听着他们的担子吱呀吱呀响，许三观边走边说：

“你们挑着西瓜走了一路，我来和你们换一换。”

根龙说：“你去换阿方。”

阿方说：“这几个西瓜挑着不累，我进城卖瓜时，每次都挑着二百来斤。”

许三观问他们：“你们刚才说李血头，李血头是谁？”

“李血头，”根龙说，“就是医院里管我们卖血的那个秃头，过会儿你就会见到他的。”

阿方接着说：“这就像是我们村里的村长，村长管我们人，李血头就是管我们身上血的村长，让谁卖血，不让谁卖血，全是他一个人说了算数。”

许三观听了以后说：“所以你们叫他血头。”

阿方说：“有时候卖血的人一多，医院里要血的病人又少，这时候就看谁平日里与李血头交情深了，谁和他交情深，谁的血就卖得出去……”

阿方解释道：“什么是交情？拿李血头的话来说，就是‘不要卖血时才想起我来，平日里也要想着我’。什么叫平日里想着他？”

阿方指指自己挑着的西瓜，“这就是平日里也想着他。”

“还有别的平日里想着他，”根龙说，“那个叫什么英的女人，也是平日里想着他。”

两个人说着嘻嘻笑了起来，阿方对许三观说：

“那女人与李血头的交情，是一个被窝里的交情，她要是去卖血，谁都得站一边先等着，谁要是把她给得罪了，身上的血哪怕是神仙血，李血头也不会要了。”

他们说着来到了城里，进了城，许三观就走到前面去了，他是城里的人，熟悉城里的路，他带着他们往前走。他们说还要找一个地方去喝水，许三观说：

“进了城，就别再喝河水了，这城里的河水脏，我带你们去喝井水。”

他们两个人就跟着许三观走去，许三观带着他们在巷子里拐来拐去的，一边走一边说：

“我快憋不住了，我们先找个地方去撒一泡尿。”

根龙说：“不能撒尿，这尿一撒出去，那几碗水就白喝啦，身上的血也少了。”

阿方对许三观说：“我们比你多喝了好几碗水，我们还能憋住。”

然后他又对根龙说：“他的尿肚子小。”

许三观因为肚子胀疼而皱着眉，他往前越走越慢，他问他们：

“会不会出人命？”

“出什么人命？”

“我呀，”许三观说，“我的肚子会不会胀破？”

《蛙》（节选）

□莫 言

《蛙》是作家莫言酝酿十多年、笔耕四载、三易其稿、潜心创作的第十一部长篇小说。《蛙》是一部写实主义作品，以新中国近60年波澜起伏的农村生育史为背景，讲述了从事妇产科工作50多年的乡村女医生姑姑的人生经历。书里展现了一个愚昧守旧与智慧突破不断交锋的乡土世界，字里行间的幽默折射着无法改变现状的悲凉。

2010年《蛙》被《南方周末》评选为2009年“文化原创榜年度图书虚构类致敬作品”，并入选多项年度好书排行榜；2011年莫言凭借《蛙》获得中国最高文学奖——第八届“茅盾文学奖”；2012年作家莫言获得诺贝尔文学奖；2013年《蛙》在德国出版，德国《法兰克福汇报》书评《蛙》：“不仅改变了他的自我画像，也改变了人民对中国社会内部情况的认识。”

先生，我们那地方，曾有一个古老的风气，生下孩子，好以身体部位和人体器官命名。譬如陈鼻、赵眼、吴大肠、孙肩……这风气因何而生，我没有研究，大约是那种以为“贱名者长生”的心理使然，抑或是母亲认为孩子是自己身上一块肉的心理演变。这风气如今已不流行，年轻的父母们，都不愿意以那样古怪的名字来称谓自己的孩子。我们

那地方的孩子，如今也大都拥有了与香港、台湾，甚至与日本、韩国的电视连续剧中人物一样优雅而别致的名字。那些曾以人体器官或身体部位命名的孩子，也大都改成雅名，当然也有没改的，譬如陈耳，譬如陈眉。

陈耳和陈眉之父陈鼻是我的小学同学，也是我少年时的朋友。我们是1960年秋季进入大羊栏小学的。那是饥饿的年代，留在我记忆中最深刻的事件，大都与吃有关。譬如我曾讲过的吃煤的故事。许多人以为是我胡乱编造，我以我姑姑的名义起誓：这不是胡编乱造，而是确凿的事实。

那是一吨龙口煤矿生产的优质煤块，亮晶晶的，断面处能照清人影。我后来再也没见过那么亮的煤。村里的车把式王脚，赶着马车，把煤从县城运回。王脚方头、粗颈、口吃，讲话时，目放精光，脸憋得通红。他儿子王肝，女儿王胆，都是我的同学。王肝与王胆是一卵双胎。王肝身体高大，但王胆却是个永远长不大的袖珍姑娘——说得难听点吧，是个侏儒。大家都说，在娘肚子里时，王肝把营养霸光了，所以王胆长得小。卸煤时正逢下午放学，大家都背着书包，围看热闹。王脚用一柄大铁锹，从车上往下铲煤。煤块落在煤块上，哗哗响。王脚脖子上有汗，解下腰间那块蓝布擦拭。擦汗时看到儿子王肝和女儿王胆，便大声呵斥：回家割草去！王胆转头就跑——她跑起来身体摇摇摆摆，重心不稳，像个初学走路的婴孩，很是可爱——王肝往后缩缩，但不走。王肝为父亲的职业感到荣耀。现在的小学生，即便父亲是开飞机的，也体会不到王肝那时的荣耀。大马车啊，轰轰隆隆，跑起来双轮卷起尘土的大马车啊。驾辕的是匹退役军马，曾在军队里驮过炮弹，据说立过战功，屁股上烫着烙印。拉长套的是匹脾气暴躁的公骡，能飞蹄伤人，好张嘴咬人。

这骡子虽然脾气不好，但气力惊人，速度极快。能够驾驭这头疯骡的也只有王脚。村子里有很多人羡慕这职业，但都望骡却步。这骡子已经咬伤过两个儿童：第一个是袁脸的儿子袁腮，第二

个是王胆。马车停在她家门前时，她到骡前去玩，被骡子咬着脑袋叼起来。我们都很敬畏王脚。他身高一米九，双肩宽阔，力大如牛，二百斤重的石碌碡，双手抓起，胳膊一挺，便举过头顶。尤其让我们敬佩的，是他的神鞭。疯骡咬破袁腮头颅那次，他拉上车闸，双腿叉开，站在车辕两边，挥舞鞭子，抽打疯骡屁股。那真是一鞭一道血痕，一鞭一声脆响。疯骡起初还尥蹶子，但一会儿工夫便浑身颤抖，前腿跪在地上，脑袋低垂，嘴巴啃着泥土，撅着屁股承揍。后来还是袁腮的爹袁脸说，老王，饶了它吧！王脚才悻悻地罢休。袁脸是党支部书记，村里最大的官。他的话王脚不敢不听。疯骡把王胆咬伤后，我们都期待着再看一场好戏，但王脚一鞭也没打。他从路边石灰堆上抓起一把石灰，掩在王胆头上，把她提回家去。他没打骡子，却抽了老婆一鞭，踢了王肝一脚。我们指指点点地议论着那头棕色的疯骡。它瘦骨伶仃，眼睛上方有两个深得可放进一枚鸡卵的凹陷。它的目光忧伤，似乎随时都会放声大哭。我们无法想象这样一匹瘦骡子怎会爆发出那样大的力量。当我们一边议论一边向那骡子靠近时，王脚便停止铲煤，用凌厉的目光逼视我们，吓得我们连连倒退。

堆在学校伙房前的煤堆渐渐高起来，车上的煤渐渐少了。我们不约而同地抽鼻子，因为我们嗅到了一种奇异的香味。仿佛是燃烧松香的味儿，又仿佛是烧烤土豆的味儿。我们的嗅觉把我们的目光吸引到那一堆亮晶晶的煤块上。王脚拢马驱骡，马车离开校园。我们并没像往常那样，去追赶马车，并冒着被鞭子抽头的危险跳上去过瘾。我们目不转睛，慢慢地向煤堆移动。挑着两桶水，摇摇摆摆地走过来的伙夫老王狐疑地看着我们。他以为我们要冲进伙房哄抢食物吧？所以他说，滚，小兔崽子们！这里没有你们吃的，回家吃你们娘的奶头去吧。我们都是七八岁孩子，怎么还可能吃奶？即便我们还吃奶，但我们的母亲，都饿得半死，乳房紧贴在肋骨上，哪里有奶可吃？但没人去跟老王理论。

我们站在煤堆前，低头弯腰，像地质爱好者发现了奇异矿石；我们抽动鼻子，像从废墟中寻找食物的狗。说到这里，首先要感谢陈鼻，其次要感谢王胆。是陈鼻首先捡起一块煤，放在鼻边嗅，皱着眉，仿佛在思索什么重大问题。思索了一会，他将手中那块煤，猛地砸在一块大煤上。煤块应声而碎，那股香气猛地散发出来。他捡起一小块，王胆也捡起一小块；他用舌头舔舔，品咂着，眼睛转着圈儿，看看我们；她也跟着学样儿；舔煤，看我们。后来，他们俩互相看看，微微笑笑，不约而同地，小心翼翼地，用门牙啃下一点煤，咀嚼着，然后又咬下一块，猛烈地咀嚼着。兴奋的表情，在他们脸上洋溢。陈鼻的大鼻子发红，上边布满汗珠。王胆的小鼻子发黑，上面沾满煤灰。我们痴迷地听着他们咀嚼煤块时发出的声音。我们惊讶地看到他们吞咽。他们竟然把煤咽下去了。他压低声音说：伙计们，好吃！她尖声喊叫：哥呀，快来吃啊！他又抓起一块煤，更猛地咀嚼起来。她用小手捡起一块大煤，递给王肝。我们学着他们的样子，把煤块砸碎，捡起来，用门牙先啃下一点，品尝滋味，虽有些牙碜，但滋味不错。陈鼻大公无私，举起一块煤告诉我们：伙计们，吃这样的，这样的好吃。他指着煤块中那半透明的、浅黄色的，像琥珀一样的东西说，这种带松香的好吃。

我们已经上过自然课，知道煤是许多世纪前，埋在地壳中的森林变成的。给我们上自然课的是我们的校长吴金榜。我们不相信校长的话，我们也不相信课本上的话。森林是绿色的，怎么可能变成黑色的煤炭？我们以为校长和课本都是在胡说八道。发现了煤块中的松香，才明白校长没有骗我们，课本也没有骗我们。我们每人攥着一块煤，咯咯嚓嚓地嚼，每个人的脸上，都带着兴奋的、神秘的表情。我们仿佛在进行一场即兴表演，我们仿佛在玩一种古怪游戏。肖下唇拿着一块煤，翻来覆去地看，不吃，脸上带着蔑视的神情。他不吃煤因为他不饿，他不饿因为他爹是公社粮库保管员。伙夫老王惊呆了。他手上沾着面粉跑出来。天哪，他手上沾着面粉！

在19世纪法国文坛上，有一颗璀璨的明珠，在巴尔扎克、雨果、梅里美、福楼拜、小仲马等文学大师的群体中，她以独立的思想和优雅的文采赢得了他们的尊重和自己的地位，她的名字叫乔治·桑（1804—1876）。雨果曾这样评价乔治·桑："她在我们这个时代具有独一无二的地位。特别是，其他伟人都是男子，唯独她是女性。"

乔治·桑初期的作品可以看出卢梭、夏多布里昂和拜伦对她的影响。《侯爵夫人》是乔治·桑早期的作品，刻画了一个不愿同现实社会同流合污而追求纯洁爱情的贵族女性。现实生活中缺乏的爱情，她在悲剧中找到了，她爱上了一个悲剧演员，然而，事实上她爱上的是他扮演的角色而不是他本人，于是一起真正的爱情悲剧发生了，但故事中男女主人公的真挚情感和情操却令人感慨。

《侯爵夫人》

□［法］乔治·桑

（节选）

侯爵夫人沉吟不语，蓦地，她将在指间长久把玩的金鼻烟壶啪嗒一声放在桌上，说道："那么，既然我已开始自我坦露，我想和盘托出。好好听着：

"有一次，我平生绝无仅有的一次，我恋爱了，但爱得与别人不同，这是热烈的，不可遏止的，席卷一切的爱，而实际上是理想的柏拉图式的爱。噢！听到一个十八世纪的侯爵夫人平生只有一次爱情，而且是柏拉图式的爱情，这令你很惊讶吧！唉，我的孩子，你们这些年轻人，这是因为你们以为了解女人，却一无所知。如果许多八旬老妪肯向你们坦率地叙述身世，你们或许会发现在女性的心灵里有你们没有想到的恶习和德行的源泉。

"现在，你猜一猜，我，侯爵夫人，贵妇中最傲慢和目空一切的侯爵夫人，我为之神魂颠倒的男子属于什么阶层。"

"是法国国王，或者是王太子路易十六。"

"哦！如果你这样猜下去，得有三个小时才能猜到我的情人。我不如告诉你吧：他是一个演员。"

"在我想象中，他依然是个国王。"

"在戏台上出现的最高贵、最洒脱的国王。你不吃惊？"

"不太吃惊。我听人说，甚至在法国偏见最有势力的时代，这类不分贵贱的结合也并不罕见。埃皮奈夫人的一位女友跟热利奥特不是一起生活吗？"

"你非常熟悉我们的时代！

这真叫可怜。唉！正是因为这一类行为记载在回忆录中，以惊奇的口吻援引出来，你才断定它们罕见，与时代风尚是矛盾的。请相信，他们那时引起了轰动；当你听说吉什公爵、马尼康公爵、利奥纳夫人和她的女儿的丑行败德时，你便能肯定，这类事在发生的当时同你读到的时候一样令人气愤。你认为以愤懑的笔触转述给你看人，才是法国正直的人吗？”

我丝毫不敢反驳侯爵夫人。我不知道，我们俩哪一个更有资格去下断语。我请她言归正传，她又这样说下去：

“为了向你表明，这件事多么难以令人容忍，我要告诉你，第一次我见到他以后，我对坐在我身旁的里埃尔伯爵夫人表达了我的倾慕之心，她回答我：‘我的绝色美人，除了我，你没对别人这样热切地表白心声，做得很对；假如人们怀疑到您忘记了，在大家闺秀的眼中，演员算不得人，人们就会不留情面地讥笑您。’费里埃尔夫人这席话萦回在我脑子里，我不知道为什么。在我当时的处境，我觉得这轻侮的口吻很荒唐；这种对我万一透露了倾慕之情会损害自身的担心，好像假惺惺而又带有恶意。

“他名叫莱利奥，意大利人，但法语说得很出色。他大概有三十五岁，尽管在舞台上他往往显得不到二十岁。他演高乃依的戏胜过演拉辛的戏；不过，无论是演这一个和那一个戏剧家的戏，他都是无与伦比的。”

我打断了侯爵夫人：“我很惊讶，他的名字没写在戏剧天才的年鉴上。”

她回答说：“他向来默默无闻，无论城里还是宫廷内，大家都不欣赏他。开初，我听说他受到喝倒彩。后来，观众考虑到他内心的热烈和不断上进的努力，容忍了他，有时向他喝彩；总的说来，观众一直把他看作一个趣味低劣的演员。

“这个人在艺术上不属于他的时代，跟我在风俗上不属于我的时代一样。或许就是这种非物质的，然而强大无比的联系，从社会链条的两端，将我们的心灵吸引到一起。观众不理解莱利奥，如同社交界对我的评论。‘这个人演得太过分，’观众这样评论他，‘他表演过分，却一无所感。’而人们这样评论我：‘这个女人可憎可厌冷冰冰的，她没有感情。’有谁知道我们这两个人是否最强烈地感触到时代气息呢！

“那时节，悲剧要演得十分得体；必须有风度，即使是打耳光也罢；必须死得体面，要优雅地倒下去。戏剧艺术编排得适合上流社会的口味；演员念白和动作要跟费德尔和克吕泰奈丝特拉用作古怪打扮的裙环和粉相调和。我没有斟酌和品评过这个流派的弊端。我思索得不深入；只是悲剧使我厌烦得要命；由于要适应它，这种格调实在不高，我一星期得两次鼓起勇气去受这份罪；我听这些矫揉造作的大段台词时流露出冷漠的不自在的神态，使得人们议论我，说我对艳诗丽词之美麻木不仁。

“我离开巴黎很长一段时间，有一晚我又上法兰西喜剧院，去看《勒·熙德》的演出。我在乡下小住时，莱利奥已被这个剧院接纳。我是头一回看到他。他扮演罗德里格。我一听到他的声音便激动起来。他的嗓音深沉，不很响亮，却很有力，抑扬顿挫，观众批评他的，这是其中一个方面。观众期待熙德是男低音，正如他们希望古代英雄都是高大强壮的那样。一个国王不到五尺六寸高，是不能戴上王冠的：这同高雅趣味的评断截然相反。

“莱利奥矮小瘦弱；他的美不在于形体，而在额角的庄重，举止无可抗拒的优雅，步态的潇洒，脸孔高傲而忧郁的表情。

“我从未见过一尊塑像、一幅绘画、一个人，有更理想、更高妙的美的魅力。幻美这个词大概是为他而创造的，用于他所有的言语、眼神和动作。

“我怎么对你说呢？我所产生的印象委实是幻美。这个人，他走路，说话，不拘一格和无所企求地行动，呜咽时既发出声音又出自心灵，忘却自身，与激情混同；这个人，他的心，好像使他憔悴颓丧，他的一瞥包含着我在上流社会寻觅不到的全部爱情，对我产生的力量宛如电流；这个人，生不逢时，得不到光荣和赞赏，只有我了解他，同他一起向前，五年里他是我的国王、上帝、生命和爱情。

“见不到他，我便不能生活下去：他统治我，他主宰我。

“对我来说，这不是一个人，但我对他的理解不同于费里埃尔夫人；这有过之而无不及，他是一种精神伟力，一个精神大师，他的心灵能随意揉捏我的心灵。不久，我再也不能隐藏我对他的印象。我放弃法兰西喜剧院的包厢，以便不要暴露自己。我假装变得虔敬，每晚上教堂祈祷。其实，我打扮成年轻女工，置身于平民之中，随心所欲地听他念白，欣赏他的表演。临了，我买通剧院的一个职员，在大厅的角落订了一个隐秘狭小的位子，任何人都看不到我，而我从一条暗道进出。为了更加稳妥，我打扮成学生的模样。我做出这些疯狂举动，是为了一个我跟他人未说过一句话，从未交换过一个眼神的人，我这样做自有神秘感的吸引力和幸福的幻念。我的客厅的大挂钟敲响要演戏的钟点时，我的心就怦然乱跳。我试图凝神静思，这时仆人准备好我的马车；我激动地迈步向前。倘若拉里厄在我旁边，我会粗暴地对待他，打发他走开；我极其巧妙地避开其他讨厌的家伙。我看戏的热情生出的机智令人难以相信。我非得躲躲闪闪，谨慎小心，才能在五年内不让拉里厄知道这种热情，而他是最爱忌妒的人，另外也不让我周围那些恶毒的家伙知道。

“不瞒你说，我不但不同这种热情斗争，反而贪婪地、欣然地沉浸在里面。这种热情多么纯净呵！我何必要为此脸红？这种热情给我创造了新生活，终于促使我追求我早就想了解和感受的东西；这种热情在某种程度上使我成为女性。”

余光中“玩书”

□佚　名

书是用来读的，而诗人、散文家余光中，阅读之外，还要对书“欣赏把玩”。所谓读，即读书的内容；所谓玩，即玩书的外表装帧、插图之类。一般人买书，多视其内容来决定取舍；而余光中先生，看到精美华丽抑或装帧考究的书便一见倾心，也顾不得内容是怎样的。他曾经这样来形容自己“欣赏把玩”书的情形：“资深的书呆子通常有一种不可救药的毛病。他们坐在书桌前，并不一定要读哪一本书，或研究哪一个问题，只是喜欢这本摸摸，那本翻翻，相相封面，看看插图和目录，并且嗅嗅（尤其是新的书）怪好闻的纸香和油墨味。就这样，一个昂贵的下午用完了。”

书籍能引导我们进入高尚的社会，并结识各个时代的最伟大人物。——斯迈尔斯

《十一种孤独》

（节选）

□［美］理查德·耶茨

《十一种孤独》是优秀的美国小说家理查德·耶茨于1962年出版的第一部短篇小说集，理查德·耶茨以冷峻的笔触描写了美国二战后五六十年代普通纽约人的生活：十一种人的十一种孤独的人生。《十一种孤独》用极为简约的语言成功地塑造了社会典型环境中的典型人物，并且通过对他们的刻画描写，来剖析当时美国普通人的生存现状和心理状况。库尔特·冯内古特评价《十一种孤独》“是有史以来十部最好的美国短篇小说集之一”。《纽约时报》更是评价“耶茨创作出了《都柏林人》的纽约版本，仅仅提到这本书的标题就能在整整一代读者中很快地获得赞同与共鸣”。

南瓜灯博士

关于新转学来的男孩，普赖斯小姐只知道他基本上一直处于孤儿状态，现在跟他住在一起、头发灰白的“姑姑、姑父”其实是养父母，他的生活费由纽约市福利署支付。换做不太敬业或想象力不太丰富的老师可能会要求了解更多细节，但普赖斯小姐觉得这粗略的概括就够了。实际上，从他上四年级的第一个清晨开始，就已足够让她心中充满使命感，眼中明显透出爱意。

他到得很早，坐在最后一排——背挺得笔直，桌下两脚刚好交叉在一起，双手交叉放在桌上中间，似乎只有对称能让他不那么显眼——其他孩子陆续进来，坐下安顿好的同时，每个人都面无表情地盯着他看了很久。

“今天早上我们有个新同学，”普赖斯小姐说，过分强调这显而易见的事情，让每个人都想笑，“他叫文森特·萨贝拉，来自纽约市。我知道我们大家会尽力让他感觉如同在家里一般。”这次大家马上都转过身来盯着他看，他只得埋下头，重心从一边屁股挪到另一边。通常，从纽约来的人可能会有某种威信，因为对大部分孩子而言，纽约是个令人敬畏的去处，是成年人的场所。每天父亲们被吞没在那里，而他们自己很少能去，偶尔去一次时会穿上最好的衣服，像过节一样。可谁只要瞥他一眼，就知道文森特·萨贝拉无论如何与摩天大楼没有任何关系。即使你能对他那乱得像鸡窝一样的头发、灰不溜秋的肤色置之不理，他的衣服也会出卖他：灯芯绒裤子新得可笑，而帆布胶鞋又旧得可笑，黄色运动衫太小，印在胸前的米老鼠图案只剩下些许痕迹。显然，他来自纽约某处，那是你坐火车去中央火车站的路上不得不经过的地方——那里的人们把被单晾在窗台上，成天无聊地探身到窗外发呆，你看到笔直幽深的街道，一条连着一条，全都一样，人行道上拥挤杂乱，阴郁的男孩们在那儿玩着某种没有希望的球。

女孩们判定他不太友好，转过脸去了；男孩们仍在仔细观察，脸上带着一丝笑意，上下打量着他。这个男孩是那种他们通常觉得“不好对付”的男孩，在陌生的街区里，这种男孩的目光曾经令他们不安；现在独一无二的报复机会来了。

“你想让我们怎么称呼你呢，文森特？”普赖斯问道，“我是说，你觉得叫文森特，或文斯，或——什么好一些？”（这纯粹是个不切实际的问题；普赖斯小姐也知道男生们会叫他“萨贝拉”，女生们则根本什么也不会叫。）

“叫我文尼就好了。”他回答时声音奇怪而沙哑，显然是在他家乡难看的街道上把嗓子喊哑了。

“恐怕我没听清，”她说着，侧头向前伸长美丽的脖子，一大缕头发散落到一边肩上，“你是说‘文斯’吗？”

“我说的是文尼。”他局促不安地又说了一次。

“文森特是吗？那好，文森特。”班上有几个人“咯咯”笑了起来，但没人费心去纠正她：让它一直错下去可能更好玩。

“我不会花时间挨个按名字把大家介绍给你，文森特，”普赖斯小姐接着说道，“因为我觉得让你自己在与我们大家的相处中记住这些名字更简单些，是不是？好，头一两天我们不要求你真正上课；你慢慢来，不要急，如果有什么不明白的尽管问。”

他含糊不清地嘟囔了什么，脸上的笑容闪一下就没了，刚好露出发绿的牙根。

“那好，”普赖斯小姐说，开始上课了。“现在是星期一上午，因此课表上的第一件事情是‘汇报’。谁愿意第一个来说？”

文森特·萨贝拉暂时被遗忘了，六七只手举了起来，普赖斯小姐故作迷惑地后退一步。“天啊，今天我们有这么多同学想‘汇报’，”她说。“汇报”这个主意——每周一早晨用十五分钟时间鼓励孩子们说说他们周末的经历——是普赖斯小姐自己想出来的，也难怪她为此十分自豪。校长在最近的一次教员大会上表扬了她，指出汇报在学校和家庭之间架起了一座桥梁，也是让学生学会保持镇静、增强自信的好方法，值得赞扬。它需要明智的监督指导——引导害羞的孩子畅所欲言，抑制爱表现的孩子——但总之，像普赖斯小姐对校长做出的保证一样，每个学生都会觉得很有意思。她特别希望今天的汇报有意思，好让文森特·萨贝拉放松下来，因此她让南茜·派克先开始：没人能像南茜那样善于抓住听众。

南茜优雅地走上讲台时，其余学生都安静下来，当她开始讲时（她是这般受欢迎），甚至两三个私底下讨厌她的女生也不得不假装听得入迷的样子。班上的男生，在课间休息时，最喜欢的莫过于把她尖叫着推到稀泥地里去，现在也禁不住望着她傻笑。

“嗯——”南茜开始说，然后立即用手捂住嘴，大家都笑了。

“噢，南茜，”普赖斯小姐说，“你知道汇报用‘嗯’开头的规矩。”

南茜知道规矩，她只是故意违反让大家发笑。等笑声渐渐小了，她用两只纤细的食指沿着裙子两边的折缝往下捋了捋，用正确的开头方式讲起来。“星期五，我们全家坐上我哥的新车出去兜风。上周我哥买了辆新的庞蒂亚克，他想带我们出去走走——你知道，试试新车什么的，因此我们去了怀特普莱恩。在那儿的一家餐馆吃饭，然后我们大家想去看电影《杰凯尔博士和海德先生》，但我哥说太恐怖了什么的，说我年纪还小不适合看——噢，他真让我生气！接着，我想想。星期六我在家里待了一天，帮妈妈做姐姐的婚纱。你瞧，我姐订了婚要结婚了，我妈正在为她做婚纱，所以我们就做了。接着星期天，我哥的一个朋友过来吃饭，那天晚上他俩得一起回大学，所以家里人允许我晚点睡，跟他们道别什么的。我想就这么多。”她总是有种万无一失的本能，令她的表演简洁——或者说，看似简洁。

“很好，南茜，”普赖斯小姐说，“现在，下一个是……”

下一个是华伦·伯格，之后轮到了全班最大的笨蛋亚瑟·克罗斯，因为他的汇报总是枯燥无味。

汇报结束后，大家安静下来准备上课。当所有人再次想到文森特·萨贝拉时，课间休息时间到了，而他们想到他，也只是确定他被排除在一切之外。挤在单杠边轮流翻单杠的男生中间没有他，远处操场角落里窃窃私语的男生堆里没有他，他们在谋划要把南茜推到泥地里去。人更多的一群学生中也没有他，甚至连亚瑟·克罗斯都在其中，他们围成一个大圈，相互追赶，这是追人游戏的疯狂变种。当然，他也不能加入女生群或外班男生中去，所以他只好独自待在教学大楼附近的操场边上。刚休息时，他假装系跑鞋带，蹲下来解开鞋带，又系紧；站起来，像运动员那样试着跑上几步，跳几下；然后又蹲下来，重新忙着系鞋带。在鞋带上忙活了五分钟后，他放弃了。转而抓起一把石子，开始朝几码外一个看不见的靶子飞快地扔着。又打发了五分钟，不过还剩下五分钟，他想不起有什么可做的，只得站在那里，手先是插在口袋里，然后又拿出来搁在胯骨上，接着像个男人似的双手交叉抱在胸前。

普赖斯小姐一直站在门口看着，整个休息时间她都在想，是否该走出去做点什么。她想想还是不出去为好。

第二天以及这周的后几天，在课间休息时她都克制住了同样的冲动，尽管每天都变得更困难一点。可是有件事她无法控制，那便是在课堂上她开始显露出焦虑。文森特·萨贝拉在功课上犯的错全被她公开原谅了，即使那些与他是新来学生无关的错也一样。还有，只要他有点成绩，都被单独拿出来，特别提及表扬。她为了提升他的形象煞费苦心，太过明显，而她想装得很巧妙时尤其明显。比如，有一次，在解释一道算术题时，她说："嗯，假设华伦·伯格和文森特·萨贝拉各带十五分钱去商店，而糖要十分钱一块。他们每人可以买几块？"到周末，他几乎快成为那种最糟糕的老师宠儿、老师同情心的牺牲品。

星期五，普赖斯小姐觉得最好是私下里跟他谈谈，努力让他开口说话。她可以谈他在美术课上画的画——那是个机会，她决定在午餐时间找他谈谈。

那些『只能看不能读的』文章

《施氏食狮史》

石室诗士施氏，嗜狮，誓食十狮。施氏时时适市视狮。十时，适十狮适市。是时，适施氏适市。氏视是十狮，恃矢势，使是十狮逝世。氏拾是十狮尸，适石室。石室湿，氏使侍拭石室。石室拭，氏始试食是十狮。食时，始识是十狮，实十石狮尸。试释是事。

《遗镒疑医》

伊姨殪，遗亿镒。伊诣邑，意医姨疫，一医医伊姨。翌，亿镒遗，疑医，以议医。医以伊疑，缢，以移伊疑。伊倚椅以忆，忆以亿镒遗，以议伊医，亦缢。噫！亦异矣！

《饥鸡集矶记》

唧唧鸡，鸡唧唧。几鸡挤挤集矶脊。机极疾，鸡饥极，鸡冀己技击及鲫。机既济蓟畿，鸡计疾机激几鲫。机疾极，鲫极悸，急急挤集矶级际。继即鲫迹极寂寂，继即几鸡既饥，即唧唧。

《侄治痔》

芝之稚侄郅，至智，知制纸，知织帜，芝痔炙痔，侄至芝址，知之知芷汁治痔，至芷址，执芷枝，蜘至，踯侄，执直枝掷之，蜘止，侄执芷枝至芝，芝执芷治痔，痔止。

杰克·伦敦，美国著名的现实主义作家。《白獠牙》是美国作家杰克·伦敦所著、于1906年出版的一本小说，以19世纪末加拿大育空的克朗代克地区淘金热为背景，讲述了一只野生狼的驯化历程。《白獠牙》是杰克·伦敦的代表作《野性的呼唤》的姊妹篇，这部小说一经出版立即获得了世界性的成功，特别是在青少年读者中尤其流行。罗伯特·格林伍德将《白獠牙》称为“杰克·伦敦最有趣和最具野心的作品之一”。弗吉尼亚·克兰则称这部小说“帮助杰克·伦敦建立了美国流行文学人物的地位”。

《白獠牙》（节选）

□［美］杰克·伦敦

在五只狼崽中，他是最与众不同的。

其他狼崽的毛色已经显出从母狼那里继承的隐隐的红色，只有他酷似他的父亲。他是这一窝中一只小小的灰色的狼崽，是地地道道的狼种。他长得真是和老独眼一模一样，唯一的区别就是，他有两只眼睛，而他的父亲只有一只。

他睁开眼睛还没多久，然而他已能看得清清楚楚。当他还闭着眼睛的时候，就已能尝、嗅，感觉外物了。他特别熟悉他的两个兄弟和两个姐妹，软弱而笨拙地开始与他们游戏甚至吵闹。他发怒时，小喉咙发出一种怪诞刺耳的声音（那是幼稚的咆哮）。眼睛睁开以前，他早就凭着感触、嗅觉和味觉认识自己的母亲——慈爱、温暖、乳汁之源。她那条温暖的舌头爱抚地舔过他柔软的小身体的时候，他感到安慰，便紧紧地偎在她的怀中安详地入梦。就这样，他在睡眠中度过了最初一个月的大部分时间。

现在，他终于能够清清楚楚地看见东西了。他醒着的时候长了。他要明明白白地逐渐认识自己生存的世界。他的世界晦暗不明，不过他不懂，因为他不知道外面的世界；他的眼睛接触的光线微弱，不过他的眼睛从未接触过其他的光线。他的世界很小，洞穴的墙壁就是界限。然而，既然对于外面的大世界一无所知，他也就不曾因为非常狭窄的生活环境感到压抑了。

他已经发现，他的世界中，有一面墙和其他的墙不同。这就是洞口——光明的源泉。

早在他有任何自觉的思想、意志以前，在他尚未睁开眼睛观看以前，他就发现这面墙不同于其他的墙。对于他，它是一种不可抗拒的诱惑，从那边射来的光线照在他合闭的眼睑上，眼睛及视感神经就悸动起来。发出微弱的火花似的闪烁，让他感到温暖，初期的愉快。他的肉体的生命、肉体的每一个细胞的生命，以及作为肉体的唯一实质和他个人生活毫不相干的生命，都渴望着光线，推动他的身体接近它，好比一株植物的微妙的光合作用推动他面向太阳一样。

开始，他的生活尚不自觉的时候，他总是爬向洞口。这一点，他们兄弟姐妹是一致的，那段时间里，没有谁肯爬向后面墙的黑暗角落。他们仿佛是植物，光线吸引着他们，而他们生活中的那种特质需要光线。光线好像就是生存必需的物质。他们幼小的身体发展了，有了自觉、冲动和欲望。光线的诱惑更大了。他们老是匍匐着爬向洞口，又总是被母亲赶了回来。

灰仔就是这样知道母亲除了舌头的温暖的抚慰以外的脾性。他发现，在他们坚持爬向光明的时候，她会使劲拱一拱鼻子作为谴责，之后用一只爪子将他打倒，或用敏捷的有计划的打击使他连打几个滚。他就这样知道了疼痛，也就知道了如何避免受伤：首先不要自找麻烦；其次，如果惹了麻烦，要退却躲避。在此之前，他是无意识地躲避伤害，就像他无意识地爬向光明一样。在此之后，他之所以躲避伤害，是因为他知道了那是伤害。这些自觉的行为，便是他初次概括世界的收获。

不言而喻，和他的兄弟姐妹们一样，他是只凶猛的小狼崽，一只食肉的野兽，出身于屠杀和食肉的种族。他的父母完全依靠肉食生活。在生命最初闪烁的瞬间，他喝的就是由肉直接变成的奶。现在，他才一个月大，眼睛刚刚睁开一周，自己也开始吃食了。这肉经过母狼半消化，然后喂给五只渐渐长大的狼崽，因为她的乳房已经不能满足他们的需求了。

他是这一窝里最凶猛的狼崽，能比其他任何一个发出更响亮更刺耳的吼叫，幼稚的愤怒可怕得多。他第一个知道用爪子狡猾地将同胞姐妹打得四脚朝天，第一个咬住别的狼崽的耳朵又拖又拉，咬紧的牙缝咆哮不止。当然，他的母亲禁止他们到洞口去，他也给母亲增加了许多麻烦。

光明对灰仔的魔力一天天在增加。他常常冒险爬向洞口一码远，又常常被赶了回来。不过，他并不知道那是一个入口，也不知道什么入口以及什么从一个地方到另外一个地方的通道，不知道任何别的地方，更不知道别的地方的路。因此，那洞口对于他也是一堵墙壁——一堵光明的墙壁。向太阳之于洞穴外面的居住者一样，这光明的墙壁就是他的世界中的太阳。它如烛光引诱飞蛾般引诱他。他总是尽最大的努力去接近它。生命如此迅速地在他身体内部扩张，促使他不断走向光明的墙壁。他内部的生命知道那是一个出路，他即将踏上的路途。

然而，他自己什么也不知道，压根儿不知道还有什么外界。

关于这堵光明的墙壁，还有一件事令他感到奇怪。他的父亲（他已能认出，父亲是世界上另外一只和母亲相似的动物。他靠近光明睡，是食物的供应者）总是一直走入并远远地消失在那白色的墙壁里。灰色的狼崽困惑不解。虽然他的母亲一向不许他接近它，但他接近过其他的墙壁，粗糙的物体碰伤了他娇嫩的鼻尖，几次冒险以后，他不再去碰壁了。他无须思考判断就知道，隐入墙壁是父亲的特性，正如半消化的肉和奶汁是母亲的特性一样。

实事求是地说，灰仔并未仔细思考，至少没有像人类经常思考一般明晰敏捷，他有一种接受事物而不问原因的方法。这实际上是分类的方法。他从来不会因为一件事物为什么发生而烦恼：知道怎么发生的，对于他来说，已足够了。因此，几次碰壁后他认定，他不能隐入墙壁，而他的父亲能。但他毫不费心思去想他与父亲之间不同的原因。他的精神活动中并不包含逻辑学和物理学。

和“荒原”上大多数动物一样，他老早就经历了饥饿的味道，一段时间里，肉的供给断绝，而母亲的乳房也不再流出乳汁来。狼崽们先是叫唤，更多的时间在睡觉。母狼也离开孩子们出去找吃的了。他更强壮些时，不得不一个人单独玩儿，因为那位姐妹不再抬头也不再走动了。现在有食物了，他吃得浑身鼓鼓胀胀的：而对于她，食物到来得太晚了。她继续睡觉，皮包骨头，内部的火焰越来越弱，最后完全熄灭了。

后来，又发生了第二次饥荒，但不太严重，快结束时，灰仔再也看不到父亲进进出出或躺在洞穴的入口处睡觉了。母狼知道独眼为什么不再回来，然而无法将目睹的一切告诉灰仔。

她自己出去猎食，沿河流左边的支流向上游走，那里有大山猫。她追寻着独眼前一天的足迹，在足迹的尽头找到了他，更确切地说是找到了他的残骸。那里到处可见曾经有过一场大战的斑斑痕迹，以及大山猫的巢穴，根据一些标志判断，大山猫在里面，然而她没敢闯进去，走了。

以后，母狼猎食时就躲开左边的支流，她知道大山猫的洞里有一窝小猫，也明白大山猫脾气凶恶，搏斗起来令人恐惧。六条狼可以毫无问题地将一只耸毛怒吼的大山猫赶上树，但如果一只狼单独迎战一只大山猫，结果将截然相反——尤其大山猫背后有一窝小猫嗷嗷待哺的时候。

然而，"荒原"总是"荒原"，而母性总是母性。无论在"荒原"与否，也不论在什么时候，母亲都是凶猛地保护后代的。到了必要的时候，为了她的灰仔，母狼就要去冒犯左边的支流，岩石间的巢穴和大山猫的愤怒。

母亲开始出去猎食了，灰仔清清楚楚：洞口是禁止接近的，这不仅因为母亲曾多次用鼻子和爪牙警示他，更因为他内心里的恐惧在发展。在短暂的穴居生活中，还从未遇到过任何可怕的事，然而恐惧存在于他心里深处，那是远古的祖先通过千千万万个生命遗传给他，他直接从父母身上继承的遗产。

恐惧！这是"荒原"的遗产，任何兽类都无处回避。但灰仔接受了恐惧。他知道饥饿，在不能免于饥饿时感觉到限制。坚硬的洞壁的障碍，母亲鼻子打剧烈推搡和爪子的打击，几次饥荒造成的饥饿，都使他认识到，在这个世界上没有自由，法则限制和制约着生命，服从法则，就可以逃避伤害，获得幸福。

他并非如此"像人似的"进行推理，而只是将食物分成有害和无害两种，之后就避开有害的事，免受限制、睡醒时也非常安静，极力控制着嗓子发痒，拼命要叫的咆哮。

一次，清醒地躺着的时候，白墙里发出一个陌生的声音。一只狼獾站在外面，一面为自己的大胆发抖，一面仔细嗅洞中的气息。狼崽并不知道，只听到陌生的吸鼻子声，那是未曾经他分类的一种东西，也是可怕的和未知的——未知是恐惧的主要原因之一。

灰仔背上的毛悄悄地竖了起来。他如何一听到那陌生的声音就竖毛呢？这并非出于他的任何知识，而是内心恐惧的表现。那声音对于他的经历来说，是不可理解的。然而，与恐惧共生的还有另一种本能——隐蔽。狼崽虽然极为害怕，但他躺着一动不动，一声不响，仿佛冻结或石化了似的，完全死去了一般。母亲回来时，嗅到了狼獾踪迹留下的气味，咆哮着跳进洞里，用过分的挚爱和热情舔他，哄他。狼崽感到，自己总算跳过一场劫难了。

必知人生"三事"

□二月河

人生三不斗：不与君子斗名，不与小人斗利，不与天地斗巧。

人生三不争：不与上级争锋，不与同级争宠，不与下级争功。

人生三修炼：看得透想得开，拿得起放得下，立得正行得直。

人生三福：平安是福，健康是福，吃亏是福。

人生三为：和为贵，善为本，诚为先。

人生三件事不能硬等：孝老，行善，健身。

学说三句话：算了，不要紧，会过去的。

人生三问：尽快有多快？稍后有多后？永远有多远？

人生三大快事：美酒、挚友、枕边书。

人生三大憾事：遇良友不交，遇良机不握，遇老师不学。

契诃夫是俄国世界级短篇小说巨匠和俄国19世纪末期最后一位批判现实主义艺术大师，与莫泊桑、欧·亨利并称为“世界三大短篇小说家”。作为契诃夫的经典小说，《第六病室》自问世以来引起了读者和评论界经久不息的好评。在这间监狱般的病室中，通过小人物间看似疯癫的争论，控诉了沙皇专制社会对人灵魂的污染和性格的扭曲。《第六病室》这部严峻深沉、震撼人心的小说无疑是作家契诃夫一生所写的最富反抗精神的伟大作品之一。

《第六病室》

（节选） □［俄］契诃夫

在医院的后院里有一座不大的偏屋，四周长着密密麻麻的牛蒡、荨麻和野生的大麻。这房子的铁皮屋顶已经生锈，烟囱塌了半截，门前的台阶早已腐朽，长出草来，墙上的灰浆只留下斑驳的残迹。偏屋的正面对着医院，后面朝向田野；一道带钉子的灰色围墙把偏屋和田野隔开。这些尖端朝上的钉子、围墙和偏屋本身，无不显得阴森可怕，只有我们的医院和监狱才会有这种特殊的外观。

如果您不怕被荨麻螫痛，那您就沿着一条通向偏屋的羊肠小道走去，让我们看一看里面的情景。打开第一道门，我们来到了外室。这里的墙下和炉子旁边扔着一堆堆医院里的破烂儿。床垫啦，破旧的病人服啦，长裤啦，蓝白条纹的衬衫啦，毫无用处的破鞋啦——所有这些皱皱巴巴的破烂儿混杂在一起，胡乱堆放着，正在霉烂，发出一股令人窒息的臭味。

看守人尼基塔，嘴里咬着烟斗，老是躺在这堆污七八糟的废物上。他是名退伍的老兵，那身旧军服上的红领章早已褪成棕黄色。他的脸严厉、憔悴，两道下垂的眉毛给他的脸增添一副草原牧羊犬的神气，鼻子通红。他身材不高，看上去瘦骨伶仃，青筋暴突，可是神态威严，拳头粗大。他属于那种头脑简单、唯命是从、忠于职守、愚钝固执的人，这种人最喜欢秩序，把它看得高于一切，因而深信：他们就得挨打。他打他们的脸、胸、背，打到哪儿算哪儿，相信不这样就不能维持这里的秩序。

再往里走，您便进入一间宽敞的大房间，如果不算外室，整座房子就由它占去了。这里的墙壁涂成暗蓝色，天花板熏黑了，跟没有烟囱的农舍一样——显然，到了冬天，这里的炉子日夜冒烟，煤气很重。窗子的里边装着铁栅栏，样子难看。地板灰暗，粗劣。满屋子的酸白菜味，灯芯的焦煳味，臭虫味和氨水味，这股浑浊的气味让您产生的最初的印象是，仿佛您进入了一个圈养动物的畜栏。

房间里摆着几张床，床脚钉死在地板上。在床上坐着、躺着的人都穿着蓝色病人服，戴着旧式尖顶帽。这些人是疯子。

这里一共五个人。只有一人贵族出身，其余的全是小市民。靠近房门睡的是个又高又瘦的小市民，褐色的小胡子亮闪闪的，泪眼模糊，托着头坐在床上，定定地望着一处地方发呆。他日日夜夜发愁，摇头，叹气，苦笑。他很少参与别人的谈话，即使问他什么，他也照例不答。给他端来食物，他就机械地吃下去，喝下去。从他那剧烈而痛苦的咳嗽，骨瘦如柴的模样和脸颊上的潮红可以推断，他正害着痨病。

在他之后是位矮小、活泼、十分好动的老人，留一把尖尖的小胡子，一头乌黑的卷发，像黑人似的。

白天他在病室的两扇窗子间不停地踱来踱去，或者像土耳其人那样盘腿坐在自己床上，同时无休止地吹着口哨，学灰雀啼叫，还小声唱歌，嘿嘿窃笑。他的这种孩子气的乐趣和活泼的性格，即使在夜里也有所表现：他常常爬起来向上帝祷告，也就是用双拳捶胸，用手指头抠抠门缝。他就是犹太人莫谢伊卡，大约二十年前他因为帽子作坊起火烧毁而神经错乱，成了疯子。

第六病室的全体病人中，只有莫谢伊卡一人被允许外出，甚至可以离开医院上街去。他很久以来就享受着这一特权，大概因为他是医院的老住户，又是个不伤人的文疯子，再者他成了城里供人逗乐的丑角。只要他一出现，立即被一群孩子和狗围住，对此人们也早已看惯了。他穿着难看的病人服，戴着滑稽的尖顶帽，穿着拖鞋，有时光着脚，甚至不穿长裤，在街上走来走去，在民宅和商店的门口站住，讨个小钱。有的给他克瓦斯，有的给点儿面包，还有人给个小钱，所以他回来时通常已吃饱喝足，还发了点儿小财。他带回来的东西统统让尼基塔没收了去归自己享用。这名老兵做这种事很不客气，他粗鲁地、气急败坏地把他的每一个口袋都翻过来，还呼唤上帝来做证，说他今后绝不再放犹太人上街，说他在这个世界上最恨的是不守秩序。

莫谢伊卡喜欢帮助人。他给同伴端水，在他们睡着的时候给他们盖好被子，答应下次从街上回来送每人一个小钱，并且给每人缝一顶新帽子。他还给左边的邻居——一名瘫痪病人——用勺子喂饭吃。他这样做既不是出于怜悯，也不是出于什么人道方面的考虑，他只是无形中受了右边的邻居格罗莫夫的影响，模仿他这么干的。

伊凡·德米特里·格罗莫夫是个三十三岁的男子，贵族出身，担任过法院民事执行员，属十二品文官，患有被害妄想症。他要么缩成一团躺在床上，要么在室内不停地走来走去，像在活动筋骨，很少有坐着的时候。一种令人惊慌不安的、说不清道不明的等待，弄得他总是十分兴奋、急躁、紧张。外屋里只要有一丝动静，或者院子里有人叫一声，他便立即抬起头，侧耳细听：莫非是有人来找他，要把他抓走？这时他的脸上就露出极其惊慌和厌恶的神色。

我喜欢他那张颧骨突出的方脸盘，它总是苍白，悲伤，像一面镜子反映出他那颗饱受惊吓又苦苦挣扎的心灵。他的脸相是奇特的，病态的，然而那清秀的面容虽则刻下深沉而真诚的痛苦，却显出理智和知识分子所特有的文化素养，他的眼睛闪出温暖的健康的光芒。我也喜欢他本人，彬彬有礼，乐于助人，对所有的人都异常客气，除了尼基塔。谁要是掉了扣子或者茶匙，他总是赶紧从床上跳下来，拾起那件东西。每天早晨他都要跟同伴们道早安，躺下睡觉时祝他们晚安。

除了一贯紧张的心情和病态的脸相外，他的疯病还有如下表现：有时在傍晚，他裹紧那件破旧的病人服，浑身发抖，牙齿打战，开始在墙角之间、病床之间急速地走来走去。好像是，他正害着厉害的寒热病。

有时他突然站住，看看他的同伴们，想必他有十分重要的话要说，可是他又显然考虑到他们不会听他讲话，或者即使听也听不懂，于是他便不耐烦地摇着头，继续走来走去。可是不久想说话的欲望压倒一切顾虑，占了上风，他就放任自己，热烈地、激昂他讲起来。他的话没有条理，时快时慢，像是梦呓，有时急促得让人听不明白，然而在他的言谈中，在他的声调中，有一种异常美好的东西。

听他说话，您会觉得他既是疯子又是正常人。他的疯话是难以写到纸上的。他谈到人的卑鄙，谈到践踏真理的暴力，谈到人间未来的美好生活，谈到这些铁窗总是使他想到强权者的愚蠢和残酷。结果他的话就成了一支杂乱无章的集成曲，尽管是老调重弹，却远没有唱完。

米兰·昆德拉，捷克裔小说家，曾凭借《小说的艺术》《不能承受的生命之轻》《生活在别处》等作品获得捷克斯洛伐克国家奖、耶路撒冷文学奖、奥地利国家欧洲文学奖。1995 年，捷克政府决定将国家最高奖项之一——功勋奖授予米兰·昆德拉。米兰·昆德拉 1975 年流亡法国后创作了《生活在别处》这部充满了现代主义色彩的杰作，《生活在别处》是一位年轻艺术家的肖像画，昆德拉以其独到的笔触把一个敏感的年轻诗人雅罗米尔的内心世界刻画得细致入微，尤其是描写手法的出神入化，很好地表达了现代派小说的精髓。《生活在别处》也使他于 1976 年首次获得一项重要的外国文学奖——法国梅迪西斯奖。

《生活在别处》

□［捷克］米兰·昆德拉

（节选）

诗人的母亲玛曼在怀上诗人后，曾如痴如醉地渴望孩子叫阿波罗。当然，她知道儿子会因取了这样一个高贵的名字而遇上麻烦，人们会嘲笑她和儿子。因此她得寻找一个配得上年轻的奥林匹斯神的捷克名字，最后她选定为雅罗米尔，意思是“他爱春天”和“他被春天所爱。”这个选择得到了大家的赞同。

当他们驱车把她送到医院时，事实上春意正浓，盛开着紫丁香；几个小时的阵痛后，幼小的诗人滑落到这世界的肮脏被单上。

他们把诗人放在母亲床边的一张有围栏的小床上，她听着那悦耳的号哭声，疼痛的身躯充满了自豪。我们不要妒忌玛曼身子的满足，迄今为止，它还没有体味到多少欢乐，尽管它还算迷人：不错，背部没有轮廓，腿有点短，但是胸脯却非常丰满，在一头梳理得十分漂亮的头发下有一张并不炫目却动人的脸。

分娩之后，玛曼的躯体又进入了一个新的时期。当她第一次感到儿子的嘴摸索着触到她的胸脯时，一股甜蜜的颤动传到内心深处，辐射到身体各个部位。这种感觉与爱情相似，却又远远超过了爱情，它带来了极大的宁静的幸福和极大的幸福的宁静。

她从来没有像这样献身于另一个躯体，也从来没有任何躯体像这样献身于她。这是伊甸园的境界：肉体就是肉体，无须用遮羞布来掩盖；母亲和儿子沉浸在无限的安宁之中；他们居住在超越善恶的躯体里。而且，在伊甸园里绝没有美丑之别，身体的各个部分既不丑也不美，而只是赏心悦目。无牙的齿龈是可爱的，胸脯是可爱的，肚脐和小臀部也是可爱的。内脏叫人愉快，它们运行得有条不紊。那个滑稽脑袋上长出的短发也叫人愉快。她热心地观察儿子打嗝，小便和咳嗽，这不仅仅是对婴儿健康的无微不至的关心——不，她是怀着激情投入了婴儿身体活动的每一过程。

这是一个崭新的态度，因为从幼年起，玛曼对包括她自己的一切身体的需要，就抱有一种强烈的反感；每当坐在抽水马桶上她就憎厌自己，试图确信没人看见她走进浴室，她曾经一度不好意思当着众人吃饭，因为咀嚼和吞咽的程序使她感到厌恶。如今儿子身体的需要是那么崇高，超越了一切丑陋，对她产生了特殊的净化作用，也使她自己的躯体变得正当。她开始觉得自己是高雅的；她的躯体变得就像大自然的任何物体——一棵树，一丛灌木，一片湖——一样惬意，一样正当。

一次孩子病重，玛曼几乎有两星期没有合眼，日夜守护在这个发着高烧，受着病痛折磨的小躯体旁边。这段时间也叫人心醉神迷；儿子病愈后，她觉得自己好像抱着他的身子穿过了地狱，有过这样的经历，再没有什么能把她和儿子分开了。

她已不再给儿子喂奶，而是教他使用抽水马桶，她为他穿衣脱衣，给他梳头，替他选择衣服，通过热心为他准备的食物，每天都与他的内脏保持接触。儿子四岁时开始显露出缺乏食欲的迹象，她对他严格起来，强迫他吃饭，她第一次感到她不仅是儿子躯体的朋友，而且是它的统治者。这个躯体反抗着，不愿意吞咽，可最后不得不屈从；她带着愉快观察这徒劳的反抗、屈服，还有那瘦弱的脖子，通过它，她可以监视那不受欢迎的食物通过。

那么儿子的灵魂呢？不也是她的王国的一部分吗？噢，是的，当然是的！当雅罗米尔发出的第一个词就是“妈妈”时，她简直欣喜若狂。她对自己说，儿子的大脑——现在还只有一个概念——全靠她来填充，甚至以后他的大脑开始发育，抽枝，开花，她将仍然是他的根。这想法使她欢欣鼓舞，她开始仔细留心儿子的学语，由于她觉得生命是漫长的，记忆是短暂的，她便去买了一本深红色封面的笔记本，开始把儿子嘴里发出的一切都记录下来。

如果我们查阅玛曼的笔记本，就会看到在“妈妈”后面，紧接着又有许多词，“粑粑”“呀呀”，“嘟嘟”“呼呼”“哼哼”“噜噜”，第七个才是“爹爹”。看了这些简单的词语（玛曼的笔记本里常写有简短的注释和日期），我们感到对句子的初次尝试。我们得知在第二个生日之前他曾宣称“妈妈好”。几个月后，他又说“妈妈是卡卡”，因为玛曼拒绝在午餐前给他山莓汁吃，为了这句话，他背上挨了一巴掌。他哭着叫嚷：“我要另一个妈妈！”但不一会儿他就说：“我的妈妈很漂亮。”这使玛曼非常快活。还有一次他说：“妈妈，我舔你一个吻。”意思是说他要伸出舌头，舔玛曼的整个脸。

假如跳过几页，我们便会看到一个有着惊人韵律感的句子。女佣安娜有一次答应雅罗米尔，要给他一串山楂，但她后来忘了，自己把山楂吃掉了。雅罗米尔感到受了骗，非常生气，激烈地反复说：“丑安娜，偷山楂。”

从某种意义上讲，这句话与前面所举的“妈妈是卡卡”很相似，但这次雅罗米尔的背上却没有挨巴掌，所有的人包括安娜都大笑起来，这句话以后还常被引用来给大伙逗乐（当然，雅罗米尔是明白这一点的）。当时，雅罗米尔还不可能知道他成功的内在原因，但我们非常清楚，正是这句话的韵律使他免挨了一巴掌。这是雅罗米尔初次与诗歌的神奇力量相遇。

以后的篇页记满了大量押韵的词句，根据玛曼的注释，这些词句显然给全家带来了欢快和乐趣。例如，雅罗米尔对女佣外表的速写是这样的：我家佣人的衣裳，就像一只山羊。紧接着又是这样的句子：我们在树林里欢闹，心儿是多么美好。玛曼感到，雅罗米尔除了具有创造性的天赋，他那诗情的活跃还源于押韵的儿童读物的影响。她经常热心、固执地给他读这些书，以至孩子竟完全相信他的整个母语都是由抑扬格组成的。这里，我们得做点纠正：雅罗米尔诗情的勃发并不是因为他的天资，也不是因为他对文学典范的模仿，真正的源头是他的外祖父。这是一个冷静而实际的人，与诗歌毫无缘分，他想出这些最拙劣的联句，暗地里教给他的外孙。

不久雅罗米尔就意识到他的词语产生的影响，于最开始表现起来。最初，他使用语言仅仅是为了让别人懂得他，现在他说话却是为了博得赞赏、钦佩和笑声。他期望他的言语会产生效果，由于常常不能得到所期待的反响，他便信口胡说一气，试图引起大家的注意。他为此付出了代价；一次，他对妈妈和爸爸说，你们都是刺。（他曾听到隔壁院子的一个男孩用过这词，还记得当时所有的男孩都高声笑起来）但爸爸非但不觉得有趣，反而给了他一耳光。

从那以后，他开始仔细注意大人的用词——哪些词是他们珍视的，哪些词是他们认为合适或不合适的，哪些词使他们感到震惊。这种观察使他有一天同玛曼站在花园里时，能学着外婆的口吻，说出一句忧郁的话：妈妈，生命真像这些野草。

很难说准他脑袋里在想什么。他显然没有想到野草那生机勃勃而没有价值的特性。也许他只是想表达生命悲哀和空幻这样一个很模糊的概念。但即便是他所说的话与他所想表达的话不同，这句话产生的印象却令人难忘：玛曼一下子惊呆了，然后她抚摸他的头发，眼泪汪汪地凝视他的脸庞。那充满狂喜、赞扬的凝视使雅罗米尔心醉神迷，他渴望着再次得到它。当他与玛曼散步时，他对着一颗石头踢了一脚，然后说，妈妈，我刚才踢了石头，现在我为它感到难过——于是他弯下腰，轻轻地抚摸石头。

玛曼确信她的儿子不仅有才华（他刚五岁就学会了阅读），而且特别敏感，与别的孩子截然不同。她经常向外公和外婆表露这看法，雅罗米尔一边假装玩他的士兵或木马，一边侧耳倾听。他盯着客人们的眼睛，幻想着客人们把他看作一个非凡的天才儿童，或者看作一个特殊人物，而不是一个儿童。

在他的六岁生日临近时，他准备上学了，家里人坚持认为他应有一间自己的屋子，单独睡觉。玛曼感叹着时光的无情流逝，不过她还是同意了。她和丈夫决定把顶楼一个小房间送给儿子，作为他的生日礼物，并用一张长沙发和一些适宜的家具布置这间屋子：一个书橱、一面提醒他保持干净和整洁的镜子，一张小小的写字台。

爸爸提出用雅罗米尔自己的画装饰房间，并着手把那些画有苹果和房子的幼稚的涂鸦贴在墙上。玛曼走到他身边，说："我想要你给我一样东西。"他瞧着她，她有点害羞但又坚定地继续说："我想要你给我几张纸和一些颜料。"她在自己房间的梳妆台前坐下，把纸铺开，练习写了很长时间的大写字母；最后她用笔蘸上红色颜料，开始写第一个字母，一个很大的L，然后是字母I，很快就写完了整个句子：生命犹如野草。她满意地检查着她的作品；这些字母笔画整齐，间隔均匀。她又拿起一张纸，重新写下这句话，这次用的是深蓝色，因为深蓝色更能恰当地表达儿子思想的深刻忧郁。

接着她想起雅罗米尔还说过"丑安娜，偷山楂。"她嘴上带着幸福的微笑，开始用鲜红色写下：我们亲爱的安娜，喜欢上一串山楂。然后她笑着想起了"你们都是刺"，但她没有把这句话写下来。她用绿色颜料写道：我们在树林里欢闹，心儿是多么美好。她又用紫色颜料写道：我家安妮的衣裳，柔软得像一只山羊。（雅罗米尔实际上说的是"我家佣人的衣裳"，但玛曼认为"佣人"这个词太粗俗）。然后她回想起雅罗米尔爱抚石头的情景，略微沉吟后，她用浅蓝色颜料写道：我甚至不愿伤害一颗石头。她有点窘迫地用橙色颜料加了一句：妈妈，我舔你一个吻。最后她用金黄色颜料写道：我的妈妈很漂亮。

生日前夕，父母把激动万分的雅罗米尔送到楼下和外婆睡在一起，然后开始搬运家具，装饰他的房间四壁。早晨，当他们把孩子叫到焕然一新的房间时，玛曼早已疲倦不堪。雅罗米尔的反应使她感到困惑。他显然吃了一惊，局促不安地站在房子中央，一言不发。他只对写字台表现出兴趣，而这兴趣也是游移和迟疑的。

玛曼再也忍不住了；"咳，你觉得怎样？喜欢你的房间吗？"

"是的，我喜欢。"孩子回答说。

"你最喜欢什么？来，告诉我们！"外公提示道，他和外婆从半开着的门后面瞧着他。

"这个。"孩子说。他坐在写字台前，把装有活叶的桌面上下掀动。

"这些画你觉得怎样？"爸爸指着那些带框的画问。

孩子抬起头来微笑："我熟悉它们。"

"但是把这些画挂在墙上你觉得怎么样？"

孩子仍然坐在写字台前，点

了点头，表示他喜欢墙上的画。

玛曼的心有点作痛，她很想躲起来，但她不得不坚持到底。由于她的沉默也许会被认为是责难，她不能不睬那些鲜艳的题字了，于是她说：“瞧瞧这些！”

孩子把头埋得更低，目不转睛地看着桌子抽屉。

“你知道，我想要……”玛曼不知所措地继续说，“我只是想要你回忆起一些事，这些事能提醒你是怎样长大的，从摇篮一直到课桌，因为你是一个非常聪明的孩子，你使我们大家那样幸福……”她抱歉地讲着，非常窘迫，把同一句话反复讲了几遍，直到她不知道该再说什么，变得缄默起来。

如果她认为雅罗米尔不欣赏这个礼物，那她就错了。他也不知道该说什么，可他是满意的。他一直为他的话而自豪，他并不希望它们消失在空中。看到它们被细心地记在纸上，变成图画，他有一种成功的感觉——的确，这个成功如此之大，如此出乎意料，以至于他不知道怎样作答，这使他感到不安。他知道他是一个出语惊人的孩子，他觉得这样的孩子在此刻应该说点有意义的话，但是他什么话也想不出来，所以他才缄默地垂着头。但当他从眼角瞥见自己的话牢固地展现在房间，比他自己更大、更长久，他不禁欣喜若狂。他觉得好像被他的自我包围起来，处处有他——他充满了房间，充满了整个别墅。

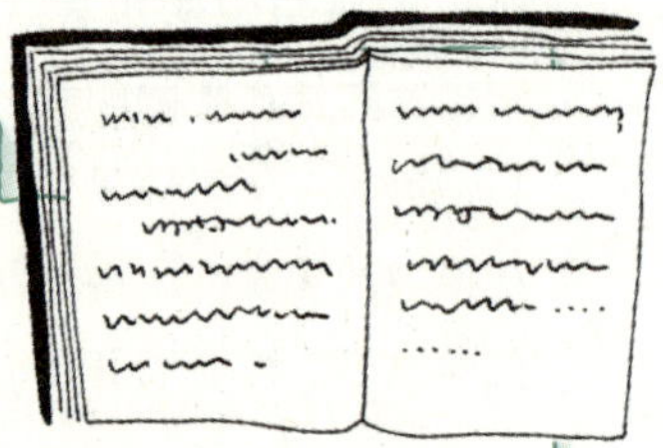

国人需要捧书夜读

□袁　浩

如今，在网络书店的冲击下，实体书店的生存环境每况愈下，而三联韬奋书店在这个时候尝试“24小时营业”，可谓逆势而上。据了解，台北的诚品书店在多年的时间里以其独特的文化魅力和“24小时不打烊”的经营模式吸引了众多读者，甚至在台湾一度刮起“半夜逛书店”的风潮。北京三联韬奋书店效仿台北诚品书店，让北京人也有一个捧书夜读的好去处，这实在是一个大好消息。

“捧书夜读”，这是一组多么蕴含诗意的词汇，在曾经的记忆里，它带给了多少人心灵的慰藉与安抚。但是，随着经济社会的不断发展，我国国民综合阅读率近年来却呈下降趋势。第十次全国国民阅读调查结果显示，2012年我国18～70周岁的国民人均纸质图书和电子书合计阅读量为6.74本，而同期韩国为11本，法国为20本，日本为40本，以色列高达64本，为世界之最。相比之下，如此低的阅读率实在与我们文化大国的称号不相符。

喧嚣的时代里，我们确实需要捧书夜读的静谧。作家博尔赫斯声称：如果有人问我一生中对我影响最大的是什么，我会说是我父亲的图书馆，实际上我有时认为我从未离开过那间书房。他甚至说，他想象的天堂就是图书馆的模样。斯密在晚年也常说，老年人的最大快乐是重读年轻时喜爱的作家的作品。都说哲学家康德一生很少走出自己居住的城市，但他给学生上的地理课却深受欢迎，他知道地球上许多地方的风貌和习俗，他的个人世界如此宽阔丰满令人难以置信。但如果你知道，他终身与书为伴，就不难理解这一切了。因为书是他忠实的朋友、良好的导师、可爱的伴侣、幽婉的抚慰者。读书，是每一个追求人性之卓越的人都应当终生去做的事情。18世纪的波斯诗人玛斯特如是说：只消坐下，我便能够在精神王国里驰骛，是书籍给我提供了这种便利。

真心为北京三联韬奋书店叫好，也真心希望忙碌的现代人能多捧起书本读一读，使读书成为一种“精神的渴求”。

《一个人的朝圣》

□［英］蕾秋·乔伊斯

（节选）

这是六十岁的哈罗德为了老友，也为了自己的人生千里跋涉的故事，从他脚步迈开的那一刻起，他就开始了87天、627英里的旅程，这也是他穿越时光隧道的另一场心灵之旅。《一个人的朝圣》是英国资深剧作家蕾秋·乔伊斯的小说处女作，获得2012年度英国最佳新人小说奖、2013年欧洲首席畅销小说，并一举入围2012年布克文学奖。《纽约时报》评价乔伊斯的《一个人的朝圣》"不仅关于爱的失去，还关于日常生活的信念及万物之美，从哈罗德把一只脚放到另一只前面的微小动作开始"。

那封改变了一切的信，是星期二寄到的。四月中旬一个再平凡不过的早晨，空气中飘着洗衣粉的香气和新鲜的草腥味。哈罗德·弗莱刚刮完胡子，穿着整洁干净的衬衫，系着领带，坐在饭桌前。他手里拿着一片吐司，却没有吃的意思，只是透过厨房的窗户，凝视着修整过的草坪。草坪中间杵着莫琳的可升降晾衣架，一小片绿被邻居的木栅栏紧紧围起来。

“哈罗德！”莫琳大声叫道，压过了吸尘器的声音，“信！”哈罗德也想出去走走，但是现在出去唯一可以做的就是修修草坪，而他昨天才刚剪过。吸尘器突然安静下来，一会儿工夫，莫琳手里拿着一封信气鼓鼓地走进了厨房，坐到哈罗德对面。莫琳一头银发，身材苗条，走起路来轻快利索。他们刚认识的时候，哈罗德最开心的事情就是逗她发笑，看着身材匀称的她笑得前仰后合，乐不可支。“给你的。”莫琳说。等她将信放到桌上轻轻一推，信滑到哈罗德手边停下，他才反应过来。两人都盯着那信封。信封是粉色的。“是贝里克郡的邮戳。”

他并不认识住在贝里克郡的人。其实他在各地都不认识几个人。“可能弄错了吧？”

“我觉得不是。邮戳总不会盖错吧。”她从面包架上拿起一片吐司——莫琳喜欢吃放凉以后又松又脆的吐司。

哈罗德仔细地打量起这个神秘的信封。不是浴室套装常用的那种粉色，也不是配套毛巾和马桶垫圈的粉色，它们常常过于明艳，让哈罗德有种浑身不自在的感觉。这个信封的粉色娇嫩而柔软，就像土耳其软糖一样。信封上的字是用圆珠笔写的，一个个潦草而笨拙的字母挤在一起，仿佛是哪个孩子在慌忙中匆匆写下的。“哈姆斯南部，金斯布里奇村，福斯桥路，H.弗莱先生收”。他辨识不出这是谁的字迹。

“谁啊？”莫琳边说边递过一把拆信刀。他把刀子插进信封，一下划开。“小心点。”莫琳提醒道。

哈罗德把信拿出来，感觉到莫琳一直在盯着他。他扶了扶老花镜。信是打印的，地址是一个他从没听过的地方：圣伯纳丁临终关怀疗养院。“亲爱的哈罗德：这封信也许会让你小吃一惊。”他的目光一下跳到信的末尾。

“谁啊？”莫琳又一次问道。

“天啊！是奎妮·轩尼斯。”

莫琳挑起一小块黄油，在吐司上抹匀：“奎妮什么？”

“她在酿酒厂工作过，好多年前的事了。你不记得了吗？”

莫琳耸耸肩：“我记这个做什么，干吗要记住那么多年前的人？递一下果酱好吗？”

“她是财务部的，做得可好了。”

“那是橘子酱，哈罗德。果

酱是红色的。拿之前用眼睛看一下，这样你就不会老拿错东西了。”

哈罗德静静地把她要的瓶子递给她，又读起信来。果然写得流畅又整洁，和信封上的鬼画符一点都不像。他一时间笑了，忆起奎妮总是这个样子的，做什么事都一丝不苟，叫人无可挑剔。“她还记得你呢，向你问好。”

莫琳抿抿嘴：“收音机里有个小伙子说法国人想打我们面包的主意。法国的不够分了，他们就来这儿把我们的都买光。那人说我们到夏天就可能供不应求了。”她停了一下，“哈罗德，怎么了？发生什么事了吗？”

哈罗德一言不发。突然他站起来，嘴微微张着，脸色苍白。到他终于能说出话来，声音却微弱而遥远：“她……得了癌症。她是写信来告别的。”他还想说些什么，却一个字也说不出，只好到处摸索着，终于猛地从裤袋里抽出一条手帕，重重一擤鼻子，“我……唔，天啊！”眼里渐渐蓄满泪水。

一片安静。或许过了几分钟。莫琳咽了一下口水，打破了沉默：“我真抱歉。”她说。

他轻轻动了一下，想抬起头来给她一点回应，却没有力气。

“今天天气不错，”她又说，“不如把露台上的椅子搬出来坐坐？”但他只是静静地坐在那里，动也不动。莫琳默默把脏盘子收拾好，回到厅里。不一会儿吸尘器又轰轰地响起来。

哈罗德感觉有点喘不过气来，好像哪怕动一下四肢，甚至只是牵动一丝肌肉，他努力压抑着的复杂情绪都会喷薄而出。怎么这样就过了二十年，连一个字都没有写给过奎妮？她的形象渐渐浮现在眼前，一个娇小的黑发女人，多年前曾和他一起工作过。她应该有……多大了？六十岁？还得了癌症，在贝里克郡等待最后时刻的来临。真不可思议，他想。全世界那么多地方，偏偏是在贝里克——虽然他从来没有去过那么北的地方。他望向窗外的花园，看到一个塑料袋挂在月桂篱上，在风中上下翻飞，却无法挣脱，获得自由。他把奎妮的信装进口袋，轻轻按了两下，确认放稳妥了，才站起来。

莫琳轻轻掩上戴维的房门，站了一会儿，感受着他的气息。她轻轻拉开每晚亲自关上的蓝色窗帘，看垂到窗台的帘子边缘有没有沾上灰尘；然后细细擦拭他在银色相框里的剑桥留影，还有旁边的黑白婴儿照。房间每天都打扫得干干净净，因为她在等戴维回来。谁也不知道他哪一天会突然出现。在她心里，会有一部分永远这么等着。男人不会明白身为人母是什么感觉，那种因为爱得太深而带来的痛，即使孩子已经离开也不会消散。她又想到楼下的哈罗德，还有那封粉色的信，心想要是能和戴维聊聊就好了。她悄悄离开了戴维的房间，就像进去时一样。

哈罗德·弗莱从梳妆台抽屉里翻出几页信纸和莫琳的圆珠笔。该对一个罹患癌症即将离世的女人说些什么？他很想告诉她自己有多遗憾，但“深表同情”几个字感觉怎么都不对，就像不幸的事情真的已经发生了才从店里买张卡似的，而且也太正式了，显得他其实并不那么在乎。他试着下笔：“亲爱的轩尼斯小姐：真诚希望你的身体早日康复。”停下来想想，太拘谨了，况且也已经不太可能发生，于是把纸揉成一团丢掉，重新开始。他从来不太会表达自己。这个消息给他带来的震撼太大了，实在很难用语言来形容；就算他有这个能力，向一个二十年没联系的昔日好友倾诉这些，好像也不太恰当。如果换成他病了，奎妮一定知道该怎么做。要是他对自己也那么有信心就好了。

“哈罗德？”莫琳吓了他一跳。他以为她还在楼上擦擦洗洗，或者和戴维说话。她把金盏花拿了出来。

“我在给奎妮回信。”“回信？”她总是爱重复他的话。“对。你要不要也署个名？”

“不用了吧。给一个不认识的人写信感觉有点怪怪的。”

不要再为说辞患得患失了，简简单单地把心里的话写出来就好。“亲爱的奎妮：谢谢你的来信。听到这个消息我真的很抱歉。祝好，哈罗德（弗莱）。”有点无力，但也只能写成这样了。他迅速装好信，封上信封，把圣伯纳丁临终关怀疗养院的地址抄上去。“我去一趟邮局，很快回来。”

已经过了十一点。哈罗德从

挂衣钩上取下防水外套——莫琳喜欢他把衣服挂在那里，打开门，一股温暖、微咸的空气扑面而来，他刚抬起脚，妻子就叫住了他。

“会去很久吗？”“到街尾就回来。”

她依然抬头看着他，用她那双墨绿色的眼睛，纤细的下巴微微抬起。他真希望自己知道该对她说些什么好，但偏偏事与愿违；至少没有什么话能改变目前这种状况。他渴望能像旧时那样触碰她，把头靠在她的肩膀上，好好歇息一下。但现在太迟了。“待会儿见，莫琳。”他小心地把门关上，以免发出太大的响声。

福斯桥路位于金斯布里奇的一座小山上，是房地产经纪口中居高临下的好地段，有绵延的乡村景观可供欣赏，只是家家户户的花园都颤巍巍地向低处的马路倾斜，园里的植物都保命似的紧紧缠绕着竹栅栏。哈罗德大步走下坡有点陡的水泥街道，速度有点快了，但他留意到有五朵新开的蒲公英。也许下午他还会把那张《西部大赶集》翻出来听听呢。那就了不起了。

住在隔壁的雷克斯看到他，朝他挥挥手走过来，在篱笆边停下。雷克斯并不高，头和脚都小小的，中间挺着个圆滚滚的大肚子，他时不时让哈罗德担心如果不小心跌倒的话，他会像个水桶一样骨碌碌滚到山下，停都停不下来。他的妻子伊丽莎白六个月前去世了，大约就在哈罗德退休那阵子。自此以后雷克斯就老爱向别人诉说生活有多艰难，一开口就没完没了。“至少你可以听一听呀。”莫琳说。只是哈罗德弄不清她的这个“你”到底是泛泛地指所有人，还是就针对他一个。

“出来逛逛？”雷克斯问。

哈罗德试着摆出一副“我现在没时间”的样子，半开玩笑地说：“嘿，老朋友，有没有什么要寄的？”

“没人会写信给我。伊丽莎白走了以后，信箱里就只剩传单了。”

雷克斯凝视着半空，哈罗德马上意识到这段对话在往某个方向发展了。他抬眼瞥一下天，几缕云飘在高远的空中。“天气真好。”

“是啊，”雷克斯应道。一阵沉默。他重重叹一口气，“伊丽莎白最喜欢阳光了。”又静了下来。

“今天很适合除草啊，老友。”“是啊。哈罗德，你会把割下来的草制成肥料，还是盖在植物上护根？”

“护根的话会粘在鞋底，莫琳可不喜欢我把杂草带进屋里。”哈罗德低头看看脚上的帆船鞋，奇怪为什么人们根本没有出海的打算，却还要穿着它们。“嗯，我该走了。得在中午邮差收信前赶过去。”他挥挥手中的信封，转身走开了。

有生以来第一次，哈罗德为比预期中早看见邮筒感到失望。他还特地绕了点路，但邮筒已经在那里了，在福斯桥路的转角等着他。哈罗德将给奎妮的信举到投信口，又停了下来，回头看向走来的路。

座座独立的房子刷成了黄色、蓝色、橙红色，都被岁月洗刷得有点斑驳了。有些房子还保留着五十年代的尖顶，一根根装饰用的梁木围成半个太阳的形状；有几栋盖有嵌着石板的小阁楼；还有一间完全按照瑞士风格的小木屋作了改装。哈罗德和莫琳四十五年前刚结婚就搬到这里来了，光是房子的订金就花光了哈罗德所有的积蓄，连买窗帘和家具的钱都没有了。他们比较内敛，这些年来邻居们来来去去，只有哈罗德和莫琳一直留在这里。家门前曾经有过一小片蔬菜田，还有个别致的小池塘；一到夏天，莫琳就会亲手制作印度风味的酸辣酱，戴维还在池塘里养过小金鱼。屋子后面曾经有个棚舍，里面挂着各种园艺工具，还有一卷卷麻线、绳索，棚舍总弥漫着一股肥料的味道。但这一切早就成了过去。就连戴维的学校——就在他的小房间旁边——都已经铲平，变成了五十间红色、蓝色、黄色的房子，房前的街灯也改成了乔治王朝时代的风格。但这四十五年里，哈罗德又做了些什么呢？

他想到了写给奎妮的信，为那几行软弱无力的字感到羞愧。

他想象自己回到家里，听着莫琳叫戴维的声音；除了奎妮即将在贝里克郡离开这个世界，他的生活一成不变。哈罗德突然间不能自持，信明明已经放到黑幽幽的投信口，却怎么也投不进去——他没法松手。

《青春咖啡馆》

（节选）

□［法］帕特里克·莫迪亚诺

《青春咖啡馆》是法国当代著名作家帕特里克·莫迪亚诺的经典之作，故事讲述了巴黎塞纳河左岸的一家名叫孔岱的咖啡馆，这个咖啡馆吸引着一群十九到二十五岁的年轻人，在这群客人之中，有一个名叫露姬的二十二岁女子特别引人注目。整个故事围绕着这名年轻女子的失踪展开，四个叙述者都以第一人称“我”的口吻，娓娓讲述着露姬短暂的人生经历。法国《读书》杂志评价《青春咖啡馆》“这是一部描写神奇巴黎和迷失主题的富有魔力的书。是镶嵌在莫迪亚诺无与伦比的丰碑式的全部作品上一颗璀璨夺目的宝石”。这本书出版两周销量即突破十万册，并被法国《读书》杂志评为“二〇〇七年度最佳图书”。2014年，帕特里克·莫迪亚诺获得诺贝尔文学奖。

那家咖啡馆有两道门，她总是从最窄的那扇门进出，那扇门人称黑暗之门。咖啡厅很小，她总是在小厅最里端的同一张桌子旁落座。初来乍到的那段时光，她从不跟任何人搭讪，日子一长，她认识了孔岱咖啡馆里的那些常客，他们中的大多数人跟我们年纪相仿，我的意思是说，我们都在十九到二十五岁之间。有时候，她会坐到他们中间去，但大部分时间里，她还是喜欢坐她自己的那个专座，也就是说坐最里端的那个位子。

她来咖啡馆的时间也不固定。有时，你会发现，她早晨一大早就坐在那里了。要么，到午夜时分，她才出现，然后在那里一直待到咖啡馆打烊。在这个街区，这家咖啡馆还有布盖和拉贝格拉是关门最晚的，但孔岱却云集了最千奇百怪的顾客。岁月流逝，我常常不由自主地问自己，是否仅仅因了她的存在，才使得那家咖啡馆和那里的人都显得那么异乎寻常和与众不同，仿佛她用自己的芬芳把他们都浸透了。

我们来做个假设，假设有人用一块布条蒙住你的眼睛，把你带到那里，让你在一张桌子旁边坐下，然后揭掉蒙眼布，给你几分钟时间来回答这样一个问题：你现在是在巴黎的哪一个街区？这时候，你可能只要观察一下周围的邻座，听一听他们的谈话内容，随即便能猜出：是在奥黛翁交叉路口的附近地区，在我的想象中，这个地区下雨天总是灰蒙蒙的一片。

有一天，一名摄影师走进了孔岱。从外表上看，他跟店里的顾客没有任何分别。同样的年龄，同样的不修边幅。他穿着一件对他来说太长的上衣，一条平纹布裤子和一双肥大的军用皮靴。他拍摄了大量经常光顾孔岱的那些客人的照片，然后他自己也变成了一个常客，如此一来，在其他人看来，他拍的好像是全家福。后来，这些照片登在一本以巴黎为主题的摄影画册里出版，照片下面的说明文字很简单，只列有这些顾客的名字或者外号。她在好几幅照片中都出现过。就像电影中常说的那样，她比其他人都上镜。在照片上的所有的人当中，读者最先注意的是她。在摄影画册页脚的说明文字中，她的名字是“露姬”。“从左到右分别是：扎夏里亚，露姬，塔尔赞，让·米歇尔，弗雷德和阿里·谢里夫……”“近景，坐在吧台边的是：露姬。在她身后是：安妮特，堂·卡洛斯，米海依，阿达莫夫和瓦拉医生。”她站得直挺挺的，但其他人的姿势却很随意，

读书时要深思多问。只读而不想，就可能人云亦云，沦为书本的奴隶；或者走马看花，所获甚微。——王梓坤

比方说，那个名叫弗雷德的人甚至把头靠在那张仿皮漆布长椅上呼呼睡着了，很显然，他已经好几天没刮胡子。有一点必须明确：露姬的名字是在她开始频繁光顾孔岱的时候，别人给起的。有一天晚上，临近午夜时分，她走了进来，当时我也在场，店里只剩下塔尔赞、弗雷德、扎夏里亚和米海依，他们都坐在同一张桌子边。塔尔赞大叫起来："哎呀，露姬来了……"起初，她显得有些惶恐，但没过多久她的脸上便绽出了微笑。扎夏里亚站了起来，装出一副很庄严的口气说道："今天晚上，我为你命名。从今往后，你名叫露姬。"久而久之，他们当中所有的人都叫她露姬，我现在想来，她有了这个新的名字之后，反倒觉得放松了。是的，是放松了。

实际上，我越往深里想，越能找到我最初的印象：她到孔岱这里，是来避难的，仿佛她想躲避什么东西，想从一个危险中逃脱。见她坐在最里头，坐在那个谁也不会注意到她的位置时，我就有了这种想法。当她混杂在其他人中间时，并不引人注目。她总是一言不发，谨小慎微，甘当他们的听众。我甚至觉得，为了更加安全起见，她喜欢待在熙熙攘攘的人群之中，宁愿和那些"大嘴巴"混在一起，否则的话，她不可能几乎总是坐在扎夏里亚、让·米歇尔、弗雷德、塔尔赞和拉欧巴那一桌……和他们在一起，她便融入到整个布景当中，只是他们当中的一个无名的哑角，一个无关紧要的人物，在照片的说明文字会这么标注："名字不详"，或者简明扼要地写上"某某"两个字。是的，她刚开始在孔岱出现的时候，我从未见过她与什么人有亲密的关系。从那以后，其中的一个大嘴巴在后台叫她露姬便没有任何妨碍，因为这不是她的真实名字。

不过，只要仔细观察，就会发现她在一些细节方面跟其他人截然不同。她的衣着非常讲究，跟孔岱的其他客人形成鲜明的反差。一天晚上，她坐在塔尔赞、阿里·谢里夫和拉欧巴的那张桌子旁，点了一支烟，她那修长的手指让我心头为之一震。尤其让我吃惊的是，她的指甲熠熠闪亮。指甲上涂着无色指甲油，这个细节也许显得微不足道。那我们还是言归正传吧。为此，我们必须具体介绍一下孔岱里的常客。他们那时的年龄在十九到二十五岁之间，只有个别的客人，像芭比雷、阿达莫夫和瓦拉医生差不多五十岁了，但是大家忘记了他们的年龄。芭比雷、阿达莫夫和瓦拉医生都忠贞不二地坚守着自己的青春，坚守着人们或许称之为"浪子"的这个陈旧过时但悦耳动听的雅号。我在词典里查阅"浪子"的含义：指四处漂泊、居无定所、放荡不羁、无忧无虑的人。这个释义倒是很适合这些经常出入孔岱的男女。他们中的一些人，譬如塔尔赞、让·米歇尔和弗雷德，都声称自己从青少年时代起就屡屡和警察打交道，而拉欧巴十六岁的时候就从善心巴斯德少年犯教养所里逃了出来。但是，大家都在左岸，他们当中的大多数人都在文学和艺术的庇护之下。我呢，我在那里上学。我不敢把我上学的事情告诉他们，我并没有正儿八经地融入到他们的那个圈子里面。

我确实感觉到了她和其他人不一样。在别人给她起那个名字之前，她在哪里？她是从哪里来的？那些经常光顾孔岱的客人手上总会拿着一本书，他们会把书随手丢在一张桌子上，封面上沾满了酒渍。《马尔多罗之歌》《灵光集》《神秘的街垒》。但是，刚开始的时候，她总是空着一双手。后来，她可能想仿效别人，有一天，我万万没有想到，我在孔岱看见她独自一人在那里阅读。从那以后，她就手不离卷了。她和阿达莫夫等其他人在一起的时候，爱把书放在桌子上很显眼的位置，仿佛这本书就是她的通行证或者居留证，可以使她合法地留在他们身边。

但是，没有人注意到这一点，阿达莫夫、芭比雷、塔尔赞和拉欧巴，他们谁也没留意。那是一本口袋书，封面已经很脏了，是那种从塞纳河边的旧书摊上淘来的书，封面上用大号红色字母印着《消失的地平线》几个字。在那个时候，这本书没有让我产生任何联想。我本该问她这本书写的是什么主题，但是我当时愚不可及地对自己说，《消失的地平线》对她来说只是一个装门面的东西，她装模作样地阅读这本书，其目的就是要和孔岱的顾客步调一致，融入他们中间。对于这帮客人，一个偷偷从外面瞟一眼甚至趴在玻璃窗上往里面瞅一眼的行人会把他们当成普普通通的大学生顾客。但是，一旦看见这些人在塔尔赞、米海依、弗雷德和拉欧巴的那张桌子边豪饮，他马上就会改变看法。在拉丁区那些静悄悄的咖啡馆里，客人们可能永远都不会这么酗酒。当然，在下午的那些休闲时刻，孔岱可能会使人产生错觉。但是，随着夜幕降临，那里就变成了一个多愁善感的哲学家称之为“韶华不再的年轻一代”的相会之地。为什么选定这家咖啡馆，而不是另外一家？这里有老板娘的因素，老板娘夏德利太太好像对什么事都见怪不怪的，对她的客人甚至表现出一定程度的宽宏大量。

许多年之后，这个街区的街道上只能看见那些豪华商店的玻璃橱窗了，孔岱咖啡馆的地盘给一家皮件商店占据了，有一天，我在塞纳河的另一边，在布朗西街的坡道上遇见了夏德利太太。

真正的经典并不枯燥

□王晶晶

年轻人开卷避读《红楼梦》，作家王蒙看不下去了。最近，在北京国际图书节发表公开演讲时，这位红学研究者措辞严厉地说：“读不下去《红楼梦》是读书人的耻辱。”

网友听后不乐意了。《红楼梦》怎么了，不好这一口儿还非得强迫啊？阅读又不是初高中语文课文鉴赏，这点儿事还不能有点儿自由？况且，我们又不是只针对《红楼梦》，我们四大名著、外国经典都读不下去。

王蒙的批评听上去充满焦虑：“如果连这点儿累劲儿都没有，我们的精神生活就完蛋了。我们的精神养料如果都从 100 多字的微博上得来，我们的智商会降到什么程度！”

当然，这也并非我们独独遇到的问题。一位美国学者曾在课堂上做过一个小实验，经学生们举手表决，莎士比亚的《哈姆雷特》输给了动画片《辛普森一家》。一名中国记者也曾拿着一张名著书单到中小学门外随机采访，一名初一女孩说，这些书都非常枯燥，在她眼中，巴金的《家》《春》《秋》“都没有《倾世皇妃》好看”。

读什么是个人的自由，王蒙的批评并不是要树立什么阅读权威。只是，被称为经典的作品大多具有永久的价值和意义，它们经受了历史和时间的考验，凝结着语言文明最精华的部分。如果穿越历史保留至今的文学经典都无法凝聚目光，那么昙花一现的流行文学又能给阅读带来什么？

根据第十次全国国民阅读调查结果，2012 年我国 18 岁以上的国民，平均每年阅读的纸质图书仅为 4 本。就连在中国工作的印度工程师都为“不阅读的中国人”忧虑。这个印度人在媒体上发表文章称，机场候机时中国人要么穿梭购物，要么大声谈笑比较价格；在火车站，一个外国朋友问他：“为什么中国人都在打电话或玩手机而没人看书？”

与之相对应的，是一位摄影师在纽约地铁里拍摄的照片：头戴猫头鹰帽子的小姑娘靠在妈妈身上研读“木乃伊咒语”；裹着臃肿羽绒服的姑娘手里捧着一本《新犹太人》；身穿黄色皮夹克的年轻男人靠在车门上，进入卡夫卡的《城堡》；还有一个嘻哈打扮的男孩，正在看一本俄国小说。

回到《红楼梦》。真正的经典绝不是“非常枯燥”，台湾美学家蒋勋解读《红楼梦》，他的众多粉丝中既有影星林青霞，也有普通的家庭主妇。我还想告诉那位初一的小姑娘，你或许喜爱的电视剧《步步惊心》和《甄嬛传》中，许多故事情节和语言风格就借鉴了“枯燥”的经典名著。要知道，《红楼梦》可比它们精彩多了。

《草叶集》

□［美］沃尔特·惠特曼

沃尔特·惠特曼（1819—1892），生于纽约州长岛，美国著名诗人、人文主义者，他创造了诗歌的“自由体”。《草叶集》是惠特曼的代表作品，全集共收有诗歌三百余首，诗集得名于集中这样的一句诗：“哪里有土，哪里有水，哪里就长着草。”诗集中的诗歌便像是长满美国大地的芳草，生气蓬勃并散发着诱人的芳香。它们是世界闻名的佳作，开创了美国民族诗歌的新时代。

在海上带有房舱的船里

在海上带有房舱的船里，
四周是无边无际的一片苍茫，
是呼啸的风和悦耳的波涛，巨大而傲慢的波涛；
或者一叶孤舟漂浮于层层翻卷的海面上，
小船欢乐而满怀信心，张着白帆。
在白天闪烁的浪花和泡沫中，
或在夜晚的繁星下疾驶向前，
在那里，像一个陆地的怀念者，
我也许将被年青和年老的水手们阅读，
终于同他们亲切地相处。
这儿有我们的思潮，航海者的思索，
这儿出现的不只是陆地，那坚实的陆地，
那时他们会这样说，
天空笼罩着这里，我们感到甲板在脚下起伏，
我们感到长久的波动，不息的潮涨潮落，
看不见的神秘的曲调，
海洋世界的含糊而重大的暗示，流动的音响，
那芳香，那些绳索的微弱的声息，
那忧郁的唱和。
那远处漫无边际的朦胧前景和地平线，
都在这里了，
这是海洋的诗歌。
那么，我的书啊，请别犹豫，要履行你的夙愿，
你不仅仅是对陆地的缅怀，
你还是一只乘风破浪的船，
尽管我不知驶向何方，却始终满怀信念，
请伴着每一艘航行的船，扬帆前进啊！
请把我的爱包藏着带给他们，
（给你们，亲爱的水手们，我把它藏在每一页里面）
我的书啊，加速前进，我的小船啊，把白帆高举，
横跨傲慢的波澜，
歌唱着，越过无边的苍茫向每一片海洋行驶，
将我的这支歌带给所有的水手和他们的船。

IN CABIN'D SHIPS AT SEA

In cabin'd ships at sea,
The boundless blue on every side expanding,
With whistling winds and music of the waves, the large imperious waves,
Or some lone bark buoy'd on the dense marine,
Where joyous full of faith, spreading white sails,
She cleaves the ether mid the sparkle and the foam of day, or under many a star at night,
By sailors young and old haply will I, a reminiscence of the land, be read,
In full rapport at last.
Here are our thoughts, voyagers' thoughts,
Here not the land, firm land, alone appears, may then by them be said,
The sky o'erarches here, we feel the undulating deck beneath our feet,
We feel the long pulsation, ebb and flow of endless motion,
The tones of unseen mystery, the vague and vast suggestions of the briny world, the liquid-flowing syllables,
The perfume, the faint creaking of the cordage, the melancholy rhythm,
The boundless vista and the horizon far and dim are all here,
And this is ocean's poem.
Then falter not O book, fulfil your destiny,
You not a reminiscence of the land alone,
You too as a lone bark cleaving the ether, purpos'd I know not whither, yet ever full of faith,
Consort to every ship that sails, sail you!
Bear forth to them folded my love, (dear mariners, for you I fold it here in every leaf)
Speed on my book! spread your white sails my little bark athwart the imperious waves,
Chant on, sail on, bear o'er the boundless blue from me to every sea,
This song for mariners and all their ships.

在美国各州到处旅行

我们开始在美国各州到处旅行，
（哎，在全世界，为这些歌所怂恿，从这里出航，到每块陆地，每个海洋）
我们这些愿意学习一切、讲授一切和热爱一切的人。
我们观察了季节怎样调配自己和不断运行，
并且说过，一个男人或女人为何不该像季节那样多多地生产和发挥作用？
我们在每个城市和市镇都待些时候，
我们穿过加拿大，东北部，广阔的密西西比河流域，以及南部各州，
我们平等地与合众国的每个州交换意见，
我们审判自己，邀请男男女女来听，
我们对自己说，记住，不要害怕，要坦白，敞开肉体和灵魂，
待一会儿又继续前进，要大方，温和，纯洁，使人亲近，
这样，你所输出的就会像季节那样回来，
并且与季节那样同等地丰盛。

ON JOURNEYS THROUGH THE STATES

On journeys through the States we start,
(Ay through the world, urged by these songs,
Sailing henceforth to every land, to every sea)
We willing learners of all, teachers of all, and lovers of all.

We have watch'd the seasons dispensing themselves and passing on,
And have said, Why should not a man or woman do as much as the
seasons, and effuse as much ?

We dwell a while in every city and town,
We pass through Kanada, the North-east, the vast valley of the
Mississippi, and the Southern States,
We confer on equal terms with each of the States,
We make trial of ourselves and invite men and women to hear,
We say to ourselves, Remember, fear not, be candid, promulge the
body and the soul,
Dwell a while and pass on, be copious, temperate, chaste, magnetic,
And what you effuse may then return as the seasons return,
And may be just as much as the seasons.

杨绛是中国著名作家、翻译家，《干校六记》是著名学者杨绛的一部散文集，讲述了杨绛在干校期间的劳动和生活，文笔淡雅细腻，语言幽默诙谐。《干校六记》在中国文学史上产生了深远的影响，有人说：当你在生活中遭遇挫折了，不妨翻开《干校六记》，你会看到很多种渡过逆境的方法，你会看到心中的那片光亮，耀眼而温暖，这才是生命最真实的美好。

“小趋”记情

《干校六记》

□杨　绛

我们菜园班的那位诗人从砖窑里抱回一只小黄狗。诗人姓区。偶有人把姓氏的“区”读如“趋”，阿香就为小狗命名“小趋”。诗人的报复很妙：他不为小狗命名“小香”，却要它和阿香排行，叫它“阿趋”。可是“小趋”叫来比“阿趋”顺口，就叫开了。好在菜园以外的人，并不知道“小趋”原是“小区”。

我们把剩余的破砖，靠窝棚南边给“小趋”搭了一个小窝，垫的是秫秸；这个窝又冷又硬。菜地里纵横都是水渠，小趋初来就掉入水渠。天气还暖的时候，我曾一足落水，湿鞋湿袜渥了一天，怪不好受的；瞧小趋滚了一身泥浆，冻得瑟瑟发抖，很可怜它。如果窝棚四围满地的积秸是稻草，就可以抓一把为它抹拭一下。秫秸却太硬，不中用。我们只好把它赶到太阳里去晒。太阳只是“淡水太阳”，没有多大暖气，却带着凉飕飕的风。

小趋虽是河南穷乡僻壤的小狗，在它妈妈身边，总有点儿母奶可吃。我们却没东西喂它，只好从厨房里拿些白薯头头和零碎的干馒头泡软了喂。我们菜园班里有一位十分“正确”的老先生。他看见用白面馒头（虽然是零星残块）喂狗，疾言厉色把班长训了一顿；“瞧瞧老乡吃的是什么？你们拿白面喂狗！”我们人人抱愧，从此只敢把自己嘴边省下的白薯零块来喂小趋。其实，馒头也罢，白薯也罢，都不是狗的粮食。所以小趋又瘦又弱，老也长不大。

一次阿香满面忸怩，悄悄在我耳边说：“告诉你一件事”，说完又怪不好意思地笑个不停。然后她告诉我：“小趋——你知道吗？——在厕所里——偷——偷粪吃！”

我忍不住笑了。我说：“瞧你这副神气，我还以为是你在那里偷吃呢！”

阿香很担心：“吃惯了，怎么办？脏死了！”

我说，村子里的狗，哪一只不吃屎！我女儿初下乡，同炕的小娃子拉了一大泡屎在炕席上；她急得忙用大量手纸去擦。大娘跑来嗔她糟蹋了手纸——也糟蹋了粪。大娘“呜——噜噜噜噜噜”一声喊，就跑来一只狗，上炕一阵子舔吃，把炕席连娃娃的屁股都舔得干干净净，不用洗也不用擦。她每天早晨，听到东邻西舍“呜——噜噜噜噜噜”呼狗的声音，就知道各家娃娃在喂狗呢。

我下了乡才知道为什么猪是不洁的动物；因为猪和狗有同嗜。不过猪不如狗有礼让，只顾贪嘴，全不识趣，会把蹲着的人撞倒。狗只远远坐在一旁等待，到了时候，才摇摇尾巴过去享受。我们住在村里，和村里的狗不仅成了相识，对它们还有养育之恩呢。

假如猪狗是不洁的动物，蔬菜是清洁的植物吗？蔬菜是吃了什么长大的？素食的先生们大概没有理会。

我告诉阿香，我们对“屡诫不改”和“本性难移”的人有两句老话。一是：“你能改啊，狗也不吃屎了。”一是：“你简直是狗对粪缸发誓！”小趋不是洋狗，没吃过西洋制造的罐头狗食。它也不如其他各连养的狗；据说他们厨房里的剩食可以喂狗，所以他们的狗养得膘肥毛润。我们厨房的剩食只许喂猪，因为猪是生产的一部分。小趋偷食，只不过是解决自己的活命问题罢了。

默存每到我们的菜园来，总拿些带毛的硬肉皮或带筋的骨头来喂小趋。小趋一见他就蹦跳欢迎。一次，默存带来两个臭蛋——不知谁扔掉的。他对着小趋“啪”一扔，小趋连吃带舔，蛋壳也一屑不剩。我独自一人看园的时候，小趋总和我一同等候默存。它远远看见默存从砖窑北面跑来，就迎上前去，跳啊、蹦啊、叫啊、拼命摇尾巴呀，还不足以表达它的欢欣，特又绕上个打滚儿；一打完一滚，又起来摇尾蹦跳，然后又就地打个滚儿。默存大概一辈子也没受到这么热烈的欢迎。他简直无法向前迈步，得我喊着小起让开路，我们三个才一同来到菜地。

我有一位同事常对我讲他的宝贝孙子。据说他那个三岁的孙子迎接爷爷回家，欢呼跳跃之余，竟倒地打了个滚儿，他讲完笑个不停。我也觉得孩子可爱，只是不敢把他的孙子和小趋相比。但我常想：是狗有人性呢？还是人有狗样儿？或者小娃娃不论是人是狗，都有相似处？

小趋见了熟人就跟随不舍。我们的连搬往“中心点”之前，我和阿香每次回连吃饭，小趋就要跟。那时候它还只是一只娃娃狗，相当于学步的孩子，走路滚啊滚的动人怜爱。我们怕它走累了，不让它跟，总把它塞进狗窝，用砖堵上。一次晚上我们回连，已经走到半路，忽发现小趋偷偷儿跟在后面，原来它已破窝而出。那天是雨后，路上很不好走。我们呵骂，它也不理。它滚呀滚地直跟到我们厨房兼食堂的席棚里。人家都爱而怜之，各从口边省下东西来喂它。小趋饱吃了一餐，跟着菜园班长回菜地。那是它第一次出远门。

我独守菜园的时候，起初是到默存那里去吃饭。狗窝关不住小趋，我得把它锁在窝棚里。一次我已经走过砖窑，回头忽见小趋偷偷远远地跟着我呢。它显然是从窝棚的秫秸墙里钻了出来。我呵止它，它就站住不动。可是我刚到默存的宿舍，它跟脚也来了；一见默存，快活得大蹦大跳。同屋的人都喜爱娃娃狗，争把自己的饭食喂它。小趋又饱餐了一顿。

小趋先不过是欢迎默存到菜园来，以后就跟随不舍，但它只跟到溪边就回来。有一次默存走到老远，发现小趋还跟在后面。他怕小狗走累了，捉住它送回菜园，叫我紧紧按住，自己赶忙逃跑。谁知那天他领了邮件回去，小趋已在他宿舍门外等候，跳跃着呜呜欢迎。它迎到了默存，又回菜园来陪我。

我们全连迁往“中心点”以后，小趋还靠我们班长从食堂拿回的一点儿剩食过日子，很不方便。所以过了一段时候，小趋也搬到“中心点”去了。它近着厨房，总有些剩余的东西可吃；不过它就和旧菜地失去了联系。我每天回宿舍晚，也不知它的窝在哪里。连里有许多人爱狗；但也有人以为狗只是资产阶级夫人小姐的玩物。所以我待小趋向来只是淡淡的，从不爱抚它。小趋不知怎么早就找到了我住的房门。我晚上回屋，旁人常告诉我：“你们的小趋来找过你几遍了。”我感它相念，无以为报，常攒些骨头之类的东西喂它，表示点儿意思。以后我每天早上到菜园去，它就想跟。我喝住它，一次甚至捡起泥块掷它，它才站住了，只远远望着我。有一天下小雨，我独坐在窝棚内，忽听得“呜”一声，小趋跳进门来，高兴得摇着尾巴叫了几声，才傍着我趴下。它找到了由“中心点”到菜园的路！

我到默存处吃饭，一餐饭再加路上来回至少要半个小时。我怕菜园没人看守，经常在“威虎山”坡下某连食堂买饭。那儿离菜园只有六七分钟的路。小趋来做客，我得招待它吃饭。平时我吃半份饭和菜，那天我买了正常的一份，和小趋分吃。食堂到菜园的路虽不远，一路的风很冷。两手捧住饭碗也挡不了寒，饭菜总吹得冰凉，得细嚼缓吞，用嘴里的暖气来加温。小趋哪里等得及我吃完了再喂它呢，不停的只顾蹦跳着讨吃。我得把饭碗一手高高擎起，舀一匙饭和菜倒在自己嘴里，再舀一匙倒在纸上，送与小趋，不然它就不客气要来舔我的碗匙了。我们这样分享了晚餐，然后我洗净碗匙，收拾了东西，带着小趋回“中心点”。

可是小趋不能保护我，反得我去保护它。因为短短两三个月内，它已由娃娃狗变成小姑娘狗。“威虎山”上堆藏着木材等东西，养一头猛狗名“老虎”；还有一头灰狗也不弱。它们对小趋都有爱慕之意。小趋还小，本能地怕它们。它每次来菜园陪我，归途就需我呵护，喝退那两只大狗。我们得沿河走好一段路。我走在高高的堤岸上，小趋乖觉地沿河在坡上走，可以藏身。过了桥走到河对岸，小趋才得安宁。

一次，我们连里有人骑自行车到新蔡。小趋跟着车，直跑到新蔡。那位同志是爱狗的，特地买了一碗面请小趋吃；然后把它装在车兜里带回家。可是小趋累坏了，躺下奄奄一息，也不动，也不叫，大家以为它要死了。我从菜园回来，有人对我说：“你们的小趋死了，你去看看它呀。”我跟他跑去，才叫了一声小趋，它认得声音，立即跳起来，汪汪地叫，连连摇尾巴。大家放心说：“好了！好了！小趋活了！”小趋不知道居然有那么多人关心它的死活。

过年厨房里买了一只狗，烹狗肉吃，因为比猪肉便宜。有的老乡爱狗，舍不得卖给人吃。有的肯卖，却不忍心打死它。也有的肯亲自打死了卖。我们厨房买的是打死了的。据北方人说，煮狗肉要用硬柴火，煮个半烂，蘸葱泥吃——不知是否是鲁智深吃的那种？我们厨房里依阿香的主张，用浓油赤酱，多加葱姜红烧。那天我回连吃晚饭，特买了一份红烧狗肉尝尝，也请别人尝尝。肉很嫩，也不太瘦，和猪的精肉差不多。据大家说，小趋不肯吃狗肉，生的熟的都不吃。据区诗人说，小趋衔了狗肉，在泥地上扒了个坑，把那块肉埋了。我不信诗人的话，一再盘问，他一口咬定亲见小趋叼了狗肉去埋了。可是我仍然认为那是诗人的创造。

忽然消息传来，干校要大搬家了，领导说，各连养的狗一律不准带走。我们搬家前已有一队解放军驻在“中心点”上，阿香和我带着小趋去介给他们，说我们不能带走，求他们照应。解放军战士说：“放心，我们会养活它；我们很多人爱小牲口。”阿香和我告诉他，小狗名“小趋”，还特意叫了几声“小趋”，让解放军知道该怎么称呼。

默存和我想起小趋，常说：“小趋不知怎样了？”

默存说：“也许已经给人吃掉，早变成一堆大粪了。”

我说：“给人吃了也罢。也许变成一只老母狗，捡些粪吃过日子，还要养活一窝又一窝的小狗……”

文人争书

□上善若水

一次，袁同礼（原国立北平图书馆馆长）要蒋廷黻（原清华大学教授、文学院院长、历史系系主任）陪他去一位私人收藏家那里淘书。淘书时，两个人还相互关注察看对方的情况。其间，袁问蒋有何发现。蒋说找到两本小册子，一本是《文祥年谱》，一本是有关鸦片买卖的书。袁似乎不感兴趣，蒋私下里便很高兴。二人出来后，袁同礼要回图书馆，蒋廷黻要回学校，于是二人分手，各自回去。蒋看着袁离开视野后，赶紧回去买那两本书。当他赶到那位收藏家家里准备购书时，收藏家告诉他，袁先生已经捷足先登，把书买走了。

余秋雨，中国著名散文家，《山居笔记》是余秋雨的第二部散文集。书中，作者以深沉的思考和感悟探寻中华文明，探寻掩藏于文明背后千百年的封尘回忆和文人足迹。哲理性的优美语言、渊博的学术积淀使这本《山居笔记》成为一本有关历史、地理、文化、美术的旷世巨作。这本让作者辞去公职，全身心投入创作的散文集将一个气势磅礴的中国立刻展现在我们眼前。

（节选）

《山居笔记》

□余秋雨

中国古代列朝对犯人的惩罚，条例繁杂，但粗粗说来无外乎打、杀、流放三种。打是轻刑，杀是极刑，流放不轻不重嵌在中间。

打的名堂就很多，打的工具（如笞、杖之类）、方式和数量都不一样。再道貌岸然的高官，再斯文儒雅的学者，从小受足了“非礼勿视”的教育，举手投足蕴藉有度，刚才站到殿阙中央来讲话时还细声慢气地努力调动一连串深奥典故用以替代一切世俗词汇呢，简直雅到无以复加的地步了，突然不知是哪句话讲错了，立即被一群宫廷侍卫按倒在地，在众目睽睽之下被扒下裤子，一五一十打起来。苍白的肌肉，殷红的鲜血，不敢大声发出的哀号，乱作一团的白发，强烈地提醒着端立在一旁的文武百官：你们说到底只是一种生理性的存在。用思想来辩驳思想，用理性来面对理性，从来没有那回事儿。一言不合，请亮出尊臀。与此间风景相比，著书立说、切磋研讨，实在成了一种可笑的存在。中国社会总是不讲道理，也不要道理，便与此有关。

杀的花样就更多了。我早年在一本旧书中读到嘉庆皇帝如何杀戮一个在圆明园试图向他动刀的厨师的具体记述，好几天都吃不下饭。后来我终于对其他杀人花样也有所了解了，真希望我们下一代不要再有人去知道这些事情。那一大套款式，绝对只有那些彻底丢弃了人性却又保持着充分想象力的人才能设计得出来。以我看来他们的设计原则是把死这件事情变成一个可供细细品味、慢慢咀嚼的漫长过程，在这一过程中，组成人的一切器官和肌肤全都成了痛苦的由头，因此受刑者只能怨恨自己竟然是个人。我相信中国的宫廷官府所实施的杀人办法，是人类从猿猴变过来之后几十万年间最为残酷的自戕游戏，即使是豺狼虎豹在旁看了也会瞠目结舌。幸好中国的皇帝在这方面都没有神经脆弱的毛病，他们总是玩牌一样掂量着各种死法，有时突然想起“犯人”战功赫赫或学富五车，会特别开恩换一种等级略低一点的死法，在这种情况下，不仅将死的“犯人”会衷心地叩谢皇恩浩荡，而且皇帝自己也觉得仁慈过人、宅心宽厚。皇帝的这个习惯倒是成了中国的社会惯例，许多笑容可掬的方案权衡，常常以总体性的残忍为前提。残忍成了一种广泛传染的历史病菌和社会病菌，动不动就采取极端措施，驱逐了人道、公德、信义、宽容、和平。

现在可以回到流放上来了。

说过了杀的花样，流放确实成了一种极为仁厚的惩罚，但实际上对承受者来说，杀起来再慢也总不会拖延太久，而流放却是一种长时间的可怖折磨。死了倒也罢了，问题是人还活着，种种不幸都要用心灵去一点点消受，这就比死都烦难了。就以当时流放东北的江南人和中原人来说，首先让人受不了的事实是流放的株连规模。有时不仅全家流放，而且祸及九族，所有远远近近的亲戚，甚至包括邻里，全都成了流放者，往往是几十人、百余人的队伍，浩浩荡荡。别以为这样热热闹闹一起远行并不差，须知这些几天前还是锦衣玉食的家庭都已被查抄，家产财物荡然无存，而且到流放地之后做什么也早已定下，如“赏给出力兵丁为奴”，“给披甲人为奴”等，从孩子开始都已经是奴隶。一路上怕他们逃走，便枷锁千里。我现在随手翻开桌上的史料就见到这样一条记载：明宣德八年，一次有一百七十名犯人流放到东北，但死在路上就有三分之二，到东北只剩下五十人。由此，一路上的自然艰苦和人为虐待便可想见。好不容易到了流放地，这些奴隶分配给了主人，主人见美貌的女性就随意糟蹋，怕丈夫碍手碍脚先把丈夫杀了；人员那么多用不了，选出一些女的卖给娼寮，选出一些男的去换马。最好的待遇算是在所谓“官庄”里做苦力，当然也完全没有自由，照清代被流放的学者吴兆骞记述，“官庄人皆骨瘦如柴”，“一年到头，不是种田，即是打围、烧石灰、烧炭，并无半刻空闲日子”。

在一本叫《绝域纪略》的书中描写了流放在那里的江南女子汲水的镜头：“春余即汲，霜雪井溜如山，赤脚单衣悲号于肩担者，不可纪，皆中华富贵家裔也。”

在这些可怜的汲水女里面，肯定有着不少崔莺莺、林黛玉这样的人物，昨日的娇贵矜持根本不敢再回想，连那点儿哀怨悱恻的恋爱悲剧，也全部成了奢侈。

康熙时期的诗人丁介曾写过这样两句诗：

南国佳人多塞北，
中原名士半辽阳。

这里该包含着多少让人不敢细想的真正大悲剧啊。诗句或许会有些夸张，但当时中原各省在东北流放地到了“无省无人”的地步是确实的。据李兴盛先生统计，单单清代的东北流人（其概念比流放犯略大），总数在150万以上。普通平民百姓很少会被流放，因而其间“名士”和“佳人”的比例确实不低。

如前所说，这么多人中，很大一部分是株连者，这个冤屈就实在太大了。那些远亲，可能根本没见过当事人，他们的亲族关系要通过老一辈曲曲折折的比划才能勉强理清，现在却一股脑儿都被赶到了这儿。在统治者看来，中国人都不是个人，只是长在家族大树上的叶子，一片叶子看不顺眼了，证明从根上就不好，于是一棵大树连根儿拔掉。我看“株连”这两个字的原始含义就是这样来的。树上的叶子那么多，不知哪一片会出事而祸及自己，更不知自己的一举一动什么时候会危害到整棵大树，于是只能战战兢兢，如临深渊，如履薄冰。如此这般，中国怎么还会有独立的个体意识呢？我们以往不也见过很多心里很明白而行动却极其窝囊的人物吗？有的事，他们如果按心底所想的再坚持一下就坚持出人格和个性来了，但皱眉一想妻儿老小、亲戚朋友，也就立即改变了主意。既然大树上没有一片叶子敢于面对风的吹拂、露的浸润、霜的飘洒，整个树林也便成了没有风声鸟声的死林。朝廷需要的就是这样一片表面上看起来碧绿葱茏的死林，“株连”的目的正在这里。

我常常设想，那些当事人在东北流放地遇见了以前从来没有听见过、这次却因自己而罹难的远房亲戚，该会说什么话，作何等样的表情？而那些远房亲戚又会作什么反应？当事人或许要解释一下案情，而他真能搞得清自己的案情吗？

能说清自己案情的倒是流放者中那部分真正的罪犯，即我们现在所说的刑事犯；最说不清楚的是那些文人，不小心沾上了“文字狱”、科场案，一夜之间成了犯人，竟然福大命大没被砍头，与一大群株连者一起跌跌撞撞地发配到东北来了，他们大半搞不清自己的案情。

《跨一步，就成功》

□刘　墉

《跨一步，就成功》是美籍华裔作家刘墉写给自己正在上高中的女儿的一本书，书中讲到了高中学生应如何保护隐私、如何待人处事、如何利用时间，以及记忆的方法，用一个个发生在女儿生活中的真实的小故事串联起父女之间的美好情感交流，字里行间充满着父亲对女儿的关爱与期许，相信中学生朋友们都可以从中获得宝贵的人生指导与启迪。“发现你自己的天才点，你必将成功！”

读书的微量元素

从年轻，我就有气喘的毛病，尤其到冬天，常犯。

但是最近我吃完两帖“十全大补汤”，气喘居然很有改善，连已经服用五六年的药都停了。就问医生，怎么这些最普通的树皮草根，对我好像有奇效。

那医生居然回答：“八成碰巧里面有你需要的东西，只怪你平常太偏食了。”

我立刻抗议：“我平常吃得非常小心，不吃肥肉，不吃糖，甚至不吃淀粉，而且很少下馆子，吃得这么健康，怎可能缺什么呢？”

没想到那医生又笑道：“就因为你平常吃得太标准，好像一个把教科书背得滚瓜烂熟，却从来不看课外书籍的好学生，出了课本以外，连最简单、最普通的东西都不知道。结果，树皮草根里正好有你从来都不碰，身体却需要的‘微量元素’，就一下子把身体调养好了。”

我举前面两个例子，是要告诉你，如果只读课本，虽然能应付考试，但是长久下来，却会“错失”一些东西。

很简单！你想想，在学校固然有课本，难道你进入社会之后还有课本吗？那时候就要看你平常“摄取”够不够丰富和全面了。

你一天到晚忙于功课和练小提琴，过去很少看电视，但是最近我发现你吃完晚饭，总要花好长一段时间粘在电视前面。

记得有一天，我问你电视那么好看吗？

你说不见得，但是因为同学都看，在学校里会聊到，如果不看就不能进入情况、不能跟人打成一片；久了，会变成边缘人，所以就算不喜欢，也得看。

我也听一位政治人物说他除了看报、看专业的书籍，每隔一段时间都要去书店逛逛，看看畅销书，也看看别人在读什么。他说一本书畅销，没什么稀奇，但是如果畅销很久，或同类的书都好卖，就一定有它的社会原因，从政的人不能不知道。相反地，如果自以为是地说“我绝不看那种书”，非但不表示清高，还可能显示跟时代脱了节。

由此可知，看课外书籍跟你看电视一样，能够帮助你感受时代的脉动。

看课外书还有个好处，就是你能以轻松的心情去享受。

相信你一定有这样的经验——学期开始，新书发下来，每一页都带着油墨香，加上里面可能有漂亮的插图，使那些书看来活像小说和故事集。但是一正式上课，那可爱的课本就变得可怕了。

为什么？

因为你有了得失心，开始以现实和功利的眼光去看那些书。

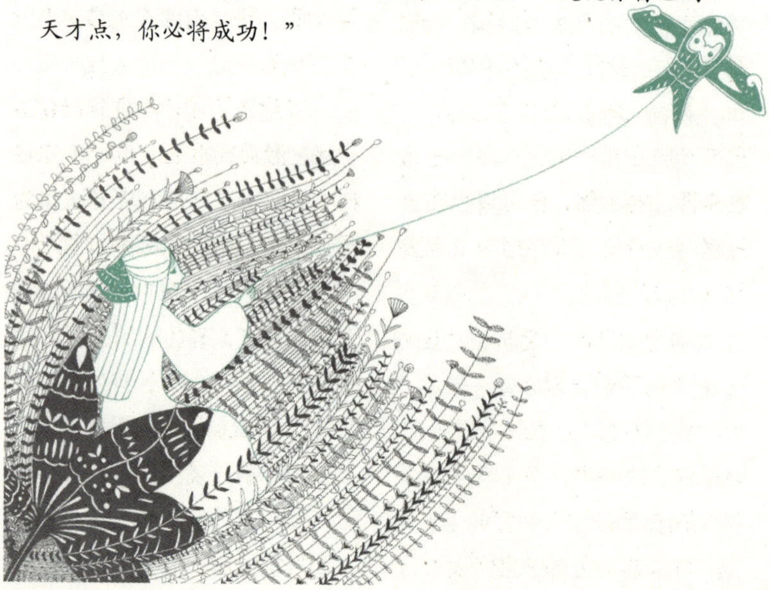

读课外书籍则没这种负担，你既然因为喜欢而买它，就会以欣喜的态度去阅读；没有人规定什么时候非读完不可，于是你可以随时拿起、随时放下；你也不必为考试而去背，甚至不必全搞懂。但正因此，你达到了陶渊明“好读书不求甚解，每有会意，欣然忘食”的境界。闲适的心情，使你更能跟古人神交。而在那些课外读物中学到的东西，又常常是别人不知道的。于是有一天你跟人家比赛，势均力敌之际，可能就靠那“多出的一点点”而获胜。

所以，当你行有余力时，一定要读课外书。就算因为功课太重，没有多余的时间，你仍然得保有读课外书的冲劲和热情。

那冲力与热情，会使你有一天离开学校，仍然喜欢阅读，做个真正的“快乐读书人”。

一时二用

我发现大多数时间不够用的人，都因为他们不懂怎样在同一时间做两件事。

你哥哥在你这个年龄也一样，举个例子——

有一天，晚上十二点半，他说功课少，能早一点儿睡觉。

我听了很高兴，因为史岱文森高中的功课压力很大，常搞到两三点才能上床，他实在需要抓紧时间，补充一点儿睡眠。

跟着我听到他开微波炉的声音，隔两分钟又听到他切东西，刀叉在瓷盘上的声音；又隔了好一阵，听见放洗澡水的响声。

再隔了半天，听见他开收音机的声音。

又隔大约二十分钟，突然听见“砰”的一声。

我一而再地被吵醒，看看钟，差不多已经接近两点了，很不高兴地出去骂他。

你哥哥居然理直气壮地说他一点儿都没浪费时间。开微波炉是为了热火腿，用刀叉是为了把芝士切成小块。后来水声很吵是因为白天上体育课，身上痒，要放缸洗澡水泡一泡，开收音机是因为外面已经下了好几个钟头的雪，要听听明天停不停课。后来发现不停，于是收书包。收完书包扔在地板上，所以发出“砰”的一声。

乍听，他说得一点儿都没错。问题是，碰上懂得“一时两用”，甚至“一时三用”的人，可能只要用一半的时间，就完成同样的事。

他按好微波炉之后，如果不站在旁边等，而立刻切芝士，东西切好，火腿不是也热了吗？

然后，他可以先去放洗澡水，再打开收音机一边听广播，一边吃东西。再不然，他可以坐在浴缸里听收音机，并想想第二天要带到学校的东西。

因为先想过一遍，收拾书包的时间必定可以缩短。

整个算起来，由于在同一时间都做了两件事，甚至三件事，是不是能节省一半的时间？

昨天晚上你妈妈也问我为什么做事那么快。

当时我举了个例子，对她说：“你知道吗？刚才在看电视新闻的时候，我除了自己烧了咖啡，而且已经发出去五篇稿子，写了一封信，又看了全球股票市场，而且往台北办公室送了一摞传真。”

我是这样掌握时间的，当电视广告时，我烧上咖啡，同时按一下笔记本电脑的起动键，接着去传真机上放好文件，拨台北号码，立即按发送，并且头也不回地赶到电视前看新闻。这时计算机已经“无线上网”，我一边看电视，一边看邮件，并在下一次广告时发出短信，同时把咖啡端到椅子旁边。

广告完了，我继续看新闻，并且在播不重要的新闻时，将几篇稿子转发出去，同时啜几口咖啡，看一看股市。直到新闻完了，我才回到传真机前，看看东西传出去没有，如果没有，再按“重拨”。于是在短短五十分钟的新闻时段，我既没错过新闻，也没误了工作。

我绝不站在计算机或传真机前等它激活或拨通。也绝不守在咖啡机前，等它把水烧开、化为蒸汽，往下凝结成浓缩咖啡。

懂得利用时间的人，先要知道怎么操作这些聪明的机器，让它帮你省时间。而不是守在机器旁边，让自己成为机器的仆人。

我相信，就算你今天不会一时两用，将来进入社会争逐之后，也必能分秒必争。

《遇见未知的自己》是女作家张德芬的第一本身心灵小说，在台湾出版四个多月就狂销三万多本，位于台湾三大畅销排行榜前十名。这个故事是从“冬天的雨夜，在荒郊野外的山区，一个没有手机、没有汽油的孤单女人”开始的。女主人公若菱，自名校毕业，拥有令人羡慕的工作，但心中却不时地自问：为什么我不能拥有想要的生活？为什么我不快乐？我该如何当自己生命的主人？她在一次雨夜叩开了山顶小屋的门，接待她的老人为她答疑解惑，也就此展开了探索内心世界的旅程。当你迷茫困惑的时候，读一读这本散发着温暖智慧的书，来一场说走就走的心灵之旅。

《遇见未知的自己》

（节选）

□张德芬

冬夜，下着小雨。

一辆马自达跑车在阳明山的山坡路上疾驰着，加速、急转、超车，熟练的车技不输赛车选手。

雨天这样的开车方式一般只有两种情况：赶路，或者逃命。

若菱根本不知道自己往哪里去。

但若是后一种情形，她却又似乎并不在乎命。

“万一对面来车怎么办？”若菱想：“那正好！死个痛快！”

念头一出，自己都吓一跳！为什么最近老有想死的念头？

其实这种“自我毁灭”式的思想和行为，对若菱来说已经是经年累月的习惯了。

“活着好累！”

这感觉一直是若菱人生的一个背景音乐，伴随着她从小到大，每一个场景都不曾缺席。

而今晚和老公大吵一架，仍旧是重复过多少次的模式，把她推入哀怨的心理氛围，像又一次凭空跌落在一个未经修葺的乱岗。

心在乱岗，身却又一次地夺门而出，想都没想要去哪儿。

等回神过来，车子已经在上山的路上爬坡了。

突然，车子呛了两声，居然熄了火。

引擎怎么点也点不着了，仔细一看，汽油早已告罄。

“该死！”若菱咒骂着，伸手在身上找手机。摸了半天，还打开了车内灯，就是不见手机踪影。“这下好了，手机也没带！”

若菱环顾窗外，一片漆黑。

在冬天的雨夜，在这样一个荒郊野外的山区，一个没有手机、没有汽油的孤单女人。

“每次这种事都发生在我身上，为什么我就这么倒霉？”

若菱又忍不住自怨自艾起来。

眼角的余光，这时扫到了一线灯光，来自路边不远处的一个小屋。

若菱想，“也许天无绝人之路，试试看吧！”

她提心吊胆地走到小屋前，找了半天看不到门铃，鼓起勇气轻轻敲了敲门。

“进来吧！”一个苍老的声音。

“居然没锁门？”若菱起了

疑心，“到底要不要进去？嗯……先推开门看看再说吧！”

门嘎的一声被推开，眼前是一个温暖的小屋，居然还有壁炉在生着柴火。一位面目慈祥的白袍老人，正兴味盎然的看着她。

“进来吧，孩子。”

若菱像是被催眠一样，随着召唤进了小屋。

“坐吧！”老人招呼若菱在壁炉边上的椅子坐下，若菱却只站着，戒备地看着老人，随时准备情况不对就夺门而逃。

老人坐在炉边，向她示意：“桌上有为你备好的热茶。”

她嘴里说着谢谢，脚可没有移动半步。

老人一点也不在意若菱的防备，笑着问：“你是谁？”

“我……我车没油了，手机没带，需要跟您借个电话……”若菱嗫嗫着。

“电话可以借给你，不过你没回答我的问题，”老人摇着头说，“你是谁？”

“我叫李若菱……”

“李若菱只是你的名字，一个代号，”老人微笑着坚持，“我问的是：你是谁？”。

“我……”若菱困惑了——他到底想问什么？

“我在一家外商计算机公司上班，我是负责他们一套软件产品的营销经理。”若菱试着解释。

“那也不能代表你是谁。”老人再度摇头，“如果你换了工作，这个‘你是谁’的内容不就要改了？”

在一个奇怪的地方，跟一个奇怪的人，进行这样一场奇怪的对话？

若菱这个时候感受到了屋子里的一种神秘的气氛，以及老人身上散发的祥和宁静的气质。这种神秘和安详总让人有所震慑。

于是她不由自主地坐了下来。

“我是谁？”

她的心终于在乱岗上听到这个问题，像山谷回音一般的在那里回响着……我是谁？我是谁？我是谁？

而那一瞬间，禁不住回想起过往的种种，潸然泪下。

“我是个苦命的人，从小父母离婚，只见过父亲几面，十岁以前都由外祖父祖母抚养，继父对我一向不好，冷酷疏离。为了脱离家庭，我早早结婚，却久婚不孕，饱受婆婆的白眼和小姑的嘲讽，连老公也不表示同情。工作上老遇到小人，知心的朋友也没几个……”

若菱陷入了悲伤自怜的情绪里，迷朦中，一生的种种不幸、不公，好像走马灯一样在眼前闪过。

她自己都惊讶，在一个素昧平生的人面前，居然把酿了很久的辛酸苦水全倒出来，一点也不吝啬。

老人的目光现出同情。

“这是你的一个身份认同，”他缓缓说，“一个看待自己的角度。”

“你认同你自己是一个不幸的人，是多舛的命运、不公的待遇和他人的错误行为的受害者。”

“你的故事很让人同情，不过，这却也不是真正的你。”

若菱想，“他这样的说话，想必该是从另外一个角度来看这个问题了。那又是什么样的角度呢？”

“等一等！”她的心念突然一动，“我天生聪明伶俐、才华洋溢、相貌清秀、追求者众！我是台湾大学毕业的高材生，现在三十多岁月薪就十几万，我老公……”

张嘴就提起了老公，却又戛然而止。

“是，是，我知道，你很优秀！”老人理解地点头，“但这又是你另外一种的身份认同，也不是真正的你。”

若菱刚刚被激起的信心又告瓦解，低头沉思。

“到底老人想得到什么答案？”

若菱的一贯好胜心此时蠢蠢欲动，她想，老人显然不是要找世俗的一般答案，我就朝哲学、宗教的方向试试看！

于是她答道，“我——是一个身心灵的集合体！”

说完，她有些得意地看着老人，那目光是说，“这回，总算答对了吧！”

“那也不全对。”

老人带着笑意的眼神虽然让若菱有如沐春风的感觉，但开口所说的话还是令人泄气。

“你是你的身体吗？”

“应该是啊！为什么不是？”若菱拿出大学辩论队的功夫，用反证法来反问。

“你从小到大，身体是否一直在改变？”

当然，那还用说，自己小的时候，真是一个大胖妹，可是小学蹿高了以后就一直瘦瘦的，三十岁以后，小腹和臀部的赘肉又逐渐增加，唉！人生真是无常……

况且，其实她看过报道，我们的细胞每隔一段时间（大约七年）就会全部换新。

诚然，我“有”一个身体，而我并不“是”我的身体。

“而你所谓的心，又是什么呢？”老人打断了若菱的思绪，其时她已经开始想减肥的事了。

“就是我们的头脑呀，包括知识、思想、情感这些吧！”若菱含糊地回答。

“那我们试着从另外一个角度来看吧。”老人转了个语气，“你看得到你的思想吗？你感觉到你的情感、情绪吗？”他好像又在设陷阱了。

“这……这是什么意思？”若菱不解。

“你自己来检查你的回答是否正确，我来教你，”老人说，“现在，闭上你的眼睛。”

老人的话带有磁力和一份威严，若菱照做了。

“什么都不要想，让你的头脑暂停几分钟……”老人说完，就也定静不动了。

过了好像一个世纪那么长，老人指示：“好，可以张开眼睛了。”

若菱皱着眉头打开眼睛。

“怎么啦？”老人明知故问。

“根本不可能停止头脑什么都不想呀！”若菱抗议。

“是的，”老人微笑着点头，“那你都在想什么呢？”

若菱红了脸，不好意思说，她在想老人是不是邪魔外道还是什么怪人，自己在被他指使做些莫名其妙的事，也不知道反抗。

“你看到你的思想了吗？”老人理解地不再逼问她想什么了。

“是的。”若菱承认。

“那你的感觉又是什么呢？”

“有点儿古怪，有点儿不安。”若菱老实地回答。

“是的，你可以感受到自己的感觉。”老人点头，然后意有所指地看着若菱。

“嗯……我能觉知到我的思想，我也可以感知到我的情绪，所以它们都是我的一部分呀！”若菱说得自己都觉得很有道理。

“你的意思是说，主体和客体是一回事啰？”老人狡黠地问道。

若菱知道犯了逻辑上的错误了，如果主体的我能感受到作为客体的思想、情感，那么两者不应该同为一物的。尴尬之余，若菱只好退却，答非所问地说：“其实，我只想来跟你借个电话用用……”

老人不放过她：“所以，‘我是谁’这个问题，正面是很难回答的，我们目前用的都是否定法——以上皆非。”

若菱突然福至心灵地发现：“咦，你怎么没说灵魂呢？我们就是灵魂吧！”她有中了彩票的感觉！

而老人只是意味深长地一笑。

“灵魂可以说是比较贴近答案的一种说法，但是这个词被很多宗教、哲学滥用了，贴了太多的色彩和标签，没有办法贴切地表达我们真正是谁。”

“孩子，”他说，“我们是在用言语来表达言语不能表达的东西，这也就是老子说的‘道可道，非常道’，所以我说用‘以上皆非’来表达，还比较容易懂一些。”

“那真正的答案是什么呢？”

“以后我会慢慢告诉你。”

说着，老人抬起了食指：“你看到我的手指了吗？”

“废话！”若菱心里想，不过还是顺从地点点头。

“如果月亮是代表我们真正的自己，而且它是无法用言语具体描述清楚的东西，那么我们所有用语言去描述它的尝试，就是这个指向月亮的手指，而不是真正的月亮。”

若菱疑惑地歪着头，不知道该怎么接腔。

“就好比说从来没有吃过冰淇淋的人，你对他再怎么样描述冰淇淋都没有用的，是不是？”老人耐心地解释，“如果他真正地尝了一口，那么所有的语言都是多余的了……”

若菱有点困了，真的不知道老人为什么拉着她说这么多令人困惑的话题。

她瞥了一下四角，要命了，

老人像是个隐居的高士，家里居然看不到一具电话！

“我告诉你这些是要帮助你认清楚一些事实，因为我们人所有受苦的根源就是来自于不清楚自己是谁，而盲目地去攀附、追求那些不能代表我们的东西！”

“你自己就是个最好的例子，不是吗？”老人似乎有读心术，猜得出来若菱心里的想法。

言罢，他伸手从一个柜子里面拉出一部老式电话，“用吧！”

那夜最后分手的时候，老人还留了一个功课给若菱思考。这个功课是：“我们追求的到底是什么？什么是世界上所有人都想要的东西？”

几天后，胸有成竹的若菱，带着准备好的答案和满腹的疑问再度拜访老人。轻敲门后，还是那句“进来吧”，门就应声而开。

若菱进了屋，这次比较有心思和时间来打量老人的居住环境。

老人的住所极其简单，传统中式家具，俭朴的布置，就是那一个洋里洋气的壁炉显得有点儿突兀。

“这周过得好吗？”一坐下，老人就问她。

“挺好的。”若菱小心翼翼地回答。

然后两个人就陷入了沉默之中。若菱听着柴火发出劈里啪啦的声响，不知如何开口。半晌，若菱有些迟疑地说：“关于上次你要我想的问题……”

“哦，你想出来了吗？”

“嗯，我想，每个人都在追求财富、权力、健康、爱和快乐！”一边说，若菱一边偷看老人的脸色反应。

“嗯，”老人点头，“那你呢？也是追求这些吗？”

“我，我当然希望有一定的财富……”若菱一直对钱财有很深的不安全感。

“有了财富以后，你会怎么样？”老人问。

“有比较开心，不再为未来担忧啦！”若菱简直不敢想象，这辈子如果有花不完的钱财的话，那会有多爽！想到可以走进任何一家自己喜欢的精品店，不看标价就随意选购看中的东西，若菱简直有点飘飘然了。

“权力呢？”老人打断了若菱的白日梦。

“嗯，我还不是特别追求权力，因为好像其他的基本要求都还没有满足……”

“如果你很有权力的话，你会觉得怎么样？”

“那……我应该会很满足，很过瘾！”若菱想象当上公司首席执行长以后的神气模样，对现在的众多长官可以摆摆派头、要要威风，颐指气使的，真是酷毙了！

“有了健康呢？你又会怎么样？”

若菱除了小感冒外，没有生过什么大病。对于健康，她的感觉不深，不过她可以想象那些失而复得健康的人会多么珍惜健康。“有了健康就很快乐，很好啊！”

“好，”老人的一连串问题似乎告一段落，“所以，这样追究下去，我们人类所要追求的东西，也不过五个字就可以表达出来！”

“五个字？”若菱有点儿失望，她还以为会比自己想的更多呢，岂知道更少。

马克·吐温的幽默

□安东尼·德·梅勒

一位年轻的写作者遇到马克·吐温，说他对自己的写作能力正在一点点失去信心，他问马克·吐温：“您年轻时也有过这样的感受吗？”

“有过，”马克·吐温回答，“在我大概写了十五年之后，有一次，我突然感觉我连一点点写作才能都没有了。”

年轻人有些兴奋地问：“那么您是如何应付的？您停止写作了吗？”

“我怎么停得下来？那个时候，我已经成名了。”

从根本上讲，刘瑜是个学者，曾经在剑桥大学做讲师，现任职于清华大学政治学系。《观念的水位》是刘瑜继《民主的细节》《送你一颗子弹》之后的最新力作。这本书想要告诉我们：观念的变化是通向更满意生活的必要环节，“当人们知道了自己不知道的观念，隐藏在盒子里的光终将释放”。喜欢刘瑜文字的人，在书中仍然可以找到惊喜。她依然是幽默而犀利的，这本书也依然会给我们带来阅读上的跳跃感，让我们感受到思考的密度和重量。

让政治变得家常

《观念的水位》

□刘 瑜

最近我搬家遇到一个难题：有很多“大型垃圾”需要扔掉，怎么扔、扔到哪里呢？所谓大型垃圾，就是指旧冰箱、拆掉的浴缸之类的大家伙。扔到楼下的垃圾桶里，小小垃圾桶装不下不说，妨碍了交通和景观邻居也会抗议。找垃圾清理公司来收，花费肯定不菲。正一筹莫展之际，一个朋友建议：找剑桥市政府处理，他们会以低廉的收费给你处理大型垃圾。

自家垃圾这点儿小事也要找政府上门服务？乍一看似乎不大合理，但仔细一想，政府本质上不过是个公共服务机构，而不是什么高高在上的官府。我给英国政府交了那么多税，既没有享受过公共医疗服务（来之后还没有生过病），也没有享受过免费教育系统（没有孩子上学），更没有麻烦过警察消防员，让政府给拉一回垃圾，似乎也是理所当然。

于是我就到剑桥的政府网站查找相关信息。果然，政府网站标明，将大型垃圾扔到自家小区是不允许的。我要么将它们拉到一个指定地点免费扔掉，要么预约政府工作人员来清理，清理价格是1件20镑，2～3件26镑，4～6件30镑，7～10件40镑。虽然收费，客观来说相对于这边的收入水平，并不算很贵。我按照网站上指定的电话预约，很快就将垃圾顺利处理了。

我很高兴剑桥的政府网站能提供如此方便的服务信息。在逛网站的过程中，我发现它提供的方便远不止如此。如果你想在网上交地方税，可以点击A；如果你想知道剑桥所有的停车场位置，可以点击B；如果你是个无家可归者，可以点击C寻求帮助；如果你想住上政府补助房，点击D；如果你想抱怨隔壁的装修噪声，点击E；如果你对某位公务员的服务不满，点击F……总之，剑桥政府网站显然把自己定位成了一个互动型的服务性网站。

理解一个东西是什么，最便捷的方式恐怕就是去观察它不是什么。一个互动型的服务性网站，意味着它不是一个灌输型的宣传性网站：它的头条新闻不是“市委书记某某某在某某会议中指出……”，它也不在显眼的位置上报道“某区认真开展专项执法活动”，它不为“我市加快集群产业集约发展”大声喝彩，也不为“市领导和工作人员踊跃为困难群众捐款”感动不已，它和普通人鸡毛蒜皮的生活而且仅仅和普通人鸡毛蒜皮的生活有关系，告诉你垃圾怎么处理，没钱住房子了怎么办，停车场在哪儿。

只有一个谦卑的政府才肯放下架子如此注重鸡毛蒜皮。如果说一个宣传性的政府网站是一尊金光闪闪的佛像供人顶礼膜拜，一个服务型的政府网站则更像是一名饭店门口的服务生，见到顾客问候：“您好，请问能为您做些什么？”事实上打开剑桥市政府的首页，头条是这么一条标题：“请帮助我们改进你的社区。”内容为“你对改进你的社区有什么想法或者建议吗，请填写这个表格告诉我们……”接下来的“市新闻”只有四条：吉瑟斯绿地改造的公共咨询；圣诞和新年公共服务开放时间说明；圣诞和新年垃圾清扫时间表；德式圣诞市场开放说明。接下来就是一系列的服务信息：如何交税免税、找房及寻找住房援助、交通和街道信息、环保卫生信息等。

如果你关心政府透明度问题，网站上也有相当的信息。它提供42个市委会成员的名单、联系方式和分管领域，而且每个月都更新市政府详细的工作计划，让民众有事先知情权。每个委员会的开会时间和议程都要公之于众，以便感兴趣的民众前往参与。如果你想了解市政府的财政状况，没关系，网站上有清晰的一栏：“你的税收是如何被花费的。”

“用行动来证实，用脚步来注解。有些事现在不做，一辈子都不会做了。如果你真想做成一件事，全世界都会来帮你”。2010年9月，谷岳和刘畅开始了纵穿北美的搭车旅行。在阿拉斯加会合后，他们用一年多的时间，从北极圈出发，以阿根廷最南端为目的地，用最小的碳足迹，用各种靠谱及不靠谱的方法，完成世界上最长的陆地穿越。《一路向南：到世界的边缘》是一部像美剧一样好看的游记，这是中国有史以来豆瓣评分最高的公路纪录片。

《一路向南：到世界的边缘》

（节选）

□孙　民

谷岳和刘畅结识了一位叫罗宾的朋友，他是半个因纽特人，正要开一家全地形摩托车公司。谷岳问他能不能去他家做客，了解一些因纽特人的生活。罗宾说他家有点儿乱，但他姐姐喜欢招待客人，可以一起去他姐姐家。

罗宾比因纽特人还要热衷因纽特文化，对一些历史传统和故事特别了解。他能说一口流利的当地话，还很乐意教他们。罗宾的姐姐见到谷岳和刘畅特别高兴，拿了些鲸脂出来招待他们。她把鲸脂切成小条，整齐地排列在盘子里。鲸脂像一根大号的火柴，上面是黑色的鲸鱼皮，下面是白色偏粉的脂肪。罗宾说，鲸脂是因纽特人比较喜欢吃的小点心，跟中国人喜欢嗑瓜子似的。他的一个朋友去年捕到了鲸，分给他一些。罗宾还说，鲸脂白嘴吃也行，蘸点儿酱油和芥末更好。他们的孩子特别爱吃鲸脂，吃不腻，跟嚼巧克力似的。

刘畅看着鲸脂，想起了去年喝过的河马油。鲸脂看上去不那么油腻，搁嘴里全是油，而且是腥的，像鱼油。嚼久一点儿，有花生和核桃的味儿。

那天的晚饭，让谷岳觉着自己像个野人——吃了生鲸脂、海豹油、驯鹿肉，还有几种鱼，几乎都是生着吃的。他体验到了那种原始的感觉——这种感觉可能人人都有，在脑子里很深的一个地方，怪怪的，刺激又陌生。

谷岳跟罗宾聊到了北极光。罗宾说，北极光是当地人的神，像他们祖先的灵魂。它出来的时候，大人都会对小孩说：“你们要把头藏得特别低。”罗宾还在电视里放了一段当地的因纽特人在体育场里集会跳舞的录像。他们模仿着海豹、海狮的动作，很原始、很简单而且很慢，举起一只手待会儿，换一只手再待会儿，好像是猎人在巡视，海豹在哪儿呢？鲸鱼在哪儿呢？

那种舞蹈古朴风趣，任何人都可以看出他们曾经的艰辛和欢乐，都是建立在捕猎上的。现在这些事情没有了，他们什么都不剩了，好像灵魂也丢了，灵魂变成了天上的北极光。

本书作者梁子，生于1961年，16岁参军，后参加老山作战，这段难忘的生活经历也培养了梁子在艰苦环境下的生存能力。梁子对广袤非洲大陆的爱使她从2000年起，前后8次只身探访非洲这片神秘的土地，足迹遍及东非、西非、南非的十几个国家。面对遥远的非洲，游客们选择在名胜和风景前留影，而梁子则把自己扔进当地人的生活，拍摄他们真挚的表情和最最生动平实的生活。这本书就是梁子在西非塞拉利昂的生活全记录，旅游卫视《行者》节目也曾通过梁子的镜头记录下了这段惊险又惊奇的旅程。

《西非丛林的家——我与塞拉利昂曼迪人》（节选）

□梁　子

我正在屋里收拾东西，听见有人敲门，开门一看，不由得愣了一下，门口站着一位身体与门框宽度相同的女人，像一堵厚墙，严严实实地堵住了房门。她并没有急于进屋，而是先伸出了一只手，与我紧握了一下。握着她的手，感觉就像握在了棉手套上，暖融融的。她舒展开那张富有光泽的脸，笑着对我说："我叫阿米·莫里巴，是孩子们的妈妈，欢迎你来我家，不过，从现在起这里也是你的家。"看来她是个极友善的女人，第一次见面就亲人般地接纳了我，令我生出了些许感动。

我看她仍站在门口，赶紧招呼她进来，并告诉她我从中国专门给她带了礼物。她一听，便晃悠着身子走了进来。进门后，她一屁股坐在了床上，不知是那床垫太软还是她用力过猛，只见她的身体立刻随着那床垫陷进去个大坑，并不由自主地向后仰了一下。她赶紧用手拽了一下床单，不管用，只好用手硬撑着起来。随后她不好意思地说："抱歉，抱歉，这床太软了，不不，是我太胖了，不好意思。"我想笑，可又觉得初次见面不太礼貌，硬是憋回去了。我赶紧装作若无其事的样子，把自己带给她的中国传统式的红色绸子女包、给她丈夫的镶着金边的太阳镜及给孩子们的传统饰物和檀香扇等，一并交给她。她拿着一堆从没见过的中国礼品，高兴得合不拢嘴，那张被几层肉撑得圆润的脸，显得更有光泽了。之后，我们很自然地拉起了家常，她告诉我，她有个83岁的老妈妈叫西西，两个女儿分别是23岁的西亚和17岁的露丝，两个儿子分别是20岁的克里斯托弗和3岁的雷诺。大儿子克里斯托弗现在在弗里敦上大学，放假才回来。后院还有一栋房子，东半面住着她表姐一家人，表姐的丈夫几年前患病去世了，她有6个孩子。而西半面住的是表舅一家人，表舅的老婆已去世，留下了两个孩子。阿米还告诉我，她的父亲20世纪60年代去了英国，再没回来过。她们一共姐妹三人，她排行老二，姐姐和妹妹都在美国。姐姐的丈夫是位商人，现在正在孟加拉国做一笔生意，姐姐也随行去了孟加拉。妹夫是位律师，妹妹在一家医院里当护士，他们一家收入很不错。这栋房子就是1999年战争渐渐平息时，主要由妹妹出钱盖的。

她对我说：“你住在这儿尽管放心，我带着宝贝儿子就住你对面，我丈夫雷诺住在镇中心他父亲家，家里开了家药店，他走不开，所以，很少过来。有时，我也会过去。你隔壁住着我的两个女儿，再隔一间，是我的老妈妈，我的隔壁房间是个仓库，到了晚上，前、后门都会上锁，房子里除了那个3岁的小儿子没有其他男人，很安全。不过，你睡觉时一定要关窗户。”

聊了一会儿之后，我看她一直想说什么，但又没好开口，估计是费用问题。于是，我主动对她说：“我住你家，肯定要付费的，至于每月付多少钱由你定，想好了再告诉我，这些没有问题。”

她提出旱季很少有公共电，家里有一台小发电机，可以为我保障每天发几个小时的电，但发电是要用油的，而油价在当地很贵，这项费用得单算，我同意了。至于吃饭的问题我告诉她我自己解决，毕竟我们的生活习惯不同。我俩谈了不到5分钟就达成了协议。为此，她非常高兴，还一个劲儿地夸我：“子，没想到你真爽快，我已经喜欢上你了，这是真话。而且你很漂亮，刚才我回来时，还没进门就有好几个人对我说，巴尼带了一个漂亮的外国女人来我家了。他们都想认识你，我听了高兴极了。你住在我家，他们都会羡慕我的。”

之后，阿米对我说，我是她家新来的成员，按当地风俗，她必须带我到周围的邻居家拜访他们，这样，今后大家也都会保护我。于是，她像领着孩子一样牵着我的手，先是在自家房前屋后转了一圈。之后，又带我去邻居家拜访，每到一家，她不是称呼爷爷就是叔叔，听起来全是沾亲带故的。后来一问才知道，阿米家不同于镇上其他人家，阿米的爷爷是最早来到这个叫莫里巴小镇（属博城管辖，如同中国的村）的人。这里原是一片无人涉足的茂密丛林，当时她爷爷带着几个亲戚，在林子里建茅屋，种农田，创立了自己的家园。以后，越来越多的人来到这里，共同加入这支开发丛林的队伍中。渐渐地，不少人在此结婚生子，置办家业，随着外来人不断地增多，这里形成了人气兴旺的小村镇。“莫里巴”原本是她爷爷家族的姓氏，为了让人们记住这个小镇的创始人和第一任酋长，人们将他的姓氏用作了地名。为此，莫里巴家族在此备受人们尊崇。

阿米的老妈妈西西给我留下了深刻的印象。她是黎巴嫩人与黑人的混血儿，看上去与众不同。她的肤色较浅，有一头长长的直发并有着中东女人的天生丽质。她的性格酷似黎巴嫩血统的父亲，高贵而有教养，善良而又心细，能说一口流利的英语，还能读英文书籍。只是她嫁给了黑人丈夫，使她后40年的命运有些凄惨。

后来，在我住了一段时间后，发现西西是位非常沉静的老人，在家里很难听到她的声音。通常，她喜欢一个人静静地坐在门前的芒果树下，手捧一本英文《圣经》，专心致志地默诵着。每逢此时，即使周围发生天大的事情，她都不屑抬头一顾。西西读书时喜欢坐在一把白椅子上，将双肘轻轻地搭在两边的扶手上，有一种贵妇人的高雅。她的发式很随意，有时将银白的长发披散着，有时会把头发扎成纂儿。她喜欢吃面包、黄油、蔬菜沙拉，而对黑人偏爱吃的棕榈油并不欣赏。她喜欢节奏缓慢、安静的环境。可她家门外小酒吧的墙上，架着两个质量极差的音箱，只要有电，就会放着震耳欲聋、节奏强劲的黑人音乐。我以为，像西西这样的高龄老人，躺在床上，周围四处都震动着，就是不得心脏病，也会高度神经衰弱。可经过观察，我发现不论震动多么强烈，也不管气温有多高，她都紧闭门窗，该怎么睡就怎么睡，丝毫不受影响。这老太太真行，我算服了。

听西西说，她爸爸早先从黎巴嫩来做生意，在此看上了当地有名的美女，结婚后生下她，父母的感情还算不错。后来，她爸爸患了严重的肺病，无奈独自回了国，不久就病逝了。妈妈的家境不错，是个思想比较开通的女人。她很重视西西的教育。到西西谈婚论嫁的年龄时，由于她长相漂亮，性情温和，被莫里巴镇的酋长看上了。于是，她很快嫁给了酋长的儿子。谁知，生下3个孩子不久，她男人就去了英国。她曾经跟着丈夫在英国生活过5年。后来，被骗了回来。之后就再也没有丈夫的下落了。近些年才听说，丈夫又娶了一个加纳籍的女人，还给他生了两个女儿。

西西一直与母亲生活在一起，直到为她老人家送终。现在，阿米家客厅的正面墙上，还挂着西西母亲的一张黑白照片。从照片上看，老太太是个端庄、大方，富有贵族气质的黑人妇女。时间一晃，西西已成为这个家的寿星老儿。在非洲，人们很看重家族里的长寿老人。认为整个家族能够从长者身上获取智慧。长者是家族的核心，是力量。所以西西很受尊重。不过阿米不论性格、相貌还是生活习性都与地道的黑人无二。后来我才知道，她一生嫁过3个丈夫，18岁时嫁给了第一个丈夫，生了老大；23岁时，嫁给第二个丈夫，生了老二和老三；40岁时，与现在的丈夫结婚，生下第四个孩子。她的生育过程持续了22年，是位有着健康体魄和旺盛生育能力的伟大母亲。

阿米的丈夫总是沉默寡言，通常很少去阿米家，更不喜欢参与她家的琐事。平日，阿米白天会给丈夫做两顿饭，由丈夫的男佣取回去，有时晚饭后，他也会过来坐一会儿。不过，他对西西很孝顺。他与说起话来没有逗号的阿米形成了极大的反差。可以说他们两个人除了体重比较接近，其他都相差甚远。但西西对这个女婿很满意。阿米的丈夫只喜欢与他同名同姓的小儿子雷诺，他给儿子取自己的名字，是为了自身生命的延续，这也是当地的风俗。

有一件事，差点儿让阿米的丈夫闹误会。他非常喜欢我送给他的礼物，一副带金边的太阳镜。是我在小商品市场特意挑选的，只要戴上它，离着八丈远，就能看见它闪金光。对这副眼镜他可以说是爱不释手，甚至晚上都舍不得摘。为此，他特意送给我一双木头拖鞋。可这鞋又重又大，穿上根本走不了路。我是38码的脚，而那是一双42码的鞋。我便告诉阿米："我很喜欢这双拖鞋，非常遗憾的是号码太大，我穿不成。"于是，他们就换了一双35码的给我，并说："子，这次换了双小号的，你肯定能穿。"可这次，我连脚都伸不进去，他们只好又拿来上次那双大号的，让我在鞋上画上我的脚印。这次他们完全是按照我的脚印做的鞋，结果这双鞋还是太小，弄得他挺尴尬。可这是他的一片心意，如果我拒绝了这份礼物，就太失礼了。我绝不能扫他的兴。于是，我对他说："我想把这双鞋带回中国，作为你们家给我妈妈的礼物。她看到这个礼物，就知道我一定得到了你们的热情关照。"他一听高兴坏了，立刻说："你妈妈一定会喜欢它的。"其实，我妈妈也是38码的脚，但我总算把这件事抹平了。

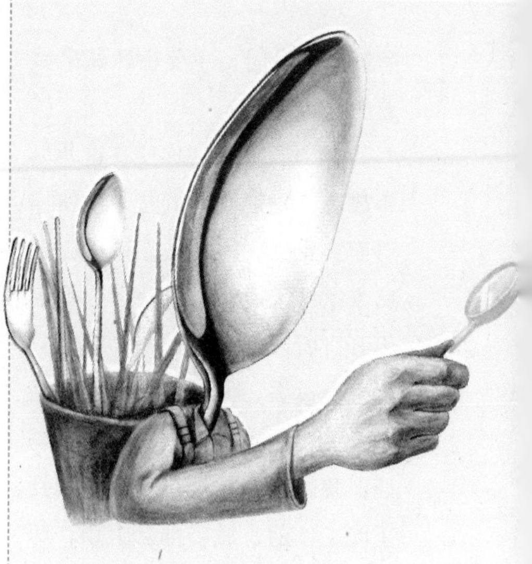

文明一词的含义确切地说，究竟是指什么呢？人类学者指出了将文明与新石器时代的文化区别开来的文明的一些特征。这些特征包括：城市中心，由制度确立的国家的政治权力，纳贡或税收，文字，社会分为阶级或等级，巨大的建筑物，各种专门的艺术和科学，等等。并非所有的文明都具备这些特征。例如，南美安第斯山脉的文明是在没有文字的情况下发展起来的，而埃及文明和玛雅文明则没有通常所说的城市。但是，这一组特征在确定世界各地各时期的文明的性质时，可用作一般的指南。

最终形成的不是同一种文明，而是"类型"极其多样的文明。正如前一章所提到的，较早的新石器时代的各种文化是与各特定的环境相适应的；因此，随着各环境中耕种和畜牧所居的地位的不同，随着各环境中栽培的植物和畜养的动物的种类的不同，新石器时代的各种文化也彼此显著

文明的性质

《全球通史：从史前史到21世纪》

《全球通史：从史前史到21世纪》是美国著名历史学家斯塔夫里阿诺斯的代表作。斯塔夫里阿诺斯是美国加州大学的历史学教授，享誉世界的历史学家，曾获得过古根海姆奖、福特杰出教师奖和洛克菲勒基金奖等一系列学术荣誉。斯塔夫里阿诺斯著述颇丰，但《全球通史》的出版才使他真正开始享誉世界。《全球通史》全书除了政治、经济外，还涉及军事、文化、教育、宗教、科学技术等各个方面，并吸收了20年来世界历史学研究诸领域的新成就，有强烈的现实感，自问世以来，被译成多种语言流传于世。这部通史被认为是第一部由历史学家运用全球观点囊括全球文明而编写的世界历史。

□［美］斯塔夫里阿诺斯

地不同。现在，文明的情况也是如此，各种文明由于各自发展时与世隔绝的程度不等而相应地不同。美洲的玛雅文明、阿兹特克文明和印加文明是独自发展起来的，因而，可以很清楚地将它们与欧亚大陆上较早形成的那些文明区别开来。欧亚大陆上的文明也是多种多样的，它们的独特性取决于各自的所在地与中东最早的文明中心地相隔之远近。中国与中东之间相隔一片辽阔的、荒漠的地区，并有大山作为屏障，因此，从古代最早的时候起直至今天，中国文明一直与欧亚大陆的其他文明彼此相异。

现在的问题是为什么首先要走向文明，尤其是考虑到实行平等主义的新石器时代的社会有许多方面是很吸引人的。现代马达加斯加岛的塔纳拉人的经历对这一问题作出了回答。塔纳拉人只是最近才过渡到文明阶段，所以人类学者拉尔夫·林顿能把他们的经历全部记载下来。塔纳拉人在过渡到文明之前，是用“刀耕火种”的方法种植旱稻。第一年他们可以得到丰收，但从第二年起产量逐渐下降。因此，每当田地的肥力耗尽时，他们就得迁移，重建村庄。经常的迁移使他们不可能实行土地私有制，土地的所有权归村社掌握。村里的长者尽可能公平地把土地分配给每个同堂家庭。每个同堂家庭都由若干家庭组成，这些家庭一起劳动，然后按需分配产品。这是个典型的实行平等主义的部落社会，无论在经济、政治，还是社会地位方面，都没有任何重大差别。

当有些家庭仿效东面的邻居改种水稻时，这一切都改变了。天然水田的面积很有限，无须投入整个同堂家庭的劳动力，因而这种新型的农业就由某些家庭单独经营。他们一年到头在水稻田里劳动，不再把田归还村庄，重新分配。由于适合种水稻的田地很少，从前无阶级的塔纳拉社会现在分裂了：少数人成为土地所有者阶级，而绝大多数人则没有希望得到这种更能生产粮食的土地。

当种植旱稻的农夫被迫定期向新的地方迁移，而种植水稻的农夫仍留在原来的小块土地上时，这一阶级分裂更为明显了。战争也由于这种新型的经济而受到影响，那些长期定居的村民现在不惜花费时间，努力建造结构复杂的城堡，来阻挡传统的抢劫集团的侵扰；并致力于俘虏那些流民，把他们变成奴隶，因为奴隶正显示出一种新的重要性。早先用“刀耕火种”的方法经营农业时，奴隶派不上什么用场，但是现在，可以把奴隶派到田里，让他们一年到头地劳动。早先的民主也由新发展起来的社会取代了；在这新社会的顶端是专制国王，国王的下面是贵族，他们拥有国王分给他们的土地，然后是占人口大多数的平民，社会的底层是奴隶，由战俘和他们的后代组成。最后，随着财产成为提高自我的唯一手段，逐渐形成一系列新的社会准则。

《历史是个什么玩意儿》（节选）

□袁腾飞

袁腾飞——史上最牛历史老师的这套《历史是个什么玩意儿》让你在如同听相声般的快乐中汲取庞大的历史知识信息量，书中说史条理分明，见解独到，旁征博引，一部史书该有的优点全都具备。文风新颖特别，锋芒毕露，幽默风趣，一部史书没有的优点也全都具备。“百家讲坛”老师袁腾飞这套《历史是个什么玩意儿》让你彻底赞成“读史可以明智”这句话，带你欣赏一段“逗人不倦”的最精彩历史文本。

明朝中后期政治腐败，屡出昏君啊。

比如说明武宗，就是正德皇帝。最爱干的事是调戏妇女和玩儿打仗，最爱干这两件事。他调戏妇女，是微服上街调戏妇女。后宫三千佳丽不够，还出去调戏妇女，被人逮着送到县衙去了。你说君臣相见，不知道怎么脱的身。然后就是在宫里开店做买卖，神武门后边开店做买卖。手里掂着那块肉，三斤三两，你上秤不带差的。皇上整天干这个，掂肉，三斤三两。开买卖，让太监什么的来买他的东西。本来那太监俸禄就微薄，还要来买他的东西。然后他少不得贱买贵卖。就这点儿钱他都榨走，你什么玩意儿这叫。

正德皇帝然后喜欢的就是玩儿打仗，他给自个儿改名叫朱寿，封自个儿为镇国公威武大将军，什么大都督。后来有位大臣就跟他说，说你这个皇帝是君，都督是臣，不能混为一谈，你这太荒唐了。他说我有本事，百万军中取上将首级。然后那大臣就将他，您给我们表演一个。在教场，一千多明军将士，刀出鞘，弓上弦。围着一名被俘的绑在马上的蒙古将士，然后皇上冲进去，一刀给他脑袋砍下来。这叫百万军中取上将首级。百万军，自个儿的，上将绑着呢，也不知道是不是上将，反正绑上了。皇上就给“咔嚓”一刀，证明皇上玩儿过刀，没敲下他胳膊来。皇上带几万铁甲兵出关，出长城，跟蒙古人打仗。打多少蒙古人呢？一百来人。他带几万人，冲啊，杀，把人家消灭，然后回去报功，自个儿又升一级。将军、大将军、都督同知、都督、提督军务总兵官往上升，就这么一个东西。十年，在位十年驾崩。昏庸无度，死而无后。

明朝的皇帝一个赛着一个浑蛋，一个赛着一个短命。尽是二三十岁，酒色过度就死了，尽这种玩意儿，没有一个活过朱元璋的，朱元璋活到七十多岁吧，没有一个能活过他，就明成祖大概六十岁。六十岁在明朝皇帝里算高寿了，你看乾隆爷活了89岁，将近90岁了。明武宗死了之后继位的是世宗，这哥们儿是一名道士，整天在宫里炼丹，一年之中光炼丹用的这个燃料啊，就要二十多万两白银，也不知道他烧什么玩意儿，弄不好烧蜡。二十多万两白银炼丹。不上朝，从来不上朝，大臣几十年都见不着他。他在位四十多年，十五岁即位，四十五年。有时实在国家有大事，追问他，他不耐烦了，递出一张手谕，没人看得懂。因为他那手谕上边，几句话他能给你写成几个字。废话，皇上写的是天书，你能看懂那还叫天书吗？最后皇上终于服用仙丹，然后就成仙了。水银中毒，成仙，汞中毒嘛。世宗就是这么一个玩意儿。

世宗完了之后穆宗即位，穆宗还不错。可惜短命，在位七年就死了。七年之后他死了就是神宗即位，也就是万历皇帝。神宗可真神啊，真的是神。他就干一件事，数钱，整天盘炕上“啪啪啪”数钱。这就是朱元璋给他的子孙弄的这些遗传基因，都是土财主。你看人家李后主、宋徽宗，在中国艺术史上都闪耀着不灭的光辉。明朝这帮皇上，你看他这玩意儿。神宗皇帝好像一辈子就出过紫禁城一回，上昌平十三陵看看自个儿的坟地，一看不错，行，修得挺好，继续。就回来了，数钱。在他住的那宫殿后头挖一大坑，埋上三百万两银子。他肥胖，然后整天在炕上盘着，左腿萎缩了。所以每天晚上太监搀着他一拐一拐地，到坑边那儿看看，我那银子还在吗？还在，这才能睡得着觉，不然睡不着觉。最后那点儿银子全让太监给偷光了。

所以为什么十三陵考古先刨他的坟呢？定陵，先刨。他的坟里边好东西多。长陵怕有《永乐大典》不敢刨。别的皇上没他东西多，他一辈子攒钱，你想想，什么都往自个儿家拿。说这个地方发现煤了，派个镇守太监，把钱弄他们家来。那地方丝绸不错，派个镇守太监，都弄他们家。皇宫里边的银子，发黑变脆氧化，国库里边除了耗子屎什么都没有。所以那时候跟努尔哈赤，跟后金打仗啊。打仗说那个，咱没钱啊，国库里没钱，请皇上开内帑。不成。这打的是国仗，凭什么开内帑啊，凭什么让我掏钱？给国家打仗，凭什么让我掏钱？我不掏。没钱你加税，你让老百姓多交点儿税不就行啦，我才不掏这钱。后来大臣说，这江山都是您的。皇上说江山我没看见，银子我看见了。他几千万两藏起来，国库里什么都没有，然后就年年跟百姓加税。越加税老百姓不就越造反嘛，就这么一个东西。

他一死，他儿子光宗即位。光宗这哥们儿太光了，在位二十九天就驾崩了。登基之后第一道诏书就是选美女，选了八位美女，二十九天驾崩。光宗驾崩之后，儿子熹宗即位，是杰出的木匠，别的皇帝上朝他下车间。据说皇上坐的椅子，睡的床全是自个儿做的。他的手艺高到什么程度，他自己做一屏风，告诉太监，拿到前门外边给我卖了，一万两银子，不许还价。你当然不能说是皇上做的了，一万两银子，不许还价。一个小时，这太监就把一万两银票给拿回来了。就说他这个做工之精湛，值这价。

据说原来那个中华门后边有一座关帝庙，当然建房子时候都给拆了。那关帝庙里的关帝，就是明熹宗亲手做的，所以他在位的时候不理朝政，整天做木匠活。太监魏忠贤专权。明朝中后期以来宦官专权。王振、刘瑾、魏忠贤这些大宦官专权。这是朝政最腐败的体现。东汉、唐、明这三朝，宦官专权。这个魏忠贤就专拣皇上做活的时候跟他说事，哪闹灾了。你没看我这忙呢，我今天晚上没地睡呢，哪闹灾关我什么事，我这床头柜还没做好呢，你看着办吧。所以这魏忠贤独揽大权，魏忠贤一个字不认得，居然能跟孔子并列，配祀孔庙。全国各地到处给他建生祠，然后皇上一下圣旨，就是朕与厂臣如何如何。皇上是万岁，魏忠贤是九千岁，跟杨秀清一样，九千岁。所以可想而知，他这个朝政的腐败程度。在这种情况下就爆发了农民起义。

李自成和张献忠起义。张献忠是一个土匪。他屠四川，他说四川有七种人该杀。种地的该杀，经商的该杀，读书的该杀，当官的该杀，当兵的该杀，反正完了之后就是四川没有人不该杀，四川惹你了？等大清平定四川的时候，整个成都府还剩几十户。老虎在大街上走，就是那种华南虎，真的虎，不是拍的照片。

李自成原来当驿卒。皇上把这个驿站一裁撤，失业了，造反了。李自成提出一个口号叫均田免粮。这一下，老百姓都跟着他。均田我跟你干吗？分田地。免粮你还干吗？不交租，傻帽们都听。你想他均田，他又不收租，那他吃什么？他还得吃得比你好，你这不扯吗这玩意儿，但是大家都信。包括一些落魄书生。兵势浩大，原来被官军打得剩十八名骑兵，后来又发展到百万之巨，逼近北京。

《林肯传》（节选）

□［美］戴尔·卡内基

戴尔·卡耐基，美国著名作家、演讲家，被誉为“20世纪最伟大的成功学大师”“美国现代成人教育之父”。他在实践基础上撰写的成功学著作，是20世纪最畅销的励志经典。《林肯传》是卡耐基在全面搜集林肯资料的基础上倾心写就的，文笔优美，人物形象活泼，我们甚至会感到林肯就是生活在我们身边的一个爱读书的小男孩、一个充满理想的青年。这本书曾影响了千万人的成长，其中包括数位美国总统，希望这本好书也可以在某一刻触动你的内心。

直到15岁，林肯才开始认字，虽然开始时十分吃力，但总算是能读点儿东西了；写作的能力，当然无从谈起了。有位在森林中流浪的教师，在这片拓荒地上设立了一间私塾，那是1824年秋天的事情。从此，林肯姐弟俩每天都到新老师阿策尔·朵西的私塾里求学，他们早晚都要走四英里路的林中小道。朵西老师在教室里走来走去，谁若不高声朗读，他就用教鞭打谁，因为他相信只有大声地朗读，才可以看出学生是否在用功。因此，每个学生都扯开嗓门，努力念得比别人响。就是在四分之一英里以外，朗朗的读书声还清晰可闻。

上学期间，林肯戴一顶松鼠皮帽，穿一条鹿皮马裤。马裤很短，裤脚常常和鞋面还有一段距离，发青的胫骨常常裸露着，任凭风吹雨打。

他们的老师在这间又矮又简陋的小屋里，简直站不直腰。在教室的四面墙上，各抽去一根圆木，糊上油纸后就成了窗户。地板和座位则是圆木劈开做成的。

《圣经》的章节就是学生们的课本，练书法时则以华盛顿和杰弗逊的笔迹为范本。林肯的书法十分清晰，而且和两位总统十分相似，人们对此议论纷纷。不识字的邻居都会走上几英里路，来请林肯代为写信。

对于学习一事，林肯渐渐喜欢起来。他时常因上课时间太短而把作业带回家做。他用炭棒代笔在木板上写字，因为纸张太贵又稀少。在用劈开的圆木筑成的木屋里，他用圆木扁平的一面演算算术；平坦的一面如果布满了字母和图形，他只要用刀刮掉一层，就又可以重新演算了。

没钱买算术书，他就去向别人借，然后用信纸大小的纸片一一抄录下来，再用麻线缝成一本书。林肯去世后，他的继母手边还保存有一些这种书页。

他身上渐渐显露出与众不同的品质。他不但渴望写出自己的看法，甚至写起诗来，并且拿着自己的诗句和散文去请教邻居威廉·伍德。他默诵诗句，然后背给别人听，他的文章更是受到好评。他有一篇议论国政问题的文章给一位律师留下了深刻的印象，甚至表示愿意帮他发表。林肯所写的一篇关于“克己”的文章，就曾在俄亥俄州的一家报纸上刊出。

当然，这些都是后话。他在学校里写的第一篇作文，是他看了朋友们所玩的残忍的游戏后有感而写成的。平时，他和朋友们一起去钓甲鱼，他们钓到甲鱼后，常将燃烧的煤炭放在甲鱼背上取乐。林肯请求朋友别这样干，并用他的光脚把炭火踢掉。为动物请命是他第一篇作文的主题，可见他从小就显示出了对于弱者的怜恤之心。

5年后，林肯到另一所学校不定期地上课。他自己称，他的知识是“一点一滴学的”。

林肯所受的正规的学校教育就到此为止了。把他所有的求学日子统统加起来，也不会超过12个月。

1847年，当他当选国会议员时，在“教育程度”一栏上填的是“不全”。

被提名为总统候选人后，林肯曾说：“我在相当年龄时，知道的并不多。不过会读、会写、略通算术，仅此而已。从此以后我就没有再进学校。在如此薄弱的教育基础上，我能够取得现在这点儿小成果，完全是由于日后的需要，靠点滴自学获得的知识。”

说到那些曾教过林肯的老师们，大抵是一些信巫术、只知地球呈扁平状的流浪者。然而，在求学过程中，林肯培养了自己热爱知识、渴求学问的品质，这正是人类最可贵的特质，所有大学教育的目的亦不过如此。

持久的阅读使一个神奇的、从未梦想过的世界向林肯敞开，并改变了他的整个人生。他视野辽阔，浮想联翩；阅读成了他生命中最热爱的事情之一，二十几年里从未中断。《圣经》《伊索寓言》《鲁滨孙漂流记》《天路历程》以及《水手辛巴达》这五册书，是继母为他们带来的，小林肯不知读了多少遍，将它们视为无价之宝。他把《圣经》和《伊索寓言》放在随手可以取到的地方，一有空就反复阅读。这两本书深刻地影响了他的说话方式、文风和观点。

但这些书远远满足不了林肯的求知欲，他渴望拥有更多的读物。苦于无钱购书，他只好向人借阅书报和各类其他印刷品。为了向一位律师借阅修订版的《印第安那法典》，他曾沿着俄亥俄河往下游步行。不久，他又开始阅读《独立宣言》和《美国宪法》。

他曾经向一名常雇他去挖树桩、种玉米的农民借阅过传记。《华盛顿传》恰恰在其中，就是威姆斯牧师撰写的那本。林肯迷上了这本书，每天都看到傍晚，他要尽量利用白天的时间阅读。入睡前，他就把书塞在圆木缝里，第二天太阳光刚射进小木屋，他就拿起来阅读。一天夜里，暴雨淋湿了书本，书的主人因此不依不饶。林肯不得不给他割了三天的草料作为赔偿。

《史考特教本》是他所借的书籍中最有价值的一本。这本书教会了他如何面对公众发言，使他认识了古罗马著名演说家西塞罗、古希腊雄辩家狄莫西尼斯，并让他领会了莎士比亚名剧中的精彩演说。

手捧《史考特教本》，林肯常在树林边踱来踱去，他一会儿朗读莎剧中哈姆雷特对仆人的吩咐，一会儿背诵安东尼在恺撒遗体前对罗马公众的演说：“各位朋友，罗马同胞，乡亲们，请听我说句话：我来是要埋葬恺撒，而不是来赞美他。”

当读到特别精彩的句子和段落，可是手头又没有纸张的时候，他就用粉笔抄写到一块木板上。他后来做了一个简朴的剪贴本带在身边，上面抄满了所有他心爱的句子。经过仔细反复的研读，他背下了很多长诗和演讲词。

他常常带着书本下田劳动，当马儿在谷堆后面休憩，他就坐在围墙顶栏上入神地阅读。吃中饭时，家人常找不到他；他一手拿着玉米饼，一手捧着书，看书报看得入迷。

只要到了法庭开庭的日子，林肯就步行15英里的路程去镇上旁听律师的辩论。他会在与别人一起下田劳动的时候，放下手里的锄头或草耙，爬到围墙上去背诵他从洛克港或布恩维尔的律师那儿听来的辩护词。

《奎恩笑话集》也是林肯常常带到田间的读物，当他坐在围墙或圆木上向大家朗读笑话时，哄笑声就会不时传出森林。可这样一来，田间的谷物就无人料理了，导致田里小麦发黄，杂草丛生。当雇佣林肯的农民说他是个懒汉的时候，他反驳对方，他说：“家父教我干活，但没教我一定要喜欢它呀！”

《牛奶可乐经济学》

□[美]罗伯特·弗兰克

美国康奈尔大学管理学院教授罗伯特·弗兰克喜欢在自己的课堂上给学生布置“博物经济学作业”，让学生写小短文，提生活中的问题，并以经济学的视角做出回答。经过几年的积累，这些问题被收集成册，成为了此本《牛奶可乐经济学》的蓝本。这本书中有千奇百怪的例子，配合妙趣横生的分析，就像康奈尔的学生在给你讲经济学的小故事。你可以很快地把你学到的经济学概念运用到自己的生活中，仿佛就在一瞬间，什么物种、组织、结构，都会变得简单起来，这也会使你对“经济学”这门学科产生更浓厚的兴趣。

◆为什么打开冰箱时，冷截拒会亮，冷冻柜却不会亮?

要回答这个问题，经济学家必然会对比相关成本与效益。不管是在冷冻室还是在冷藏室，安一盏打开门就会自动亮的灯，成本差不多都是一样的。这也就是经济学家所谓的“固定成本”，在这里指的是，它不随你开关冰箱门次数的多寡而发生变化。从收益方面来看，柜子里有一盏灯，你找东西更方便。由于大多数人打开冷藏柜的次数，比打开冷冻柜的次数要多得多. 显然，在冷藏柜安装一盏灯的好处更大。所以，既然加装一盏灯的成本相同，那么，根据成本效益原则，在冷藏柜安灯就比在冷冻柜安灯更划算。

当然，并不是所有消费者都认为在冷冻柜安装一盏灯不划算。大体上，若从什么人愿意为这类功能的好处埋单来衡量，一个人收入越高，就越有可能愿意为附加的功能埋单。所以，成本效益原则告诉我们，为了享受冷冻拒有灯所带来的便利性，收入超高的消费者可能越愿意多花钱。果然如此。高档冰箱生产商生产的Pro48冰箱，不仅在冷冻柜安了灯，甚至连每一层单独的冰格里都安了灯。这种冰箱的售价是多少?14450美元。所以说，这种情况乃证明成本效益原则的又一例外。

◆为什么硬币上的人像都是侧面像，纸币上的人像却是正面像?

看看口袋里的零钱，你会发现，出现在硬币上的前总统头像都是侧面像，分币上的林肯、杰弗逊，角币上的罗斯福、华盛顿和肯尼迪，全都侧着脸。可在钱包里的纸币上，你却找不到侧面像。1美元纸币上的华盛顿，5美元上的林肯，10美元上的汉密尔顿，20美元上的杰弗逊，50美元上的格兰特，还有百元美钞上的富兰克林，皆为正面肖像。除去极少的例外，其他国家的情况也都差不多：硬币上是侧面像，纸币上是正面像。为什么存在这样的差异呢?

简单地说：“尽管画家大多偏爱正面肖像，可金属模版中存在的技术难题，使得人们难以在硬币上画出辨识度高的正面肖像来。硬币上可供作画的空间一般不过4厘米见方，由于精细度不够，很难画出一张能叫人轻易辨识的正面肖像。反之，如果只画侧面像，要认出主体来就容易多了。要在硬币上画出足够精细的正面肖像，技术上办得到，但费用极为可观。同时，随着硬币的流通，精致的细节很快就会磨损掉。

既然侧面像更容易制造和识别，为什么纸币上又弃而不用呢?这是因为，正面肖像的精细和复杂，能防止制造伪钞。

《大中国上下五千年：中国民俗文化大观》

□《大中国上下五千年》编委会

信俗有情千载吟，汉风唐韵画图新，华夏千载，民风悠悠。民俗文化，淳朴而生动，浪漫而美妙，愉悦身心，陶冶情操。你了解神秘的佛教吗？你知道中国有哪些神话传说吗？你想不出门领略中国多彩的传统节日吗？你知道中国人有哪些礼仪禁忌吗？这本《大中国上下五千年：中国民俗文化大观》可以满足你的全部好奇心。翻开书，细细品味沉淀在民俗中的厚重历史文化，你会感到做为一名中国人真的应该很自豪。

王母娘娘

中国古代民间传说中王母娘娘原是掌管灾疫和刑罚的怪神，后逐渐女性化与温和化，而成为年老慈祥的女神。相传王母住在昆仑山的瑶池，园里种有蟠桃，食之可长生不老，因此也被称为金母、瑶池金母、西王母。

王母娘娘的形象我们在电视剧中见得很多了，不同的演员扮演将带给我们不同的感受。但是在历史记载中王母娘娘却与我们在电视剧中见到的大相径庭，而且与我们熟知的玉皇大帝也并非夫妻。

西王母的神话故事历经了两次演化。汉代是西王母神话传说演化的第一个阶段。这个时期，西王母居住在今天的昆仑山的石洞中，是一个人面兽身的怪物形象。山上有长着牛角、满身豹纹、声音如犬吠的怪兽狡，还有长着红色羽毛、喜好食鱼的青鸟。在《山海经》中，西王母是这样的形象：西王母的外形像人，长着一条像豹子那样的尾巴，一口老虎那样的牙齿，很会用高频率的声音吼叫，满头乱发，还戴着一顶方形帽子，是上天派来负责传播病毒和各种灾难的神。可见西王母外形很恐怖，而且是一位散发灾疫的煞神！

魏晋南北朝时期，是西王母神话传说演化的第二个阶段。此时，人们把西王母神话传说和周穆王西征、汉武帝西巡的历史事实联系起来，西王母形象人格化、神化传说故事化，其中周穆王和西王母在瑶池相会的故事广为流传，影响很大。原来的西王母住在西方与世隔绝的洪荒之地，只有天界神仙和个别部落领袖及封建帝王才能偶然短暂地与之接触，一接触却发现西王母是一位彬彬有礼、能歌善舞且富感情的妇女。在《穆天子传》中，西王母变成了一个雍容平和、能唱歌谣、熟谙世情的妇人。在《汉武帝故事》中，西王母又变成了一个年约三十岁、容貌绝世的女神。在后世的文学作品中，多有对西王母的描绘，称她是“瑶池金母”，开种蟠桃，三千年一成熟，每逢蟠桃成熟，西王母大开寿宴，诸仙前来为她祝寿。

在我们的记忆中，王母娘娘与玉皇大帝是夫妻，并育有七仙女。实际却不是这样的，西王母是先天阴气凝聚而成，是所有女仙之首，掌管昆仑仙岛。所有男仙之首为先天阳气凝聚而成的东王公，其掌管蓬莱仙岛。而玉皇为群仙之首，众神之主。西王母的出现比玉皇要早，所以他们并不是夫妻。只有中国民间的故事和小说，才认为玉皇大帝和王母娘娘是夫妻。

民间奉祀

在民间，西王母是仁慈、至尊的神明，有很多奉祀西王母的寺庙。在寺庙中，除了西王母的神像之外，左右有六位夫人，有两名夫人负责送子，两名负责催生，两名负责治瘟疹。道教和民间一直将西王母作为长寿的象征，以西王母作为金篆延寿道场的主神。

青海省西宁市湟源县被认为是西王母故里，历史上有祭拜西王母的风俗，祭拜地点在扎藏寺及东科尔寺。每到七月十八日西王母诞辰,人们穿着节日的盛装,手捧哈达,带着青稞炒面、酥油、五谷包(青稞、小麦、豌豆、玉米、蚕豆)、白酒、糖果等祭品，诵经祈祷，法号声声，以此表达对西王母的敬意。

延伸阅读

野山坡上的立儿石在河北省水县野三坡龙门天关小溪河东侧，有一块很大的石头，叫立儿石。传说在很早以前，育有七女的王母娘娘仍想要个儿子，于是祈求如来佛传授生儿之道。如来说：“要想生男儿须执三块石子，去立儿石试试。三块石子全部投中即儿女满堂；有两块落入只生男儿，你已有女儿了，注定不会投中两块；有一块投中只生女儿；如无一块投中即为绝户之命，当然这个也不会发生在你身上。”王母领命而行，结果投中一块，便扫兴而去，立于望儿岭上，仰天感叹不已，说：“我求儿不得，只好寄予女儿们身上了！”后来，野三坡一带的人们每到正月十五，新婚夫妇便成双结队地来到立儿石前，投上三颗石子，求儿盼女，就这样形成了一种风俗，一直传到现在。

“淡定哥”张恨水

□蒋骁飞

张恨水成名后，达官贵人以与之结交为幸事，请其题字、签名、合影的人络绎不绝，他皆婉言谢绝。据说，蒋介石、宋美龄曾邀张恨水到总统府做客，朋友们都认为此实为一项难得的殊荣。张恨水却轻描淡写地说道：“能入总统府的人很多，厨师、清洁工、理发匠皆可……写字就是营生罢了，如同摆地摊之类的小本生意，平淡如斯，实在如斯。”张恨水的淡定由此可见。

张恨水的小说很畅销，这让一些“严肃”文学家很不爽，就指责他的小说是“风花雪月、鸳鸯蝴蝶”之流，难登大雅之堂。当有人提及此事，张恨水只是淡淡一笑：“鸳鸯和蝴蝶与人的感情都处的不坏，几曾见过有人要扑杀鸳鸯和蝴蝶？谁听说过鸳鸯蝴蝶伤害人？”他的家人要求他写写文章为自己的作品申辩，张恨水悠悠说道：“不管是捧我的，还是骂我的，都是在为我作免费广告，应该写篇文章感谢他们才对呢。”

一个淡定的人，生命中一定会少了很多愤懑、抑郁和忧惧；他也许得不到很多的金钱和很高的权位，但一定会生活得很快乐。

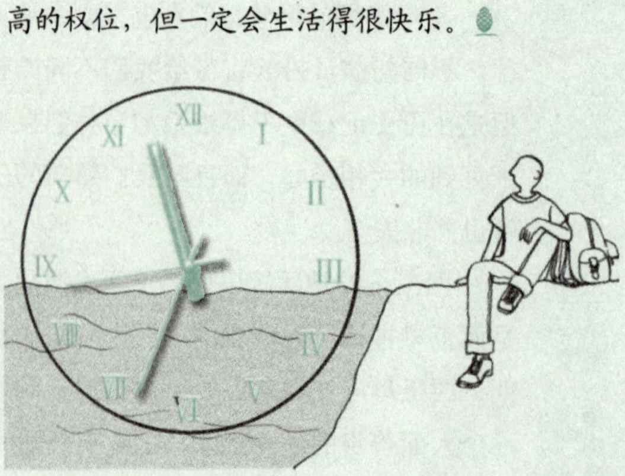

《鸟与兽的通俗生活》（节选）

□果壳网

本书为果壳网“自然控”主题站讲述的鸟兽故事合集。鸟兽和人类一起生活在这个地球上，不过我们对他们所知甚少，跨物种的交流往往有很多误会。好在，很多博物学家通过研究为我们展示了它们的生活。它们也为了爱情赴汤蹈火吗？它们也为了生存奋力拼搏吗？它们也有娱乐生活吗？它们也会思考生命的本质吗？他们也和人类一样被误会、被伤害吗？

在果壳网“自然控”，有这样一群人，他们因对大自然的爱聚集在了一起，他们中有专业动植物学者，也有就在你我身边的“博物学家”。以博物之名，他们感受、发现、分享花草树木、鸟兽虫鱼、还有那灿烂星河带来的无尽喜悦。

裸婚？鸟都不鸟你

不管在哪个世界，只要有两性，择偶就是一件天大的事！不过，择偶标准却一直很多元，即使是鸟也不例外。有的鸟是典型的“外貌协会”成员；有的比较实际：“婚房必有，豪宅更佳”；有的则以对方能否抚养后代为准绳……决定这些不同选择的，正是对优良基因的选择和亲代投资的博弈。如果你是无房无车无票子的青年，就更应该来参考一下这些鸟的婚姻了！

房在手，跟我走！

正如不愿意裸婚的人一样，有些雌鸟会把雄性是否可以提供好的婚房作为选择配偶的依据。

位于澳大利亚和新几内亚地区的园丁鸟（包括园丁鸟和亭鸟），是鸦科鸟类的近亲，生活在雨林、桉树林或灌丛中。大多数园丁鸟的雄鸟都会在森林地面上清理出一个空间，用树枝编织一个特殊的“建筑”，并用蜗牛壳、花瓣、叶子，甲虫的鞘翅，鹦鹉鲜艳的羽毛甚至塑料片来装饰它们的“房子”。

部分种类，如冠园丁鸟、褐色园丁鸟的建筑会像座小凉亭——围绕着小树用树枝搭成一个两台状的建筑。褐色园丁鸟的整个建筑的直径可达 5 ~ 6 米，包括一个围绕小树建造，顶部完全用茅草覆盖的凉亭，凉亭中有数根柱子支撑。在入口的前面是一个用各种鲜艳物品铺成的“花园”，雄鸟会在花瓣枯萎前更换花园中的“鲜花”，不断翻动和摆弄自己的装饰物；也会找机会闯入邻居雄鸟的家中，偷走自己喜欢的装饰物带回自己的花园。

另一些种类，如缎蓝园丁鸟则用枝条搭出两侧墙，形成一小段林荫走廊状的建筑，再用喙碾碎色彩艳丽的浆果，用浆果的颜色涂抹走廊的墙壁；也会有一些花瓣、羽毛等装饰物铺在走廊的前后。

雌性的园丁鸟会很仔细地审视雄性园丁鸟精心搭建和维护的建筑，长时间观察，挑选。如果雌性园丁鸟对这个建筑满意，就会伏身并抖动自己的羽毛，让雄鸟骑上来，仅用时几秒就可完成交配。

虽然每只雄园丁鸟都努力打造华丽的“婚房”，但只有不到 10% 的雄园丁鸟能够与雌鸟交配，剩下 90% 的雄园丁鸟在整个交配季节连一次交配机会都得不到。

澳大利亚马里兰大学生物

系博士 Gerald Borgia 曾在 22 个缎蓝园丁鸟的“林荫走廊”设立红外线相机，并移走其中 11 个走廊中的装饰物来研究这些建筑和雄鸟获得交配机会的关系。结果表明，蓝色的羽毛、蜗牛壳和黄色的叶子的数量与交配的成功概率呈正相关，同时，建筑的整体结构和密度也很重要。Borgia 认为这种“建筑”代替鲜艳的羽毛，向雌鸟传达了建造者的基因质量，平庸的雄性承担不起这种耗费大量精力的工作，优秀的雄鸟则能建造更高质量的建筑。根据 Borgia 的记录，曾有缎蓝园丁鸟先后吸引到多达 33 只雌鸟与其交配。

雌性园丁鸟在与选中的雄性交配后，并不会和雄鸟在这美丽的建筑中一起生活和抚育后代。它会回到自己造的巢中，产下两枚卵，自己孵化养育雏鸟。

不同于园丁鸟，雄性织雀用草编成的球状巢穴则真正地用于繁殖后代。织雀，又名织布鸟，是麻雀的近亲。雄鸟用草在枝条上编织一个基础框架后，便会让雌鸟前来评判。雌鸟会选择满意的巢与雄鸟交配，等雄鸟完成整个巢之后，雌鸟就会产卵。在这期间，不少年轻的雄鸟要把未完的作品一遍遍地拆掉再重新编织以求获得雌鸟的青睐。

没房不要紧，有点儿技能很重要

并不是所有的鸟儿都如园丁鸟和织布鸟一样“手巧”，会建造“婚房”讨雌鸟欢心。有些鸟儿会通过向雌鸟展示华丽的羽毛来展示自己的健康与优良血统。但是仅羽毛展示往往是不够的，为了获得雌鸟的青睐，雄鸟需要付出更多的努力。

生活在哥斯达黎加雨林中的长尾娇鹟，又名长尾侏儒鸟，这种鸟类的小伙子们压力就大多了。虽然它们有着宝石般艳丽的羽毛，但除了觅食和休息，向雌鸟展示爱的情歌和舞蹈几乎占据了余下的生活。

繁殖季一到，长尾娇鹟小伙子们就会和主唱大叔组成乐队，成员数量在 2 到 3 只之间。乐队中的主唱发出类似黄鹂的叫声，“嘟咪嘟”，年轻的雄鸟则要努力和主唱音调匹配，以保证乐队合唱达到完美的一致。这个旋律会在一个小时内被重复近千次，直到吸引一只雌鸟前来评判，随后乐队的舞蹈展示就开始了。

在雌鸟选择那个它认为最满意的乐队组合后，乐队中的主唱便示意自己的伙伴离开，并单独向雌鸟跳舞求爱，然后交配。对于这个最佳乐队的其他成员来说，它们会等待主唱死去或消失，这样就可以代替主唱的位置。幸好，长尾娇鹟的寿命可达 15 年，年轻人等得起，但能等到机会的雄性长尾娇鹟也不多。研究者对一个有 80 只雄性长尾娇鹟的地区进行研究发现，在 10 年里，与该种群内 90% 的雌鸟交配的，只有 5 只雄鸟。对于一个乐队组合的主唱来说，一年中可能被多到 50 只的雌鸟选中。而做学徒的小伙子，要跟着主唱练习 300 万次“嘟咪嘟”，进行 1000 个小时舞蹈训练，才有可能成为主唱。甚至雄性长尾娇鹟会累死在“跳舞”上，只有那种熬得住辛苦，寿命最长的雄鸟才有繁殖的机会。

选择你，有道理

不管是鸟类还是其他动物的雌性，都绝非两性间的被动一方。是否接受“裸婚”，以及对雄性的百般挑剔，在这些表象的背后，更重要的是两性间的生殖差异，以及雌性对雄性优良基因的选择和亲代投资的博弈。

雌鸟会非常珍惜自己可以选择的机会。绝大多数的雌鸟，在这选择的过程中，既要努力找到基因优良的雄性，又要努力让雄性与自己分担亲代投资的压力。

之前提到的园丁鸟，生活的环境中有丰富的食物来源，由于当地大多数捕猎者都是夜行动物，也没有太多的天敌。雌性园丁鸟有能力独自将卵孵化并抚育，因此雄鸟才能不提供基因外的任何亲代投资。

而在大多数不那么完美的环境下，雄鸟，比如北极燕鸥，则要在抚育后代上付出自己的精力，参与孵卵，照顾、喂养和保护雏鸟，以便更有把握保住乃至增加所养育后代的数量。

可见，雌鸟们的选择可都是有道理的。

《细胞生命的礼赞》（节选）

口［美］刘易斯·托马斯

1970年，刘易斯·托马斯任耶鲁大学医学院院长时，应邀在一个关于炎症的学术讨论会上作演说，他轻松幽默，侃侃而谈。后来这篇演说稿传到了《新英格兰医学杂志》主编的手里。主编希望托马斯为他的月刊写一系列短文，托马斯一连写了六篇，仍然意犹未尽，加上热情的读者和批评家们要他把专栏写下去，于是，他连写了四年，于是便有了这本《细胞生命的礼赞》的蓝本。《细胞生命的礼赞》自1974年出版后，引起美国读书界和评论界的巨大反响和热烈讨论，获得当年美国国家图书奖，此后十八年来由多家出版社印了二十多版，至今畅行不衰。《细胞生命的礼赞》还被北京科普之窗网站收入"科学家首批推介的20世纪科普佳作"。

从适当的高度往下看，大西洋城边青天白日下的海滨木板路上，为举行年会从四面八方聚集而来的医学家们，就像是群居性昆虫的大聚会。同样是那种离子式的振动，碰上一些个急匆匆来回乱窜的个体，这才略停一停，碰碰触角，交换一点点信息。每隔一段时间，那群体都要像抛出钓鳟鱼（鳟鱼，一种背部淡青略带褐色，侧线下部银白色，全身有黑点的鱼）的钓线一样，准确无误地向恰尔德饭店抛出一个长长的单列纵队。假如木板不是牢牢钉住，那么，看到它们一块儿筑起各式各样的巢穴，就不用感到吃惊了。

用这种话来描绘人类是可以的。在它们最强制性的社会行为中，人类的确很像远远看去的蚁群。不过，如果把话反过来讲，暗示说昆虫群居的活动跟人类事务总有点儿联系，那在生物学界将是相当糟糕的态度。关于昆虫行为的书籍作者，通常要在序言里苦口婆心地提醒人们，昆虫好像是来自外星的生物，它们的行为绝对是有异于人的，完全是非人性、非世俗，几乎还是非生物的。它们倒更像一些制作精巧、却魔魔道道的小机器。假如我们想从它们的活动中看出什么显示人类特点的东西，那就是在违反科学。

不过，让一个旁观者不这样看是很难的。蚂蚁的确太像人了，这真够让人为难。它们培植真菌，喂养蚜虫作家畜，把军队投入战争，动用化学喷剂来惊扰和迷惑敌人，捕捉奴隶。织巢蚁属使用童工，抱着幼体像梭子一样往返窜动，纺出线来把树叶缝合在一起，供它们的真菌园使用。它们不停地交换信息。它们什么都干，就差看电视了。

最让我们不安的是，蚂蚁，还有蜜蜂、白蚁和群居性黄蜂，它们似乎都过着两种生活。它们既是一些个体，做着今天的事而看不出是不是还想着明天，同时又是蚁冢、蚁穴、蜂窠这些扭动着、思考着的庞大动物体中细胞样的成分。我认为，正是由于这一层，我们才最巴不得它们是异己的东西。我们不愿看到，可能有一些集体性的社会，能够像一个个生物一样进行活动。即使有这样的东西，它们也决不可能跟我们相关。

不管怎么说，这些东西还是存在。野地里一只独行的蚂蚁，不能设想它头脑里想着很多。当然，就那么几个神经元，让几根纤维串在一块儿，想来连有什么头脑也谈不上，更不会有什么思想了。它不过是一段长着腿的神经节而已。四只或十只蚂蚁凑到一起，围绕着路上的一只死蛾，看起来就有点儿意思了。它们这儿触触，那儿推推，慢慢地把这块食物向蚁丘移去。但这似乎还是瞎猫撞着死老鼠的事。只有当你观看聚在蚁丘边的、黑压压盖过地皮的数千蚂蚁的密集群体时，你才看见那整个活物。这时，你看到它思考、筹划、谋算。这是智慧，是某种活的计算机，那些爬来爬去的小东西就是它的心智。

建造蚁丘的时候，有时需要一批一定规格的细枝，这时，所有成员立刻都着魔般搜寻起正合规格的细枝；后来，外墙的建筑就要完成，要盖顶，细枝的规格要改变，于是，好像从电话里接到了新的命令，所有的工蚁又转而寻找新型号的细枝。如果你破坏了蚁丘某一部分的结构，数百只蚂蚁会过来掀动那一部分，移动它，直到恢复原来的样子。当它们觉察到远方的食物时，于是，长长的队伍像触角一样伸出来，越过平地，翻过高墙，绕过巨石，去把食物搬回来。

白蚁在有一个方面更为奇特：群体变大时，其智慧似乎也随之增加。小室里有两三只白蚁，就会衔起一块块土粒木屑搬来搬去，但并没有什么结果，什么也没有建造起来。随着越来越多的白蚁加入，似乎达到了某种临界质量或法定数，于是思维开始了。它们开始把小粒叠放起来，霎时间竖起一根根柱子，造成一个个弯度对称的美丽拱券。一个个穹顶小室组成的晶状建筑出现了。迄今还不知道它们是怎样交流信息的，也无人明白，正在建造一根柱子的白蚁们怎样知道停止工作，全队转移到一根毗邻的柱子，而时候一到，它们又怎样知道把两根柱子合拢，做成天衣无缝的拱券。一开始使它们不再把材料搬来搬去，而是着手集体建筑的刺激物，也许是在它们的数目达到特定阈值时释放的外激素。它们像受了惊一样作出反应，它们开始骚动、激奋，然后就像艺术家一样开始工作。

蜜蜂同时过着几种生活：既是动物，又是动物的组织、细胞或细胞器。离窠外出寻找花蜜的单只蜜蜂（根据一只跳舞的小蜂给它的指令：“去南偏东南七百米，有苜蓿——注意根据太阳偏转调整方向”）仍然是如同有细丝系住一样属于蜂窠的一部分。工蜂在营建蜂窠的时候，看上去就像胚细胞在构成一片发育中的组织；离远一点看，它们像是一个细胞内的病毒制造出一排排对称多边形晶体。分群的时刻来到，老蜂王打算带着它的一半家口离窠而去，这时的景象就像蜂窠在进行有丝分裂。群蜂一时来回骚动，就像细胞液里游动的颗粒。它们自动分成几乎一点儿不差的两部分，一半跟着要离去的老蜂王，另一半跟着新的蜂王，于是，像一个卵子分裂一样，这个毛茸茸晶黑金黄的庞然大物分裂成两个，每一个都拥有相同的蜜蜂基因组。

多个单独的动物合并成一个生物的现象并不是昆虫所独有。黏菌的细胞在每一个生命周期都在做着这样的事。起初，它们是一个个阿米巴（阿米巴即“变形虫”的音译。）变形虫因虫体赤裸、柔软，形体不定而得名。状细胞在到处游动，吞吃着细菌，彼此疏远，互不接触，选举着清一色的保守党。然后，一阵铃声，一些特殊的细胞放出聚集素，其他细胞闻声立即聚集一起，排成星状，互相接触、融合，构成动作迟缓的小虫子，像鳟鱼一样结实，生出一个富丽堂皇的梗节，顶端带一个子实体，从这个子实体又生出下一代阿米巴状细胞，又要在同一块湿地上游来游去，一个个独往独来，雄心勃勃。

鲱鱼是一种身体侧扁而长，背部灰黑色的鱼，生活在海洋中，是重要的经济类鱼。和其他鱼类的群体有时紧紧挤在一起，动作如此协调，以至于整个群体从功能上似乎是一个多头鱼组成的巨大生物。成群的飞鸟，特别是那些在纽芬兰近海岛屿的山坡上做窝的海鸟，同样是互相依存、互相联系、同步活动。

虽然我们无论如何也是所有群居性动物中最具社会性的——比蜜蜂更互相依赖，联系更密切，行为上更不可分，我们却并不经常感到我们的联合智慧。然而，我们也许是被联在一些电路里，以便储存、处理、取出信息，因为这似乎是所有人类事务中最基本、最普遍的活动。

《科学的旅程》

□［美］雷·斯潘要贝格

（节选）

雷·斯潘要贝格的这本《科学的旅程》共分为科学诞生、理性兴起、综合时代、现代科学四部分，涵盖物理学、天文学、生命科学、社会科学，通过历史上和现今社会发生的真实事件生动讲述科学奥秘。这本书将训练我们每个人的“批判性思维”，以及把科学方法和原理恰当运用到我们的时代，处理各种复杂问题的能力，而这正是当前科学教育中最缺乏的。本书语言通俗易懂，非常适合广大青少年在科学的世界中探索一番。

这件事源于1848年，两个十几岁的女孩玛格丽特·富克斯和卡蒂·富克斯在纽约州海德斯维勒的一个小村庄玩的一场恶作剧。

女孩们学会了一个窍门，她们在隐秘处敲击趾关节，结果发出稀奇古怪的声音。这就不难使她们那迷信的母亲相信，是不久前去世的小贩的灵魂发出这些声音，他在利用声音中的密码宣布，他是被人谋杀的。当这些话在小村庄传开时，女孩们成了当地的名人，不久富克斯小小的家里聚满了人群，他们满怀希望地恳请年轻的女孩们与死去的亲属或者来自阴间的其他精灵联系。

如果不是女孩姐姐莉亚插手，整个事情也就是一个局部现象而已。莉亚就住在附近的镇上，她马上想到这是一个捞钱的好机会，于是令妹妹在私下告之真相以及她们恶作剧的骗术，接下来她开始进行一系列的演讲和展览，让两个女孩演示她们和死者联系与对话的“能力”。演示取得了巨大成功，不久就有其他所谓的“灵媒”也出来演示类似的能力。（灵媒这个称呼用来表示宣称有能力与精灵联系的人。）

活人与死者之间长期关闭的大门仿佛突然间被打开。随着门的开启，终于得到了经验证据，人死后居然还有生存迹象。今天的我们对此也许会觉得不可思议，只不过是一场儿童玩笑，竟然掀起了一场运动，吸引了成千上万的追随者。其实，许多美国人在这一过程中心甘情愿地完全压抑自己的不信任，因为他们早就准备接受这样的事情。

尽管美国招魂运动的历史开始于富克斯姐妹，但其实得益于“催眠术师”和颅相学者的努力，这条路早已铺设好了，因为他们在这个年轻的国家已经到处设立店铺。然而此时“催眠术”在英国和欧洲大势已去，催眠术师宣称，借一种叫作“动物磁性”的特殊力量可以医治和控制人类，这种特殊力量从控制者传递给被控者，从而影响被控者的健康和行为。催眠术师提出这样的哲学假设：在每一个个体中，平衡的动物磁性都有一个自然“态”。平衡受到干扰就会引起疾病，“科学地”控制它可以使人恢复“健康”。这些许愿使乐观的美国人相信，科学可以用来医治身体、精神和社会方面的所有疾病。

美国人深切地感受到，科学和自然的新思想比起传统或专制是更好的真理试金石，而催眠术和颅相学之类的伪科学，由于他们宣称提供确切的经验证据，似乎验证了他们的这一信念。

如果催眠术这样的新“科学”可以用于治疗，颅相学这一新“科学”可以揭示灵魂的内在秘密，那么，招魂术这样的新“科学”难道就不可能提供经验证据，证明死后灵魂仍然存在以及死人可以直接与活人交流吗？

几乎每天都有这么多新发现和新发明，有这么多演讲者、哲学家、作家和教师在公开宣称，人类自身蕴藏着无限的能力，过去无法逾越的壁垒难道不可能最终跨过吗？

索引 Index

165 个读书故事让你爱上阅读

读书的功效

国际阅读沙龙

图书馆奇妙夜

私人书橱

寻迹书虫

苦学能够战胜一切，学问的宫殿不分贫富都可以进去。——巴金

意林公开课

阅读热点聚焦

悦读大视野

历史望远镜

你知道吗？

“上学那些事儿系列图书”

读者大调查

同时启动“我来修订‘上学那些事儿’”活动，详情如下：

姓名______性别____出生日期________E - mail__________________ QQ________

微信__________电话__________________通讯地址__________________________

您的教育程度__________您的职业______

1. 您认为本书封面怎么样？

□很好 □较好 □一般 □不太好 □很差

如果您对本书封面或者插图还有其他的意见和想法，请留下您最宝贵的意见

____

2. 您最喜欢本书中哪些栏目？______________________________

原因是____

3. 您希望改进的栏目是__________原因是______________________

4. 请写出本书中您最喜欢的几篇文章，原因是____________________

5. 请写出本书中您最不喜欢的文章，原因是______________________

6. 您认为需要增加的内容是______________________________________

7. 您对本书的开本、页码和定价有什么建议吗？__________________

8. 您对本书的综合评价是（可多选）

□好看 □实用 □一般 □枯燥 □没什么用 □完全看不下去

原因是____

教育无小事儿！为了进一步提升图书质量，更好地为孩子的未来服务，我们决定开展“我来修订‘上学那些事儿’”活动。不管您是学生还是家长，不管您是一线教师还是专家学者，只要您有想法，就请提出您最宝贵的意见。具体要求如下：

1. 经验文章。根据您的教育、教学经验，您的学习经历，您对孩子的管理经验，等等，写出某一方面的文章。字数不限，但内容要真实，富有启发性。

2. 典型故事。您在教育教学、学校生活等教育方面见过或经历的正、反两方面的鲜活案例，以故事的形式写出。内容要真实、有趣，富有启发性。

3. 名人逸事。教育名家、明星等公众人物的成功或失败教育案例。

4. 对比教育

（1）教育发达地区的教育案例、启示。

（2）教育发达国家的教育方法与我国教育方法对比。但内容不要空洞，切入点要小。

5. 可读性强，有指导性，有故事性，忌纯说教类文章。

6. 文章宜针对青少年成长中的细节问题展开，忌空洞宽泛。比如家庭教育方面《会做家务的孩子更有好前程》，安全教育方面《别让孩子伤在听话上》。

7. 每篇文章在3000字以内，符合要求的文摘、原创稿均可推荐。

8. 所有采用稿件请注明作者、推荐者详细信息，一经采用即付稿酬。

凡是参与修订者就有机会获得如下权利：

1. 参加学校获得一定数量免费赠书。

2. 对内容质量提升有显著作用的学校可在该书以软文形式进行宣传。

3. 对内容修订起到显著作用的教师可获副主编署名。

4. 优先在该书系发表文章，并获取相应稿费及参编证书。

5. 优先参与意林集团文化活动。